厦门市教育科研专著资助出版项目
全国教育科学"十三五"规划2017年度单位资助教育部规划课题
《学科核心素养视角下活动教学设计的行动研究》（课题编号：FHB170580）研究成果

核心素养视野下
初中化学教学策略研究

王　锋 ◎ 编著

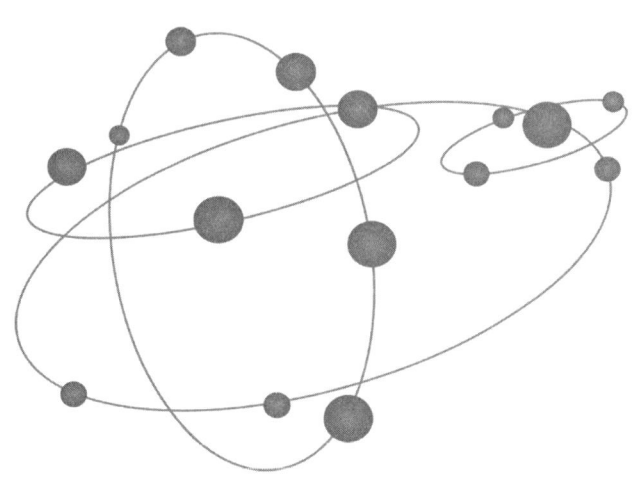

海峡出版发行集团 ｜ 福建教育出版社

图书在版编目（CIP）数据

核心素养视野下初中化学教学策略研究/王锋编著. —福州：福建教育出版社，2020.5（2024.8重印）
ISBN 978-7-5334-8471-2

Ⅰ.①核… Ⅱ.①王… Ⅲ.①中学化学课—教学研究—初中 Ⅳ.①G633.82

中国版本图书馆CIP数据核字（2020）第039592号

Hexin Suyang Shiye Xia Chuzhong Huaxue Jiaoxue Celüe Yanjiu
核心素养视野下初中化学教学策略研究
王　锋　编著

出版发行	福建教育出版社
	（福州市梦山路27号　邮编：350025　网址：www.fep.com.cn）
	编辑部电话：0591-83627052
	发行部电话：0591-83721876　87115073　010-62024258）
印　刷	福州凯达印务有限公司
	（福州市仓山区建新镇红江路2号浦上工业区B区47号楼）
开　本	787毫米×1092毫米　1/16
印　张	19.5
字　数	420千字
版　次	2020年5月第1版　2024年8月第5次印刷
书　号	ISBN 978-7-5334-8471-2
定　价	45.00元

如发现本书印装质量问题，请向本社出版科（电话：0591-83726019）调换。

序

  教育的本质是什么？是育人。学科教育的本质是让学生通过学科知识的学习培育学生未来发展所需的素养。化学教育的本质是通过探求物质及其变化微观与宏观的规律，培育学生认识物质世界和精神世界的素养。我曾研究过化学学科思想，认为从化学学科思想八种核心观念出发确实可以培育学生的化学学科五个核心素养。

  《普通高中化学课程标准（2017年版）》对化学学科核心素养的内涵、表现、落实途径和评价等进行了详细的阐释。这是新一轮课程改革的关键。具体来说，化学学科核心素养是关于学生知识、技能、情感、态度、价值观等多方面的综合表现，是每一名学生获得成功生活、适应个人终生发展和社会发展都需要的、不可或缺的共同素养。

  化学学科核心素养是学生在化学认知活动中发展起来并在解决与化学相关问题中表现出来的关键素养，反映了学生从化学视角认识客观事物的方式与结果的水平。因此，化学学科核心素养同时具有指向认知结果的"结果属性"和指向认知过程的"过程属性"。对于化学学科核心素养的"结果属性"是什么，这一问题在新的课程标准及其研究中得到了一些解答。但教学过程如何落实化学学科核心素养，就是一个需要许多人进行探索的重大而长久的课题。

  读完王锋老师的新作《核心素养视野下初中化学教学策略研究》，我有两个很深的感受。

  一是在福建省的高中阶段实施高中新课程之前，王锋老师和他的团队就已在初中阶段如何落实化学学科核心素养方面进行了全面探索，这是一个非常有意义的事。首先，化学学科核心素养，我认为没有初中和高中之分，都是从化学学科思想观念的视角，对化学学科育人功能的充分挖掘，本身就是一贯的，只有程度上的不同。其次，此项工作的实质是指向"过程属性"，从初中开始，我们就朝着培育学生核心素养的方向努力，创造学习过程的巨大育人附加值，这正是我们想要的。

  二是王锋老师及其团队的研究体现了"过程设计"理念。教学的"过程属性"强调中学生在面对具体情境及与化学相关的事实时，能够在观察与辨识的基础上提出问题、开展探究、得出结论，提升学生"科学探究与创新意识"素养；能够根据物质的结构运用化学模型描述或预测物质的性质，培育学生"宏观辨识与微观探析""证据推理与模型认知"素养；通过对物质性质和变化的研究，应用对立统一、联系发展和动态平衡的思想观点考察、分析化学反应，运用多种方法对物质及其变化进行分类并揭示其本质属性，培育学生"变化观念与平衡思想"素养；能够结合具体情境，调用已有知识与方法分析、解决问题，在应用化学原理、化学技术时自觉考虑化学过程对自然带来的可能影响，贯彻可持续发展思想和坚持"绿色化学"观念，培育学生"科学态度与社会责任"素养。

我觉得这是一个很有意义的教学研究，对高中化学学科核心素养的教学也有很大的指导意义：通过设计学生参与的"学习过程"，让学生朝着学科核心素养的方向前进。希望王锋老师及其团队通过进一步实践、推广，充分挖掘"过程设计"的内涵，深入开展课程实施过程设计以及学习活动过程设计，为核心素养落地做出更大的贡献。

傅兴春

（厦门市教育科学研究院副院长）

2020年3月25日

前 言

高度文明、高速发展的未来社会,对人才培养提出了较高的要求。为迎接这种挑战,大部分发达国家掀起了以发展核心素养为核心理念的新一轮课程改革浪潮。2016年9月我国发布了《中国学生发展核心素养》,正式拉开了我国开展核心素养课堂教学改革的序幕。2018年1月教育部发布了体现核心素养理念的新版高中各科课程标准,其中《普通高中化学课程标准》明确提出:化学学科核心素养包括"宏观辨识与微观探析""变化观念与平衡思想""证据推理与模型认知""科学探究与创新意识""科学态度与社会责任"等五方面素养。核心素养理念已深刻地影响了当前的初中课堂教学及考试评价。核心素养作为我国基础教育课程发展的"3.0版本",它不是否定先前以"双基""三维目标"为导向的课程体系,而是强调教学目标应具有一定的连续性和发展性。新一轮课程改革是为了解决我国上一轮课程改革教学中深层次的问题。国家基础教育课程教材专家工作委员会委员余文森教授指出:对学科核心素养的研制和提炼,义务教育阶段和高中阶段在出发点和大方向上是一致的。义务教育阶段的学科核心素养不可能抛开高中阶段的学科核心素养而"另起炉灶"。[①] 因此,初中化学学科核心素养的内容与高中阶段大体相同,只是要求的层次有所差别(由于初中课程内容还没涉及化学平衡,初中课程的重点是守恒原理,因此把"变化观念与平衡思想"素养改为"变化观念与守恒思想"素养)。我们需从核心素养理论视角重新审视及梳理初中化学的课程内容,探索初中化学学科核心素养教学策略。本书总体的框架思路正是在这种特殊的课程改革背景下产生的,更多的是应用核心素养理论解决初中化学教学中的问题,进一步聚焦立德树人的课程目标,探索达成初中化学课程中核心素养落地的教学策略。

当前初中化学课程主要以"三维目标"框架来描述课程目标与内容,强调从"三维目标"规划课题教学目标并指导实施教学。与原来从"双基"理解课程教学目标相比,这种目标阐述能更完整、更准确地理解课程教学目标,但是这种目标阐述会导致在具体教学实践中各维度目标之间割裂的问题,导致达成目标零碎化,不能较好地达成更具有发展性、基础性的能力素养目标。为了解决这些问题,本书在核心素养教学策略方面更强化从整体备课的角度开展教学设计及开展教学活动,对基于能力和素养等的高阶教学目标有整体性的把握。从课标整体或单元主题进行系统的梳理规划,让各阶段教学有一个明确的高阶目标,进而再开展课时教学策略的设计,保证教学实施过程的整体性。此外,为了更好地解

---

① 余文森,核心素养导向的课堂教学[M]. 上海:上海教育出版社,2017:2.

决"三维目标"割裂的问题，在具体教学设计中更强调通过创设丰富、有意义的情境，组织多样化的学习活动，从而提升教学的深度，让"三维目标"在真实活动中达到有机的融合，有效达成核心素养目标。从总体上说，本书重点探索学科核心素养落地的实施模式：目标规划——整体策略；过程设计——活动策略；效果评价——深度策略。

本书重点从初中化学课程及教学的宏观、中观、微观等层面开展教学策略研究。宏观层面，即针对核心素养各维度进行教学策略研究；中观层面，即根据单元整体教学进行教学策略研究；微观层面，即在宏观、中观教学策略的指导下开展课题或课时教学策略的研究，分散在各素养维度及单元整体教学策略中，以具体案例呈现。

本书是全国教育科学"十三五"规划2017年度单位资助教育部规划课题《学科核心素养视角下活动教学设计的行动研究》（FHB170580 主持人：王锋）的重要成果，也吸收了2016年度福建省基础教育课程教学研究课题《学科核心素养视角下开展活动教学设计与实施的研究》（MJYKT2016－171 主持人：王锋）、厦门市第四批基础教育课程改革重点课题《学科核心素养培育视角下学科教学设计的研究》（Z401 主持人：王锋）等最新研究成果。这些课题集中了五十多位化学教研员、教学名师在核心素养及相关学科内容方面的最新研究成果。在这些研究成果基础上，本书由王锋老师进行整体设计，提出写作框架，组织协调全书的写作、修改及出版工作；厦门市的化学教研员、青年骨干教师承担了各部分的写作工作。

本书写作分工：素养维度一（厦门市教育科学研究院 王锋）、素养维度二（厦门市翔安第一中学 洪兹田）、素养维度三（厦门市教育科学研究院 王锋）、素养维度四（厦门大学附属音乐学校 杨晓聪）、素养维度五（福建省厦门集美中学 饶慧伶）、第一单元（厦门市翔安第一中学 洪兹田）、第二单元（厦门市教育科学研究院 王锋）、第三单元（北京师范大学厦门海沧附属学校 陈建）、第四单元（厦门大学附属科技中学 孙美琪）、第五单元（厦门市湖里中学 李俊红）、第六单元（厦门市翔安实验学校 蔡辉舞）、第七单元（厦门大学附属音乐学校 杨晓聪）、第八单元（福建省厦门第一中学 陈瑞芳）、第九单元（中国教育科学研究院附属厦门实验学校 耿玉婷）、第十单元（厦门市逸夫中学 沈伟艺）、第十一单元（厦门市海沧区教师进修学校 邓联胜）、第十二单元（厦门外国语学校湖里分校 丁长福）。

此外，以上这些课题研究由福建省学科教学研究基地校（福建省厦门第一中学、厦门市湖里中学等）、厦门市学科教学研究基地校（厦门市第十一中学、中国教育科学研究院附属厦门实验学校、福建省同安第一中学等）开展教学实验工作，相关的实践成果也吸收到本书中。希望本书的理论研究及实践经验能为学科核心素养落地提供参考，为发展学生核心素养、培养高素质全面发展的人才做出应有的贡献！

王 峰
2020年3月20日

目 录

引 言

对我国化学学科核心素养研究的梳理 …………………………………………… 3

达成核心素养的学科整体教学规划设计研究 …………………………………… 14

宏观策略篇
——学科核心素养各维度教学策略

素养维度一　宏观辨识与微观探析 ……………………………………………… 25

素养维度二　变化观念与守恒思想 ……………………………………………… 38

素养维度三　证据推理与模型认知 ……………………………………………… 54

素养维度四　科学探究与创新意识 ……………………………………………… 68

素养维度五　科学态度与社会责任 ……………………………………………… 87

中观策略篇
——学科核心素养单元整体教学策略

第一单元　走进化学世界 ………………………………………………………… 111

第二单元　我们周围的空气 ……………………………………………………… 129

第三单元　物质构成的奥秘 ……………………………………………………… 143

第四单元　自然界的水 …………………………………………………………… 159

第五单元　化学方程式 …………………………………………………………… 180

第六单元　碳和碳的氧化物 ……………………………………………………… 195

第七单元　燃料及其利用 ………………………………………………………… 216

第八单元　金属和金属材料 ……………………………………………………… 229

第九单元　溶　液 ………………………………………………………………… 244

第十单元　酸和碱 ………………………………………………………………… 258

第十一单元　盐　化肥 …………………………………………………………… 274

第十二单元　化学与生活 ………………………………………………………… 286

后　记 ……………………………………………………………………………… 301

引言

对我国化学学科核心素养研究的梳理①

为顺应时代的进步和社会发展对人才培养的要求,核心素养问题已然成为国内外学界研究和讨论的热点。关于核心素养最早提出的时间,目前尚不得知。然而,核心素养的提出与关键能力概念的出现有着深厚的渊源。正是关键能力的提出,催生了核心素养的产生与发展。关键能力最早是由德国学者梅滕斯于1972年提出的。随后美国、英国、日本、法国、芬兰等国家先后投入到有关核心素养的研究中。②

2014年3月,我国教育部发布的《关于全面深化课程改革 落实立德树人根本任务的意见》(以下简称《意见》)5次提到"核心素养"或"核心素养体系",要求"研究制订学生发展核心素养体系",并在"修订课程方案和课程标准"时"依据学生发展核心素养体系,进一步明确各学段、各学科具体的育人目标和任务"。③

2016年9月13日,在北京师范大学举行的新闻发布会上,教育部委托课题、中国学生发展核心素养研究成果正式发布。该研究成果将中国学生发展核心素养分为文化基础、自主发展、社会参与3个方面,综合表现为人文底蕴、科学精神、学会学习、健康生活、责任担当、实践创新等六大素养,具体细化为国家认同等18个基本要点。④

学生发展核心素养的形成需要各学科在教学中帮助学生形成具有学科特质而又含有跨学科的关键能力和必备品格。各个学科的核心素养是学生在该学科(或特定学习领域)学习过程中取得的能体现学科本质特征的关键成就,集中体现学科育人的价值。⑤

2018年1月教育部发布了体现核心素养理念的新版高中各科课程标准,其中《普通高中化学课程标准》明确提出,化学学科核心素养包括"宏观辨识与微观探析""变化观念与平衡思想""证据推理与模型认知""科学探究与创新意识""科学态度与社会责任"等

---

① 饶慧伶,王锋,胡志刚. 对我国化学学科核心素养研究的梳理与浅析[J]. 中小学教师培训,2017(11):56—60.
② 关晶. 关键能力在英国职业教育中的演变[J]. 外国教育研究,2003(1):32—35.
③ 中华人民共和国教育部. 关于全面深化课程改革 落实立德树人根本任务的意见[S]. 2014—4.
④ 中国学生发展核心素养研究成果正式发布[N]. 中国教育报,2016—9—13(6).
⑤ 王云生. 学科核心素养的培养是学科教育的灵魂[J]. 基础教育课程,2016(19):15—19.

五方面素养。① 有关核心素养的研究正式步入攻坚阶段。毫不夸张地说，研究"它究竟是什么"很难，而探索"具体怎么做"则更难。国内学界对核心素养高度重视，与之相关的理论与实践研究进行得如火如荼，化学学科也是如此。那么，在学科教育实施的过程中，如何更加理性地认识化学学科核心素养？化学学科核心素养到底应该如何"落地"？已有的研究现状如何？在今后的实施中能提供给我们哪些启示和建议？这些问题显得棘手且迫在眉睫。因此通过梳理现有文献，了解核心素养发展的过程，可为探讨基于化学学科核心素养的教育教学作些铺垫，有助于解决化学学科核心素养落地的相关问题。

一、研究的思路与方法

以"化学""核心素养"为篇名关键词，对中国期刊全文数据库及中国优秀硕士、博士学位论文全文数据库进行检索，截至 2019 年 12 月 31 日，共发现相关文献 1164 篇，其中期刊 973 篇，报纸 3 篇，硕博论文 129 篇。笔者搜索发现有关"化学核心素养"的专著还不多，其中王云生老师的《课堂转型与学科核心素养培养——中学化学课堂教学改革探索》② 很具有指导意义。

经统计发现（见下图）：以"化学""核心素养"为篇名的研究在 2012～2015 年间呈现缓慢增长的趋势，2016 年开始预热，2017 年迅速升温，到了 2019 年，文献数量就达到 519 篇之多，约占总数的 44.6%，可见当下研究的热门程度。

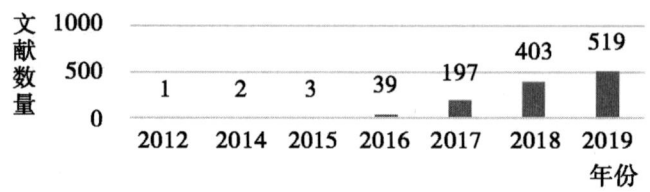

以上文献中，以"高中化学"为主题词的有 311 篇，以"初中化学"为主题词的有 115 篇，聚焦"教学策略"的有 69 篇，聚焦"教学设计""化学实验"的分别有 118 篇和 134 篇。文献显示，2017 年以前，研究更多倾向于理论，而在这之后，理论与实践的研究呈现齐头并进的态势。理论层面的研究主要包括化学学科核心素养的内涵研究，化学学科核心素养与学生发展核心素养、三维目标与科学素养之间的关系研究；实践层面的研究包括教学设计研究、教学策略研究及教学评价研究。

针对大量文献，笔者在鉴别、整理过程中，重点关注核心期刊与专著，同时研读其他学科核心素养的有关文章，从中提炼出两个主要的研究视角，一是讨论化学学科核心素养

---

① 中华人民共和国教育部. 普通高中化学课程标准（2017年版）[S]. 北京：人民教育出版社，2018：3.
② 王云生. 课堂转型与学科核心素养培养——中学化学课堂教学改革探索. 上海：上海教育出版社，2016：8.

的内涵与构成；二是探索化学学科核心素养的实施，例如教学策略、教学设计、教学评价等方面。

二、研究的主要内容和主要观点

1. 化学学科核心素养的内涵与构成。

关于化学学科核心素养的研究，始于"什么是化学学科核心素养""其内涵和构成是什么"，许多研究者对此提出了自己的看法。

（1）关于中学化学学科核心素养的内涵的讨论。

林小驹等参照"学生发展核心素养"的模型，尝试构建了高中化学学科核心素养体系，认为高中化学学科核心素养包括化学学科素养、化学信息素养、化学能力、合作能力和语言素养、化学思维素养、跨学科综合创新素养以及情感、态度和价值观等。[①] 这是最早提出的相对完整的高中化学学科核心素养构成体系。此后，房宏[②]、朱鹏飞[③]、吴俊明[④]等相继开展了关于化学学科核心素养内涵的研究。刘前树认为化学学科核心素养包括化学基本观念、化学过程、化学在生活中的应用、对化学的态度四个维度。[⑤] 陆军等认为化学学科核心素养应该具有"宏微结合的表征方法""变化可控的反应规律""服务社会的绿色价值""同类相似的物质性质""实验探究的实现途径"等学科特征。[⑥] 王云生在他的文章中对各个素养作了较详细的解释和阐述。[⑦]

从素养水平划分的角度看，王香凤、朱玉军[⑧]建构了一套关于3个维度和5个表现水平的化学学科核心素养框架体系，5个表现水平分别对应于幼儿、小学、初中、高中、大学化学专业。从研究方法上，丁小婷[⑨]采用扎根理论研究方法，基于多个个案进行分析，得出专家型教师对化学学科核心素养构成要素的理解；毕华林等[⑩]运用德尔菲法，通过来自全国高等院校和科研院所的33名专家共同体基于我国社会发展背景和学生全面发展需求所作出的有效决策和权威共识，得出中学阶段应该重点培养的理科核心素养，对化学学科核心素养的内涵建构具有启发意义。

[①] 林小驹，李跃，沈晓红. 高中化学学科核心素养体系的构成和特点 [J]. 教育导刊，2015（5）：78—81.
[②] 房宏. 中学化学核心素养的构成体系与培养策略 [J]. 中小学教师培训，2016（6）：5—8.
[③] 朱鹏飞，徐惠. 核心素养的研究进展及对化学核心素养构建的启示 [J]. 化学教学，2016（7）：3—7.
[④] 吴俊明. 关于核心素养及化学学科核心素养的思考与疑问 [J]. 化学教学，2016（11）：3—8.
[⑤] 刘前树. 试论化学核心素养的结构 [J]. 化学教育（中英文），2016，37（21）：4—8.
[⑥] 陆军. 从逻辑关系看高中学科核心素养的构成 [J]. 中小学教师培训，2017（2）：1—4.
[⑦] 王云生. 基础教育阶段学科核心素养及其确定——以化学学科核心素养为例 [J]. 福建基础教育研究，2016（2）：7—9.
[⑧] 王香凤，朱玉军. 指向教学实践的化学核心素养框架及表现水平 [J]. 化学教学，2018（5）：9—13.
[⑨] 丁小婷. 基于专家型教师视角的化学学科核心素养研究 [D]. 南京：南京师范大学，2017.
[⑩] 毕华林，万延岚. 核心素养：基于理科课程的一个实证研究 [J]. 课程·教材·教法，2016（9）：34—41.

从文献作者的单位来看,既有高校研究者,也有中学一线教师。一线教师能够主动投身于课程理念及理论的研究,这在以往的化学课程改革中是不多见的。

关于化学学科核心素养内涵的文献较多,尽管不同研究的表述略有差异,但大多数研究者都认同化学学科核心素养主要包括化学观念、化学思维、关键能力、实验探究、科学精神等,这与2017年版课程标准提出的5个要素大体上是一致的。

(2)关于高中化学学科核心素养5个要素之间的关系。①

在不同观察者眼中,高中化学学科核心素养5个要素之间有着不同的相互关系。吴星教授认为可以表示成"1+4"的四面体关系。其中,"科学探究与创新意识"在中心位置;"宏观辨识与微观探析""变化观念与平衡思想"既以化学科学探究为载体,又是化学科学探究的研究内容和思维视角;"证据推理与模型认知"是化学科学探究形成结论的思维方法;"科学态度与社会责任"是化学科学探究在态度情感和价值观维度的重要成果。王后雄教授认为5个要素分属思维、实践和价值三个不同层面,呈"3+1+1"的支撑关系。郑长龙教授则以哲学认识论的"实践—认识—再实践"的一般过程为依据,认为5个要素分属实践、认识和应用三个不同阶段,呈"1+3+1"的递进关系。

其实,不管进行怎样的观察与分析,同一学科的核心素养要素之间总是呈互补关系,反映学科教学在核心素养目标、功能与价值等方面的全貌。正如《课程标准》所描述的,"'宏观辨识与微观探析''变化观念与平衡思想''证据推理与模型认知'要求学生

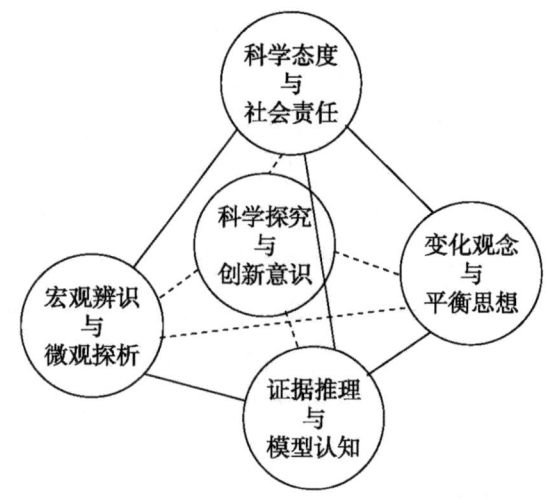

高中化学学科核心素养的"1+4"四面体关系

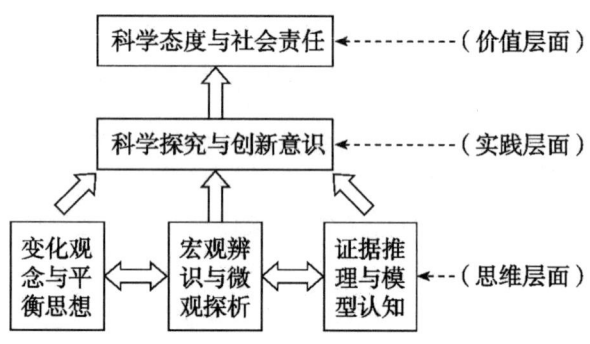

高中化学学科核心素养的"3+1+1"支撑关系

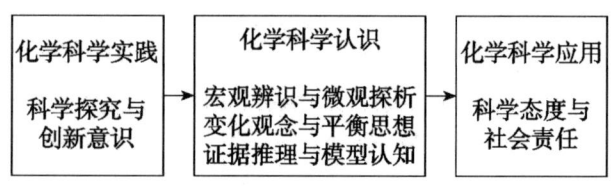

高中化学学科核心素养的"1+3+1"递进关系

---

① 陆军.教学即研究:让学科核心素养在课堂落地[J].化学教学,2019(6):3-8,21.

形成化学学科的思想和方法;'科学探究与创新意识'从实践层面激励学生勇于创新;'科学态度与社会责任'进一步揭示了化学学习更高层次的价值追求""化学学科核心素养将化学知识与技能的学习、化学思想观念的建构、科学探究与问题解决能力的发展、创新意识和社会责任感的形成等多方面的要求融为一体,体现了化学课程在帮助学生形成未来发展需要的正确价值观念、必备品格和关键能力中所发挥的重要作用"。

总之,只有厘清中国学生发展核心素养的内涵,才能正确理解国家意志,准确定位学科核心素养目标,并用学科核心素养目标引领自己的教学行为,保障"素养取向"学科教学的真正实施。

2. 化学学科核心素养的实施。

(1) 课程设置是化学学科核心素养得以实施的载体。

目前有关基于化学学科核心素养的课程研究较少,主要包括以下三个方面。

①探讨化学课程设计的原则。贺新认为化学学科核心素养的培养对教学内容提出了更综合的要求,课程设计的思想方法和价值理念需要转变,应坚持重兴趣之培养、重方法之引领、重创新之思维、重质疑与反思、重体验与生成五个原则。[①]

②提倡通过课程建设引领一线教师转变课堂教学方式,不断提升学生创新能力和核心素养。以浙江省为例,其基础教育课程改革专业指导委员会化学学科组在全面研究《普通高中化学课程标准》及各模块教材的基础上,对浙江省高中化学学习的模块及教学内容进行了适当调整,主要有三个方面:①减少共同必修,旨在切实减轻学生的学业负担,同时鼓励学生进行有利于个人专业发展的个性化学习;②强化化学实验,把强化化学实验教学作为体现化学学科特色、培养学生化学学科核心素养的重要抓手;③丰富课程资源,在全省范围内征集普通高中选修课程,为核心素养的落实提供了更多可能。[②]

③开发校本课程。校本课程不但能对国家课程形成补充,还能培养学生科学素养和人文素养。陈艳梅老师通过对校本课程《实验化学之"美丽的晶体"》的实施与反思,讨论在化学学科核心素养理念下校本课程的开发和实施[③],虽然这只是一个个例,却能起到一定的示范和启示作用。

(2) 化学学科核心素养实施的有效策略。

核心素养教学策略关系到教学内容素养功能的实现。从文献中梳理出培养化学学科核心素养的途径,主要包括以下几个方面。

①创设真实的情境,增强学生的体验。王磊等指出新课程标准中设置的情境素材既具有核心素养培育功能,又具有实践意义,同样的知识在不同的情境中如何自主调用是学生

---

① 贺新. 基于核心素养的课程构建——人大附中化学教研组的课程建设 [J]. 未来教育家, 2016 (4): 18-19.
② 任雪明. 构建体现化学学科核心知识、素养和能力的化学课程体系 [J]. 化学教学, 2014 (10): 92-93.
③ 陈艳梅. 基于化学学科核心素养理念下的校本课程开发——《实验化学之"美丽的晶体"》校本课程的实施与教学反思 [J]. 化学教与学, 2018 (12): 34-36.

能力水平、素养水平高低的重要差异。①

②灵活运用化学史。通过化学史教学，可以促进学生化学基本观念的建构和心智模型的转变，培养学生继承与创新的意识，促进化学学科实践能力的提升，培养优秀的科学品质和价值观，培育化学学科核心素养，从而实现"化学实践""化学认识""化学运用"等核心观念的结构化。②

③重视科学伦理的教育。科学伦理主要是指一个人需要在生活中承担应有的责任，不会因为一己私利而损害别人的利益，而这正是核心素养的重要体现。教师应利用好教学内容，发挥科学伦理教育的功能。③

④发挥问题在教学中的作用。在问题设置方面，曹旭琴认为学生在真实问题的解决过程中能够真正理解学习内容，建构知识、技能体系，进而发展学科核心素养。④郑长龙指出要发挥课堂提问对学生化学学科核心素养发展水平的诊断功能，设置具有较好素养诊断价值的问题。⑤

除此之外，徐宾老师认为化学学科核心素养的培养可以从聚焦核心知识、建构思想观念、注重宏微结合、引导实验探究、启发科学思维五个方面开展，并结合具体的教学案例进行了阐述。⑥还有研究者提出充分开发和利用现代信息技术资源⑦、设置微型科学议题⑧等，这些讨论都体现了学者们的深入思考，对化学学科核心素养的具体实施提供了借鉴。

（3）化学学科核心素养的实施要善于利用化学实验。

实验活动是化学学科核心素养实施的重要落实渠道，目前的研究主要关注以下两个方面。

①通过实验探究活动培养化学学科核心素养。毛傲老师认为，以探究性实验展示化学的魅力，激发学生积极探索化学的兴趣，集中发展化学学科"科学探究与创新意识"的核心素养。⑨此外，还要注重化学实验的绿色化设计。⑩在观察、分析实验现象时，用对立统一、联系发展、动态平衡、宏微结合的观点分析化学反应，培养学生的"宏观辨识与微观探析""变化观念与平衡思想"的核心素养。

---

① 王磊，于少华. 对高中化学课程标准若干问题的理论阐释及实践解读[J]. 中学化学教学参考，2018（13）：3—9.

② 刘前树. 试论化学核心素养的结构[J]. 化学教育，2016，37（21）：4—8.

③ 赖琛虹. 基于核心素养培养的高中化学教学研究[J]. 福建基础教育研究，2016（5）：85—86.

④ 曹旭琴. 基于真实问题培养学生的化学核心素养——以"原电池的原理及应用"复习课为例[J]. 中学化学教学参考，2017（17）：33—36.

⑤ 郑长龙. 基于"教、学、评"一体化理念的化学学习评价设计[J]. 中学化学教学参考，2018（11）：3—5.

⑥ 徐宾. 化学学科核心素养的培养策略[J]. 中小学教师培训，2017（1）：61—63.

⑦ 李新义，夏建华，蒋蓓蓓. 学科核心素养引领下信息技术与化学教学的融合创新——以"乙烯"教学为例[J]. 化学教学，2017（9）：40—46.

⑧ 刘前树. 以微型科学议题促进化学学科核心素养发展[J]. 中学化学教学参考，2018（11）：6—9.

⑨ 毛傲. 基于学生化学学科核心素养发展的实验课建构——以趣味"彩虹"探究性实验为例[J]. 实验教学与仪器，2016，33（12）：3—4.

⑩ 杨雅惠，李安，伍斌，杨涛，周从山. 化学核心素养视角下的化学实验教学设计——以"黑面包实验"为例[J]. 实验教学与仪器，2018，35（6）：15—18.

②对实验探究精神的塑造。如何让化学实验探究教学成为学生学习化学、浸润思想的精神修炼方式，成为留在学生观念中"最持久财富"？有学者认为应从实验教学的顶层设计入手，对实验探究精神进行熏染和塑造，这也是一种培养化学学科核心素养的好方法。[①] 这种观点另辟蹊径，令人眼前一亮。

（4）教学设计是理解教学理论和教学实践的桥梁。

有关教学设计的研究在发表文献中的比例最大。教学设计研究涉及的主题涵盖初中以及高中必修和选修模块，在选择性必修模块中以化学反应原理主题为最多。既有从学科核心素养的全部五个要素出发来展开教学设计研究，也有根据教学内容的素养发展价值选择部分要素来进行研究。

从设计的课型来看，文献中以单个课时的教学设计居多，也有单元教学设计。如王云生老师以"电解质溶液"为例建构基于发展学生化学学科核心素养的教学单元[②]；俞建锋从发展学生"宏观辨识与微观探析"维度的素养为导向，以高中化学必修1中的"离子反应"为例进行单元教学设计[③]。

从研究角度来看，研究者从教学目标、评价目标、学习任务、评价任务、教学情境等角度开展教学设计。在教学目标方面不再从三维目标的三个方面分别列举教学目标，而是将三维目标整合化、功能化，可见整合是"素养为本"的教学目标设计发展的方向。例如，陈进前认为制订教学目标时，需要熟悉该主题的内容要求、学业要求，将核心素养水平等级、学业质量水平罗列出来，再从中确定教学目标的重点和难点。[④] 郑长龙进一步指出，教学的关键需要注重两个一致性，即评价目标与教学目标的一致性，评价任务和学习任务的一致性。[⑤]

目前部分教学设计类文献存在如下问题：首先，教学设计思想与学科核心素养的关联不大，仅仅只是挂上了"核心素养"标签的教学设计。其次，部分文献的教学目标生搬硬套，似乎想培养很多素养，但实际上很空洞，因为并不是每一节课都需要培养学科素养的五个维度，这需要根据具体的教学内容和学情，找好着力点和关联点来确定教学目标和教学策略。最后，较多的文献是单课时的教学设计，较少开展基于核心素养的单元整体教学设计。核心素养相较于三维目标更具有融合性，更关注学生的认知方式和认知视角的转变，更重视育人，因此开展单元整体设计和活动教学是教学设计未来研究的趋势。

（5）化学学科核心素养实施的其他方面。

①教学评价方面，较详细、系统的论述很少。2017年以前有文章指出要制订学业质量

[①] 肖中荣. 谈化学核心素养之实验探究精神的塑造 [J]. 中学化学教学参考, 2016 (9): 38-41.
[②] 王云生. 关于电解质溶液教学若干问题的探讨 [J]. 化学教学, 2017 (10): 40-43.
[③] 俞建锋. 基于宏微结合导向下的"离子反应"单元整体教学设计 [J]. 化学教育（中英文）, 2018, 39 (1): 43-47.
[④] 陈进前. 基于化学学科核心素养发展制订教学目标 [J]. 化学教学, 2018 (7): 8-12.
[⑤] 郑长龙. 基于"教、学、评"一体化理念的化学学习评价设计 [J]. 中学化学教学参考, 2018 (11): 3-5.

标准来落实和测评学生学科核心素养的形成和发展，这样可以帮助教师具体了解学生在学习的各个阶段学科核心素养预期达到的发展水平，促使教师认真依据学习目标开展教学、落实学科核心素养的培养。① 随着新课程标准的制订与颁布，研究者在教学评价上的研究除了上述关于教学设计过程中评价目标、评价任务的研究外，还集中于化学试题渗透学科核心素养的分析，例如钟辉生等从核心素养水平划分的角度对2017年全国高考Ⅰ卷化学试题进行评析②。少部分研究者也尝试用实证的方法进行评价，但都处于初步尝试的阶段。总体而言，基于化学学科核心素养的评价研究不仅是薄弱点，也是难点，要形成较完善的评价体系仍需要大量的研究，这也是未来教学评价发展的方向。

②教学模式方面，目前文献中谈到了运用以下几种教学模式来培养化学学科核心素养：支架式教学模式、任务驱动式教学模式、探究式教学模式、问题链教学模式、课时活动教学模式、单元整体教学模式等。③

除了上述讨论，关于化学学科核心素养实施的研究还零散地涉及其他环节，例如，张贤金、吴新建就教师核心素养的提升发表了自己的看法，如高中化学教师应该具有怎样的核心素养，高中化学教师如何实现核心素养的发展，高中化学教师如何基于核心素养进行课堂教学等。④ 这些看法发人深省，为今后的研究开辟了新的视角。

三、关于化学学科核心素养实施的几点思考

目前，基础教育课程改革进入了向内涵发展的阶段。要使学科的课堂教学真正转到发展学生的学科核心素养的轨道上来，就要研究课堂教学中存在的问题，研究课堂教学的改革。学者们对化学学科核心素养已经进行了一些有意义的探索，但如何"落地"仍然是研究的重点与难点。未来的研究工作应关注如下几个方面。

1. 立足我国国情和教学现状，厘清化学学科核心素养的内涵。

要切实落实化学学科核心素养的培养，首先应该明确化学学科核心素养的内涵与组成。尽管关于此部分的研究"百家争鸣"，但笔者认为共同的特征是紧扣"核心素养培养总要求"和"化学学科特征"两大要素。新课程实施十多年来，基础教育领域确立了三维学习目标，而化学学科核心素养在一定程度上可以理解为三维目标的继承与发展，更具有融合性、整体性和学科特色，更体现学科的核心价值。从目前的研究看，需要探讨和解决以下几个问题。

---

① 王云生. 学科核心素养的培养是学科教育的灵魂 [J]. 基础教育课程，2016 (19)：15—19.
② 钟辉生，谢名军，姜建文. 核心素养视角下的高考试题分析——评2017年全国高考Ⅰ卷理综化学试题 [J]. 化学教学，2018 (5)：75—80.
③ 王云生. 课堂转型与学科核心素养培养——中学化学课堂教学改革探索 [M]. 上海：上海教育出版社，2016：8.
④ 张贤金，吴新建. 基于核心素养的高中化学课程改革如何"落地" [J]. 化学教与学，2016 (9)：7—8.

(1) 前文提到高中化学学科核心素养可以用"宏观辨识与微观探析""变化观念与平衡思想""证据推理与模型认知""科学探究与创新意识""科学态度与社会责任"等五项内容来概括和表述，那初中化学教育作为化学的启蒙教育，初中化学学科核心素养的内涵应该如何理解呢？笔者认为教学具有一定的连续性，而化学学科核心素养具有整体性，对核心素养内涵的确定和理解应该关注学生学习的整个阶段，而不可分割开来。

(2) 落实化学学科核心素养要防止口号化、表面化，应细化化学学科核心素养的组成，对课程目标、教学目标、教学内容进行选择、对接和细分，制订可落实的课程标准，提出可行的实施建议，将核心素养的要求具体化，并细化到教学目标、教学内容里，甚至是教学策略里。

(3) 通过对文献的分析可知，虽然国外对核心素养的研究早于我国，但目前国内外都处于探索的阶段，在核心素养的实施过程中，切不可盲目地移植和模仿国外的做法，要立足我国的国情和教学现状，寻找具有中国特色的化学学科核心素养的内涵体系，增加在我国中学实施的可行性和生命力。

2. 化学学科核心素养的实施呼唤课堂教学性质和任务的转换。

从现有文献中笔者发现，在化学学科核心素养实施的探索实践中涌现出多种课堂教学的改革主张，涉及教学模式、教学设计、教学策略等多个方面，但似乎并没有从根本上扭转课堂教学的方向，极少有研究能在课堂实施上触及化学学科核心素养的内核，研究的关联性不够，在内容上略显"旧人穿新衣"的乏力感。当然，这也与对化学学科核心素养的研究还处于初级阶段有关。要落实化学学科核心素养，就需要课堂转型，就需要从教学目标、教学内容、师生关系、教学过程、教学评价、教学管理等方面实现教学理念和方式的转变，可考虑从以下几个方面努力。

(1) 设计与化学学科核心素养相匹配的课程。核心素养本身的基础性、普遍性、跨学科性特点决定了实施核心素养的课程形式具有丰富性。当然，现有的化学课程体系是否能满足化学学科核心素养的培养要求，教材是否便于一线教师的教学顺利实现课堂转型，还需要专家的讨论与指引。这一点我们可以多借鉴核心素养实施的国际经验，探索化学学科核心素养与文化传统、社会发展要求、课程体系之间的关系。

(2) 探索不同教学模式下学习活动的设计。好的学习活动设计，应该是主题清晰、目标明确、活动程序清晰，有层次、有递进并留有调整的余地。学习活动为化学学科核心素养的落实提供了可能的施展空间。课堂转型并非意味着非要运用或者创造新潮的课堂教学模式，而是要关注学习活动中教和学行为方式的转变，目的在于实现真正意义上的"目标转向"，把教学落实到发展学生学科核心素养的轨道上来。

(3) 探索基于化学学科核心素养的教学单元设计。我国传统的教学设计，基本是以章、节为基本单位，着眼于学科基础知识和技能的掌握、教学重难点的突破，缺乏结构化和整体性，难以反映课程在发展学生化学学科核心素养的功能。教学单元设计是以一定主题的教学内容单元作为教学设计的基本单位，基于学科核心素养来安排和设计课堂教学，形成结构化的教学单元,避免各个素养被具体的教学内容分割开来,有助于核心素养的落实。①

(4) 提高学习情境创设的实效性,多反思、多交流、多总结有效的教学策略。近年来,真实情境的创设可以说是化学教学中的一大亮点,其实这一点对于化学学科核心素养的实施也是十分重要的,真实的、有效的学习情境能揭示学习的课题,让学生进入愤悱的状态,形象生动地呈现出学习成果,自然地、顺畅地完成教学目标,这一点还需要保持和继续发展。

值得注意的是,在教学实践中,要不断思考和挖掘学科核心素养与教学各个环节的融会点、对接点,要明确研究的意义,不可一味夸大。实施化学学科核心素养的核心始终是学生的发展。

3. 制订符合我国教学现状的化学学科核心素养评价体系,致力于化学学科核心素养实施与评价的一致性。

不失偏颇且有效的评价才能正确地指引化学学科核心素养的实施,未来应避免缺乏明确的评价标准而使化学学科核心素养的落实口头化、随意化、模糊化。所以说,设计出多元的、弹性化的、符合我国教学现状的评价标准是化学学科核心素养实施的必然选择。

(1) 首先,在学生学业质量评价方面,将化学学科核心素养的评价纳入主流的评价中,丰富总结性评价的形式和方法,注重学生的形成性评价。同时,转变和创新评价的理念、方式、方法和内容,改变目前仍以"分数定优差"的尴尬局面。② 因此,追求教学评价的一致性,在课堂中从"教学应该到哪儿?怎么去?到了没?"的细节入手,是有效落实学科核心素养的保证。

(2) 由于条件限制,目前学业水平测试和高考只能通过纸笔测验进行,因此研究命题如何测试学生的化学学科核心素养尤为重要。除了要求命题人员要树立"以化学学科核心素养为本"的命题观,构建"以测试学生核心素养为目标"的命题框架体系外,还要以真实情境的问题为测试载体,考查学生在分析、解决问题过程中所表现出的化学观念、对化学知识的理解和运用能力、探究精神和探究能力。以2016年全国高考理综化学试题为例,试题对化学原理的考查非常灵活,纯知识性考核的题目减少,取而代之的则是更多的知识应用性题目,这就意味着靠死记硬背的学习方式很难在高考中得到高分,通过这种方式也可以引导教师在平时的教学中注重对学生能力的培养,以及对化学学科核心素养的培养。

4. 加强教学的管理和组织,为化学学科核心素养实施保驾护航。

核心素养的研究如火如荼,目前最大的问题已不再是转变教师的观念、认识化学学科核心素养的重要性,而是核心素养的实施者——教师们所困惑的:化学学科核心素养究竟

---

① 王云生. 探索课堂学习活动设计 落实核心素养培养要求 [J]. 化学教学, 2016 (9): 3—6.
② 饶慧伶, 胡志刚, 陈璐. 多元智能理论在我国中学化学中应用的回顾与反思 [J]. 化学教育, 2016, 37 (11): 1—5.

该如何实施？实施过程会不会很麻烦？会不会给日常教学增添很多负担？会不会影响教学的有序性和有效性？而这些问题解决的关键之一就是建立高效的教学管理和组织。因为教师不但要承担教学的角色，更是课堂中的管理者和组织者，只有当教学管理提升的速度能匹配上课堂转型的速度，化学学科核心素养的实施才会顺畅。这就要求今后的研究能够更多地关注和探索更为高效、可行、简便的教学管理模式和组织策略。

5. 提升教师的学科核心素养迫在眉睫。

学科核心素养的实施，关键在教师。教师如果不具备良好的化学学科核心素养，又怎能担负培养学生的重任呢？因此，教师应在不断学习、不断探索、不断反思中提升化学学科核心素养。为了实现转型，教师除了积极、主动地进行理论学习外，还必须不断地在课堂实践中探索，用先进的教育理念和教学思想指导自己的教学实践，主动寻找自己的不足之处，及时自我评估，学会通过阅读教育图书、期刊文献等方式更新自己的知识结构，珍惜每一次在职培训和进修机会，通过学习、反思、总结，反复循环，取得突破。另外，应探索提升教师化学学科核心素养的多元途径。提升教师化学学科核心素养，不能仅仅依靠教师的自我学习，各级组织要创造机会和途径帮助教师不断完善自己。教师的学科核心素养越早上一个台阶，化学学科核心素养的实施才越有保障。

达成核心素养的学科整体教学规划设计研究①

以三维目标为标志的基础教育课程改革，提出了通过知识与技能、过程与方法、情感态度与价值观三个维度呈现课程及教学目标，从多维度更全面地解读和实施课堂教学目标。但是在具体教学过程中存在较多割裂三维目标的问题，存在较多不能很好地解决三维目标有效融合的问题，导致目标设置与实际教学两层皮的问题。教学仍较多停留在双基等低阶目标层面，不能较好地开展深度教学，不能有效地达成高阶的能力素养目标。为解决当前课程及教学中深层次的问题，我国启动了新一轮课程改革，改革的重点是发展学生的核心素养，达到"立德树人"的教育目标。学科核心素养是学科育人价值的集中体现，是学生通过学科学习而逐步形成的正确价值观念、必备品格和关键能力。② 在教学中应充分挖掘教学内容的教育价值，采取与核心素养相适应的教学策略，实现以核心素养为导向的课堂教学转型，才可达成以关键能力和必备品格为重点的高阶目标。实现高阶目标不可能一蹴而就，它是不断强化提升的过程，需要教师从不同角度入手，让学生经历长期的、一系列的学习活动。教学中除了需通过创设情境、组织相关活动达到较好地融合三维目标外，还需根据高阶目标培养的系统性、内隐性和长期性等特点，开展高阶目标的整体教学规划和设计，并采取相应的教学策略循序渐进地开展教学。

一、整体教学规划设计的内涵、原则及意义

1. 整体教学规划设计的内涵。

整体教学规划设计是指在教学过程中对课程整体或某一主题内容开展系统研究，从整体上规划教学目标、实施过程、教学策略及教学评价等。

---

① 王锋. 核心素养的达成需要教学的整体规划与设计——以初中化学学科为例［J］. 基础教育课程，2019（10）：60—66.
② 中华人民共和国教育部. 普通高中化学课程标准（2017 年版）［S］. 北京：人民教育出版社，2018：3.

2. 整体教学规划设计的原则。

整体教学规划设计要贯彻系统性、因材施教和循序渐进等教学原则。

(1) 系统性原则：教学规划设计过程中，应全面分析教学系统内教学目标、教材内容及教学资源等的特点，发挥教学系统整合优势，最后选择最优化的教学策略。

(2) 因材施教原则：通过整体教学规划，采用横向分类教学思想，梳理不同类型的目标，采取相应的策略，增强教学的针对性。

(3) 循序渐进原则：通过整体教学规划，在纵向规划教学实施过程中，明确各个内容的教学重难点，分析学情，找到与学生的结合点，合理分配教学的时长，明确每个阶段的进阶梯度，提升各个环节的效率，进而提升整体教学的有效性。

3. 整体教学规划设计的意义。

通过整体规划设计教学，教师可以更加明确课程的培养目标，明确教学的实施计划及过程，明确各阶段的实施重点及相应的教学策略。整体教学策略是基于核心内容的基础之上，更突显达成高阶内隐目标的指向。这样可以较好地防止教学的盲目性和随意性，避免局限于课时教学而坐井观天，以免形成狭隘教学观而影响课程目标达成的整体效果。

二、整体教学规划设计的具体内容及其实施

当前，对整体教学规划设计的研究更多局限于单元整体备课。教学是一个复杂的系统，仅从单元开展整体教学规划设计，还不能很好地解决"只见树木不见森林"的问题。因此，整体教学规划设计应对学段课程培养目标开展系统的梳理，以明确课程教学重点和教学策略，规划教学实施过程。整体教学规划设计的重点是明确核心内容，梳理隐性的教学目标，研究各种重要目标的教学关键期及教学策略。以人教版九年级化学教材为例，探讨如何开展学科整体规划设计、如何把备课内容从课题拓展到课程的全覆盖，以形成更有针对性的教学规划及教学设计。

整体规划设计主要从以下几个方面开展。

1. 梳理课程标准中学科核心素养的内容。

课程标准作为学科纲领性文件，虽然规定了课程的整体内容，但是相对比较宏观，而且课程标准中有关的实施建议也只有较宏观的策略，缺乏详细、具体的操作性说明。为更好地实施课程目标及教学要求，一方面需要教师们通过学习和研究，特别是在相关课程学科教学专家的指导下，领会课程标准的理念；另一方面，在深入领会课程标准理念的基础上，对课程目标进行深入的解读，开展课程整体规划设计。

《普通高中化学课程标准（2017年版）》已由教育部正式颁布，提出化学学科核心素养内容包括"宏观辨识与微观探析""变化观念与平衡思想""证据推理与模型认知""科学探究与创新意识""科学态度与社会责任"等五个方面。化学学科核心素养是学生发展核

心素养在中学化学课程中的具体化，因此对于初中化学课程也有类似的要求，只是在课程的不同发展阶段有不同的进阶要求。目前，初中化学教学仍然使用《义务教育化学课程标准（2011年版）》，因此有必要充分应用化学学科核心素养的内涵来指导我们重新认识初中化学课程标准，才能更好地顺应新时代的教学要求。在整体教学规划设计过程中，应从化学学科核心素养五个方面梳理和整合初中化学课程内容。这种梳理与原来的三维目标解构课程内容有较大的区别：按每一个学科核心素养主题的内涵，对核心知识和基本技能、关键能力、必备品格等进行融合梳理，深入完整地阐述初中化学相应主题的学科核心素养。

以"宏观辨识与微观探析"学科核心素养为例，其在初中化学课程中的核心内容表现为：能从不同层次认识物质的多样性，并对物质进行分类；能用化学用语表示物质的组成及其变化；能从元素和原子、分子水平认识物质的组成、结构、性质和变化，形成"结构决定性质"的观念；能从宏观和微观相结合的视角说明并解释一些简单的化学问题。

这一素养包含以下课程目标：通过观察能辨识一定条件下物质的形态及变化的宏观现象，初步掌握物质及其变化的分类方法，能运用化学式、化学方程式等化学用语表征物质及其变化；能从物质的微观层面理解其组成、结构和性质的联系，初步形成"结构决定性质，性质决定用途"的观念；认识物质的微粒性，初步认识核外电子在化学反应中的作用，能用微粒的观点解释某些常见的宏观现象。

2. 明确达成各种核心素养的教学策略。

从总体上说，核心素养的达成都需要通过创设真实的情境，让学生参与各种有意义的教学活动，引发学生对相应教学内容的深度学习，从而获得关键能力和必备品格。不同的核心素养有不同的内容特点，因此应根据因材施教原则，采用不同的教学策略。如"宏观辨识与微观探析"的核心内涵是建立宏观现象与微观世界的关系，教学过程应突出表征策略，即教学上应重视建立"宏观—符号—微观"三重表征，应用符号表征宏观与微观的本质规律；如"科学探究与创新意识"的核心内涵是发展学生科学探究能力和创新意识，教学过程应突出探究策略，即教学上应通过实验等实践途径，开展对相关问题的探究，让学生经历科学探究过程，训练学生科学思维方法，发展学生科学探究能力和创新意识；如"科学态度与社会责任"的核心内涵是培养科学品质以及树立可持续发展观，教学过程应突出深度活动体验策略，即教学上应通过创设化学史以及STSE（科学、技术、社会、环境）情境，组织相关的学习活动，让学生通过深度体验，获得情感的升华、态度的转变和价值观的形成。

3. 对各种内容进行整体的实施规划。

学生通过学科学习逐步形成了正确价值观念、必备品格和关键能力，即达成了学科核心素养。学生必须借助相关学科的基本技能，挖掘相关知识的教育价值，通过有深度的学习活动，才能形成关键能力和必备品格。因此，基础知识、基本技能是发展学生核心素养的重要载体，它们仍是教学的重要内容。但是，如果没有学科核心素养的统领，在教学中只能就知识教知识，就技能练技能，学生获得的知识和技能是孤立、零碎的。一方面，学生不能对物质及其变化有本质的理解,不能达到对知识之间整体联系的认识,不能较有效地建构科学概念,更不能把这些内容有效地融入关键能力和必备品格素养体系。另一方面,教学中容易忽略核心知识及其他教学内容、教学功能,失去了利用其达成关键能力和必备品格的价值,影响了学科核心素养达成的质量。此外,关键能力、必备品格与知识技能相比,是相对隐性的目标,教学中如果没有从一开始就明确关键能力、必备品格等教学内容,教学就容易迷失在显性的知识记忆和技能训练中。因此,教学必须从达成核心素养的关键能力和必备品格出发,进行整体教学规划,让学科核心素养统领下位教学内容,更好地发挥教学内容的教育教学功能。

教学内容实施规划要思考以下问题:有哪些具体的内容?这些内容分散在哪些单元课题中?教学的关键是哪些?教学中如何突破这些关键点?下面以"宏观辨识与微观探析"素养为例,简要说明在人教版九年级化学教材中这一素养如何实施教学规划。"宏观辨识与微观探析"在初中化学课程中的渗透主要分为四个阶段:第一阶段,从绪言到第二单元的教材内容,学生对宏观物质及其变化获得感性的认识,并从物质的组成、分类、性质等概念视角更本质地认识物质及其变化;第二阶段,第三单元的教材内容,初步形成微观的概念,从微观视角理解宏观现象,初步建立宏观与微观的联系;第三阶段,第四单元、第五单元的教材内容,建立符号表征,初步学习应用化学符号表示物质的组成及其变化;第四阶段,后续的教材内容,重点内容有金刚石、石墨和 C_{60}、溶液、酸碱中和反应,其他元素及其化合物等,在前面三阶段基础上,深入构建物质的组成、分类、性质、用途之间的关系,并能用符号建立起宏观与微观之间的联系。教学中的难点及突破点在于:第二阶段教学内容较为抽象,应采取的教学策略是化抽象为形象,让微观本质与宏观世界建立联系;第四阶段前面各教学内容容易与后期元素及其化合物教学内容脱节,教学中应充分应用三重表征较好地建立物质的组成、分类、性质、用途之间的关系。

4. 开展单元整体备课,梳理由课程到单元、由单元到课题的目标与内容的关系。

从课程整体开展规划设计解决课程总体内容的顶层规划,把握课程理念,解读课程目标,并对各种类型的目标进行实施过程和教学策略的设计。后续规划设计工作需以此为依托,进一步理顺课程整体教学规划内容与阶段性教学目标的关系,理清整体目标与具体教学内容的关系,重点解决教学目标细化的问题,找到课程目标与教材内容的结合点,找到教学内容与学情的最佳结合点。

教学单元,是指一个学科的教材,常常分为许多大小不同的若干单元,即把性质相同或有内在联系的内容组成一个整体,分编课目,安排作业,从传授知识到巩固、应用,连续在一段时间内进行。[①] 规划设计过程中,应充分发挥教学单元在整体教学中的承上启下作用。在实施过程中,应重点梳理由课程到单元、由单元到课题的目标与内容的关系。

一方面,梳理课程目标与单元教学的关系。通过课程整体教学规划,依据分类教学思

---

① 朱作仁. 教育辞典 [M]. 南昌:江西教育出版社,1987:660.

想开展教学专题素养研究。单元整体教学、课题教学中可能融合了各方面的素养目标，在规划设计中应找到各种素养教学目标的平衡点。单元整体规划设计过程中，应根据课程整体教学规划要求，明确单元与课题在整体达成核心素养中的作用及阶段性任务，充分分析单元与课题教学内容的特点，找到核心素养阶段性培养重点。最后，结合学情及学生学习难点制订单元教学的最优化策略。

另一方面，梳理单元目标与课题教学的关系。核心素养作为高阶教学目标，统领较多下位教学内容，因此很难通过一两个课题教学达成。在单元规划设计过程中，应根据整体规划设计的素养目标分解和明确每个课题的教学任务：可能有些课题更偏重于知识或技能教学，有些课题更偏重于方法教学，有些课题更偏重情感、态度、价值观的形成。它们作为核心素养的课程整体单元的具体内容，不是孤立零碎的，而是在整体规划设计过程中被赋予了不同的素养功能指向，为达成高阶目标创造了条件。在单元教学过程中，通过各课题教学的积累，可能在单元后续的某一课题教学中水到渠成达成某些素养目标；或者通过基于实际情境解决问题的单元复习，较好地达成单元核心素养教学目标。

以"第十单元 酸和碱"为例说明如何开展单元备课。常规教学重点是让学生认识常见酸和碱的性质及用途，进一步构建酸、碱、盐等无机物的知识网络，完成教学内容的结构化。如果站在核心素养统领下的整体规划设计视角，这单元除了达成以上教学目标外，还有其特殊的核心素养教学价值：在认识酸、碱的物质性质过程中，可以较好地强化物质变化观等观念内容；可以挖掘氢氧化钠与二氧化碳、氢氧化钠与稀盐酸实验的探究价值，探究一类没有明显变化现象的物质混合过程中是否发生化学反应，提升学生的科学探究意识与探究能力。此外，"宏观辨识与微观探析"相关教学内容主要分布在初中化学教材第三、第四、第五单元，重点在于从物质的构成视角认识物质的微观世界，在后续教学中更多是建立宏观辨识与微观探析之间的联系。第十单元的教学可以从酸和碱的性质出发，让学生深入构建物质的组成、分类、性质、用途之间的关系，可以在氢氧化钠、稀盐酸的探究过程中，引导学生从宏观表征反应、符号表征物质及其反应，强化表征意识，从而较好地达成"宏观辨识与微观探析"素养。

5. 实施教、学、评一体化规划设计，有效开展教学评价。

教学评价在教学中起到重要的诊断、导向作用，教学中应重视发挥教学评价的这些功能，实施教、学、评一体化规划设计，提升核心素养达成的质量。在整体教学规划设计中，应树立"素养为本"的化学学习评价观，紧紧围绕化学学科核心素养的发展水平和化学学业质量标准来确定化学学习评价目标，注重过程性评价和结果性评价的有机结合，灵活运用活动表现评价、纸笔测验和学习档案评价等多样化的评价方式，倡导学生自评、同伴互评与教师评价相结合，充分发挥评价促进学生化学学科核心素养全面发展的功能。[①]

在整体规划设计过程中，应重视教、学、评一体化规划设计，重点从以下两方面开展。

---

① 中华人民共和国教育部. 普通高中化学课程标准（2017年版）[M]. 北京：人民教育出版社，2018：74—75.

第一，在过程评价中，要发挥学案与作业的评价诊断反馈功能。根据整体教学规划的要求，把教学目标落实到具体教学中，编制具有评价诊断功能的学案和作业，引导、促进教与学有效落实核心素养目标。在开展学案与作业过程性评价过程中，除了要关注学生关键能力的达成情况，还要特别关注学生的必备品格以及价值观念的形成情况，并能根据学情调整教学计划。

下面以"探究铁制品锈蚀的条件"为例，简要说明如何通过学案、作业等教学内容引导学生开展相应的教学活动。①

【案例1】 探究铁制品锈蚀的条件。

• 合作探究（课前探究，一周前完成）

[观察，提出问题] 铁在哪些条件下更容易生锈？

[猜想假设] 我猜想：铁生锈需要的条件是_____。

[设计实验] 设计实验证明以上铁生锈的条件。

[小组交流讨论] 展示个人的设计方案，并汇总整合小组的方案，最后形成小组的方案。思考小组讨论中有哪些内容是自己没考虑到的。

（说明：在小组充分讨论后，小组可以阅读教材探究方案，讨论教材的设计意图，但不一定要按照教材设计进行探究，鼓励学生按照自己的方案用生活替代品进行探究。）

[进行实验并收集证据] 记录相关的现象及实验说明（可以自行设计表格）。

[结论与解释] 得出相关结论，作出解释，对实验进行反思。

• 课堂交流讨论

交流、讨论实验过程方案、现象及结论，以及提出防止铁制品锈蚀的建议。

（先小组交流讨论，后推荐小组代表准备全班发言。教师可选择有代表性的小组进行发言，再进行讨论。讨论过程中做适当记录。）

• 校本作业

(1) 完成"自行车防锈措施"方案设计，小结防锈原理。

(2) 我国的金属资源现状如何？结合自己身边的事例，谈谈如何保护金属资源。

案例简析：依据以上学案内容开展学习活动，在活动中学生通过设计实验、完成探究活动、展示活动以及课外拓展校本作业，能够较好地完成教、学、评一体化教学过程。教师根据学生在学习活动中的表现及展示活动过程中完成的相关作品，诊断学生达成相关目标的情况，从学生活动表现中了解其态度转变及价值观形成情况，及时发现学生学习中存在的问题，根据学情及时调整教学计划，从而达成高质量教学。

第二，基于"素养立意"命题及测试，开展结果性评价。在阶段性测评及学业评价中，坚持以化学学科核心素养为导向，提升试题质量，充分发挥试题评价及导向作用。再以"探究铁制品锈蚀的条件"相关内容为例，编制相关纸质测试试题。

---

① 王锋. 基于学习共同体理念开展合作导学设计及实施的探索[J]. 中小学教师培训，2017(6)：41—45.

【案例 2】 某研究小组对铁制品锈蚀相关问题进行探究。[①]

实验一：探究氧气浓度对铁制品锈蚀的影响

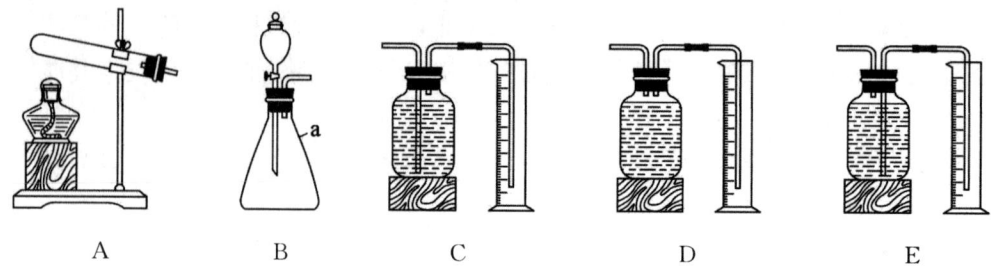

A　　　　B　　　　C　　　　D　　　　E

(1) 仪器 a 的名称为_____。

(2) 写出实验室用高锰酸钾制取氧气的化学方程式：_____，发生装置应选_____（填装置编号）。

(3) 收集氧气浓度不同的混合气体（含氮气和氧气），可选用的装置是_____（填装置编号）。

(4) 设计一个实验探究氧气浓度对铁制品锈蚀快慢的影响，简述实验方案（包括实验操作步骤、需控制的变量、应观察的现象，可结合图示说明）：_____。

实验二：探究铁锈的成分

若铁锈成分为 $Fe_xO_y \cdot nH_2O$，用下图所示装置（夹持仪器已省略）进行实验（每步反应和吸收均完全）。$Fe_xO_y \cdot nH_2O$ 受热容易分解产生水蒸气，无水硫酸铜能吸收水而变蓝，碱石灰既能吸收水也能吸收 CO_2。

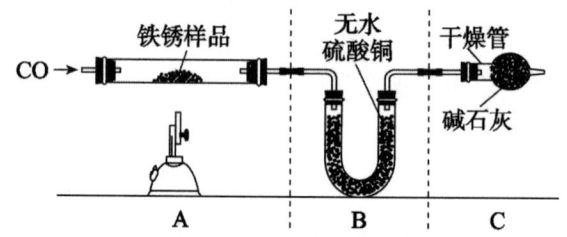

(5) 指出图中所示实验装置的一个明显缺陷：_____。

(6) 加热前，先通 CO 气体一段时间，目的是_____。

(7) 为确定铁锈的组成，加热铁锈样品，样品逐渐变黑，无水硫酸铜逐渐变蓝，实验过程测得以下数据（忽略装置内残留的水蒸气）：

	铁锈样品的质量/g	装置 A 的质量（不包括喷灯的质量）/g	装置 B 的质量/g
反应前	23.2	258.1	232.4
反应后		246.1	239.6

根据以上数据计算该铁锈样品中含 Fe 元素质量为_____，n 的值为_____。

[①] 2018 年厦门市中考化学模拟试题。

案例简析：试题以学生熟悉的铁制品锈蚀作为情境，以锈蚀原理为核心内容，以"探究氧气浓度对铁制品锈蚀的影响""探究铁锈的成分"等问题重点考查学生的"科学探究与创新意识"素养，较好地体现了核心素养命题的"素养""情境""问题"和"知识"四要素，较好地考查学生在实际情境中解决问题的能力及评价学生相关的核心素养水平。

总之，以课时主义为主导的教学虽然关注了高阶学习目标，但是这种教学会造成能力素养教学的随机性和碎片化，很难有效地达成高阶能力或素养目标。为了更高效地达成素养目标，应从课程到课时进行系统的整体规划设计，让高阶目标显性化；让教师明确每单元、每课题、每课时对于实现高阶目标的作用及阶段性任务，进而采用最优化教学策略，让教学更有针对性。对于原来习惯于仅关注课时教学的教师要开展全面系统的整体规划设计，确实是一件较困难的事。在新一轮课程改革中，为实现教与学方式的转变，要通过深入开展核心素养相关理论学习，让教师深入领会核心素养的本质、内涵、特征；同时，通过结合具体案例学习课程整体规划设计，从而转变教学理念，逐步掌握整体教学设计技术。只有让一线教师真正实现从课程整体高度设计课题课时教学，特别是从课程整体高度指导学生完成促进其能力素养提升的学习活动，才能真正让核心素养高效落地，更好地实现"立德树人"的教育目标。

宏观策略篇

——学科核心素养各维度教学策略

素养维度一　宏观辨识与微观探析

化学是在原子、分子水平上研究物质的组成、结构、性质、转化及其应用的一门基础学科。"宏观辨识与微观探析"素养反映了化学学科的思维本质特征，是化学学科核心素养的标志性重要内容，它要求从宏观视角认识物质及其变化规律，并从微观层面揭示物质及其变化本质。[①] 化学教学中应重视培养宏观与微观相结合的思维方式，把这种化学学科特有的视角贯穿于化学教学的全过程，促进化学学科素养的整体提升。

一、素养目标解读

（一）化学学科素养总目标

能从不同层次认识物质的多样性，并对物质进行分类；能从元素和原子、分子水平认识物质的组成、结构、性质和变化，形成"结构决定性质"的观念。能从宏观和微观相结合的视角分析与解决实际问题。

（二）初中化学课程素养目标解读

1. 通过观察能辨识一定条件下物质的形态及变化的宏观现象，初步掌握物质及其变化的分类方法。
（1）依托的课程内容。
①物质的分类。

---

① 顾建辛. 关于化学核心素养培育的微观思考——"宏观辨识与微观探析"素养培育中的目标与行为分析 [J]. 化学教学，2019（1）：3—7，37.

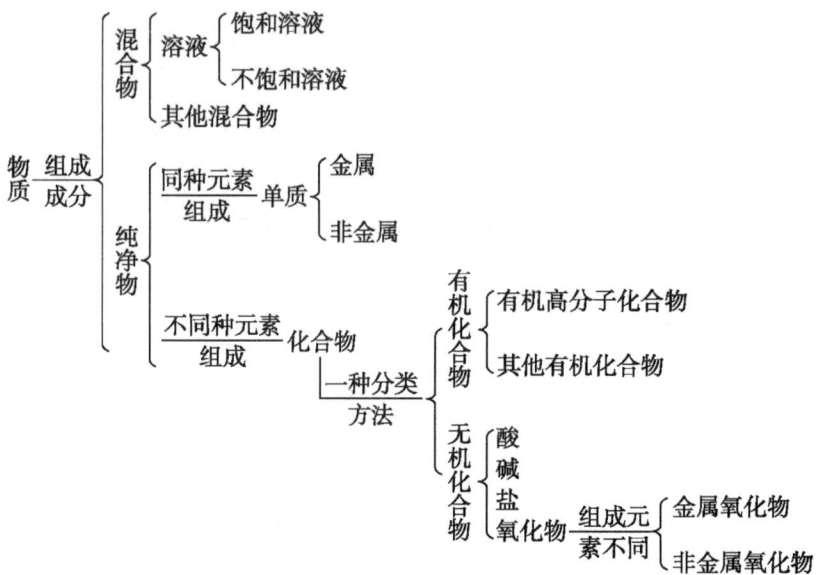

②常见化学反应的分类。

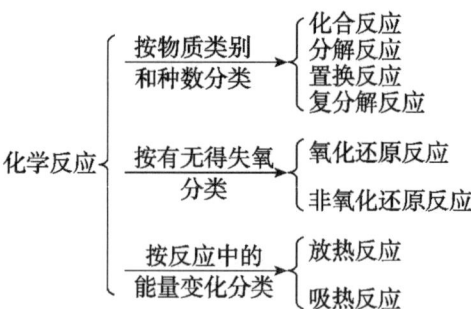

(2) 素养要求解读。

能对常见的物质及其变化进行分类，并能从宏观组成及变化、微观构成及变化角度认识这些分类。能初步归纳各类物质的性质，能应用这些性质迁移类推同类别物质的性质。

分类是一种科学的思维方法，是人们认识事物的一种重要手段，通过分类可以更好地认识和把握同类物质的本质。分类所依据的标准不同，分类的结果也不一样。世界上的物质有几千万种，要研究和认识这些物质及其变化，就必须对其进行分类。把大量的事物按照一定的标准进行分类，是一种简便高效的科学方法。对于数以千万计的化学物质，利用分类的方法，把繁多的物质通过分类构成一个有序的逻辑体系，有利于把握物质之间的本质区别和联系，进而探讨各类物质之间的转化关系，为从整体上认识物质及其变化提供内在线索，这一过程能促进学生素养的发展。①

---

① 何彩霞. 化学学科观念建构是单元教学的核心——"物质的分类"单元教学的思考 [J]. 化学教育，2009，30 (2)：17—19，42.

2. 能运用符号表征物质及其变化。

（1）依托的课程内容。

化学用语的知识体系如下图所示。①

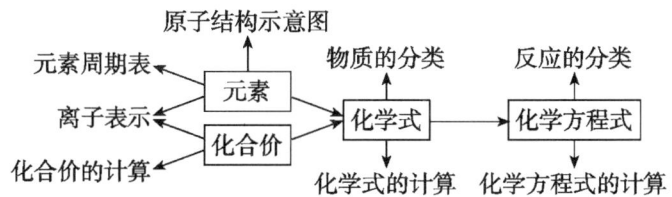

（2）素养要求解读。

①化学用语是学习化学的重要工具和基本技能。应明确如下要求：记住常见元素的名称与符号，并能规范地书写元素符号；了解元素符号所表示的意义；简单了解元素周期表的结构，初步学会查阅元素周期表获取有关元素的简单信息；能说出常见元素的常见化合价，能用化学式表示常见物质的组成；能利用相对原子质量、相对分子质量进行物质组成的简单计算；能看懂某些商品标签上标示的组成元素及其含量；能正确书写简单的化学反应方程式，能从化学反应方程式中获取有关反应的相关信息，能根据化学反应方程式进行简单的计算，进而解答相关的简单的化学问题。

②重视化学用语的表征功能。表征是一个心理学概念，是指"信息在人脑中呈现和记载的方式"。认知心理学家和人工智能的创始人西蒙（H. A. Simon）指出："表征包含了两个方面的含义：信息和对信息的加工。"② 西蒙的提法既有动态的含义，也有静态的含义，后来演变成为表征的两种形式——内部表征（internal representation）和外部表征（external representation）。人们直接把信息的记载或问题本身的提法称为问题的外部表征，相当于西蒙提出的信息，而将对信息的加工或问题的理解过程称为内部表征，它是内部的、主观的表征，故有时也称为心理表征（mental representation）或内在表征，相当于西蒙提出的对信息的加工。③

化学研究的对象是物质，研究的内容有物质的组成、性质及其变化等，这些内容通过化学学科特有的语言来表达，这一过程即为化学表征过程。相对于用文字描述而言，一方面，用化学符号等化学用语不仅能较简洁方便地表示出物质及其变化的相关信息，而且能从定量角度表达化学学科的本质内容。另一方面，化学用语中承载着较多的化学信息，如何从化学用语中获取相关信息，也是掌握化学用语的一项重要内容。因此，在化学用语教学中，应先掌握化学用语的符号及其使用规则，熟悉各种化学用语所包含的信息，最后达到能用精确、简练的化学用语表征物质的化学组成、性质及变化等化学的核心内容，也就

---

① 王锋. 初中化学教学应把握循序渐进原则 [J]. 化学教育，2012，33（10）：39—41.
② 黄婕. "宏观—微观—符号"三重表征的化学学习研究 [D]. 济南：山东师范大学，2005.
③ 张丙香，毕华林. 化学三重表征的含义及其教学策略 [J]. 中国教育学刊，2013（2）：73—76.

能较好实现化学用语的学科表征功能。

3. 能从物质的微观层面理解物质的组成、结构和性质的联系，初步形成"结构决定性质，性质决定用途"的观念。能从微观视角解释宏观现象。

（1）依托的课程内容。

①宏观与微观概念内容。

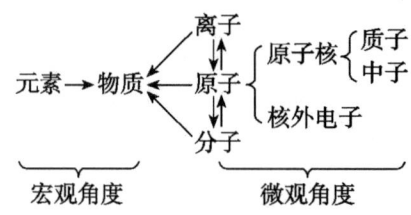

②结合元素及其化合物的内容，分析归纳宏观现象与微观结构的关系，最后梳理出"结构、性质、用途"三者的关系。其中重点教学内容有：

ⅰ. 空气、氧气："性质⇌用途"的关系。

ⅱ. 分子、原子、离子："结构⇌性质"的关系。

ⅲ. 碳单质："结构⇌性质⇌用途"的关系。

ⅳ. 碳的氧化物、金属、酸碱盐："组成、结构⇌性质⇌用途"的关系。

（2）素养要求解读。

①认识物质的微粒性，知道分子、原子、离子都是构成物质的微观粒子，知道原子是由原子核和核外电子构成的；知道原子可以结合成分子，同一元素的原子和离子可以相互转化；初步认识核外电子在化学反应中的作用。

②建立微粒观。借助高科技手段观察微粒存在的图片，让学生感受微粒的真实存在。结合所学微粒的相关知识，联系并解释某些常见的宏观现象，用微粒的观点理解宏观的物质变化或物质的组成、性质、用途等内容的内在关联，进而梳理出物质的结构、性质、用途之间的关系，最后能迁移应用这一规律去预测其他未知物质的结构、性质、用途。

二、教学策略

"宏观辨识与微观探析"素养作为化学学科特有的思维方法，贯穿于化学学习的全过程，涉及了元素及其化合物、物质的分类、微观概念等大量知识内容，既要从宏观层面认识物质及其变化的规律，也要从微观层面认识物质及其变化的本质，内容跨度大。在教学中，教师应采用有针对性的教学策略突破学习的重点和难点，同时也要深入运用"宏微结合"的思想分析所有的化学现象及相关的问题，从而更全面深入地达成"宏观辨识与微观探析"的核心素养目标。

（一）基于直观形象策略突破微观概念教学

"宏观辨识与微观探析"素养目标涉及大量的微观概念，这些概念较为抽象。对于化学学习启蒙阶段以感性思维为主的学生来说，理解这些内容有较大的困难。由于这些概念是进一步达成"宏观辨识与微观探析"素养的重要载体，因此教学中应先突破这些教学难点。根据教学内容及学生的认知特点，在教学中应化抽象为直观，引导学生由形象思维转变到抽象思维。

1. 借助形象性教学语言。

教学中，要善于联系学生熟悉的事物，采用形象性语言描述及表达抽象的概念，善于用对比、比喻等方法让学生建立微观世界与宏观世界之间的联系，让学生逐步由形象思维过渡到抽象思维。比如，在教授分子等内容时，列举一些数据：1滴水中含有 1.67×10^{21} 个水分子。打比方：假设每人每天吃 5000 粒米，1.67×10^{21} 粒米可供世界上所有的人（近似 70 亿人）吃多少年？再比如，如果把原子比作一个大型的体育场，那么原子核只相当于体育场中的一只蚂蚁，等等。此外，还要多联系生活中的事例，用相关的概念、原理解释实际问题。

2. 应用实验感受微观世界的性质。

微观世界的相关现象很难由人的感官直接观察到，必须借助一定的实验手段或仪器才能获得。在建构微观概念和规律时，应充分利用实验等手段获取相关信息，结合这些信息逐步引导学生认识微观世界。如了解微观粒子的客观存在及其性质时，可以通过展示扫描隧道显微镜拍摄的苯分子、硅原子的图片，让学生直接观察分子、原子，感受真实存在的微观世界，使学生对微观世界有大概的了解。此外，做好有关的微观实验，也可尽量补充相关实验，如不同温度下氨水的扩散实验，对比压缩相同型号针筒内等体积的水和空气，让学生充分通过实验感受微粒的相关性质。在实验前，用相关问题引导学生描述实验过程，实验时让学生认真观察并记录相关现象，实验后引导学生由宏观现象逐步深入，分析其微观本质，而不应只是简单的对号入座。

3. 利用微观模型使微观问题具体化。

微观模型是对微观世界特征的具体化表征，能较好地反映宏观物质及其变化的本质。在对微观世界有初步感性认识之后，教学应逐步由感性走向理性，逐步抽象出感性背后的本质规律，建立相应的分子、原子概念模型，进而建立分子图示、原子图示、原子结构图示及微观反应图示。最后，再利用这些微观图示进一步深入探索微观世界，解释宏观物质世界的微观本质。用图示表示物质及其反应的方法，比用文字更具体更形象，更容易让学生接受。在学习元素及其化合物内容时，可利用这些微观图示、模型认识物质的性质、用途，理解各种物质的性质相同或差异的本质原因。如金刚石与石墨都是碳单质，但金刚石硬度大，而石墨硬度小、有滑腻感，两者物质性质差异大的原因是金刚石是空间网状结构，而石墨是平面层状结构，二者结构不同，造成物理性质有较大的差异。这两种物质在常温下较稳定，在较高温度条件下才可以燃烧，这是因为这两种物质都只含有碳原子，碳原子最外层电子数为4，不容易得失电子而较难发生化学反应。

在建构微观模型的过程中，可以介绍原子结构模型发展史。先介绍古代有关微粒的假说——墨子提出"端，体之无序而最前者也"、德谟克利特认为"就像用一块块砖头砌墙一样，物质是由不可分割的原子构成"等，再依次介绍道尔顿原子学说、汤姆生葡萄干面包模型、卢瑟福核式模型、玻尔的原子轨道模型、现代量子力学模型。通过先人对微观世界的不断探索、勇于突破的故事，让学生感受人类对原子结构认识的过程，有助于学生理解微观知识内容，认识到模型对认知微观世界的强大功能，更好地应用模型认识微观世界。

（二）结合思维导图思想，让学生逐步树立分类思想

学习物质的分类时，不仅要让学生学会判断物质的类别，更重要的是让学生逐步树立分类思想，掌握分类的科学方法，在思考和解决相关问题时，能从分类的方法入手，进而利用同类事物及其变化的规律开展研究，提升研究物质及其变化的效率。在形成分类思想的过程中，重点从以下几个方面入手。

1. 突破物质分类概念的难点，明确各类物质的本质特征。

物质分类涉及的概念较多，较为抽象，教学中应结合具体的事例建构概念，让学生理解相关概念的本质特征，从而真正掌握同一层次中物质分类的标准。以"混合物和纯净物"教学为例，学生在学习之前，通过生活经验及其他知识的学习，已有了一些混合物和纯净物的前概念，对于一些由如"泥与水""面粉与蔗糖"组成的物质是否是混合物，已可以进行判断。在对物质类别概念的学习中，学生的难点是较难判断空气、溶液这类已是均匀混合的混合物，而且在先前的认知中认为空气就是一种物质。因此，在教学中应让学生从化学的视角认识物质及其组成，应用化学的手段让学生明白这些物质中不仅只含有一种物质。人教版九年级化学教材中，很巧妙地把测定空气里氧气含量的实验与学习"混合物与纯净物"概念结合在一起，以红磷在集气瓶的空气中燃烧的现象、燃烧冷却后水进入集气瓶的现象作为证据，让学生深刻意识到判断物质是否是单一组成不能只停留在简单的感性认识层面，而应借助化学手段深入认识物质的组成，进而再作出判断[①]。因此，通过以上实验较好地使学生既理解了"混合物和纯净物"概念的本质，也明确了判断混合物和纯净物的标准中"物质的种类"的含义。此后，第三单元结合物质的构成，让学生进一步从微观视角认识混合物和纯净物的区别是"是否由同一种微粒构成的"；第四单元结合物质的组成，从元素及化学式等角度认识混合物和纯净物的不同点；在后面的学习，特别是通过第八单元中的合金、第九单元中的溶液等内容让学生进一步认识混合物和纯净物在性质上的差异。

2. 明确分类标准，逐步构建分类树形示意图，不断完善分类知识结构。

---

① 王锋. 化学教学中基于多维视角促进学生认识发展 [J]. 化学教育，2012，33（6）：30—32.

在同一层次上，用不同的标准进行分类，就有不同的结果，如化学反应按形式可分为基本反应和复杂反应，基本反应又可分为化合反应、分解反应、置换反应、复分解反应，复杂反应还可以有其他分类的方法。化学反应如果按照是否得失氧（高中则根据是否有电子转移），可分为氧化还原反应和非氧化还原反应。根据不同的标准对化学反应进行分类，就会有不同的分类系统，不同系统之间是相互交叉的。因此，在构建分类知识系统时，一定要从最顶层分类开始，明确分类的标准，明确分类的不同层级关系，分类时的思维过程一定是从最顶层自上而下展开的，而不能跳级、孤立地进行。此外，在分类教学中，应从最顶层类似于树状结构逐渐展开教学，从"树干"到"次树干"，再到"树枝"，再逐步深入进行分类。教学中每当涉及相应内容的分类时，都要联系原有的分类知识，找到新分类知识的逻辑位置，让学生形成清楚的知识结构网络。

3. 在其他内容的学习及应用中逐渐形成分类的思维方法。

学习物质的分类的目的，并不仅仅让学生掌握物质分类的概念，然后对相应的物质及其变化等进行对号入座，更重要的是让学生形成分类的思维方法。化学是研究物质性质及其变化等的科学，涉及形形色色千万余种物质，这些物质的性质及其变化更是丰富多样。如果仅对个别物质开展研究，研究结果没有按类别进行归纳，这种研究效率较低，研究效果不好。如果从物质分类入手，把个别物质上升为类别代表物，从类别代表物深入研究某类别物质相关的性质及变化，把特殊的内容上升为一般规律，再用一般规律去指导、预测并验证新物质，就可以提升学生的认识深度和广度，也就提升了认识物质的效果。化学学科中有较多、较系统的物质及其变化的分类内容，这些是让学生形成分类思想方法的较好素材，教学中应充分挖掘这些素材在形成分类的思维方法过程中的教学功能，让学生逐步建立分类的思维方法，并能应用分类的思维方法去认识物质世界。

（三）循序渐进地开展化学用语教学，让学生熟练规范地应用化学用语表达相关信息

化学用语是学习和研究化学的重要工具，能简洁、准确地表示物质的组成、结构、变化等，较好地建立起联系宏观物质与微观世界的桥梁，是学生达成"宏观辨识与微观探析"素养的重要手段。因此，化学用语是初中化学教学中的重要内容。化学用语广泛地分布在初中化学课程的各部分中，内容跨度大，难点较为分散。为了更好地发挥化学用语在发展"宏观辨识与微观探析"素养中的作用，应重点从以下几方面把握化学用语教学。

1. 按照技能教学的特点，在化学教学中有效地指导学生开展化学用语技能训练。

技能教学策略是在教师的正确示范和指导下，通过一定量的训练，并在训练中及时纠正存在的问题，达到熟练正确地应用技能的程度。

首先，要用科学方法记忆相关的化学用语。化学用语是抽象的符号，初学者要记住并能规范地书写化学用语有一定的难度。教学中，对于需记忆的化学用语如元素名称和符号，要适当进行分散记忆，对学生的记忆方法加以指导。可以让学生尽量与相关具体物质及其变化联系起来进行记忆，切不可让学生孤立地死记硬背。

其次，在教师的规范示范下，开展适当强度的训练。化学用语的教学从一开始，教师就要重视化学用语的规范性，教师一定要先示范每一个化学用语的书写及使用，对于关键内容一定要讲解指导到位，再让学生模仿练习，并在练习中及时纠正学生存在的问题。

2. 整体规划化学用语教学，循序渐进地推进。

化学用语教学主要集中在第三、第四单元，但是化学用语与其他部分关系密切，因此不能孤立地开展化学用语教学，而应在初中化学教学中进行整体规划并有序地推进。

首先，第四单元前的教学，是化学用语教学的预备期，这一阶段除了以上提到的需适当分散记忆部分元素名称及元素符号外，还要结合具体事例了解有关物质性质及其变化的相关概念，为后继的化学用语教学奠定感性基础。

其次，第四、第五单元是化学用语教学的重点期。在这一阶段，学生真正进入化学用语的学习，教学中应特别关注学生的规范书写和使用化学用语。教学的重点是让学生明确学习化学用语的方法，明确哪些化学用语需要记忆，哪些是按照书写规则写出来的，防止学生出现"凡化学用语必背"的错误习惯。在用化学用语表示物质及其变化时，一定要让学生理解符号背后的化学事实及理论依据，不能随意拼凑实际不存在的化学式和化学方程式。在学生掌握化学用语的规范性及相关原理的基础上，必须通过适当的练习，并及时纠正在练习中暴露的问题，最后使学生熟练规范地使用化学用语。

最后，第五单元后的内容是化学用语的应用巩固期。在第四、第五单元学完化学用语后，还需结合具体化学内容的学习，不断巩固并灵活运用化学用语。[①]

（四）重视培养表征能力，形成"宏观—符号—微观"的表征思维方法

化学是研究物质的组成、结构、性质、变化等内容的学科。借助化学实验的方法获取相关特征，并通过化学专业语言描述这些特征，从而通过这些特征描述获取物质的相关信息。用化学手段研究并用化学语言表述物质的组成、结构、性质、变化等特征，即是化学表征。化学表征是化学学科特有的表达能力，它是学科关键能力，包含了对物质的研究及对结果的表达。化学表征要求用简洁的化学语言表述物质的本质特征，而且能从分子、原子等微观层面认识物质的宏观特点及其变化，要求具有高度抽象的概括能力，并能建立起宏观与微观间的特有联系。

在化学表征时，应发挥好符号表征在三重表征中的纽带和桥梁作用，处理好化学用语与其他教学内容的关系。不能孤立地开展化学用语教学，也不能让学生死记硬背化学用语、生搬硬套地使用化学用语，而要把化学用语融入"宏观辨识与微观探析"的整体内容中，发挥化学用语表征宏观和微观的功能，发挥其桥梁和纽带的作用。教学中，要把化学

[①] 王锋. 新中考·新变化·新调整——新中考背景下初中化学教学策略探讨[J]. 福建基础教育研究，2018(4)：120—122.

用语与物质的组成、结构、变化等内容联系在一起，为化学用语的书写与运用找到理论根据；把化学用语与元素及其化合物等教学内容联系在一起，为化学用语创设应用的实际情境。

"宏观—符号—微观"三重表征思维方法，是以符号表征为纽带，让学生经历从宏观现象到微观本质的学习活动过程。在这一过程中，学生需从现实情境入手，观察、分析相关现象和事实，抽象出化学本质并用化学语言进行表征，再进行推理、归纳，建立相关的化学概念或化学模型，最后应用这些化学概念或化学模型解决更多的与化学有关的问题。因此，"宏观—符号—微观"是"宏观辨识与微观探析"素养中最核心的思维方法。教学中可构建以下学习活动过程模型。①

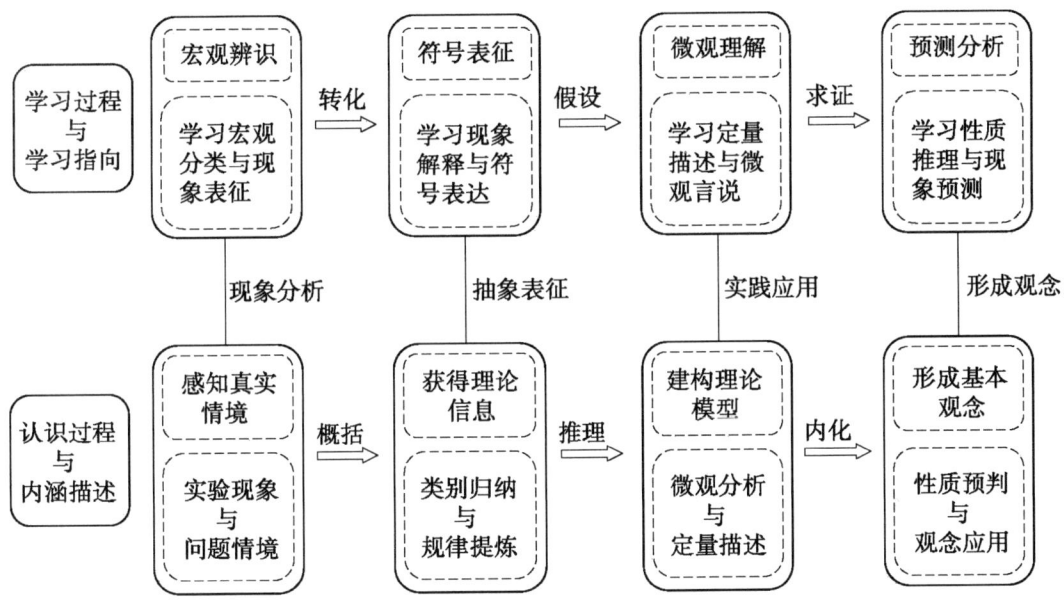

三、教学案例

课题 2　酸和碱的中和反应

厦门市教育科学研究院　王锋

（一）概述

本案例涉及的教学内容为《义务教育教科书　化学　九年级下册》（人教版）"第十单

---

① 顾建辛．关于化学核心素养培育的微观思考——"宏观辨识与微观探析"素养培育中的目标与行为分析［J］．化学教学，2019（1）：3-7，37．

元 酸和碱 课题2 酸和碱的中和反应"。在前面的学习中，学生了解了酸和碱的性质和用途，同时也认识了酸和碱的概念及其具有相似性质的原因。本课题的主要内容：酸和碱中和反应的原理及其应用，溶液酸碱度的含义及测定。本教学设计对本课题的教材内容顺序作了重新调整：第一课时完成溶液酸碱度的含义及测定的教学；第二课时完成酸与碱的中和反应及其应用的教学。本案例的教学设计通过引导学生进行实验探究盐酸溶液和氢氧化钠溶液混合过程中是否会发生反应；同时，借助手持技术获取两种溶液混合过程中 pH、温度的变化情况，更深入地认识中和反应原理；最后，让学生理论联系实际，了解中和反应在生产、生活中的应用。

（二）教学目标

1. 通过探究酸和碱之间发生的中和反应，认识中和反应的本质，以及生成物中盐类物质的组成特点，应用化学方程式等化学用语表征中和反应，学会判断没有明显现象的变化是否发生了化学反应。

2. 通过分析酸碱中和反应的微观变化图及中和反应过程中 pH 变化的曲线图，学会用分析、归纳的方法对信息进行加工处理并得出结论。

3. 通过了解中和反应在实际中的应用，感受化学与生产、生活的密切联系，体会化学的学习价值。

（三）教学过程

教学活动主题一：从生活走进化学

教师活动过程	学生活动过程
[导入] 人的胃壁分泌的胃液中有一种酸性物质，它就是盐酸，浓度一般是 0.5%。人体适量的胃酸可以帮助食物消化，因为不少的食物都要在酸性环境中分解。但是，有的人胃酸分泌过多，会影响健康和食欲，可能损伤胃黏膜，造成胃溃疡或十二指肠溃疡等疾病。胃酸中显酸性的物质是什么？胃酸过多可以用什么物质除去？ [展示并说明] 治疗胃酸过多的钙镁咀嚼片及其说明书。治疗胃酸过多的药物中含有氢氧化镁。用碱除去酸的原理是什么？通过这节课的学习，我们将揭开其中的奥秘。	回答：胃酸中显酸性的物质是盐酸。可以用碳酸钙等能与盐酸反应的物质除去。

设计意图：以学生身边的生活事例导入本课题，吸引学生的注意力，激发学生对本课题内容的学习兴趣，让学生认识到化学的学习价值。"从生活走进化学"是化学学科"生活教育"的认知思路，让学生关注身边的化学，应用化学知识去理解生产、生活中的现象或问题。

教学活动主题二：酸碱混合时是否会发生化学反应

教师活动过程	学生活动过程
[过渡] 上节课我们学习了酸和碱，酸和碱之间是否会发生反应？我们先完成下列实验，再来回答这个问题。 每一小组的同学桌上都有酸溶液和碱溶液。 第一组：氢氧化钠溶液与稀盐酸。 第二组：氢氧化钡溶液与稀硫酸。 第三组：石灰水与稀盐酸。 第四组：氢氧化铜的悬浊液与稀盐酸。 分别把两种溶液（或浊液）混合，观察发生的现象，思考酸和碱能否发生反应。 [提出问题] 第二、四组的同学都看到了明显的现象，说明酸和碱的确发生反应生成了新物质。而第一、三组的同学都没有观察到实验现象，是否就能得出两种溶液之间没有发生化学反应的结论？ [引导] 化学反应的特征是什么？反应物如何变化？变多还是变少？生成物如何变化？变多还是变少？ [启发] 借助石蕊试液可以判断二氧化碳与水是否发生了反应。同学们能不能设计实验方案探究氢氧化钠溶液与稀盐酸混合时是否发生了反应？ [实验] 用手持技术演示氢氧化钠溶液与稀盐酸混合过程中溶液的 pH 及温度的变化。 (1) 开始时 pH 是多少？说明这时溶液的酸碱性如何？ (2) 在整个过程中，pH 如何变化？什么时候变化幅度较大？什么时候较小？ (3) 最后的 pH 是多少？这时溶液的酸碱性如何？ (4) 从图示的变化反映出反应的过程：反应物及生成物的变化情况、溶液的酸碱性变化情况、酸碱恰好完全反应的时间点。 (5) 还有其他变化吗？	实验并记录现象。 讨论并回答。 第二、四组的学生可能回答：有现象，会反应。 第一、三组的学生可能回答：没有现象，不会反应。 [小组讨论] 氢氧化钠溶液与稀盐酸混合时，是否发生了反应？ [实验探究] 探究酸和碱溶液混合过程中发生的变化。 交流实验设计方案、实验结论。 从手持技术测定曲线图中获取信息。
[活动小结] 可借助指示剂指示在混合过程中反应物酸或碱的变化，或测出混合过程中酸碱度的变化，说明酸和碱溶液在混合过程中发生了化学反应。	

设计意图：通过一组学生实验产生认知冲突，引入本环节的主题：酸碱混合时是否会发生化学反应？学生通过讨论、设计、实验等过程，更深入地理解酸碱混合时会发生反

应，进一步达成探究"没有现象的混合过程是否发生化学反应"的方法。最后，通过手持技术这一新型教学手段呈观反应过程的曲线表征，为教学提供了丰富的信息。师生双方在共同处理信息的过程中，实现了信息的多向交流，进一步培养学生收集、处理、评价、应用信息的能力。通过对"酸碱混合时是否会发生化学反应？"这一问题的深入探究，初步掌握了化学学科的认知方法，增加了认知的深度，提升了认知的水平。

教学活动主题三：酸碱混合发生了什么反应

教师活动过程	学生活动过程
[提出问题] 酸碱混合时发生了化学反应，发生了什么反应？生成了什么物质？ [启发] 在 NaOH 与盐酸反应的过程中，酸溶液中的氢离子和碱溶液中的氢氧根离子发生了变化。 [动画演示] NaOH 溶液与盐酸溶液反应的微观过程。 [归纳] 借助指示剂指示 pH 的变化，可知在反应过程中反应物酸和碱随着反应的进行不断地减少，氢离子和氢氧根离子也就不断地减少。 [小结] 溶液中的氢离子和氢氧根离子由于结合生成水而不断消耗，这时剩余的氯离子与钠离子生成了氯化钠。 [板书]　　　　$H^+ + OH^- \longrightarrow H_2O$ 　　　　　　　　$Cl^- + Na^+ \longrightarrow NaCl$ 　　　　　　$HCl + NaOH =\!=\!= NaCl\ + H_2O$ 其他：$Ca(OH)_2 + 2HCl =\!=\!= CaCl_2\ + 2H_2O$ 　　　　$2NaOH + H_2SO_4 =\!=\!= Na_2SO_4\ + 2H_2O$ [提问] 三个反应中的生成物有什么特点？ [讲解] 盐：含有金属离子和酸根离子的化合物。 中和反应：酸和碱作用生成盐和水的反应。	猜想、讨论、班级交流。 根据质量守恒定律推测可能生成的产物。 回答：生成物中含有盐和水。
[活动小结] 中和反应：酸＋碱→盐＋水。	

设计意图：本环节经历科学抽象的过程，学生的认知过程发生了质的飞跃。从质量守恒定律的角度引导学生依据实验现象分析该类反应，抽象出中和反应的反应规律和盐的概念。应用相关的动画或示意图等手段，化抽象为具体，有助于学生更深入地理解它们的含义。

教学活动主题四：从化学走向社会

教师活动过程	学生活动过程
[展示并介绍] 结合教材 P61 的内容，介绍中和反应在实际中的应用。 [实验] 用手持技术测出：向氢氧化镁加入稀盐酸溶液过程中的酸碱度变化。	[练习] 写出以下反应的化学方程式。 (1) 钙镁咀嚼片中氢氧化镁用于治疗胃酸过多的原理。 (2) 用石灰水中和硫酸厂的污水。 (3) 氢氧化钡溶液与稀硫酸反应。
[活动小结] 中和反应在实际中的应用：改变土壤的酸碱性；处理工厂的废水；用于医药治疗。	

设计意图：经过科学抽象所获得的一般规律应用于指导实践才能体现其价值。同时，通过把这些理论知识应用于实际中，既培养了学生迁移所学知识解释、解决相关的实际问题的能力，又及时检测有关中和反应知识等的教学目标的达成程度。

教学活动主题五：学生交流学习体会、小结本课内容

[迁移拓展]

查阅相关资料或完成相关的家庭小实验后，回答以下问题。

(1) 厨房清洁剂和厕所清洁剂混合使用会不会增强它们的功效？为什么？

(2) 皮蛋味涩，请你设计实验检验它呈酸性还是碱性。在食用之前如何用简单的方法除去涩味？

设计意图：梳理本课内容，让知识系统化、条理化。

（四）案例点评

1. 创设真实的认知情境，让学生在宏观感性经验的基础上经历认知过程。"从生活走进化学"开始教学，以化学实验为基础，抽取有价值的问题，深入进行探究，对获取的宏观实验现象进行分析，抽象、归纳出化学概念和化学原理并应用于解决实际问题，最后"从化学走向社会"。整个学习活动过程较好地符合了化学学科宏微结合的特点。

2. 以"宏观—符号—微观"为线索，突出对学科关键能力的培养。充分挖掘酸碱中和反应的教学价值，设置相关问题：部分酸和碱在混合过程中没有明显的现象变化，如何判断这一混合过程是否发生了反应？发生了什么反应？如何把中和反应原理应用于解释或解决生产、生活中的问题？通过让学生深度参与探究的过程，收集、分析实验现象，获取曲线表征的信息，应用化学符号进行化学抽象，结合微观动画进行推理，最后概括得出中和反应的原理。在这一过程中，学生经历了"宏观—符号—微观"的认知过程，重点培养了学生化学表征的学科关键能力。

素养维度二 变化观念与守恒思想

"变化观念与平衡思想"内容可以概括为变化的本质及条件，变化的特征与规律，变化中的能量问题及动态平衡观点四个主要方面。① 作为化学教育的启蒙阶段，初中化学课程对"变化观念与平衡思想"素养的要求主要侧重于"变化观念与守恒思想"。"平衡思想"虽然在初中化学中也有涉及，但主要在高中化学课程中体现。因此，初中化学主要探讨"变化观念与守恒思想"素养。

化学变化是化学领域的核心问题。对物质组成和结构的研究都是为了深入揭示化学变化的本质和规律，有效地控制化学反应，进而利用化学反应获得人们所需要的物质和能量，同时也可以避免有害物质的产生。这正是化学研究的终极目标。此外，守恒是人认知发展的重要一环，是皮亚杰认知发展理论中判断儿童发展程度的重要标志；科学领域中的守恒无处不在，化学上的守恒内容则更加多样，学生关于化学守恒的认知贯穿化学学习的始终，化学守恒观的教学价值不言而喻。② 因此，"变化观念与守恒思想"的建立对初中学生的化学学习及今后的发展都将产生重要的影响。

一、素养目标解读

（一）化学学科素养总目标

"变化观念与平衡思想"在高中化学课程中表现为：能认识物质是运动和变化的，知道化学变化需要一定的条件，并遵循一定规律；认识化学变化的本质是有新物质生成，并伴有能量的转化；认识化学变化有一定限度、速率，是可以调控的。能多角度、动态地分

---

① 吴俊明，吴敏. 刍议化学变化观的形成、内容和结构——关于科学观念和科学观念教育的思考之五 [J]. 化学教学，2014 (12)：13—19.
② 王禹超，王后雄. 中学化学守恒观研究现状的分析与思考 [J]. 化学教学，2019 (6)：27—32.

析化学变化，运用化学反应原理解决简单的实际问题。①

"变化观念与守恒思想"在初中化学课程中表现为：能认识物质是运动和变化的，知道化学变化需要一定的条件，并遵循一定规律；认识化学变化的本质是有新物质生成，并伴有能量的转化；能科学地看待化学变化，认识化学变化是可利用的，并能运用于解决生产、生活中的实际问题。

（二）初中化学课程素养目标解读

1. 认识物质是在不断运动和变化的，物质的变化是有条件的。

（1）依托的课程内容。

单元	课题	具体内容
第一单元 走进化学世界	课题1 物质的变化和性质	物质变化的层次性②
第二单元 我们周围的空气	课题2 氧气	物质的变化具有普遍性，物质变化是有条件的
第四单元 自然界的水	课题3 水的组成	物质变化的宏观及微观过程
第六单元 碳和碳的氧化物	课题1 金刚石、石墨和C_{60}	反应条件不同，发生的变化可能不同
	课题3 二氧化碳和一氧化碳	物质的变化具有普遍性，物质变化是有条件的
第八单元 金属和金属材料	课题2 金属的化学性质	物质的变化具有普遍性，物质变化是有条件的
第十单元 酸和碱	课题1 常见的酸和碱	物质的变化具有普遍性，物质变化是有条件的
	课题2 酸和碱的中和反应	物质的变化具有普遍性，物质变化是有条件的
第十一单元 盐 化肥	课题1 生活中常见的盐	物质的变化具有普遍性，物质变化是有条件的

（2）素养要求解读。

认识世界是物质的，物质是不断变化的。物质变化无处不在，时时都在发生。要求能用变化的眼光认识世界，能用观察、实验等方法获取宏观物质变化的定性和定量的信息。认识物质的变化是有一定层次的，可分为物理变化和化学变化，其中化学变化的本质是生成新物质，能从宏观现象辨识物质变化的本质。

认识化学变化是有条件的，在一定条件下物质可以转化，反应条件不同时发生的变化可能不同。元素及其化合物的教学内容涉及丰富的物质变化及转化的实例，学生可以从中

---

① 中华人民共和国教育部. 普通高中化学课程标准（2017年版）[S]. 北京：人民教育出版社，2018：4.
② 卢巍，徐迎春. 促进观念建构的"聚类—提升—应用"复习策略——以"物质的化学变化"专题复习为例[J]. 化学教学，2020（2）：38－41.

感受物质变化的条件及影响因素。通过了解物质转化的条件及相关原理，可以更好地控制化学反应朝着我们需要的方向进行。

2. 能从原子、分子水平分析物质变化的内因和变化的本质。

（1）依托的课程内容。

单元	课题	具体内容
第三单元 物质构成的奥秘	课题1　分子和原子	对物质变化的微观认识
	课题2　原子的结构	物质的结构决定物质的性质
第四单元 自然界的水	课题3　水的组成	物质变化的宏观及微观过程
第六单元 碳和碳的氧化物	课题1　金刚石、石墨和 C_{60}	物质的组成、结构决定物质的变化
	课题3　二氧化碳和一氧化碳	物质的组成、结构决定物质的变化
第七单元 燃料及其利用	课题1　燃烧和灭火	物质变化的内因和外因
第十单元 酸和碱	课题1　常见的酸和碱	物质的组成、结构决定物质的变化
	课题2　酸和碱的中和反应	物质的组成、结构决定物质的变化

（2）素养要求解读。

化学反应的主要特征是有新物质的生成。由分子参与的化学反应的本质是分子分裂成原子，原子重新组合成新物质分子的过程。化学反应前后，分子种类发生变化，而原子的种类、数目没有发生变化，元素的种类也不会发生变化。

物质的组成、结构决定物质的性质和变化，物质的组成、结构特点就是物质变化的内因，外界条件就是物质变化的外因，内因、外因相结合，导致物质发生相应的变化。

3. 化学变化遵循一定的规律，能根据反应形式的不同对化学变化进行分类，揭示不同基本反应类型变化的特征和规律。

（1）依托的课程内容。

单元	课题	具体内容
第二单元 我们周围的空气	课题2　氧气	物质的变化是有规律可循的（化学变化的快慢与物质的性质和浓度有关）；化合反应的特征
	课题3　制取氧气	物质的变化是有规律可循的（催化剂在化学反应中的变化及作用）；分解反应的特征
第五单元 化学方程式	课题1　质量守恒定律	化学变化前后物质的总质量守恒
	课题3　利用化学方程式的简单计算	物质之间的化学反应是按一定的质量比进行的
第八单元 金属和金属材料	课题2　金属的化学性质	物质的变化（置换反应）是有规律可循的

单元	课题	具体内容
第十单元 酸和碱	课题1 常见的酸和碱	物质的变化（酸和碱的通性）是有规律可循的
	课题2 酸和碱的中和反应	物质的变化（中和反应）是有规律可循的
第十一单元 盐 化肥	课题1 生活中常见的盐	物质的变化（复分解反应）是有规律可循的

(2) 素养要求解读。

认识化学反应是有规律可循的。例如，质量守恒定律是化学反应最基本的规律，即参加反应的各物质的质量总和等于反应后生成的各物质的质量总和。能用化学用语表示物质变化的质变与量变的特征，能根据化学方程式计算化学反应中相关物质的质量。化学反应的规律还有：酸、碱、盐反应的规律；燃烧的反应规律；化学变化的快慢与物质的性质、浓度、温度、催化剂等条件有关。[①] 初步认识常见的化合反应、分解反应、置换反应和复分解反应等四种基本反应类型的变化形式及特征。能用金属活动性顺序对有关的置换反应进行判断。能用"两种化合物互相交换成分，生成的另外两种化合物中有一种是沉淀或气体或水"对有关的复分解反应进行判断。

4. 能科学看待化学变化，认识化学变化中伴随着能量变化以及化学变化中的物质变化和能量变化是可利用的，并能运用于解决生产、生活中的实际问题。

(1) 依托的课程内容。

单元	课题	具体内容
第二单元 我们周围的空气	课题2 氧气	化学变化中伴随着能量变化
	课题3 制取氧气	通过物质变化，人们可获得所需要的物质
第六单元 碳和碳的氧化物	课题2 二氧化碳制取的研究	通过物质变化，人们可获得所需要的物质
第七单元 燃料及其利用	课题1 燃烧和灭火	化学变化中伴随着能量变化；通过物质变化，人们可获得所需要的能量
	课题2 燃料的合理利用与开发	化学变化中伴随着能量变化；通过物质变化，人们可获得所需要的能量
第八单元 金属和金属材料	课题3 金属资源的利用和保护	通过物质变化，人们可获得所需要的物质

(2) 素养要求解读。

化学反应在生成新物质的同时，还伴随着能量的变化，且以光、电、热等形式表现出来；不同形式的能量可以相互转化，转化过程中总能量没有改变，遵循能量守恒定律。能

[①] 傅兴春. 化学学科思想[M]. 福州：福建教育出版社，2017：121。

量的变化通常表现为热量的变化，有的化学反应要放出热量，即为放热反应；有的化学反应要吸收热量，即为吸热反应。

化学变化是可利用的，化学变化是人类从自然界中获取物质和能量的有效手段。通过化学变化，人们可以获取有用物质或消除有害物质，使物质变化朝着对人类更有利的方向发展，更好地造福人类。同时，通过化学反应，人们可以储存或释放能量。当今社会，人类所需要的大部分能量来自化学反应。通过控制化学反应可以有效利用化学反应中的热效应作为能量的来源。[①]

二、教学策略

"变化观念与守恒思想"是初中化学学科思想方法的重要组成，也是化学核心素养的学科特征之一。"变化观念与守恒思想"素养解释了初中化学学科的基本问题——物质及其变化，是培养和发展化学学科核心素养的关键。因此对"变化观念与守恒思想"素养教学策略的研究具有重要意义。

（一）利用直观形象策略，感受变化过程的具象化

1. 利用宏观模型使变化过程直观化。

物质变化的微观过程较为抽象，可利用宏观模型（如球棍模型、磁性黑板贴等）代替微观粒子，促进学生对物质变化的微观过程及其本质的理解。例如，在探究物质的变化环节时，利用磁性黑板贴的宏观模型模拟物理变化和化学变化过程。在模拟物理变化时，用磁性黑板贴模拟分子的整体移动，直观表现出在物理变化过程中分子种类不变而分子间的间隔发生变化。在模拟化学变化时，用磁性黑板贴模拟分子的拆分和原子的组合，让学生直观感受化学变化的本质。

2. 利用角色扮演（或动画）使变化过程趣味化。

由于物质变化的微观过程是看不见、摸不着的且较为抽象，学生普遍感觉枯燥乏味，因此可利用角色扮演（或动画）模拟物质变化的微观过程，从而使变化过程趣味化。例如，让分别代表氧原子和氢原子的几个学生配合音乐用肢体动作表演水的电解过程，学生在有趣的氛围中增进对化学变化的条件、过程和结果的深层次理解。

3. 利用实验现象（或手持技术）使变化过程可视化。

化学实验不仅是激发学生学习化学兴趣的源泉，而且是学生感受和认识物质变化的最有效途径。通过实验操作、对实验现象的观察和分析，学生可以对所发生的物质变化和能量变化获得直观的认识。例如，稀盐酸与 NaOH 溶液的中和反应无明显现象。通过向溶液

---

① 林伟，邹标. 中学化学"变化观"的基本内涵与建构[J]. 中学化学教学参考，2015（6）：10—12.

中滴加酚酞试液，溶液的颜色发生了变化，学生可以直观感受到化学反应中新物质的生成；通过滴加的酸或碱的量的差异而使溶液显色不同，学生可以感受到化学反应中的反应物之间是按照一定比例进行反应的；在反应前后触摸仪器外壁，学生可以体验到化学反应过程伴随着能量变化。也可用手持技术（又叫数字化实验）的 pH 传感器和温度传感器，测出混合过程中溶液的 pH 及温度变化，让学生感受到酸碱溶液在混合过程中的物质变化和能量变化。①

（二）在建构变化观念过程中，注重让学生形成化学守恒观②

化学基本观念是指学生通过化学课程的学习，在深入理解化学学科特征的基础上所获得的对化学的总观性认识，具体表现为个体主动运用化学思想方法认识身边事物和处理问题的自觉意识或思维习惯。守恒观是化学学科的基本观念。质量守恒定律是自然界普遍存在的基本定律之一，它支撑了守恒观的存在。守恒观的内涵，应当是"在深入理解化学中有关守恒的知识后，建立的基于'守恒'认识事物的方法和解决问题的思维"。它既不是孤立的知识或知识的组合，也不只是解题的方法，而是基于某些核心概念的思维意识。内涵研究应当探明其核心概念有哪些，它们如何有机地整合为观念，这样的观念在不同情境中应当怎样体现、如何划分学生的守恒观发展水平、如何建构能够适应不同真实情境的守恒观。

化学基本观念是由化学核心概念概括提炼得到的。守恒观也应由某些核心概念作支撑，由"支撑性理解"推动学生在不同情境、不同概念中发展和应用守恒观。提取守恒观的核心概念、构建认识模型是非常重要的，这应当成为守恒观研究最基础和最重要的部分。学习进阶刻画了学生在不同时期学习同一科学领域核心概念时的认知发展路径，能够表征同一概念在不同认知层面学生具有的表现。教学中，教师应根据学生的学习特点，规划相应内容的学习进阶，再循序渐进地开展教学，可以较好地促进核心概念的建构以及基本观念的形成。

（三）通过科学探究增强主体情感体验，深度认识化学变化的规律和研究化学变化的思想方法

以化学实验为主的科学探究是学习物质及其变化的基本方法，也是促进学生"变化观念与守恒思想"素养形成的主要手段。通过经历科学探究的完整过程，增强学生的主体情感体验，提升学生的参与意识，进而帮助学生认识化学变化的规律和研究化学变化的思想方法。例如，在探究"铁制品锈蚀的条件"的学习中，可让学生设计实验自主探究铁制品

---

① 王锋. 基于促进学生认知发展的教学案例——"酸和碱的中和反应"教学设计[J]. 化学教与学，2014（4）：55—57.
② 王禹超，王后雄. 中学化学守恒观研究现状的分析与思考[J]. 化学教学，2019（6）：27—32.

生锈的条件，具体过程如下。（1）提出问题：铁制品在潮湿的空气中容易生锈，而在干燥的空气中则不易生锈。铁制品生锈的条件是什么？（2）查阅资料：铁锈的主要成分是$Fe_2O_3 \cdot xH_2O$。（3）猜想假设：铁制品生锈的条件（与O_2接触；与水接触；与O_2和水同时接触）。（4）设计实验：学生通过控制单一变量进行实验方案设计。（5）进行实验：学生在家中完成铁钉生锈的对比实验（提前一周完成，实验器材尽可能利用家庭中的生活替代品）。（6）收集证据：展示和汇报一周前做的铁钉生锈的探究实验，交流所用仪器用品、操作方法、观察到的实验现象。（7）分析论证：分析实验过程中的条件控制、实验现象，得出实验结论。（8）归纳总结：铁制品生锈条件和防止铁制品锈蚀的措施。（9）拓展延伸：简述铁粉可用作食品保鲜剂的原理。通过经历完整的科学探究过程，学生学会控制实验条件进行对比探究，认识了铁钉生锈过程中的物质变化及其现象，学习了金属发生腐蚀的条件和防止金属腐蚀的原理及其应用，逐步形成了"物质是变化的""化学变化需要一定的条件""物质的变化是可利用的""物质的变化是可控制的"等观点。[①]

（四）挖掘化学方程式的教学功能，深化"变化观念与守恒思想"素养的理解

化学方程式是一种高度凝练的符号化语言，它蕴含着丰富的信息，是学生学习化学的重要工具。深度挖掘化学方程式的教学功能和价值有利于帮助学生发展"变化观念与守恒思想"素养。

化学方程式的教学功能及价值包括以下几个方面。（1）从宏观的角度看，化学方程式反映了客观的化学反应事实，清楚地表达了反应物、生成物和反应条件。通过分析反应条件，一方面能认识到化学变化的发生是有条件的，另一方面也能认识到反应条件可以影响化学反应的方向及反应进行的快慢，所以通过控制反应条件可以促进或抑制化学反应的发生，使化学反应朝着对人类有利的方向发展。（2）从微观角度看，化学方程式反映了反应物、生成物之间微粒的数量关系，它能帮助我们更好地认识化学反应的本质。（3）从质量的角度看，化学方程式能反映出反应物、生成物之间的质量关系，体现了质量守恒定律。根据反应物、生成物之间的质量关系可进行有关化学方程式的计算，通过控制物质的质量关系来达到控制反应进行程度甚至反应进行方向的目的。[②]

（五）整体教学规划设计，促进"变化观念与守恒思想"素养的学习进阶

学科核心素养的达成不是一蹴而就的，而是一个循序渐进、逐渐深化的过程。"变化观念与守恒思想"素养的培育也是如此，应遵循学生的认知规律，促进"变化观念与守恒思想"素养的学习进阶。[③]"变化观念与守恒思想"素养的渗透可以分为四个阶段。

[①] 陈友楼，张旭东. 促进初中学生建构物质化学变化观的策略 [J]. 化学教育，2013, 34（12）：50—52.
[②] 王锋. 社会主义核心价值观学科教育丛书·初中化学学科教育 [M]. 北京：教育科学出版社，2016：3.
[③] 王锋. 核心素养的达成需要教学的整体规划与设计——以初中化学学科为例 [J]. 基础教育课程，2019（10）：60—66.

1. 第一阶段（从绪论到第四单元），认识化学变化的特征及本质。其中，第一单元主要是判断化学变化；第二单元主要是认识化学反应的文字表达式；第三单元主要是从微观角度认识化学变化；第四单元主要是认识物质变化的宏观和微观过程。这一阶段主要是从宏观变化入手，获得感性认识，再从微观角度理解其变化本质。

2. 第二阶段（第五单元），认识质量守恒定律和化学反应的表示方法。主要是探究化学变化前后的质量关系并用微粒的观点作出解释；书写化学方程式；根据化学方程式进行简单的计算。这一阶段主要是从定性分析化学变化转到定量分析化学变化。

3. 第三阶段（第六、七单元），认识化学反应的物质变化、能量变化及其应用。其中，第六单元主要是认识人们通过物质变化可获得所需要的物质；第七单元主要是认识人们通过物质变化可获得所需要的能量。

4. 第四阶段（第八、十、十一单元），认识几种化学反应及其变化规律。其中，第八单元主要是认识置换反应的规律；第十单元主要是认识酸、碱的通性及中和反应；第十一单元主要是认识复分解反应的规律。这一阶段主要是从变化的特征转向变化的规律。

（六）构建物质变化的网络，系统把握"变化观念与守恒思想"素养

构建物质变化的网络有利于从结构化角度深化对化学反应的理解，树立物质间的反应是相互联系的观念，可基于元素守恒、反应类型、物质类别等视角构建物质变化的网络图。[①]

1. 基于元素守恒视角。

化学变化前后元素种类不变。因此，可围绕核心元素构建物质变化的网络。例如，从C元素出发构建"碳及其化合物"的网络转化图。

2. 基于反应类型视角。

从四大基本反应类型出发，对所认识的化学变化进行分类。通过判断反应类型、理解反应条件（尤其是置换反应和复分解反应）、比较不同的反应，进一步建构物质变化的观念。

3. 基于物质类别视角。

同一类物质具有相似的化学性质（即通性），因此可由典型代表物的性质拓展到类别通性。例如，由氢氧化钠发生的反应类推到氢氧化钾、氢氧化钙可能发生的反应，建构碱的通性的网络图。

此外，不同类别物质间是可以相互转化的。例如，在酸、碱、盐知识学习过程中，可建构单质、酸、碱、盐之间相互转化的网络图。

[①] 陈友楼，张旭东. 促进初中学生建构物质化学变化观的策略［J］. 化学教育，2013，34（12）：50—52.

（七）从物质结构角度出发，揭示化学变化的本质

"变化观念与守恒思想"素养各种构成要素之间互相渗透，构成交叉的结构体系。"变化观念与守恒思想"解决了物质是否会变化（变化条件）、物质会怎样变化（变化规律）、物质为什么变化（变化本质）的基本问题。物质的组成、结构决定物质的性质，分子—原子理论的建立为人们在分子、原子水平上研究物质内部结构，揭示物质内部结构与物质性质之间的关系奠定了坚实的基础。只有从物质的组成、结构出发，引导学生认识物质为什么变化，才能更好地认识物质的性质，进而认识物质是否会发生变化和发生什么变化。例如，通过分析原子核外电子的排布情况，可以推断物质发生化学反应的难易程度及反应进行的方向，也能更好地理解原子按一定的数量关系结合成为种类繁多的分子的原因，从而对离子化合物和共价化合物有初步的认识。又如，从离子角度分析酸与碱的反应，能更好地认识中和反应的本质，更深刻地认识酸与碱之间的反应规律。

（八）从真实的情境出发，真切感受化学变化的特征及应用

真实而富有价值的问题情境是学生学科核心素养形成和发展的重要平台，为学生化学学科核心素养提供了真实的表现机会。[①]"变化观念与守恒思想"素养的形成同样需要创设真实的情境。通过展示社会新闻、科技前沿、生活经验等与生产、生活实际紧密相关的各种变化的真实素材，使学生真切地感受到化学变化及其应用。例如，对于"CaO、$Ca(OH)_2$、$CaCO_3$"（俗称"钙三角"）的相互转化关系的复习教学中，学生对"钙三角"的相互转化的体验往往处于浅层认识阶段。究其原因，主要是因为教学总是采用"纸上谈兵"的纯理论教学，缺乏真实的情感体验。因此，可尝试创设真实的情境并让学生在主体式情感体验中建构"变化观念与守恒思想"素养。让学生自主利用粉笔（主要成分是$CaCO_3$和$CaSO_4$）为主要药品设计实验完成"钙三角"的相互转化。（1）利用酒精灯灼烧粉笔，实现"$CaCO_3 \rightarrow CaO$"的转化。针对该转化无明显现象，教师提出问题：如何证明$CaCO_3$高温分解生成CaO？引导学生将问题转化成CaO的检验。（2）利用灼烧后的粉笔（含CaO）加水静置，实现"$CaO \rightarrow Ca(OH)_2$"的转化。鉴于CaO的量较少，该转化可能无明显现象，教师提出问题：如何证明CaO与水反应生成$Ca(OH)_2$？引导学生借助酚酞指示剂检验$Ca(OH)_2$的存在。（3）将粉笔放入盐酸中，将反应产生的CO_2通入静置后的上层清液[含$Ca(OH)_2$]中，实现"$Ca(OH)_2 \rightarrow CaCO_3$"的转化。该转化有白色沉淀产生这一明显现象。通过利用生活中常见的物质——粉笔为主线开展"钙三角"转化的探究，让学生在真实的情境中感受物质变化的特征及其相互转化的规律，总结出在转化过程中元素

---

① 中华人民共和国教育部. 普通高中化学课程标准（2017年版）[S]. 北京：人民教育出版社，2018：73.

守恒的特点并认识如何证明无明显现象化学反应的发生。①

另外，学生对"生石灰溶于水放出大量热""石灰浆在空气中能吸收CO_2形成坚硬的碳酸钙"的认识也处于浅层认识阶段，容易遗忘。教学中可尝试在塑料桶内放入适量水和几个生鸡蛋，加入一定量的生石灰（新购买），可观察到水沸腾时发出的咕咕声和冒出的带有蒸汽的泡泡。一段时间后，取出煮熟的鸡蛋，学生在品尝美食时发出阵阵惊呼。将塑料桶内的石灰浆（悬浊液）与黏土和沙子混合，抹在学校破损的墙壁上，一段时间后让学生观察其变化。通过创设真实情境，学生进一步认识到化学变化伴随着物质变化和能量变化，物质变化和能量变化是可以被利用的。②

三、教学案例

课题1　质量守恒定律（第1课时）

厦门市翔安第一中学　陈女婷　洪兹田

（一）概述

"质量守恒定律"为《义务教育教科书　化学　九年级上册》（人教版）第五单元课题1第1课时的内容。本课题包括质量守恒定律的涵义、质量守恒的原因及其应用。本课题的重点是理解质量守恒定律的涵义，并运用该定律解释一些常见的实验现象；难点是从微观的角度认识质量守恒定律的本质涵义，以及有气体（或烟雾状物质）参加或生成的反应的反应物与生成物之间的质量关系的探究。

质量守恒定律是初中化学的一个重要化学规律，是分析物质在化学反应前后的质量关系的理论依据，它的应用贯穿于整个中学化学。本节课在初中化学里起着承上启下的作用。在此之前，学生学习了元素符号、化学式、分子和原子的初步知识，对化学反应中物质发生了质的变化已经有了一定的认识，能从微观角度解释某些化学反应。本节课的教学将引领学生对化学反应的认识开始从"质"到"量"的过渡，也为之后化学方程式的书写和计算的教学构建了理论铺垫。

（二）教学目标

1. 通过科学家对质量守恒定律认识的历史脉络，增强探究化学变化前后物质的总质量的变化的兴趣，体会科学家为科技进步不断创新的科学精神。

2. 通过实验探究建构质量守恒定律，初步认识定量研究对化学科学发展的重大作用，进一步形成勤于思考、严谨求实的科学精神。

---

① 杨雪，张贤金，吴新建. 基于观念培养的初中化学实验复习课研究——以"$CaCO_3$、CaO、$Ca(OH)_2$相互转化"为例[J]. 教学月刊·中学版（教学参考），2017（Z2）：99—103.

② 陈友楼，张旭东. 促进初中学生建构物质化学变化观的策略[J]. 化学教育，2013，34（12）：50—52.

3. 通过从微观的角度认识质量守恒定律的本质涵义，利用宏观模型模拟分子的拆分和原子的组合，进一步体验化学变化的微观过程及其本质，发展"宏观辨识与微观探析""变化观念与守恒思想"素养。

4. 应用质量守恒定律解释及解决一些常见的实验现象及生活中的问题，体会质量守恒定律的应用价值。

（三）教学过程

教学活动主题一：创设情境，猜想验证

[PPT 展示] 科学家的"争辩"。

材料 1：1673 年，英国化学家波义耳在一个敞口的容器中加热锡和铅等金属，结果发现反应后容器中的物质的质量增加了，因此他认为化学反应前后物质的总质量不相等。

材料 2：1756 年，俄国化学家罗蒙诺索夫在密闭的容器中煅烧金属，发现反应后物质的质量不变，由此得出"化学反应前后物质质量守恒"的结论。

材料 3：18 世纪初，德国化学家施塔尔提出的燃素说认为，一切可以燃烧的物质都是由灰和"燃素"组成的，物质燃烧后剩下的是灰，而"燃素"本身变成了光和热，逸散到空中去了。金属在空气中煅烧，"燃素"逸出，金属变成金属灰，金属灰应比金属轻。

材料 4：1774 年，法国化学家拉瓦锡在有一定量空气的密闭容器中加热锡和铅，一段时间后，两种金属的表面都生长了一层金属灰。停止加入并冷却容器，称重，发现容器的总质量在加热前后并没有变化。

[提出问题] 在一定条件下，反应物之间发生化学反应生成了新的物质。那么，化学反应前后物质的总质量有没有变化呢？

[猜想假设] 化学反应前后物质的总质量_____（填"相等"或"不相等"）。说一说你猜想的依据。

[复习旧知]（1）什么是原子？

（2）以电解水为例，请你描述在化学变化中，原子是如何变化的。

[交流汇报]（1）原子是化学变化中的最小微粒；原子有一定的质量和体积；同一原子的质量相同，不同原子的质量不同；原子是元素的具体体现。

（2）水分子分解时，构成水分子中的 H 原子和 O 原子先拆开；拆开后的 2 个水分子中的 4 个 H 原子和 2 个 O 原子，重新组合成 2 个 H_2 分子和 1 个 O_2 分子。

[提出问题] 在水分子拆分和原子重新组合的化学变化过程中：

（1）什么变了？什么没变？

（2）从质量的角度看化学变化，你能预测出什么结论？

[交流汇报]（1）物质的种类、分子的种类变了；元素的种类、原子的种类、原子的数目、原子的质量未发生变化。

（2）化学反应前后物质的总质量不变。

设计意图：利用科学家的"争辩"，激发学生探究化学变化前后物质的总质量的变化的兴趣，体会科学家为科技进步不断创新的科学精神。以学生熟悉的水的电解为例，从微观视角进行分析，引导学生用微粒的观点推测化学变化前后物质的总质量是否守恒，让学生进一步认识物质变化的宏观、微观过程及化学变化的微观本质，进一步体验"世界是物质的""物质的运动、变化是有规律的"等观点。

教学活动主题二：自主探究，验证定律

[提出问题] 如何验证"化学反应前后物质的总质量不变"的预测是否正确？必须借助什么仪器？

[设计实验思路] 称量反应前物质的总质量→将两种物质混合，使其反应，观察实验现象→称量反应后物质的总质量→作比较。

[设计实验] 为了减少探究的盲目性，先引导学生确定探究内容。

方案一：红磷在空气中燃烧前后质量变化情况。（教师演示实验）

方案二：铁钉和硫酸铜溶液反应前后质量变化情况。（学生分组实验）

根据实验目的，选择药品。组内讨论，形成初步方案。（选择什么装置？如何证明化学变化前后物质的质量总和是否发生变化？）

[进行实验] 学生观察、记录实验现象和实验数据，师生共同进行讨论、归纳、完成表格内容，并尝试分析化学反应前后物质的质量变化情况。

	方案一：红磷在空气中燃烧前后质量变化情况	方案二：铁钉和硫酸铜溶液反应前后质量变化情况
实验现象		
反应前总质量（m_1）		
反应后总质量（m_2）		
分析		

[实验分析] 以方案二为例，进行实验数据和实验结果分析。

	反应前总质量	=	反应后总质量	
反应前总质量	仪器的质量	=	仪器的质量	反应后总质量
	参加反应的铁的质量		生成的铜的质量	
	未参与反应的铁的质量	=	未参加反应的铁的质量	
	参加反应的硫酸铜的质量		生成的硫酸亚铁的质量	
	未参加反应的硫酸铜的质量	=	未参加反应的硫酸铜的质量	
	水的质量	=	水的质量	
结论	m（参加反应的铁）$+m$（参加反应的硫酸铜）$=m$（生成的铜）$+m$（生成的硫酸亚铁）			

同理分析方案一，可得 m（参加反应的白磷）$+m$（参加反应的氧气）$=m$（生成的五氧化二磷）。

[提出问题] 仅凭这两个实验能否说明一切化学反应前后物质的质量总和都不变?

[讨论归纳] 无数实验证明,参加化学反应的各物质的质量总和,等于反应后生成的各物质的质量总和,此规律叫作质量守恒定律。

[板书] 课题 1 质量守恒定律

一、质量守恒定律:在化学反应中,参加反应的各物质的质量总和,等于反应后生成的各物质的质量总和。

[反思与评价]

化学反应受诸多因素影响。从上述的反应中,你能否发现,在定量研究方面,哪些因素对化学研究具有重要的意义?这些因素对于验证质量守恒定律的实验设计有何启发?

[解释与结论] 在化学反应中,参加反应的各物质的质量总和=生成的各物质的质量总和。

设计意图:通过方案一和方案二的实验,探究化学反应前后的各物质的总质量关系。实验过程中,收集证据,思考、推理、分析实验现象背后深刻的哲理,用定量探究等实验方法建构质量守恒定律,体会"世界是物质的,物质是守恒的"辩证唯物主义观点。

教学活动主题三:宏微结合,解释定律

[提出问题] 宏微结合是化学学科独特的学科思维方式。从宏观上看,化学反应前后各物质的总质量守恒,你能从微观角度加以解释吗?

[播放 Flash] 以氢气与氧气反应生成水的示意图为例,对质量守恒定律进行微观解释。

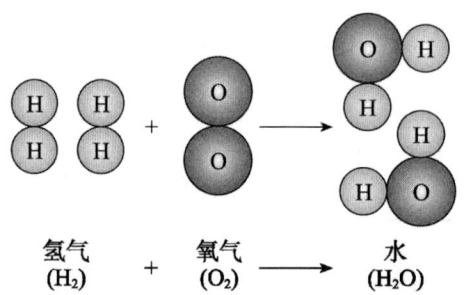

氢气　　+　　氧气　──→　　水
(H_2)　　　　　(O_2)　　　　　　(H_2O)

[边说边做] 请一位同学用不同大小和颜色的磁钉(或橡皮泥)模拟演示氢气与氧气化合生成水的微观过程,边拆拼模型边解释在拆拼的过程中原子的种类、数量、质量没有发生变化。

[板书] 二、质量守恒定律的微观解释:

反应前后 {原子种类、原子数目、原子质量} 没有改变 ⇨ 反应前后各物质的质量总和不变

设计意图:从化学反应前后各物质的总质量守恒出发,引导学生从微观视角解释质量守恒定律的本质原因。同时,利用宏观模型模拟分子的拆分和原子的组合,更直观明了地

体验化学变化的微观过程及其本质。

教学活动主题四：激发碰撞，深化定律

[演示实验] 教师演示教材 P94 实验 5—1 "盐酸与碳酸钠粉末反应前后质量的测定"，学生观察、记录实验现象。

[讨论交流] 为什么天平不会重新平衡？如何让天平重新平衡？该实验方案能否用于验证质量守恒定律？

[交流评价] 装置是敞开体系，可能有部分生成物逸散到空气中。应使装置保持密闭状态，天平才会平衡。该实验方案不能用于验证质量守恒定律，可用密闭矿泉水瓶代替烧杯。

[分组实验] "盐酸与碳酸钠粉末反应前后质量的测定"改进：称量一密闭矿泉水瓶的质量 m_1（瓶内装有碳酸钠粉末和一只盛有稀盐酸的试管）；倾斜该瓶使二者混合，充分反应后，再次称量该瓶质量 m_2，观察天平是否保持平衡；之后将瓶盖打开一段时间后再盖上瓶盖，再次称量该瓶质量 m_3，观察天平是否平衡。

[讨论交流] 比较 m_1、m_2、m_3 三者的大小关系。

$m_1 = m_2 > m_3$
　前　　后　　放气

教师提供碳酸钠与盐酸的反应表达式，提醒学生注意反应物、生成物的状态。

[小结归纳] 质量守恒定律是指参加反应的物质质量和反应生成的物质质量相等。打开瓶盖时，有气体逸散到空气中，故 $m_2 > m_3$。因此，此时天平的不平衡恰恰是质量守恒定律的体现。

[演示实验] 教师演示教材 P94 实验 5—2，学生观察并记录实验现象。

[提出问题]

(1) 实验 5—2 中，为什么反应后物质的总质量减少？

(2) 实验 5—2 中，如果在燃着的镁条上方罩上罩，使生成物全部收集起来再称量，会出现什么实验结果？

(3) 你觉得若要用镁在氧气中燃烧的实验验证质量守恒定律，实验应如何改进？

[反思与评价] (1) 镁条燃烧时产生白烟，逸散到空气中，白烟是氧化镁固体小颗粒，造成 MgO 散失，故 $m_1 > m_2$。

(2) 没有称量参加反应的氧气的质量，故 $m_1 < m_2$。

(3) 实验应在密闭体系中进行。

[解释与结论]

(1) 质量守恒定律适用于自然界的一切化学反应。

(2) 用实验研究化学反应前后反应物与生成物之间的质量关系时，若反应物有气态物质参加，或生成物有气态（或烟雾状）物质生成，则反应必须在密闭容器中进行。

设计意图：利用两个貌似违反质量守恒定律的实验，再次制造实验矛盾和冲突，激发学生思维的碰撞，帮助学生深化对质量守恒定律的理解。

教学活动主题五：迁移应用，巩固定律

1. 20世纪80年代，有人宣称实现了"水变油"，成本低廉，有媒体称此是"中国第五大发明"，使水变油成为当时的热点新闻。你认为水能变成汽油（由C、H等元素组成）吗？

2. 已知石蜡是蜡烛的主要成分，蜡烛在空气中完全燃烧后的产物是CO_2和H_2O，石蜡中一定含有什么元素？可能含有什么元素？

3. 舍勒由于受"燃素说"的影响（即认为一切可以燃烧的物质都是由灰和"燃素"组成的，物质燃烧后剩下的是灰，而"燃素"本身变成了光和热，逸散到空中去了），导致氧气从他的鼻尖下溜走。化学家拉瓦锡结合大量实验事实，否定了"燃素说"认为的"物质燃烧后质量应当减轻"的观点，发现了氧气。请以铁燃烧的事实，指出上述"燃素说"的谬误。

4. 一天，福尔摩斯像往常一样津津有味地抽着他的烟斗，房间里充满了刺鼻的烟味。华生问道："敬爱的先生，别人都说你很聪明，那么你能告诉我你吐出的这些烟和气体有多重吗？"福尔摩斯慢条斯理地说："这个问题很简单，我只要称出抽烟前烟斗和烟丝的总质量，再减去抽完烟后烟斗和剩余烟灰的总质量，不就是我吐出的烟和气体的质量了么？"作为智慧化身的福尔摩斯，他的方法准确吗？为什么？

5. 家庭小实验：教师提供自制汽水的配料表（见右表），以及小苏打和柠檬酸的反应文字表达式：小苏打＋柠檬酸→柠檬酸钠＋水＋二氧化碳。① 学生自行准备材料（400 g水，10 g白糖，20 g果汁，1.5 g小苏打，1.5 g柠檬酸），自由组团在家制汽水。自制出的汽水质量是否等于433 g？若不一致，二者的差值代表什么？

配料表
水：400 g
白糖：10 g
果汁：20 g
小苏打：1.5 g
柠檬酸：1.5 g

6. 思考：$P+O_2 \xrightarrow{\text{点燃}} P_2O_5$这个化学反应表达式，能不能反映出质量守恒定律？

设计意图：通过"水变油"新闻的证伪、石蜡组成元素的判断、"燃素说"的谬误、福尔摩斯的故事、家庭小实验、反应表达式是否符合质量守恒定律的判断等迁移运用，使学生掌握并学会应用定律，形成较完整的知识体系。这些素材的迁移运用，在内容价值上有教育性、历史性、趣味性、实践性，在形式上从理论到实践、从定性到定量、从课内到课外，体现了质量守恒定律在定性分析和定量分析方面的应用价值，引导学生体会质量守恒定律中的"化学反应前后元素的种类不变""化学反应前后原子的种类和数目不变""化学反应前后物质的总质量不变"等观点。

（四）案例点评

本案例深入挖掘了"质量守恒定律"这一教学内容的教育价值，深入开展基于发展

---

① 王振，魏斌，胡志刚. 基于合作探究的理论性知识的教学——以"质量守恒定律"为例 [J]. 化学教学，2017 (4)：52-54，76.

"变化观念与守恒思想"素养的教学设计与实施。在教学过程中，以科学家的"辩论"故事导入，激发学生探究化学变化前后物质的总质量的变化的兴趣。以学生熟悉的水的电解为例，从微观视角进行分析，引导学生用微粒的观点推测化学变化前后物质的总质量相等，让学生进一步认识物质变化的宏观、微观过程及化学变化的微观本质。通过方案一和方案二的实验，探究化学反应前后的各物质的总质量关系，建构质量守恒定律，体会"世界是物质的，物质是守恒的"辩证唯物主义观点。利用两个貌似违反质量守恒定律的实验，激发学生思维的碰撞，帮助学生深化对质量守恒定律的理解。通过迁移应用，使学生掌握并学会应用定律，体现质量守恒定律在定性分析和定量分析方面的应用，进一步引导学生体会质量守恒定律中的"化学反应前后元素的种类不变""化学反应前后原子的种类和数目不变""化学反应前后物质的总质量不变"等观点。学生在有意义的教学情境中，情感体验得到升华，"变化观念与守恒思想"素养得到科学地发展。

素养维度三　证据推理与模型认知

"证据推理与模型认知"是化学学科核心素养的重要组成部分，是从学科观念和思维方式视角对化学科学思维的描述。[①] 其实质是基于证据进行分析推理，证实或证伪假设，运用多种模型来描述和解释化学现象，可见"证据推理与模型认知"是思维核心。化学学习过程应该是以物质组成、结构及其变化的事实作为论证假设的基础，并对假设进行证实或证伪的分析，在此基础上研究并建立认知物质的基本模型。[②] 模型的建立，是化学家感性思考力的一种体现，他们可以"看到"试图研究的实体或过程，并据此设计实验和进行探索，进而开展证据推理和知识建构。[③] 通过化学的学习，学生能解释证据与结论之间的关系，确定形成科学结论所需要的证据和寻找证据的途径；能依据物质及其变化的信息进行抽象概括并建构模型，用模型思想认识物质及其变化的一般规律。[④]

一、素养目标解读

（一）化学学科素养总目标

具有证据的意识，能基于证据对物质组成、结构及其变化提出可能的假设，通过分析推理加以证实或证伪；建立观点、结论和证据之间的逻辑关系。知道可以通过分析、推理等方法认识研究对象的本质特征、构成要素及其相互关系，建立认知模型，并能运用模型解释化学现象，揭示现象的本质和规律。

[①] 中华人民共和国教育部. 普通高中化学课程标准（2017 年版）[S]. 北京：人民教育出版社，2018：68—69.
[②] 李娜. 基于"证据推理与模型认知"核心素养的高中化学探究性教学实践——以"化学能转化为电能"为例 [J]. 化学教与学，2019（5）：57—60.
[③] 王换荣，陈德坤，陈进前. 化学核心素养之构建模型认知在教学中的应用 [J]. 现代中小学教育，2019，35（1）：45—49.
[④] 黄爱民. 关于证据推理与模型认知的一些思考 [J]. 教学月刊·中学版（教学参考），2019（4）：3—8.

（二）初中化学课程素养目标解读

1. 基于证据的推理。

（1）依托的课程内容。

可用于达成此目标的相关课题中的实验及科学探究如下表所示。

课题	内容	素养提升点
第二单元　课题1	测定空气里氧气的含量	获取空气里氧气含量的证据
第二单元　课题2	氧气的性质	获取氧气性质的证据
第二单元　课题3	分解过氧化氢制氧气的反应中二氧化锰的作用	获取二氧化锰在分解过氧化氢制取氧气中起到催化作用的证据
第十单元　课题1	自制酸碱指示剂	获取植物的汁液能否作为酸碱指示剂的证据
第十单元　课题2	中和反应	获取氢氧化钠溶液与盐酸反应的证据

（2）素养要求解读。

通过分析推理加以证实或证伪；建立观点、结论和证据之间的逻辑关系。证据推理可简单理解为"基于证据的推理"，表现为依据有关事实或材料推出新的判断或结论，从而实现问题的解决或获得新知识。[①] 证据推理包括"证据"及"推理"两部分，"证据"是能够证明某事物真实性的有关事实或材料，"推理"是思维的一种基本形式，是指由一个或几个已知判断（前提）推出新判断（结论）的过程。《义务教育化学课程标准（2011年版）》的"课程目标"要求初步养成严谨求实的科学品质，这一目标包含初步养成实证意识，能实事求是地思考问题、解决问题。此外，课程标准中对于"推理"能力的要求主要集中在"过程与方法"目标：初步学习运用观察、实验等方法获得信息，能用文字、图表和化学语言表述有关的信息；初步学习运用比较、分类、归纳和概括等方法对获取的信息进行加工。初中化学应从发展"证据推理"核心素养的视角，结合课程目标进行教学，提升学生的核心素养。

2. 基于模型的认知。

模型认知是指对观察和实验所得到的信息进行比较分析、归纳概括后，还需要通过抽象和简化的方法建构模型，再现物质及其变化的基本规律，并能运用模型解释化学现象，揭示现象的本质和规律。[②] 模型认知作为高级的认知素养，对学生认知基础和过程有较高的要求，但是它的达成不是一蹴而就的。初中化学作为学生学习化学的启蒙阶段，应挖掘教学内容的特点，培养学生的"模型认知"素养。根据模型的内容特点，可把初中化学中

---

① 陆军. 化学教学中引领学生模型认知的思考与探索[J]. 化学教学，2017（9）：19-23.
② 闫银权. 基于"证据推理与模型认知"培育的教学——以"苯"的教学实践为例[J]. 化学教学，2020（2）：51-55.

的认知模型分为形象模型、概念模型、数学模型、思想方法模型。① 可用于达成此目标的教学内容如下：

（1）形象模型：传统意义上的模型，可以是实物模型（包括具体装置结构模型），也可以是比例模型（包括微观图示模型）。如物质及其变化的微观模型（如水及其分解的图示模型、金属石和石墨微观结构模型）、原子结构模型、水的净化流程模型、炼铁流程及设备模型等。

（2）概念模型：将化学现象或化学事实进行抽象归纳，能揭示化学学科本质特征的理性知识。如金属活动顺序表、铁制品锈蚀条件、燃烧条件、物质的分类、化学式、化学方程式等。

（3）数学模型：用数量关系来表示结构与性质的数量关系、物质反应及变化过程中的规律。如质量守恒定律、有关化学式计算的方法、根据化学方程式计算的方法、有关溶液浓度计算的方法、有关溶解度计算的方法等。

（4）思想方法模型：针对事物的主要矛盾和主要特性在人脑中建立起一个观念性的、抽象的理想客体。如结构、性质与用途关系，气体制取的方法，同类物质的通性，控制变量的方法，研究有机物组成的方法，测定混合物中某种成分的含量的方法（如测定空气中氧气含量的实验方法），各种观念（如利弊观、STSE 观、实验观、微粒观）等。

以上是初中化学中的主要认知模型，它们之间存在着相互交叉的关系。在认识物质及其变化的过程中，模型成为学生认知发展的工具，既包括"原子由原子核和核外电子构成"这样的指向客观存在的模型，也包括"化学反应需要有反应物、生成物和反应条件"这样的认知模型，还包括"探究物质性质包括预测物质性质、根据预测的性质选择反应试剂和反应条件，设计实验方案完成实验，收集证据证明反应的发生，形成结论"这样的操作程序模型。模型是人类对事物认识高度概括的结果，是最具迁移价值的学习内容。②

二、教学策略

（一）初中化学"证据推理"教学策略

著名的化学家傅鹰曾提出："化学是实验的科学，只有实验才是最高法庭。"这说明实验对于化学科学的重要性，它是获取证据、验证假设或论点的途径。因此，在某种意义上，实验是化学逻辑的起点，化学都是通过实验获得相关现象、事实或数据，进而通过思维加工得出结论，最后再抽象概括出相关概念或总结归纳出规律。在当前教学实践中，学

---

① 单旭峰. 对"模型认知"学科核心素养的认识与思考[J]. 化学教学，2019（3）：8—12.
② 黄燕宁. 论核心素养视阈下的初中化学教学[J]. 中学化学教学参考，2018（5）：1—4.

生经常对实验中的异常现象视而不见，更多的是套用死记教材或教辅的结论，不能结合实际情况有效分析问题。因此，在初中化学启蒙时期必须让学生初步养成"证据推理"素养，让学生具备实证意识，能结合相关证据进行推理，为发展其他学科素养打下扎实的基础。

1. 在教学中重视渗透实证意识。

发展"证据推理"素养的前提是让学生具有实证意识，需要学生具备收集证据开展相关论证的意识。教学中，教师习惯性地提问学生："有哪些证据支持你刚才的观点？""你可以从哪些方面获取证据？"通过这些问题引导、强化学生的实证意识。为让学生具备实证意识，最重要最根本的教学策略是重视实验教学，尽量结合实验开展教学，让学生多做实验，开展相关的探究活动，让学生养成借助实验手段学习化学、研究化学的习惯，而不是盲目套用教材或教辅的陈述。在教学中，应多角度从实验教学中挖掘情境素材，让学生从中获取相关信息，并建构知识，丰富相关情感体验。在实验过程中，应善于挖掘一些异常现象或误差数据素材，引导学生对比实验结果，深入分析导致异常或误差的原因。此外，在习题教学或复习教学中，不能仅停留在习题卷上或在黑板上讲实验，而应让学生通过实验去解决习题教学或复习教学中的疑难问题，用实验去验证相关试题中的探究过程或结论。以《义务教育教科书 化学 九年级下册》(人教版)第十一单元"课题1 生活中常见的盐"课后习题为例：

某同学发现，上个月做实验用过的氢氧化钠溶液试剂瓶忘记了盖瓶塞。对于该溶液是否变质，同学们提出了如下假设：

假设一：该溶液没有变质；

假设二：该溶液部分变质；

假设三：该溶液全部变质。

请设计实验方案，分别验证以上假设，简要叙述实验步骤和现象，并写出相关反应的化学方程式。

以上是一题经典的探究题，探究的重点是如何设计针对三种可能情况的论证过程并获取相关的证据，是较好考查及训练"证据推理"素养的问题。如果仅把这些问题当作习题，简单讲析答案，就丧失了发展"证据推理"素养的教学素材及教学时机。建议在教学中，充分挖掘这一问题的教育教学功能，把相关问题设计成实验探究内容，重点在于通过实验获取证明其中一种假设的证据，同时也寻找不支持其他两种假设的证据。这种教学过程，通过在真实情境中应用所学知识解决问题，让学生经历比简单讲析答案思路更为丰富的细节体验，让实验探究真正地发生，让学生学会应用实验手段获取证据，进而进行推理判断得出结论，完成相关的论证过程，强化学生的实证意识，提升学生证据推理的能力。

2. 重视获取证据的技能训练。

获取证据是证据推理的基础。如果没有完整准确的证据，证据推理就没办法开展，或者导致所得出的结论不全面、不科学。为保证学生能获得有效的证据信息，教学中必须重视获取信息的技能训练,确保学生能获得准确、全面的信息。要更多地在实验过程中培养获取证据的技能,并贯穿实验教学的全过程,特别是要利用好实验前的引导及实验后的交流总结。教师在实验前做好充分准备,充分挖掘化学实验的教育教学功能。实验时,由教师演示或让学生参与演示,尽量做出最佳的实验效果。实验现象稍纵即逝,因此在实验前应指导学生进行观察,明确观察的时间和重点;在教学中要特别引导学生重点应用对比的方法进行观察。以氧气的性质实验为例,引导学生从"光、热、生成物"方面重点观察燃烧现象,在演示前应注意引导学生对比观察可燃物在反应前后的不同,同时引导学生对比可燃物在空气中和在氧气中燃烧现象的差异。教师尽量演示出最佳效果,让学生细致地观察,及时规范地记录所观察到的现象,并交流、描述所观察到的现象。最后,教师从学科规范表达的角度点评学生描述的现象,要求做到全面、准确。比如:红磷燃烧观察到的是白烟,而不是白雾;硫在燃烧后生成无色有刺激性气味的气体,而不是"生成有刺激性气味的二氧化硫气体"(有刺激性气味的气体很多,用鼻子和眼睛是无法判断气体是不是二氧化硫气体)。此外,对于定量实验,应准确完成相关实验,规范地进行读数,尽量避免产生误差。如果实验过程中出现异常现象,不能视而不见、照本宣科。教学中应把异常现象或实验误差作为生成性教学资源,挖掘这些教学资源的教育价值,深入分析实验过程中存在的问题,充分认识相关的错误操作,再完整地重现正确的实验过程。这样既能让学生从另一侧面加深对实验内容的认识,也能较好地引导学生正确认识异常现象或实验误差,及时修正获取的信息,实事求是地完成实验过程。

3. 重视推理过程的信息处理能力的培养。

推理过程是高阶的思维过程,涉及分析、对比、归纳等高级思维过程。在"证据推理"过程中,要重点培养学生对收集到的信息进行处理的能力,主要从以下两个方面培养。

一方面,可以从归纳概括角度培养推理能力,即对观察到的现象进行分析、对比、归纳,最后抽象概括出现象背后的本质规律,从而达到"模型认知"要求。以探究二氧化碳能否与水反应为例。把二氧化碳通入紫色石蕊溶液,溶液变为红色,因为没有排除该系统内存在可以使紫色石蕊变红的其他物质或其他因素,所以还不能说明二氧化碳能与水发生了反应。因此,需通过实验探究找到水或二氧化碳等因素不能使紫色石蕊溶液变红色的证据,可以通过控制变量完成实验:①在紫色石蕊试纸上滴水,试纸颜色没有变化;②将二氧化碳气体通入放置干燥的紫色石蕊试纸的集气瓶中,试纸颜色没有变化;③将二氧化碳气体通入放置湿润的紫色石蕊试纸的集气瓶中,试纸颜色由紫色变为红色。对比分析这些现象,可以找到在这个系统内水、二氧化碳不与紫色石蕊试纸作用的证据(以上实验也是证伪的过程),最后得出水与二氧化碳反应生成酸性物质的结论。

另一方面,也可以通过演绎推理角度培养推理能力。在一定概念、理论和方法的指导下,设计相应的探究实验,然后通过实验获取相关的现象或数据,找到证据与探究问题的关系,通过推理论证,提出自己的观点。以探究铁锈蚀的条件为例,利用控制变量进行对比实验的思维模型,设计了以下实验证明铁锈蚀的原理。

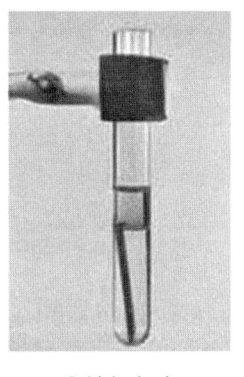 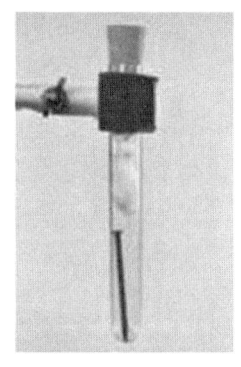 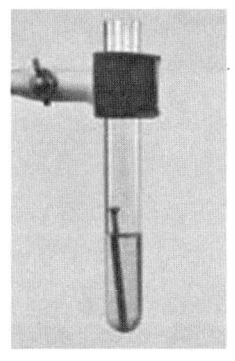

①铁钉与水　　　　　②铁钉与干燥的空气　　　　③铁钉与水、空气

分别观察相关现象：①②中铁钉没有变化；③中铁钉表面有红色物质生成。这说明铁锈蚀是铁与水、空气共同存在的条件下，发生缓慢氧化的过程。这一例子可认为是在思维模型指导下，获得相关实验现象，然后进行对比、分析、归纳，最后获得结论。

当然，在实际的证据推理过程中，可能有归纳推理的过程，也可能有演绎推理的过程，也有可能综合应用两种方法，最后得出结论。归纳法与演绎法都是推理过程中重要的方法，应重点通过运用归纳法与演绎法培养学生信息处理能力，提升学生证据推理的能力。

（二）初中化学"模型认知"教学策略

模型是人们为了达到对目标对象进行解释、认识或研究等特定目的，对目标对象所作的一种简化的、直观的、定性的或定量的、文字的或图形的描述。模型可以使抽象的事物具体化、可视化，可以将复杂的现象或事物简单化，可以为科学的解释和预测提供依据。①"模型认知"素养主要包括：知道可以通过分析、推理等方法认识研究对象的本质特征、构成要素及其相互关系，建立认知模型，并能用模型解释化学现象，揭示现象的本质和规律。在某种意义上，"证据推理"是一种典型的认知心理学层面的认知模型，"证据推理"为实现"模型认知"提供了认知基础，两者是相辅相成的关系。基于"模型认知"的教学流程如下图所示。②

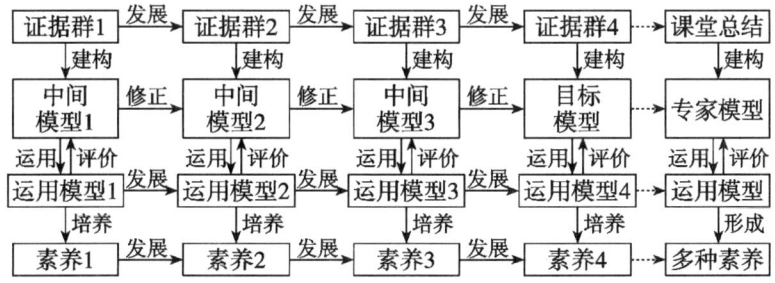

---

① 单旭峰. 对"模型认知"学科核心素养的认识与思考[J]. 化学教学，2019（3）：8－12.
② 徐凤沁，肖中荣. 基于"模型认知"的理论课教学设计与实践——以"人类对酸碱认识的发展"为例[J]. 中学化学教学参考，2019（3）：21－23.

总之,"模型认知"可理解为"基于模型的认知",教学主要内容包括:建构模型→认知模型→运用模型。

1. 备课时,从整体上规划设计模型认知目标。

为实现素养高阶目标,整体规划设计是必须经历的重要过程。首先,初中化学课程整体规划模型认知目标是:从研究物质及其变化中认识相关规律,建立认知模型,培养学生"模型认知"素养。通过整体规划,对课程中具有模型认知功能的内容进行梳理,梳理出前面几种类型的模型。然后,结合教材单元开展单元整体备课,对照各阶段模型认知目标,找到具体的结合点,再通过深入概括确定学生单元模型认知目标。在具体的教学设计中,以认知模型为线索,选择相应素材,设计相应的活动环节,特别是要重视课堂小结环节及板书的设计。

"结构、性质、用途"思维关系模型是化学学习的重要方法模型,贯穿在整个元素及其化合物教学中,在初中化学教学中应进行规划并分阶段实施。以人教版九年级化学教材为例,各阶段进阶内容如下表所示:

阶段		阶段建模目标	依托的教学内容
进阶1	第一单元	性质	性质及其研究方法
	第二单元	性质决定用途,用途反映性质	氧气、氮气及稀有气体的性质与用途的关系
	第三、四单元	物质的组成及物质的构成	物质的组成及化学式
进阶2	第六单元	结构、性质、用途之间的关系	碳单质的结构、性质、用途的关系,一氧化碳与二氧化碳的结构、性质、用途的关系
	第八单元	组成、性质、用途之间的关系	纯金属与合金的组成、性质、用途的关系
	第十、十一单元	组成、结构、性质、用途等之间的关系	酸、碱、盐的组成、结构决定物质的性质,性质决定相关的用途
进阶3	第七单元	用途和对环境的影响	燃料的燃烧及其与环境的关系
	第十二单元	用途和对环境的影响	塑料等合成材料的用途及其与环境的关系

总之,"结构、性质、用途"关系是学习化学的重要模型,贯穿于教学的全过程,需在教学过程中不断修正、充实、提升其内涵。

2. 教学应重视活动体验,结合深度思维活动建构认知模型。

在实施具体教学时,应以课堂教学内容为明线,以模型为暗线,让学生充分参与各个教学活动环节,让学生充分理解各部分内容的本质及内在联系,提取整体内容本质形成思维模型。在这一过程中,让学生对教学内容经历由特殊到一般、由具体到抽象、由现象到本质的认识过程,在由感性认识到理性认识不断循环中进行归纳、概括等思维过程逐步建立模型。[①] 教师可以充分利用板书逐步引导思路,也可以让学生通过参与制作思维导图,

---

① 普通高中化学课程标准修订组. 普通高中化学课程标准(2017年版)解读[M]. 北京:高等教育出版社,2018:193-198.

汇报相关体会，形成教学共同体，在集思广益的过程中逐步勾勒出相关模型。在建模教学中，应避免直接展示模型、再讲解模型这种灌输形式。因为这种模型认知教学丧失了培养学生模型认知的机会，学生对所建立的模型更多是停留在机械记忆上，不能理解其内涵和外延，应用时只会生搬硬套，不会灵活迁移解决问题。例如在初中有关气压专题的复习中，可将教学目标定位为建立有关气体压强的化学原理模型。教学中如果直接给出模型再来讲应用，学生更多的是记住整个抽象的模型，但很难灵活应用模型。建议在教学中，应重视建立有关气体压强模型的过程，可以采取以下教学活动①。

活动项目	活动内容	活动目的
活动一 提出问题	让学生在课堂演示水枪射击的过程。提出问题：为什么水枪可以射出水柱？	创设情境，了解与压强有关的原理。
活动二 宏观辨识	列出初中化学中与压强有关实验，重现实验，让学生复习其中的原理。	了解宏观现象背后的原因。
活动三 微观探析	让学生讨论以上现象的微观原理。教师结合微课讲解以上现象的微观过程。	从微观原理解释宏观现象。
活动四 活动体验	应用以上规律，解决有关问题：如检查实验装置的气密性，设计实验并动手完成实验；如把制取二氧化碳简易装置改造成随关随停装置等。	在应用中深入理解压强原理的本质。
活动五 建立模型	小结本课内容，建立有关实验中压强问题的解决模型。 （气体增减、温度升降 ← 分析 ← 变化原因 — 压强变化 — 伴随现象 → 预测 → 气泡、倒吸、形状改变、……）	建立并完善有关实验中压强问题的解决模型。

以上教学过程设计，充分调动学生原有的认知基础，引导学生积极参与活动体验，进而分析、抽象、概括出压强问题的核心要素，并建立各要素之间的关系，最后完整、全面地建立有关压强问题的思维模型。

3. 不断延伸拓展"模型认知"素养内涵。

"模型认知"素养不仅要求会建立相应的认知模型，还包括能够应用模型解释化学现象、解决化学问题，揭示现象的本质和规律。在建立模型后，教学中应设计应用模型的实际问题，完成模型认知中的"用模"；同时检测学生对模型的理解，及时纠正学生在模型认知中的偏差，进一步修正模型，提升模型认知的水平。

此外，在后阶段教学中，可以进一步拓展、充实模型，进一步发展模型认知能力。以

---

① 参考福州市则徐中学施秀美老师在福建省第二批化学学科教学基地校教学展示课"关于气压的那些事"教学设计。

测定空气中氧气的含量实验为例,在新课教学中对该实验原理进行归纳:通过可燃物燃烧消耗氧气、生成固体物质,使容器内的压强减小,使水发生倒吸,进入水的体积即为氧气的体积。由此建立了测定混合气体中氧气含量的模型。应用这一模型,可以判断木炭、硫不能作为本实验的可燃物。但是如果启发学生,用碱液为吸收剂,消除生成气体的影响,这样就可以把模型升级为能消耗氧气,并且生成不影响测定的气体。在学习了酸、碱的性质之后,可以把本实验改为测定混合气体中二氧化碳的含量,这样就把以上模型中测定氧气的含量拓展为测定混合气体中其他气体的含量,这时测定原理也不再是采用燃烧法,而是利用少量的碱液吸收气体,降低压强,产生压强差,当打开开关后,液体倒吸,从而测得混合气体中二氧化碳的含量。这一测定模型即可进一步完善为:利用某种物质能与测定成分反应(不与其他成分反应),生成物不影响测定的结果。此外,这一模型还可以进一步修正为:若要测定混合物中某种成分的含量,可以用一种物质与混合物中的这种成分反应,产生可测量的变化,即可测得混合物中该成分的含量,如测定氯化钠中混有的碳酸钠的含量。

4. 应用化学史资源培养"模型认知"素养。[①]

模型认知是化学学习的一种思维方法,通过建立模型能对真实事物进行更为简单的描述,能使抽象的事物形象化、具体化,能对相似情境作出预测并提供科学探究的方向。化学史资源中涉及重要结构模型建立的史实介绍。教学中把模型演绎过程、模型建立过程中的重要实验、核心理论等史实,以信息提示的方式呈现于课堂,引导学生一步步分析每个时期建立的不同模型。在这个过程中,学生根据教师提供的信息,根据已有知识自主建构出模型,接着师生互评、展示模型。这样一来,学生参与了该模型的发展过程,对模型特点的认识也更为具体、全面。与此同时,学生对信息的提取、理解、整合的能力得到了发展。在参与模型建构的过程中,学生学习了前人关于模型建构的经验,学会了思考问题的方式和方法,掌握了重要实验的基本原理。

现以原子结构模型建立的历程为案例,设计如下教学流程。

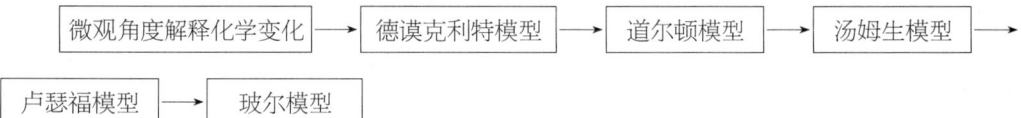

对于原子结构的这节内容,大部分教师会结合原子结构模型发展史进行教学,但在实际教学中,大部分教师对于该化学史的应用仅仅是介绍原子结构发展史的过程,教学方式往往以讲故事、角色扮演或微课等形式为主,甚少教师会对其中的每个模型进行分析,对每个历史时期模型的建立过程进行阐述。这样一来,学生对原子结构模型虽然可以有系统的认识,但是对模型的建立和完善却无从下手,对科学家作出的贡献也是停留在感受、赞

---

① 邱丽桃,核心素养视角下化学史资源在初中化学教学的应用[C]. 厦门:2018年厦门市中学化学论文汇编,2018.

同的层面。

在教学设计中,从化学变化中原子不可再分作为切入点,再结合原子弹爆炸原理使学生对之前的原子结构认知产生冲突,激发探究兴趣。接着以古希腊德谟克利特模型作为切入点,在此基础上引出道尔顿原子结构模型,并带着学生画出对应的原子结构模型,建立初步的模型观念。

学生自主阅读史实材料,根据史实材料自主获取有关信息,画出自认为的汤姆生原子结构模型。教师在这个过程中担任他们的"裁判员",以旁观者的角色参与课堂,充分尊重学生的主体性。通过这个过程,学生的自主学习能力、获取信息的能力、模型建构的能力都能得以发展,科学探究素养得以落实。

此时,学生对原子结构有了初步的认识,教师再介绍卢瑟福α粒子散射实验,引导学生根据实验中粒子的运动轨迹对原子结构进行讨论,并以小组合作的方式在汤姆生原子结构模型上进行完善,接着小组展示作品,同学、教师作出评价。这个过程中对实验结果的分析,学生可以结合已有的物理知识对实验现象作出相应的解释,教师并不需要过多讲解,以免"扼杀"学生思维深度发展的机会。

此时,学生们已对原子结构有了大致的认识,教师可引导学生进一步思考:原子核外广阔的区域又是什么样的呢?教师呈现玻尔对于核外电子研究的相关资料,材料中重点突出电子跃迁、不连续光谱图,意在提示学生思考的方向,从而为核外电子分层排布作铺垫。最后对本节课的内容进行总结并布置动手作业:自制原子结构模型。

通过还原历史过程,边讲解边演绎边总结,引导学生自主参与原子结构模型建构的整个过程,为今后模型建构的学习提供了经验。

化学史中还有许多活生生的模型演变过程,可以充分整合这些资源,提炼出相关的模型,在真实的情境中开展模型认知教学,提升素养培育的有效性。

三、教学案例

课题 "变质类"实验探究专题复习[①]

福建省厦门集美中学 饶慧伶;厦门市教育科学研究院 王锋

(一)概述

初中作为化学教育的启蒙阶段,承担着促进学生化学学科核心素养形成和发展的重任,然而在中考的压力下,多数复习课直指中考考试要求,"为考而学""反复灌输""刷

[①] 饶慧伶,王锋. 基于实验探究背景下的化学专题复习教学实践——以中考复习专题之"变质类"探究为例[J]. 教学月刊·中学版(教学参考),2017(12):14—17.

题战术"屡见不鲜。其实,中考复习课对于培养化学学科核心素养是具有其独特作用和重要意义的。此阶段的学生有一定的认知基础,人人具有参加讨论的能力,在梳理知识框架时,既是提升其认知能力的过程,也是培养其科学素养的过程。

本案例涉及的教学内容为"变质类"实验探究专题复习。《义务教育化学课程标准》指出"将科学探究作为课程改革的突破口",实验探究是培养化学学科核心素养的重要途径。实验探究题在中考试卷中占有较大的分值,学生普遍感觉难度较大。本课题的主要内容是以氢氧化钠、氢氧化钙为知识核心的"变质类"实验专题复习。

(二) 教学目标

1. 进一步认识氢氧化钠、氢氧化钙与二氧化碳的反应,以及氢氧化钠、碳酸钠等相关物质的性质与转化关系,能用化学方程式表征相应的反应。

2. 通过探究氢氧化钠、氢氧化钙的变质,指导学生发现和提出有探究价值的问题、作出假设、设计方案、学会合作、进行探究,从而培养"科学探究与创新意识"素养。在分析问题时,引导学生对物质的性质进行推理和归纳,逐步理解物质变质的一般原理,培养学生归纳总结的能力、解释现象的本质和规律的能力,提高"证据推理和模型认知"素养,通过动手、反思、感悟,激发学习兴趣,提升"科学态度与社会责任"素养。

(三) 教学过程

教学活动主题一:创设问题情境,激发学习欲望

教师活动过程	学生活动过程
[导入] 同学们,你们桌上有一瓶久置的氢氧化钠溶液,橡胶塞表面有许多白色的固体析出。白色的固体是什么?此时,瓶内的氢氧化钠溶液变质了吗?请写出氢氧化钠变质的化学方程式。	回答:可能是氢氧化钠或碳酸钠。瓶内的氢氧化钠溶液可能变质了。 一位同学到黑板上书写化学方程式,其余同学写在导学案相应位置上。

设计意图:真实的问题情境是激发学生探究欲望的最好方式。以这种方式导入本课题内容,不但有趣而且直切学生作业中的难点,让学生认识该部分内容的重要性,感受到化学的学习价值和实用性,这对培养学生的"科学态度与社会责任"素养是有益的。

教学活动主题二:氢氧化钠变质了吗

教师活动过程	学生活动过程
为每组学生提供以下药品:酚酞试剂、稀盐酸、氯化钡溶液、氯化钙溶液、氢氧化钙溶液。	设计实验方案。 方案一:取样,加适量稀盐酸,若有气泡产生,则氢氧化钠溶液变质。
[探究任务] 同学们,请你们设计实验方案,验证你们桌上这瓶久置的氢氧化钠溶液是否变质。依据实验方案进行实验,实验过程中,请大家注意合作、交流,遇到问题及时反映给老师或先与本组小组长讨论。	方案二:取样,加酚酞,若变红,则氢氧化钠溶液变质。 方案三:取样,加氯化钡溶液,若有白色沉淀产生,则氢氧化钠溶液变质。

教师活动过程	学生活动过程
及时指导，关注基础较为薄弱的学生设计方案、进行实验的过程。 [提出问题]大家提出的方案是否都可行？结论正确吗？请同学们尝试评价，给出自己的理由。 [提出问题]实验现象如何？有何结论？ [引导]通过该实验体验到，变质通常是指物质与空气中的二氧化碳、氧气等发生反应，由此我们可以猜测变质的产物。要检验是否发生变质，可通过反应产生的明显现象来检验是否有该新物质的存在。要注意排除原物质的干扰，比如碳酸钠和氢氧化钠都是碱性的，就不能用酚酞试液变红来检验碳酸钠的存在。这就涉及你是否已经掌握物质的性质和变化规律。 请同学们写出碳酸钠、氢氧化钠的反应关系图。	方案四：取样，加氯化钙溶液，若有白色沉淀产生，则氢氧化钠溶液变质。 方案五：取样，加氢氧化钙溶液，若有白色沉淀产生，则氢氧化钠溶液变质。 学生互评。通过讨论与评价，学生发现碳酸钠和氢氧化钠都是碱性的，都能使酚酞试液变红，方案二不可用来检验。 汇报实验结果：氢氧化钠已变质。 思考、书写反应关系思维导图。 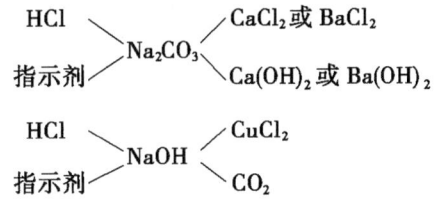
[小结]检验氢氧化钠溶液变质的方法。	

设计意图：鉴于学生已有的知识背景，在设计活动时增加了学生的活动开放程度，让学生在老师不提示的情况下，自主设计验证氢氧化钠溶液是否变质的实验方案。只要不涉及实验安全，尽量不过多干预和修改学生的方案，鼓励学生大胆猜想、创新设计、小心求证，让学生在探究中学会合作，对异常现象提出自己的见解，培养学生"科学探究与创新意识"素养。同时，及时进行小结，让学生感知到物质的性质、变化与探究物质变质间的巧妙关系，通过学生独立完成反应关系思维导图来培养学生的"变化观念"。

教学活动主题三：氢氧化钠溶液变质的程度如何

教师活动过程	学生活动过程
[追问]同学们，氢氧化钠溶液已经变质，那变质的程度如何呢？请对氢氧化钠溶液的成分作出猜想，并在导学案上写下所有可能的组成，并设计实验方案验证你的猜想。 [引导]我们可以从部分变质入手，若部分NaOH变为Na_2CO_3，则溶液是NaOH和Na_2CO_3的混合物，只要通过实验证明其中含有NaOH即可。（开始往分步鉴别这个方向引导学生，进行实验探究。）	作出猜想。 猜想一：氢氧化钠和碳酸钠。 猜想二：只有碳酸钠。 要验证该猜想的难度较大，此时学生很迷茫，因为以前所学题型均为一步鉴别，部分学生可能提出错误的方案，部分学生可能难以动笔。 学生讨论。 第一步，完全除去某一离子。根据之前对碳酸钠、氢氧化钠性质的回顾可知，用酸除掉CO_3^{2-}的同

教师活动过程	学生活动过程
[补充] 很好,要先完全除去 CO_3^{2-},且不能影响 OH^-。所以这时不能采用加酸的方式除去 CO_3^{2-},因为会将 OH^- 反应掉,从而影响 OH^- 的检验。 [指导] 请你们依据实验方案进行实验。实验过程中,请大家互帮互助。 [提出问题] 实验现象如何?有何结论?	时,OH^- 也会被除去。所以第一步要先完全除去 CO_3^{2-} 且不能影响 OH^-,可以采用加过量的氯化钙或氯化钡。 第二步,证明是否还有 OH^- 存在。 确定实验方案:取样,加过量的氯化钙或氯化钡溶液,产生白色沉淀,再取上层清液,加酚酞试液,若变红,则说明存在氢氧化钠,即氢氧化钠溶液部分变质,猜想一成立。
[小结] 小结检验变质程度的方法。	

设计意图:本环节教学策略选择的意图在于让学生调动原有的认知,对久置氢氧化钠溶液的组成等提出可能的假设,培养学生的证据意识。本环节的难点在于如何设计实验方案来证明氢氧化钠溶液是否为部分变质。这不能是漫无边际的胡思乱想,必须建立在学生目前所学、所具备的知识基础上,因此当学生在设计实验方案上遇到困难时,教师要注意在思维方法上做一些有意识的引导,给学生确定一个大的方向,避免盲目性。最后通过分析推理、实验探究加以证实,建立作出假设、设计方案、实验观察、分析现象、得出结论之间的逻辑联系,达到培养科学探究、证据推理素养的目的。

教学活动主题四:如何定量计算氢氧化钠溶液变质的程度

教师活动过程	学生活动过程
[变质程度计算题] 有一瓶久置的质量分数为 20% 的氢氧化钠溶液 100 g。现往其中滴加足量氯化钙溶液,称量得沉淀质量为 10 g,再滴加酚酞试液,溶液呈红色。请计算溶液中氢氧化钠的质量分数。	思考、计算。 一位同学到黑板上计算,其余同学写在导学案相应位置上。 学生互评。

设计意图:本环节经历了"变质类"问题从定性到定量的转变,学生的认知发生了质的飞跃。学生可抽象概括出"变质类"实验探究涉及的一系列基本问题:"物质变质了吗?""如何验证?"——"变质的程度如何?""如何证明?"——"如何定量计算变质的程度?"这个体验、总结、归纳的过程,同样是化学学科素养提升的过程。

教学活动主题五:学生交流学习体会,小结本专题内容

迁移拓展:设计实验探究氢氧化钙的变质情况。

设计意图:梳理本节课内容,深化对"变质类"实验探究的基本思路和方法,让知识系统化,方法和思维内化、模型化,起到举一反三的作用,使知识、能力在日后获得有效迁移。

(四) 案例点评

1. 转换目标,设计学习活动。

以培养学科核心素养为主旨的教学，应该从以教为主向以学为主发展。为了与学情相匹配，本案例梳理此部分的实验探究内容，学习活动围绕"物质变质"来设计，学习活动具有一定的挑战性，各项活动的要求和复杂程度有一定的层次，呈现递进式安排，能激发高级思维活动，促进知识结构的更新，发展学科核心素养。

2. 创设有意义、真实的问题情境，经历探究过程。

学科核心素养的形成需要学习者在学习中与学习情境持续互动，本案例从"物质变质了吗"开始，抽取有价值的问题，递进到"变质的程度如何"，并进行了深入探究，最后由"如何定量计算变质的程度"结束。学生在解决问题和创生意义的过程中关键能力和必备品格能得到有效培养。

3. 突破教学难点，初步建构一种思维模型。

本教学的难点是："如何验证物质变质了""如果变质了，怎么验证物质的变质程度""变质的程度如何定量测定"以及从现象到结论的抽象过程。本案例围绕这些难点，牵拉出一条情境线和认知线，让学生深度参与探究的过程，收集证据、分析现象，形成对"变质类"问题从定性到定量的理性认知，在学习活动中融合性地培养学生的"变化观念""证据推理与模型认知""科学探究与创新意识"等素养。

素养维度四　科学探究与创新意识

科学探究是科学家探索、发现和解释自然现象的方法和途径，是推动社会进步的一种方式。在探究过程中形成的创新意识，是人类解决新问题、新矛盾的一种基本思维方式。科学探究能力的发展与创新意识的培养是初中化学课程的重要组成，对发展学生化学学科核心素养具有重要作用。义务教育阶段的科学探究主题既是学生的学习内容也是学习方式。作为学习内容，学生要学会探究的基本要素、程序、实验设计和操作方法，理解基于证据的推理是探究的核心；作为学习方式，学生应能发现有意义的问题，形成自己的假设，再通过收集和分析证据，构建自己的推理逻辑，获得观点和结论。在科学探究过程中，对新思路、新方法的探索都是培养创新意识的途径。[1]

一、素养目标解读

（一）化学学科素养总目标

认识科学探究是进行科学解释和发现、创造和应用的科学实践活动；能发现和提出有探究价值的问题；能从问题和假设出发，依据探究目的，设计探究方案，运用化学实验、调查等方法进行实验探究；勤于实践，善于合作，敢于质疑，勇于创新。[2]

通过对《普通高中化学课程标准（2017年版）》的分析发现，2017年版的课程标准非常重视"科学探究"。"探究"的词频达到了172次，其中129次为动词（强调探究的实验特征、行为特点和目标性），43次为名动词（突出重要的探究任务和学习行为）。[3] "科学探究与创新意识"核心素养发展的实质内涵是建立物质制备、物质分离、物质检验、物质

---

[1] 黄燕宁. 论核心素养视阈下的初中化学教学[J]. 中学化学教学参考，2018（5）：1—4.
[2] 中华人民共和国教育部. 普通高中化学课程标准（2017年版）[S]. 北京：人民教育出版社，2018：4.
[3] 陈凯，陈悦.《普通高中化学课程标准（2017年版）》的文本挖掘[J]. 化学教学，2019（4）：7—12.

结构探究、物质性质探究、反应规律探究等核心活动经验（包括活动程序、活动关键策略、认识角度），理解核心活动经验并在简单情境中应用，进而迁移到复杂情境中创造性地应用。① 可见"科学探究与创新意识"是从实践层面上激励学生勇于创新，聚焦科学本质观和科学探究核心素养的培养，发展学生对化学科学本质的认识，明确实验探究教学的目的、本质、内涵和要求，提高学生科学探究和化学实验的能力，培养学生的安全意识、科学态度和创新精神。②

（二）初中化学课程素养目标解读

1. 能发现和提出有探究价值的化学问题，能依据探究目的设计并优化实验方案，完成实验操作，能对观察记录的实验信息进行加工并获得结论。

（1）依托的课程内容。

通过对人教版九年级化学教材进行梳理，为落实本素养可以依托的课程内容如下表所示。

	探究内容
第一单元	观察和描述——对蜡烛及其燃烧的探究
第二单元	分解过氧化氢制氧气的反应中二氧化锰的作用
第三单元	分子运动现象
第四单元	水的组成
第六单元	实验室里制取二氧化碳的装置
第七单元	灭火的原理
第八单元	金属与盐酸、稀硫酸的反应
第九单元	溶解度曲线
第十单元	自制酸碱指示剂　酸的化学性质
第十一单元	初步区分常用氮肥、磷肥和钾肥的方法

（2）素养要求解读。

科学探究是获得科学知识的重要途径。学生能依据实验目的顺利完成某项化学科学探究，就必须具备一定的化学核心知识和实验基本操作技能。这就需要学生能够理解关于物质的组成、结构、性质及变化等基本化学概念，明确概念的外延和内涵，并掌握一些基础的化学专业术语。③ 同时《义务教育化学课程标准（2011 年版）》要求学生必做的 8 个实验分别为：①粗盐中难溶性杂质的去除；②氧气的实验室制取与性质；③二氧化碳的实验室

---

① 王磊. 基于学生核心素养的化学学科能力研究 [M]. 北京：北京师范大学出版社，2017：163.
② 房喻，徐端钧. 普通高中化学课程标准（2017 年版）解读 [M]. 北京：高等教育出版社，2018：101.
③ 罗滨. 初中化学教学关键问题指导 [M]. 北京：高等教育出版社，2016：56.

制取与性质;④金属的物理性质和某些化学性质;⑤燃烧的条件;⑥一定溶质质量分数的氯化钠溶液的配制;⑦溶液酸碱性的检验;⑧酸、碱的化学性质。①

通过这些必做的基础实验让学生掌握基本的实验操作技能,在此基础上观察、描述和记录实验现象获得实验证据,通过对实验证据的分析、推理得出相应的实验结论。在科学探究过程中,帮助学生理解科学探究既需要观察,更需要推理和判断,科学结论的得出不是简单地因为观察到了什么现象,而是对观察到的现象进行分析、推理和判断的结果,所以高级思维活动在科学探究中不可或缺。② 同时,帮助学生理解通过对观察、描述和记录实验现象的反思,也是发现、提出有价值的化学问题的基础。

2. 能和同学交流实验探究的成果,提出进一步探究或改进的设想。

(1) 依托的课程内容。

通过对人教版九年级化学教材进行梳理,为落实本素养可以依托的课程内容如下表所示。

单元	探究内容
第二单元	测定空气里氧气的含量
第五单元	反应前后物质的质量关系
第六单元	二氧化碳与水反应
第七单元	燃烧的条件
第十单元	碱的化学性质
第十一单元	某些酸、碱、盐之间是否发生反应

(2) 素养要求解读。

科学探究需要合作和交流。复杂的实验需要学生间的相互配合来完成,多层面的实验需要几个学习小组间的配合才能完成。③ 另外,个人的发现和认识必须能经受研究共同体的检验,在不断总结、反思、交流的基础上逐渐形成共同的认知和结论,这才是科学认识的完整体现。交流实验探究成果是指能够表述探究过程和结果,并能与他人交流讨论,发表自己的观点,接纳他人的建议,通过个人知识与集体智慧的碰撞,最终形成团队的共同观点。④ 其目的在于发现探究中存在的某些不足或缺失,提出进一步探究的方案或改进的设想。

3. 能尊重事实和证据,破除迷信,反对伪科学,养成独立思考、敢于质疑和勇于创新的精神。

---

① 中华人民共和国教育部. 义务教育化学课程标准(2011年版)[S]. 北京:北京师范大学出版社,2012:12.
② 黄燕宁. 初中化学有效教学[M]. 北京:北京师范大学出版社,2015:28.
③ 胡久华,王磊. 初中化学教学策略[M]. 北京:北京师范大学出版社,2010:6.
④ 黄燕宁. 初中化学有效教学[M]. 北京:北京师范大学出版社,2015:29.

(1) 依托的课程内容。

通过对人教版九年级化学教材进行梳理，为落实本素养可以依托的课程内容具体如下表所示。

单元	探究内容
第四单元	水的组成
第五单元	反应前后物质的质量关系

(2) 素养要求解读。

科学探究是一个综合性的活动过程，学生需要观察、记录、描述实验现象，需要从化学视角发现和提出新问题，需要根据实验目的设计实验并优化实验方案，需要分析、推理、反思与交流得出实验结论。在整个科学探究过程中，还可以引入丰富的化学史，进而发展学生对科学的正确认识，引导学生尊重事实和证据，养成敢于质疑、敢于创新的精神。

二、教学策略

基于科学探究的教学能帮助学生更好地学习物质及其变化的知识和掌握研究物质及其变化的方法，同时也是以学生为主体理念的重要载体，能够帮助学生真正参与到学习的过程中，体验"做科学"的过程与乐趣，帮助学生养成积极创新的精神。

（一）夯实化学核心知识，重视基本实验技能的培养

1. 帮助学生掌握基本实验操作流程。

学生要想顺利完成化学科学探究，就必须掌握相关的化学核心知识和基本实验操作技能。《义务教育化学课程标准（2011年版）》要求学生必做的实验包括物质制备、物质分离、物质检验、溶液配制、物质性质探究、反应规律研究、反应原理探究。这些必做的实验既是帮助学生养成良好实验习惯的载体，也是学生进行科学探究的基础。如"氧气的实验室制取与性质"是物质制备和性质探究的实验，是培养学生动手完成实验的重要载体。在进行分组实验时，学生面对具体的、较为复杂的实验操作流程会感到无从下手，此时需要教师示范正确的操作，再引导学生将复杂的实验操作流程细化为若干个不同的步骤，帮助学生掌握基本实验操作技能。以高锰酸钾制取氧气为例：

具体流程	具体操作
步骤1	认识实验所需的仪器和药品
步骤2	组装制取氧气的装置，遵循从左到右、从下到上的原则
步骤3	检查装置的气密性

具体流程	具体操作
步骤 4	在试管中加入固体药品,在试管口塞一团棉花
步骤 5	固定试管,试管口略向下倾斜
步骤 6	用酒精灯外焰加热试管
步骤 7	用排水法收集气体,导管口连续均匀冒出气泡后才能开始收集
步骤 8	从水槽中取出集气瓶,正放在桌面上
步骤 9	将导管移出水面,再熄灭酒精灯

2. 帮助学生理解基本实验操作原理。

在培养学生基本实验操作技能的同时,更重要的是要促进学生思维的发展,帮助学生理解基本实验操作所蕴含的原理。这样有利于学生更主动地进行实验操作,而不是死记硬背实验操作的具体流程。如"粗盐中难溶性杂质的去除"实验,涉及溶解、过滤和蒸发等化学实验基本操作,蕴含其中的是固体混合物初步提纯的化学基本思维,因此需要帮助学生理解每一步实验操作背后的原理。

实验操作	实验原理
溶解	水是一种常见的溶剂,能溶解多种物质。粗盐中的主要成分氯化钠可溶于水形成溶液,而泥沙则不可溶。氯化钠溶液中存在着大量的钠离子、氯离子和水分子等粒子。
过滤	定性快速滤纸的孔径大小大约为 $20\sim25~\mu m$,钠离子直径是 $0.196~nm$,氯离子直径是 $0.099~nm$,水分子直径是 $0.4~nm$,钠离子、氯离子、水分子等粒子均可通过滤纸,而泥沙不能通过,留在滤纸上,从而实现了固体和液体的分离。
蒸发	过滤后得到的澄清溶液中存在氯化钠和水等物质,由于氯化钠的沸点为 $1465~℃$,水的沸点为 $100~℃$,因此可以通过控制温度对其进行分离。

每一步化学实验操作都是有理论依据的,学生只有掌握了实验操作背后的原理,才能顺利地完成实验。在这个过程中形成的思维方式,将促进学生更加顺利地进行科学探究。

(二)强调高级思维,重视化学学科思想和方法的渗透

1. 应用控制变量思想进行科学探究。

控制变量是进行科学探究的一种重要思维方式。大多数学生知道控制变量思想,但遇到真实问题却往往没有明确的思路,不知道该如何通过控制变量来设计实验方案,因而在教学中应着重帮助学生明确什么是因变量、什么是自变量。当我们准备研究某个自变量对因变量的影响时,其他对因变量有影响的变量就是控制变量。例如,在研究"过氧化氢溶液反应速率的影响因素"过程中,可以引导学生运用控制变量的方法进行实验并得出结论,具体分析如下:

实验内容	自变量	控制变量
不同种类催化剂对过氧化氢溶液反应速率的影响。	不同种类催化剂。	相同体积相同浓度的过氧化氢溶液、相同的温度、等量的不同种类催化剂。
不同浓度的过氧化氢溶液（5%和15%）对过氧化氢溶液反应速率的影响。	不同浓度的过氧化氢溶液。	等量的二氧化锰粉末，相同的温度，相同体积的过氧化氢溶液。
不同温度对过氧化氢溶液反应速率的影响。	不同的温度。	等量的二氧化锰粉末，相同体积相同浓度的过氧化氢溶液。

教师还需对探究实验进行反思评价、方法归纳，再次明确设计控制变量实验方案的基本思路：先分析哪些因素是自变量，哪些因素是控制变量；在实验中需要操控自变量，使其成为唯一改变的因素，并保持控制变量相同且不变，观察因变量的变化情况，最终得出相应的实验结论。

2. 鼓励学生重视"问题—证据—结论"间的推理。

科学探究是一项严谨的科学活动。在进行科学探究时，应鼓励学生从问题出发，寻找证据（即观察、记录实验现象），并对其进行分析推理，得出实验结论。在这个过程中形成"问题—证据—结论"间的推理意识，发展学生的高级思维。如在认识"某些酸、碱、盐之间是否发生反应"时，可以安排以下实验探究。在实验过程中，学生容易观察到相应的实验现象，但是这仅仅是从宏观角度认识复分解反应发生的条件，仍然无法解释核心问题："为什么这些反应能够发生？"此时教师可以提供一系列证据帮助学生得出正确的结论。

实验内容	实验现象	证据推理	
		反应前	反应后
往滴加有酚酞试液的氢氧化钠溶液中加入适量的盐酸。	溶液由红色变为无色。	溶液中主要存在的离子是：钠离子、氢氧根离子、氢离子、氯离子。	氢氧根离子和氢离子反应生成了水。从宏观角度看：水2000 ℃以上才开始分解。从微观角度看：室温下，一亿个水分子中，只有一个水分子可能产生解离。
硫酸钠与氯化钡溶液反应。	有白色沉淀产生。	溶液中主要存在的离子是：钠离子、硫酸根离子、氯离子、钡离子。	硫酸根离子和钡离子反应生成了硫酸钡沉淀。从定量角度看：室温下，$BaSO_4$在水中的溶解度是1.049×10^{-5} g。
稀盐酸与碳酸钠溶液反应。	有大量气泡产生。	主要存在的离子是：氢离子、氯离子、钠离子、碳酸根离子。	氢离子和碳酸根离子反应生成水和二氧化碳。从定量角度看：通常状况下，1体积水大约能溶解1体积的CO_2，溶解在水中的CO_2大部分以CO_2分子的形式存在，只有1%~4%的CO_2与水反应生成H_2CO_3。

通过对上述证据的推理，学生能够理解酸、碱、盐在水溶液中之所以能发生复分解反应的本质原因是某些离子转化为稳定的物质，即某些离子的数目减少了，从而帮助学生形成"问题—证据—结论"间的推理意识。

3. 建立实验探究活动模型进行迁移应用。

模型是对现实情境所进行的简单描述，能对抽象事物、复杂现象提供简单的说明，是科学解释和科学预测的基础。通过对教材中出现的实验探究进行深入挖掘，归纳总结出特定类型探究活动的一般思维模型，引导学生学会运用、迁移特定类型探究活动模型解决遇到的特定问题。人教版九年级化学教材中出现的科学探究归纳如下：

探究类型	探究内容
探究方法的学习	观察和描述——对蜡烛及其燃烧的探究
物质组成的探究	人体吸入的空气和呼出的气体有什么不同
	空气里氧气含量的测定
	水的组成
	认识有机化合物
反应规律的探究	反应前后物质的质量关系
	实验室里制取二氧化碳的装置
	二氧化碳与水反应
	灭火的原理
	铁制品锈蚀的条件
物质性质的探究	自制酸碱指示剂
	金属与盐酸、稀硫酸的反应
	酸、碱的化学性质
	某些酸、碱、盐之间是否发生反应
	初步区分常用氮肥、磷肥和钾肥的方法

例如"物质性质的探究"基本思维模型是：根据已有经验或物质类别预测物质性质→根据物质性质选择反应试剂、预估反应条件→确定产物的检验方法→设计实验方案→完成实验。① 在探究氢氧化钠的化学性质时，可引导学生从较为熟悉的氢氧化钙入手进行预测：澄清石灰水能与二氧化碳反应生成难溶于水的白色沉淀，那么氢氧化钠溶液能否与二氧化碳反应？学生动手进行实验，会发现氢氧化钠溶液遇到二氧化碳无明显变化。此时探究才真正开始：对于没有明显变化的反应，我们又该如何进行产物检验呢？根据氢氧化钙与二氧化碳反应生成碳酸钙，可以预测氢氧化钠与二氧化碳反应生成碳酸钠。教师提供一组数据：20 ℃时碳酸钙在水中的溶解度<0.01 g，而碳酸钠为49.7 g，所以前者能观察到溶液变浑浊的现象，而后者不能观察到明显变化。那么为了检验产物，该如何设计方案呢？教师引导学生思考，水是一种常见的溶剂，能不能选择其他常见的溶剂让碳

---

① 黄燕宁. 初中化学有效教学［M］. 北京：北京师范大学出版社，2015：27.

酸钠也沉淀下来呢？此时教师再引导学生查阅资料，发现 20 ℃时碳酸钠在乙醇中的溶解度 <0.01 g，而反应物氢氧化钠为 17.3 g，至此学生便可设计实验方案进行验证。

（三）整体规划实验，从不同角度发展学生的科学探究能力

1. 根据学生的认识水平整体规划科学探究。

初中化学课程是学生从化学视角认识物质世界的开始，学生对化学的认识还不够深刻、不够全面，因此在进行科学探究时应该从学生的认识水平出发，循序渐进地推进科学探究。例如，在第三单元学习"元素"时，帮助学生形成"在化学变化中，元素的种类不变"的观念，这是学习化学的重要理论依据；在第四单元探究"水的组成"中，观察到正负极产生了两种性质不同、体积不同的气体，再对其进行分析、推理得出"水不是一种元素，是由氢、氧两种元素组成"的结论，此时学生已经初步具备对实验证据进行分析、推理、判断的能力，这是学习化学的重要思维方式；第五单元探究"反应前后物质的质量关系"中则需要根据理论依据和思维方式对该实验结果进行合理的解释；到了第七单元学习"甲烷燃烧"时，教师则可以提出问题"如何证明甲烷是由碳、氢元素组成的？"并引导学生从理论依据和思维方式两个方面出发设计方案进行探究。

2. 根据不同教学内容设置不同的探究任务。

科学探究过程包括提出问题和假设、设计方案、实施实验、获取证据、分析解释或建构模型、形成结论及交流评价等核心要素。[①] 教学中，教师应该针对不同的学习阶段和不同的教学内容进行整体规划，设置不同的探究任务帮助学生发展不同的探究能力，有针对性地完成科学探究要素的能力培养。例如，第六单元"二氧化碳与水反应"探究实验的主要任务是发展学生获取证据、分析推理、形成结论的能力，贯穿其中的思维方式是对比实验和控制变量。从研究思路上看，这与第八单元"铁制品锈蚀的条件"探究实验基本一致，于是在进行后者的探究时，探究任务侧重在提出问题、设计方案及实施实验，引导学生关注身边常见的化学现象，从化学视角用化学语言提出问题"铁生锈是因为铁与空气中的氧气、水蒸气等物质发生化学反应吗？"并引导学生设计方案，实施实验，形成结论。

3. 基于学习进阶的科学探究。

学习进阶（Learning Progressions，简称 LPs）是一种关于学生针对某一特定主题内容的学习或技能习得过程的描述，揭示了学生在一定期限内对某一特定主题内容的认识、理解以及实践活动是如何从低层次到高层次发展的。[②] 在科学探究中，设计具有进阶性的学习活动也是必要的。例如"碳酸钠与稀盐酸的反应"这一实验，在人教版九年级化学教材中共出现了四次。

[①] 中华人民共和国教育部. 普通高中化学课程标准（2017 年版）[S]. 北京：人民教育出版社，2018：12.
[②] National Research Council (NRC). Taking Science to School: Learning and Teaching Science in Grade K-8 [M]. Washington, D.C.：The National Academies Press，2007：94.

所属单元	实验目的
第一单元 课题3 走进化学实验室	1. 学会正确使用量筒量取一定量体积的液体。 2. 描述观察到的实验现象。
第五单元 课题1 质量守恒定律	1. 验证反应前后称量的结果是否会有变化。 2. 如何应用质量守恒定律进行解释。
第七单元 课题1 燃烧和灭火	1. 认识灭火的原理。 2. 设计简易灭火器。
第十一单元 课题1 生活中常见的盐	1. 从物质组成的角度推断碳酸钠和碳酸氢钠能否发生类似的反应，并设计实验进行验证。 2. 碳酸根离子的检验。

这四个实验的目的并不一样，所以教师在进行复习时，可以让学生从不同角度描述这一特定反应，包括定性—定量、性质—用途、宏观—符号—微观表征等。

认识角度	认识内容
定性—定量	观察到的反应现象，反应前后称量的结果发生变化的原因。
性质—用途	该反应能用于制作简易灭火器的原理，利用的是哪种物质的哪些性质。
宏观—符号—微观表征	从物质组成角度预测物质可能具有的性质，碳酸根离子的检验，用化学语言描述该变化。

在教学中，教师不要急于为学生提供不同的认识角度，而是从"输入认识角度"转变为"输出认识角度"，即从提供问题分析角度到让学生主动发现、形成分析角度，并提升学生建立"信息—知识—认识"关联的能力，提高系统分析和推理能力。[1]

（四）创设真实情境，注重科学态度、创新精神和环保意识的培养

1. 创设真实的、有意义的、能引发学生兴趣的问题情境。

知识具有情境性，知识是在具体情境中通过活动产生的。情境可以促进知识的建构以及知识、技能和体验的连接。[2] 建构主义学习理论强调学生要在真实的情境下学习，这些接近生活、真实的、复杂的任务整合了多重的内容或技能，有助于学生用真实的方式来应用所学的知识，同时有助于学生意识到他们所学知识的相关性和意义。所以，创设真实的、有意义的、能引发学生兴趣的问题情境能对整个探究活动起到驱动和推进作用，这也是科学探究的必然要求。[3][4] 以复习课"实际问题解决——NaOH 的制取"为例：[5]

---

[1] 王磊，支瑶. 化学学科能力及其表现研究 [J]. 化学教育，2016（4）：46—56.
[2] 王祖浩，王磊. 义务教育化学课程标准（2011年版）解读 [M]. 北京：高等教育出版社，2012：82.
[3] 胡久华，王磊. 初中化学教学策略 [M]. 北京：北京师范大学出版社，2010：7.
[4] 房喻，徐端钧. 普通高中化学课程标准（2017年版）解读 [M]. 北京：高等教育出版社，2018：116.
[5] 罗滨. 初中化学教学关键问题指导 [M]. 北京：高等教育出版社，2016：228—230.

教学环节	核心问题
(1) 情境引入，原理确定	NaOH作为重要的化工原料，是如何获得的呢？NaOH的生产方法有很多。在青海湖地区就有以这个反应原理生产NaOH的化工厂：$Na_2CO_3 + Ca(OH)_2 =\!\!=\!\!= CaCO_3\downarrow + 2NaOH$。请你分析，青海湖地区选择这一反应生产NaOH的原因。
(2) 获得反应原料	如何从湖水中获取碳酸钠晶体？（在分离方法的选择上，要充分利用物质性质的差异，并参考生产成本进行优化选择。）
(3) 产品提纯	怎么从反应后的混合物中获得NaOH固体？（在实际生产中，为了降低成本，要多加入一些更便宜的氢氧化钙，以保证碳酸钠完全转化。引导学生分析混合物的组分，并从中提取NaOH固体。）
(4) 副产品的提取	反应后的混合物中还含有不参与反应的NaCl，该如何获得？（在实际生产中，为了提高经济效益，通常需要对副产品进行回收利用。）

在上述科学探究过程中，以青海湖生产NaOH的化工厂为背景，将制备物质的反应原理、原料的选择、混合物的分离与提纯、实验方案的设计、交流与讨论等融为一体，最大程度激发学生的学习兴趣和参与探究活动的热情。

2. 利用化学史帮助学生树立正确的科学态度，养成敢于质疑、勇于创新的精神。

在教学过程中引入化学史，既丰富了教学的感性材料，又能帮助学生感受科学探究的艰辛历程。科学家"做科学"的历程不一定十分完美，但是科学家解决问题的思路和勇于创新的精神值得我们学习。在研究"水的组成"时，引入以下相关化学史。

[化学史1] 古希腊哲学家认为"水是一种元素"。

[化学史2] 亚里士多德把元素定义为：这样一种物体，其他物体可以分解成它，而它本身不能再分割成其他物体。

[化学史3] 普利斯特里将"易燃空气"（后被命名为氢气）和空气混合在一密闭容器中，然后用电火花燃爆，发现容器中有露珠生成。

[化学史4] 卡文迪许指出，"易燃空气"和普通空气混合点燃时会爆炸，几乎全部的"易燃空气"和1/5的普通空气凝结成露珠，这露珠就是水。他又采用氧气代替空气进行多次实验，同样获得了水。

[化学史5] 拉瓦锡听闻卡文迪许的实验之后，立即进行了跟踪实验，合成了水。同时他还做了一个相反的实验：让水蒸气通过一根烧红的枪管，得到"易燃空气"和氧气。通过分析和归纳，他得出结论：水不是一种元素，并将"易燃空气"正式命名为"生成水的元素"。

利用化学史能使学习内容更具有探究性，学生移情性地经历了科学家们对水的组成的认识不断深入，不断突破、质疑、创新，最终得出正确结论的过程。这个过程同样能帮助学生经历深度思考的过程，发展学生的高级思维能力。

3. 通过科学探究发展学生的环保意识。

教学中应通过科学探究帮助学生认识环境保护的重要性。培养学生的"绿色化学"观念和可持续发展意识是科学探究的价值取向。例如在进行"空气里氧气含量的测定""反应前后物质的质量关系""燃烧的条件"等探究实验中,反应物都有红磷或白磷,其燃烧产物会对空气造成污染,因此在探究过程中应引导学生交流、讨论如何改进实验,减少污染,帮助学生树立环保意识。

(五)通过评价促进科学探究能力的发展

1. 在考试中融入对科学探究能力的评价。

评价是科学探究过程不可分割的一部分,评价的目的在于促进学生科学探究能力的发展。科学探究能力是内隐的,我们无法直接看到,只能通过学生在探究过程中的外显活动表现出来。评价者可以通过设计真实的探究活动,让学生的探究心理过程以行为的方式外显化,再通过对外显行为的观察来判断其科学探究能力的水平。目前纸笔测试是最普遍、最常见的评价方式,也是研究最多、最深入的评价方式。[①]

【案例】碘化钾(KI)是白色固体,保存不当会被氧化为单质碘(I_2)而泛黄变质。化学小组查得以下资料:

Ⅰ. 对于碘化钾变质的原理,有两种不同的反应:

甲:$4KI+O_2+2CO_2=\!=\!=2K_2CO_3+2I_2$ 乙:$4KI+O_2+2H_2O=\!=\!=4KOH+2I_2$

Ⅱ. KOH 与 NaOH 的化学性质相似。

为探究碘化钾变质原理的合理性,开展以下实验。

[实验过程]

(1)取适量碘化钾固体暴露于空气中一段时间,观察到固体泛黄。往泛黄的固体中加入足量稀硫酸,产生无色无味的气体,将气体通入澄清石灰水中,澄清石灰水变浑浊。

①石灰水变浑浊的原因是_____(用化学方程式表示)。

②化学小组认为:据此现象,还不能得出"反应甲是造成碘化钾变质的原因"的结论。理由是_____。

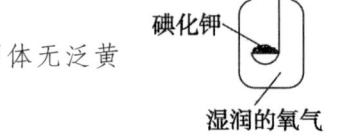

(2)按右图所示装置进行实验,数日后,观察到碘化钾固体无泛黄现象。

③据此现象,可得出的结论是_____。

(3)按右图所示装置进行实验,数日后,观察到碘化钾固体无泛黄现象。查阅文献获知,常温下某些气体和固体反应须在潮湿环境中进行。化学小组据此改进实验,很快观察到固体泛黄的现象。

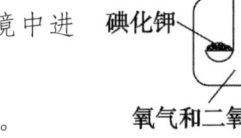

④简述化学小组改进实验的具体措施:_____。

[实验结论]

⑤根据上述实验,化学小组得出结论,碘化钾固体泛黄变质是碘化钾与_____共同作用的结果。

---

① 胡久华,王磊. 初中化学教学策略[M]. 北京:北京师范大学出版社,2010:17.

上述科学探究题目素材源于教材，又高于教材，以教材中探究"二氧化碳与水反应"实验为起点，通过实验探究进行迁移、延伸，具有创新性。另外，本题的设问主要集中在实验过程，着重发展学生"问题—证据—结论"间的推理意识。

2. 对学生在科学探究中的活动表现进行长时间持续、完整的记录和评价。

科学探究中的活动表现评价是通过观察、记录和分析学生在各项学习活动中的表现，对学生的参与意识、合作精神、实验操作技能、探究能力、分析问题的思路、知识的理解和认识水平以及表达交流技能等进行全方位的评价。它强调在真实的活动情境中评价学生的发展，使评价根植于学生完整而真实的生活中。[①] 因此评价需围绕真实的、有意义的、能引发学生探究兴趣的真实问题开展，注重遴选、整理、呈现、应用真实问题，并以"动手操作、动脑思考、高阶思维"为特征进行实验设计、评价。[②]

【案例】探究铁的腐蚀与保护。

问题的提出：昨天放学回家路上，有些同学留意到勤劳的工人们正在对轮渡码头趸船的铁链刷上一层油漆，铁链为什么会生锈呢？刷油漆能起到怎样的作用？现实验台上摆放着几根干净的铁钉，请你设计实验方案探究铁钉在海水中为什么会生锈，提出防止铁钉生锈的一些可行性建议，并完成实验报告单。

可供选择的实验用品：试管（4 支）、蒸馏水（装于塑料洗瓶中）、植物油、棉花、氯化钙、3%的氯化钠溶液、橡胶塞。

探究报告

序号	项目	报告内容		分数
（1）	实验目的			1
（2）	实验方案（可画图表示）			2
（3）	实验现象	第一天		2
		第二天		
		第三天		
		第四天		
		第五天		
		第六天		
		第七天		
（4）	实验结论			2
（5）	反思与评价	回顾、评价你的实验过程，你有哪些收获？（提示：说出你认为设计实验方案时最应该注意的问题、防止铁腐蚀的可行性建议等。）		2
（6）	交流与分享	回顾实验过程，你有哪些经验想与同学们进行分享？		1

---

① 胡久华，王磊. 初中化学教学策略 [M]. 北京：北京师范大学出版社，2010：19.
② 黄恭福，邹海龙. 学科核心素养视域下的中学化学实验教学研究综述 [J]. 化学教学，2020（2）：24—28，50.

在一定时间内,给出具体的真实问题情境,引导学生设计实验方案完成探究任务,再根据学生在探究过程中的活动表现对其进行评价,是一种很好的科学探究教学的探索。

三、教学案例

课题 初中化学控制变量对比专题复习[①]
——探究过氧化氢溶液反应速率影响因素

福建省厦门第一中学 李靓;福建教育学院 张贤金;厦门市教育科学研究院 王锋

(一)概述

有不少教师倾向于把科学探究复习课上成科学探究试题讲评课。教师在考试前对于实验探究专题的复习往往采取题海战术。枯燥的习题课,使得学生对于该类题型畏难心理加剧,导致失分严重,甚至还有不少学生在考试的时候直接放弃这类题型。调查发现学生对该类题型缺乏实际经验及整体科学探究的解题思维,无法找准要探究的主要问题在哪里,无法准确掌握实验原理,对实验过程也仅仅记得一些支离破碎的知识点而无法将它们整合在一起。

化学是一门以实验为基础的科学。化学教师不仅要引导学生观察实验,还应当给学生思考的空间及动手的机会,引导学生形成化学学科的认识视角和认识思路,发展学生的高阶思维。当学生具备了科学兴趣、探索精神、实证精神,学生会更加主动地去学习更多的新鲜知识,成绩的提升也就水到渠成了。本案例重点探索如何通过结合具体的实验情境开展有关实验专题的复习,激发学生探究的兴趣,促进学生形成探究思维模式,构建学生小组合作、自主探索的课堂模式,从而促进学生核心素养的培养。

本节课是在九年级上学期期末阶段进行的实验专题复习课。此时学生已经学完《义务教育教科书 化学 九年级上册》(人教版)七个单元的全部内容,学习了氧气、二氧化碳、氢气等气体的制备。在学习实验室制取二氧化碳时,学生学会了根据反应物状态和反应条件选择发生装置、根据气体密度和溶解性选择收集装置,具备了一定的知识基础和方法技能(如下图)。

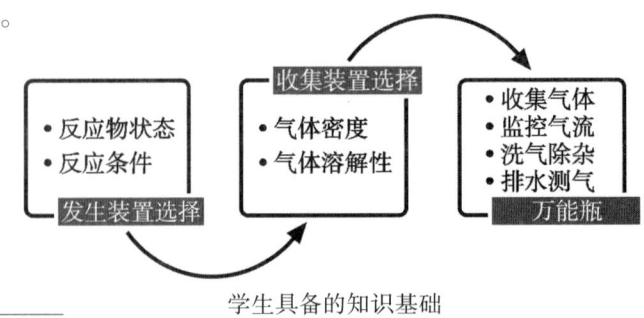

学生具备的知识基础

[①] 李靓,张贤金,王锋. 核心素养视域下初中化学科学探究复习课研究——以"探究过氧化氢溶液反应速率影响因素"教学为例[J]. 中小学教学研究,2019(9):68—74.

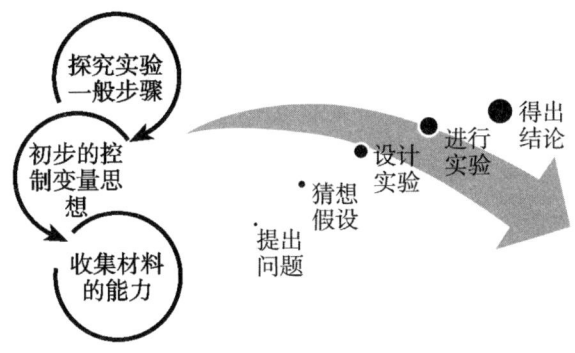

学生初步具备的方法技能

本节课不仅仅是一节复习课,更是为九年级下册的学习做好铺垫的关键课时。下册内容的难度明显比上册有所提升,更加侧重方法的教学。掌握好探究实验的方法与思路,能帮助学生在下册的学习过程中更加主动地去探索与感悟知识之间的内在联系,更深层次地理解和梳理知识点,学习过程也会变得有趣而灵动。

(二)教学目标

1. 理解过氧化氢溶液的反应原理,探究影响该反应速率的因素,并能根据科学探究的一般过程设计实验,能在教师指导下根据实验目的选择实验药品和仪器,能安全操作。

2. 通过对影响过氧化氢溶液反应速率因素的探究,初步掌握实验室科学探究的一般思路和方法。

3. 通过对影响反应速率因素的探究,体验科学探究过程,形成大胆创新、严谨求实的科学态度,体验探究过程的乐趣。

4. 通过实验方案展示与总结过程,提高合作与创新的能力,形成初步的定性到定量的思维。

(三)教学重点

初步掌握科学探究的一般方法以及控制变量法。

(四)教学难点

设计实验方案探究影响反应速率的因素,绘制装置简图并上台展示、交流。能根据同学们的描述,发现不同方案的优缺点及关系。选择仪器并安装,进行实验,展示与交流。

(五)教学过程

教学活动主题一:视觉盛宴——巧妙引入

[问题引入] 讲台上放着的一些五颜六色的液体是什么?又会发生怎样神奇的变化?

[演示实验] 有趣的小实验——"魔幻灯塔"。邀请两组同学(每组两位)一同上台演示魔幻灯塔实验,同时高喊"3、2、1"开始实验。

[用品介绍] 所用的药品有:30%过氧化氢溶液、猪肝浸出液、硫酸铜、碘化钾、洗洁精、水粉颜料。洗洁精是发泡剂;水粉颜料起调色效果,本身不影响实验。

[提出问题] 同时倒入液体后,观察到在相同时间内有些反应产生的泡沫较多,有些较少,这体现了反应速率的不同。是什么影响了反应速率?

[再次提问]带火星的木条复燃了,木条为什么会复燃呢?

[追问]什么物质反应产生了氧气呢?反应物都是什么状态?

[演示]用烧杯盛泡沫,将带火星的木条伸入泡沫中。

[学生观察]观察到带火星的木条复燃,该气体是氧气。结合利用液体制备氧气,得出该溶液很可能是过氧化氢溶液的结论。

[学生归纳]影响过氧化氢溶液反应速率的因素可能有催化剂种类、溶液浓度、溶液温度等。学生的猜想可以是正确的,也可以是错误的。

[实验解析]与学生同时往等体积30%过氧化氢溶液中倒入等体积硫酸铜溶液、碘化钾溶液以及猪肝浸出液。此时倒入猪肝浸出液的过氧化氢溶液反应非常剧烈,迅速冲出大量泡沫;倒入碘化钾溶液的过氧化氢溶液产生泡沫的速度也比较迅速;倒入硫酸铜溶液的过氧化氢溶液分解速度非常缓慢。通过明显的现象对比,可以引导学生发现催化剂种类的不同可能会影响过氧化氢溶液的反应速率。再分别往相同浓度、相同体积的碘化钾溶液中倒入30%过氧化氢溶液、15%过氧化氢溶液、热的15%过氧化氢溶液,也能观察到过氧化氢溶液产生泡沫的速度有所不同,从而引导学生发现溶液浓度、溶液温度都有可能影响溶液的反应速率。

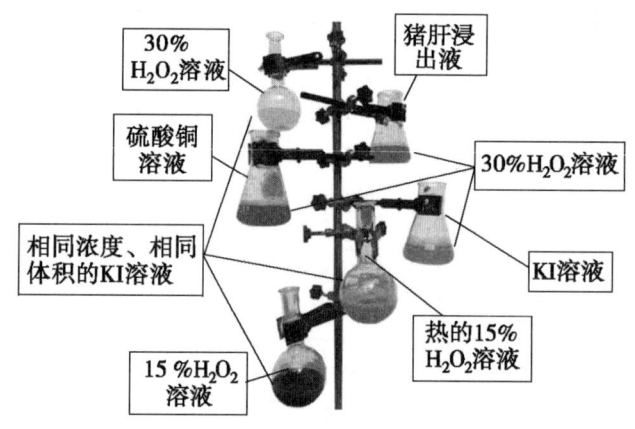

魔幻灯塔解析

设计意图:通过五彩的颜色、明显的现象给学生带来强烈的视觉冲击,激发学生学习的兴趣。教师引导学生学会对比不同的实验现象,发现实验条件不同将会带来明显不同的实验结果,从而进行大胆的猜想。教师在这个过程中需要给学生思考的空间,鼓励学生大胆猜想,不管学生的猜想是否正确都可以引导其进行探究。在充满重重疑问的情况下,培养学生大胆探索、敢于质疑的科学精神,领会科学家坚韧不拔的毅力与行动力。

教学活动主题二:思维碰撞——方案互评

[分组设计]请各小组选择一种影响因素,先设计实验方案并绘制装置简图。教师到学生中解答学生的疑问,指导方案的设计,引导学生按照"因素选择——方案设计——解析装置简图"的角度去设计与说明。

[小组汇报]

小组绘制实验简图	小组汇报
第一组：	我们小组选择的影响因素是催化剂的种类，分别将相同体积、相同浓度的过氧化氢溶液以及相同质量、不同种类的催化剂（二氧化锰和硫酸铜）同时加入烧杯中，观察反应的快慢。
第二组：	我们小组选择的影响因素是过氧化氢溶液的浓度。选择不同浓度的过氧化氢溶液（5%和15%），加入等量的二氧化锰，控制相同的温度，观察并对比气球膨胀的大小。
第三组：	我们小组选择的影响因素是催化剂的种类，分别取相同体积、相同浓度的过氧化氢溶液以及相同质量、不同种类的催化剂，同时用注射器注入溶液，观察气体的流速。
第四组：	我们小组研究的影响因素是溶液的温度，分别向等质量的二氧化锰粉末加入相同体积、相同浓度、不同温度的过氧化氢溶液进行实验，观察并对比相同时间内气体排出的体积。

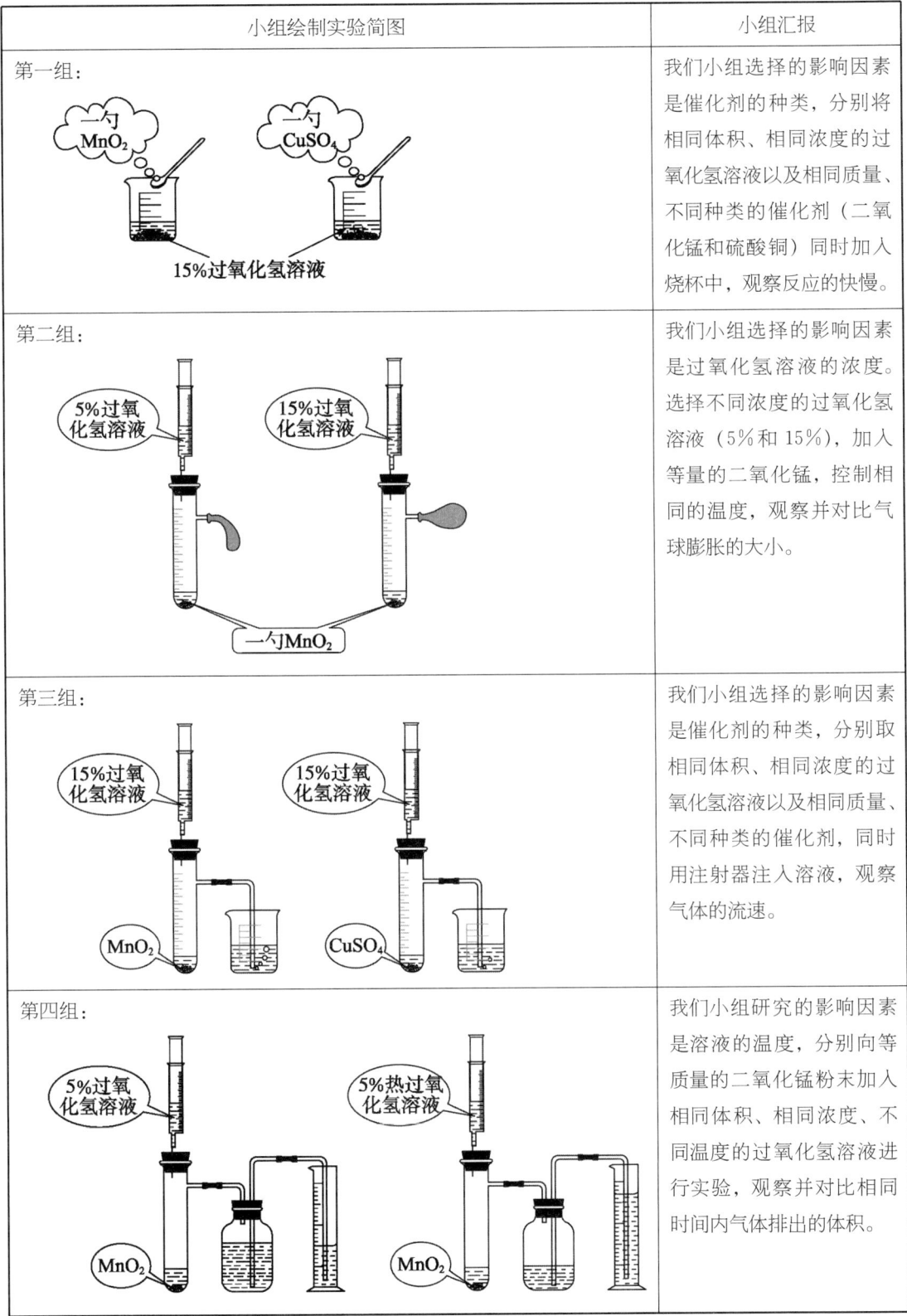

［问题引导］在设计方案时，你们都运用了什么方法？

［学生归纳］运用了控制变量法，首先要明确探究的问题，寻找多种影响因素，然后控制其他因素，改变研究因素，即在研究影响反应速率的因素时，保持其他条件不变，控制其中的一个因素不同即可。

设计意图：利用控制变量法设计实验方案并绘制实验装置简图，要给学生足够的时间进行思考与讨论。在小组合作探讨的过程中，鼓励学生大胆提出自己的见解，激发学生的想象力与创造力，将理论知识与实践相结合，提高学习效率。在小组互评中，教师把握好方向，小组间提出意见与建议，不断优化各自的方法，在交流中使学生掌握控制变量法、对比、定量测定等方法，学会用自己的语言组织并描述实验方案。

教学活动主题三：百花齐放——实验展示

［小组任务］小组派代表展示实验成果、汇报实验结论。

［小组汇报］

第1小组展示汇报：我们小组明显观察到其他条件相同时，加入二氧化锰后过氧化氢溶液反应较快，加入硫酸铜后过氧化氢溶液反应较慢。

第2小组展示汇报：我们小组观察到其他条件相同时，15%过氧化氢溶液比5%过氧化氢溶液的分解速率快，说明浓度的变化可以改变过氧化氢溶液的分解速率。

第3小组展示汇报：我们小组明显观察到其他条件相同时，加入二氧化锰后过氧化氢溶液从导管口冒出的气泡速度较快，加入硫酸铜后过氧化氢溶液从导管口冒出的气泡速度较慢。

第4小组展示汇报：我们小组观察到其他条件相同时，热的过氧化氢溶液反应速率较快。

［学生小结］催化剂的种类、过氧化氢溶液的浓度、温度等都会影响过氧化氢的分解速率。

设计意图：给学生创设平台展示小组实验，学生的主体地位得到了充分的体现。在设计过程中，学生的想象力与创造力都得到了展现，安装仪器与动手实验的能力得到了提升。课堂气氛活跃，师生互动、生生互动积极，学生设计的方案能跳出固有的模式，学生能够得到足够的空间进行展示。小组点评，培养了学生的批判精神。

教学活动主题四：举一反三——习题设置

［习题示例］探究蜡烛在一定体积的空气中燃烧时间的影响因素。

［猜想与假设］在蜡烛足量的情况下，蜡烛在一定体积的空气中燃烧，影响其燃烧时间长短的因素可能有：蜡烛的粗细、蜡烛的高度、蜡烛的质地……

［设计实验］设计实验探究在一定体积的空气中，影响蜡烛燃烧时间长短的一种因素（可以是以上因素，也可以是自己提出的因素）。要求：设计主要的实验过程；体现需要测定的实验数据或需要观察的实验现象。

（1）你想探究的一种影响因素：_____。

(2) 实验设计的内容：_____。

设计意图：在以学生为主体的探究课堂中，通过导学案的设计，把控好学生课堂学习的方向，引导学生思考、梳理、巩固所学知识。在解题时，能够联系生活实际在真实情境中解决问题，将化学核心概念的迁移和应用与STSE（科学、技术、社会、环境）问题的解决过程有机地结合起来，使学生能从化学学科核心价值上把握化学科学的社会功能和责任。

（六）案例点评

本案例是以核心素养为指导，启发学生进行自主探究实验。课前，给学生布置任务，如提前预习、搜集资料、家庭小实验、微课学习等内容，让学生明确学习目标，为高效课堂做足准备。课堂上，改变以往灌输式教学方法，安排好课堂节奏，把更多的时间留给学生归纳与整理。最终学生能建构认识、设计方案；基于理论和实验，说明假设、证据与结论之间的关系，发展学生的高阶思维。主要体现以下特点：

1. 明确探究思路，重视方法引导。

本节课以学科核心素养培养的要求为指导思想，以探究过氧化氢分解速率的影响因素为载体，深入挖掘教学素材的价值，结合课程标准对学生科学探究能力的要求，有针对性地组织教学，让学生完整地体验实验探究的全过程，目标明确，节奏流畅，思路清晰，是一堂出彩的实验课。

从目标达成的角度看，学生在实验设计的过程中能结合教师给出的范例，运用控制变量的思想；在实验实施过程中，学生能注意观察实验现象，以及对实验现象进行科学的分析，最终得到相对完整的结论，形成了运用控制变量法进行实验探究的大致思路，说明整个教学过程对学生"证据推理与模型认知"素养的培养是相对成功的。

2. 巧设真实情境，促进学生积极思维。

从教学流程来看，通过充满视觉震撼的"魔幻灯塔"实验激发学生学习的兴趣，引导学生发现问题，进而启发学生作出猜想、设计方案、实施实验、观察结果、得出结论，整个过程行云流水，环节完整。

在方案设计的环节中，教师给学生充分的时间进行思考和讨论，并参与到学生的讨论当中，适时适度地引导学生，形成了活跃的课堂氛围，学生参与度高。在方案分享环节中，教师结合问题串引导学生梳理思路，注重对学生不同思路的分析与肯定，让每个学生都感受到自我价值的实现，对培养学生的探究能力与创新精神有较积极的影响。

3. 合作探究学习，提升探究深度。

课程标准明确提出，学生应认识到科学探究既需要观察和实验，又需要进行推理和判断，以及应认识到合作与交流在科学探究中的重要作用。本节课以教材实验入手，着力使学生体验科学探究的一般过程，尤其在实验方案的设计过程中给出了充足的时间，合作探究的学习方式得到充分运用，探究的味道也比较浓厚。在最后进行的提升环节中，通过定量实验在科学研究中的应用，引导学生形成初步的定量思维，这也是对学生能力的一个提高。建议学生在进行方案设计之前,进一步明确设计要求;在完成方案设计和交流之后,或者在整节课结束之前,跳出过氧化氢分解这一具体案例,用精练的语言对控制变量法的基本模型、核心要点以及实验探究的一般步骤进行梳理,提取出实用性更广的方法模型,并以课后作业等形式让学生进一步消化吸收控制变量思想。

素养维度五 科学态度与社会责任

"科学态度与社会责任"素养作为化学学科核心素养的重要组成,进一步揭示了化学学习更高层面的价值追求:具有安全意识和严谨求实的科学态度,具有探索未知、崇尚真理的意识;深刻认识化学对创造更多物质财富和精神财富、满足人民日益增长的美好生活需要的重大贡献;具有节约资源、保护环境的可持续发展意识,从自身做起,形成简约适度、绿色低碳的生活方式;能对与化学有关的社会热点问题作出正确的价值判断,能参与有关化学问题的社会实践活动。[1]

一、素养目标解读

(一) 化学学科素养总目标

具有安全意识和严谨求实的科学态度;形成真理面前人人平等的意识;增强探究物质性质和变化的兴趣,关注与化学有关的社会热点问题,认识环境保护和资源合理开发的重要性,具有"绿色化学"观念和可持续发展意识;能较深刻地理解化学、技术、社会和环境之间的相互关系,认识化学对社会发展的重大贡献,能运用已有知识和方法综合分析化学过程对自然可能带来的各种影响,权衡利弊,强化社会责任意识,积极参与有关化学问题的社会决策。[2]

(二) 初中化学课程素养目标解读

1. 增强探究物质性质和变化的兴趣,具有严谨求实的科学态度,形成真理面前人人

---

[1] 中华人民共和国教育部. 普通高中化学课程标准(2017年版)[S]. 北京:人民教育出版社,2018:4.
[2] 中华人民共和国教育部. 普通高中化学课程标准(2017年版)[S]. 北京:人民教育出版社,2018:6.

平等的意识。

（1）依托的课程内容。

人教版九年级化学教材中可用于达成此目标的相关课题如下表所示。

单元	课题	相应内容
绪言	化学使世界变得更加绚丽多彩	化学科学前沿知识介绍；人类文明史中的化学发展史
第一单元 走进化学世界	课题2 化学是一门以实验为基础的科学	对蜡烛及其燃烧的探究；对人体吸入的空气和呼出的气体的探究
第二单元 我们周围的空气	课题1 空气	史实介绍：拉瓦锡测定空气里氧气的含量
第三单元 物质构成的奥秘	课题1 分子和原子	物质微观世界的认识过程
	课题2 原子的结构	史实介绍：张青莲与相对原子质量的测定；原子结构发现史
	课题3 元素	古代中西方的元素说；道尔顿的元素符号；元素的中文名称
第四单元 自然界的水	课题3 水的组成	史实介绍：人类对水的组成的认识发展史
第五单元 化学方程式	课题1 质量守恒定律	探究化学反应前后物质的质量关系
	课题2 如何正确书写化学方程式	正确书写化学方程式
第六单元 碳和碳的氧化物	课题1 金刚石、石墨和C_{60}	碳单质的研究进展；人造金刚石和金刚石薄膜
第七单元 燃料及其利用	课题1 燃烧和灭火	火的发现与应用史；人类对燃烧的认识历程；探究燃烧的条件和灭火的原理；拉瓦锡与燃素说
	课题2 燃料的合理利用与开发	生石灰与水反应的利用——林则徐虎门销烟
第八单元 金属和金属材料	课题3 金属资源的利用和保护	人类对金属的冶炼与利用的不断探索
第九单元 溶液	课题1 溶液的形成	无土栽培
第十单元 酸和碱	课题1 常见的酸和碱	酸、碱指示剂的发现
第十一单元 盐 化肥	课题1 生活中常见的盐	我国制碱工业的先驱——侯德榜
第十二单元 化学与生活	课题3 有机合成材料	天然纤维的加工——蔡伦造纸

(2) 素养要求解读。

①具有终身学习的意识：在持续的学习过程中，学会学习，养成主动的、不断探索的、自我更新的、学以致用的和优化知识的良好习惯。

②具有科学实证精神：在生活或科学研究中，以事实为依据，具有客观态度，不依赖于主观判断；知道在科学实验中，实验结果应可重复，能被别人独立验证。要求在思考和研究中尽力排除主观因素的影响，尽可能通过实践检验假设，承认阶段性真理的可错性。

③理解科学本质：不迷信书本和权威，具有批判精神和创新意识。增强合作探究意识，形成独立思考、敢于质疑和勇于创新的精神；养成严谨细致的科学作风、实事求是的科学态度，以及敢于超越、尊重事实、诚实正直的科学精神，理解科学的本质，进行符合逻辑的思维。

④养成探索精神：探索精神是一种好奇与热爱、怀疑与理性思考、求真与证伪以及破旧立新的精神，是为了真理而顽强不懈、不畏艰辛，甚至为此而献身的决心和行动。

⑤探究物质性质和变化的兴趣：发展学生对化学的好奇心和兴趣，如观察教师演示实验的现象和观察各种实验仪器、装置而产生的兴趣，亲自动手操作观察到实验现象所产生的操作兴趣，探究物质及其变化产生的原因和规律而形成的兴趣，体现在不再仅仅满足于做一做，而是要探究引起物质某种变化的原因，或是对日常生活、现实社会中的实际问题进行科学的解释和说明，运用所学的知识、技能和方法进行一些创造性的活动等。

⑥认为真理面前人人平等：真理具有客观性，真理中包含着不依赖于人类的客观内容。在实验探究活动中，观察到的现象和数据要如实记录，如果遇到与教师或教材预期不相符的实验现象，要敢于质疑，并有探求真理的勇气和行动。

⑦逐步养成严谨求实的科学态度：不迷信，能自觉抵制伪科学；崇尚科学真理，不迷信书本和权威。在化学实验过程中，做好观察记录，保持实验台面和仪器的清洁，井然有序地摆放试剂瓶和仪器，及时认真地写好实验报告。书写化学方程式时，元素符号要工整规范，能够做到配平系数、注明反应条件等。化学计算的步骤要清楚，数据的记录和处理要准确等。

2. 具有安全意识，关注与化学有关的社会热点问题，认识环境保护和资源合理开发的重要性，具有"绿色化学"观念和可持续发展意识；能较深刻地理解化学、技术、社会和环境之间的相互关系，认识化学对社会发展的重大贡献。

(1) 依托的课程内容。

人教版九年级化学教材中可用于达成此目标的相关课题如下表所示。

单元	课题	相应内容
绪言	化学使世界变得更加绚丽多彩	化学发展史；化学对人类发展的巨大作用
第一单元 走进化学世界	课题3　走进化学实验室	安全教育；废弃化学药品的处理

续表

单元	课题	相应内容
第二单元 我们周围的空气	课题1 空气	空气成分的用途：磁悬浮列车，飞艇，液氮冷冻机，奥运霓虹灯；大气污染的危害
	课题3 制取氧气	催化剂在化工生产中的重要作用
第四单元 自然界的水	课题1 爱护水资源	水质与人体健康的关系
	课题2 水的净化	
第六单元 碳和碳的氧化物	课题1 金刚石、石墨和 C_{60}	石墨电刷，金刚石薄膜，碳单质的研究进展；碳的还原性
第七单元 燃料及其利用	课题1 燃烧和灭火	火箭升空；燃烧的意义
	课题2 燃料的合理利用与开发	化学反应能提供生活、生产所需要的能量；燃料的合理利用与开发；石油、煤的综合利用；可燃冰、车用乙醇汽油、氢氧燃料电池等新能源
第八单元 金属和金属材料	课题1 金属材料	常见的金属材料与用途
	课题3 金属资源的利用和保护	金属资源的保护；铁的冶炼；矿物可供开采的年限；防止铁的生锈
第九单元 溶液	课题1 溶液的形成	溶液的广泛用途
第十单元 酸和碱	课题1 常见的酸和碱	酸、碱的重要用途
	课题2 酸和碱的中和反应	中和反应在实际中的应用；洗发剂和护发剂的酸碱性
第十一单元 盐　化肥	课题1 生活中常见的盐	盐类的广泛应用及其重要意义
	课题2 化学肥料	化肥、农药对提高农作物产量、解决粮食危机的积极作用
第十二单元 化学与生活	课题1 人类重要的营养物质	蛋白质、糖类、油脂、维生素
	课题2 化学元素与人体健康	营养强化食品；元素对人体健康的影响
	课题3 有机合成材料	合成纤维，合成橡胶，塑料，高分子分离膜淡化海水，复合材料

(2) 素养要求解读。

①主动关心与环境保护、资源开发等有关的社会热点问题：从学生已有的经验和将要经历的社会生活实际出发，帮助学生认识化学与人类社会的密切关系，关注人类面临的与化学相关的社会问题，培养学生的主动参与意识、社会责任感。能从化学的角度对有关能源、材料、饮食、健康、环境等实际问题进行分析、讨论和评价。

②树立公民的社会责任意识：能借助国家关于安全生产、环境保护、食品安全、药物开发等方面的法律法规分析与化学有关的社会热点问题。具有将化学知识应用于生产、生活实际的意识，能主动关心并参与有关的社会议题的讨论，形成合理利用自然资源、与环境和谐共处的观念。

③具有"绿色化学"观念：用化学的原理和方法从源头上减少和消除工业生产对人体健康的危害、对环境的污染。尊重科学伦理道德，能依据"绿色化学"思想和科学伦理对某一个化学过程进行分析，权衡利弊，作出合理的决策；能针对某些化学工艺设计存在的各种问题，提出处理和解决问题的具体方案；在实践中逐步形成节约成本、循环利用、保护环境等观念；了解在化工生产中遵循"绿色化学"思想的重要性，能从化学视角理解食品安全、环境保护等法律法规。

④认识环境保护和资源合理开发利用的重要性：在更好地利用自然资源的同时，深入认识污染和破坏环境的根源和危害，有计划地保护环境，预防环境质量恶化，控制环境污染，促进人类与环境协调发展，形成与环境和谐共处、合理利用自然资源的观念。

⑤具有可持续发展意识：在实践中逐步形成节约成本、循环利用、保护环境等观念。能用所学知识分析和探讨某些化学过程对人类健康、社会可持续发展可能带来的双重影响，并对这些影响从多个方面进行评估，既要满足当代的需求而又不能损害满足下一代需求，也就是说，我们这一代人不能损害下一代人的利益，我们今天所做的一切要为下一代人着想。

⑥深刻理解化学、技术、社会和环境之间的相互关系：重视化学与社会生产、生活的联系，强调化学与技术、社会和环境的联系，能说明化学科学发展在自然资源利用、材料合成、环境保护、保障人类健康、促进科学技术发展和社会文明等方面的价值和贡献。

⑦认识化学对社会发展的重大贡献：能列举事实说明化学科学在生产、生活中的应用价值，以及对人类文明的伟大贡献；认识化学科学技术的不断创新和发展是解决人类社会发展中遇到的问题、实现可持续发展的有效途径；认识化学科学的社会价值、化学科学对现代科学技术发展的贡献，同时也要认识由于人类不恰当运用科学技术的成果而产生的负面影响，从而真正理解化学、技术、社会的和谐发展对社会发展的重大贡献。

⑧具有安全意识：能识别化学品安全使用标识，知道常见的易燃、易爆、有毒和腐蚀性药品的使用、贮存方法；记住常见实验仪器的安全操作步骤，了解防止事故发生的具体措施；能灵活运用基本安全知识找出处理紧急情况的办法。

3. 能运用已有知识和方法综合分析化学过程对自然可能带来的各种影响，权衡利弊，强化社会责任意识，积极参与有关化学问题的社会决策。

（1）依托的课程内容。

人教版九年级化学教材中可用于达成此目标的相关课题如下表所示。

单元	课题	相应内容
绪言	化学使世界变得更加绚丽多彩	介绍生活和社会中与化学有关的问题
第一单元 走进化学世界	课题2 化学是一门以实验为基础的科学	炼丹术及炼丹设备
	课题3 走进化学实验室	安全教育
第二单元 我们周围的空气	课题1 空气	保护空气；空气质量与人体健康的关系；大气污染的防治措施
第四单元 自然界的水	课题1 爱护水资源	造成水污染的原因；水污染的防治措施；珍惜水资源人人有责
	课题2 水的净化	生活饮用水
第六单元 碳和碳的氧化物	课题3 二氧化碳和一氧化碳	二氧化碳对生活和环境的影响
第七单元 燃料及其利用	课题1 燃烧和灭火	燃烧对人类的价值与影响
	课题2 燃料的合理利用与开发	燃料的开发与利用过程对环境的影响，辩证看待利与弊；海上采油、西气东输；化石能源的基础储量和年产量；古代烧制陶器
第八单元 金属和金属材料	课题1 金属材料	青铜奔马、沧州铁狮子；青铜冶炼和铸造技术
	课题3 金属资源的利用和保护	金属冶炼过程对环境可能产生的影响和防治措施；矿物可供开采的年限；矿石的开采与环境的破坏；金属资源的利用与保护；土壤污染
第九单元 溶液	课题1 溶液的形成	农业生产、化学实验、医疗上所使用的溶液
	课题2 溶解度	水中增氧的方法、海水晒盐等
第十单元 酸和碱	课题1 常见的酸和碱	酸、碱在生活中的使用
	课题2 酸和碱的中和反应	
第十一单元 盐 化肥	课题1 生活中常见的盐	石笋和钟乳石的形成
	课题2 化学肥料	化肥施用量；农药、化肥的不合理使用造成的水污染、土壤污染、大气污染等问题及其与人体健康的关系
第十二单元 化学与生活	课题1 人类重要的营养物质	健康教育与生命教育；食品添加剂与工业添加剂的不同用途
	课题2 化学元素与人体健康	
	课题3 有机合成材料	有机合成材料对环境造成的影响；使用塑料的利与弊的辩论

(2) 素养要求解读。

①能运用所学知识分析和探讨某些化学过程对人类健康、社会可持续发展可能带来的双重影响，并对这些影响从多个方面进行客观的评价。

②具有理论联系实际的观念：有将化学成果应用于生产、生活的意识，能依据实际条件并运用所学的化学知识和方法解决生产、生活中简单的化学问题。

③尊重科学伦理道德，能依据"绿色化学"思想和科学伦理对某一个化学过程进行分析，权衡利弊，作出合理的决策。

④初步具有对化学技术推广应用和化学品使用进行风险评估的意识，能初步分析化学品生产和应用过程对社会和环境可能发生的影响，能提出降低其负面影响的建议。

⑤树立自觉遵守国家关于化学品应用、化工生产、环境保护、食品与药品安全等方面法律法规的意识，能够作出具有社会责任感的决策。

⑥辩证地看待资源使用的利弊及其对环境和社会的影响。在应用化学成果时能主动考虑其对自然和社会带来的可能影响，权衡化学成果在生产、生活中应用的利与弊。

⑦勇于承担责任，积极关注并参与社会生产和生活中的热点问题，能从"绿色化学"和可持续发展的观念上，对有关问题作出正确的价值判断和社会决策。

二、教学策略

"科学态度与社会责任"素养的教学策略，可以从科学态度和社会责任两方面进行探讨，当然这两者并不是割裂的。在教学中，只有深入地挖掘教学内容的更深层次的人文价值、社会价值，学生才可以真正持续获得正能量，树立科学的学习观，提升"科学态度与社会责任"素养，才有不竭的学习动力。素养的养成不是一节课就能一蹴而就的，"科学态度与社会责任"素养更是如此，需要化学教师捕捉每一个适合的时机，长期精心培养，才能使学生具备高度的科学态度和社会责任感。

（一）厘清素养内涵，转换教学理念，深入挖掘教学内容的教育价值

1. 厘清素养内涵。

《普通高中化学课程标准（2017年版）》（以下简称"2017年版课标"）基于化学学科本质凝练了学科核心素养。其中，"科学态度与社会责任"内涵主要包括两个方面：意识上，深刻认识化学对人类社会的作用，对与化学相关的社会热点有正确的价值判断，有强烈的求知欲，具有安全意识和严谨求实的科学态度，具有保护环境的可持续发展意识；行为上，能够节约资源，形成绿色低碳的生活方式，能参与相关的社会实践活动。

对比《普通高中化学课程标准（实验版）》，2017年版课标增加了"安全意识""节约资源、保护环境"和"参与社会实践活动"等内容，使这一核心素养的培养指向更加具体、丰富。而将"科学精神"替换成"科学态度"，体现了基础教育应该着重培养学生对化学的兴趣、好奇心，促进化学学习动机的发展，增强学生的自我效能感。"科学态度与社会责任"强调学习化学不仅是为了个人的提升，更是为了服务社会、造福人类，凸显了

"学以致用"的重要性。①

"科学态度与社会责任"素养的内涵对初中化学教学具有重要的启示作用。初中作为化学学习的起始阶段，学生在这一阶段形成了对化学的第一印象，正如首因效应，初中阶段的化学教学往往对后续的学习有着深刻而长远的影响。培养初中学生的"科学态度与社会责任"素养，就是要在他们的心里种下化学学科价值取向的种子。为达成该素养，需要实现教学目标的转型，需要在初中教学中建构高阶的价值导向，让学生体会严谨求实的科学态度，对科学研究产生一定的向往和崇拜感，由衷地赞赏化学对社会发展的重要作用，能利用所学的知识解释生活中的一些问题，主动关心社会热点问题。初中化学教学的首要目的是激发和保持学生学习的兴趣，而从"科学态度与社会责任"素养的内涵可以知道，这一素养的达成离不开社会生产、生活中的真实问题以及鲜活的科学史实等，而这些资源正好是学生非常容易移情、入情、深情的兴趣点。

2. 深入挖掘教学内容的教育价值。

培养"科学态度与社会责任"，首先要转变学习目标。学习化学学科，重点不在于学习成绩，而在于认识世界、建设更美好的世界。在应试教育的压力下，有些教师自身缺乏科学态度和社会责任，把重点放在了成绩上，这样的思想又潜移默化地影响了学生。所以，教师要树立正确的思想意识，理解化学学科的内涵，深入挖掘教材，开发教学资源，在教学中不断提高自己的素养，这是培养"科学态度与社会责任"的首要前提。

教育家雅斯贝尔斯指出，教育是人的灵魂的教育，而非理智知识和认识的堆积。当前，我国深化教育改革强调"立德树人"，这一理念重视德育在人才培养中的重要作用。化学课程中的德育内容有哪些？我们在学科教学中如何实现立德目标？最直接的学科德育内容就是课程标准中情感、态度与价值观目标，这些目标也体现了社会主义核心价值观的要求。因此我们必须深入挖掘教材的教育功能，为达成"科学态度与社会责任"素养提供动力支持。②

例如，《义务教育教科书 化学 九年级下册》（人教版）第九单元"课题1 溶液的形成"的教学中，教学的目标不能仅仅停留在知识和方法的层面上，而应该更深层次地挖掘出这节课的价值，重视情感、态度与价值观的教育。一方面，从溶液在生活、生产中的意义来说，医药、农业等因为要加快反应速率的需要，常常将固体配制成溶液。另一方面，通过讨论物质在水中的溶解过程，使学生体会到物质在溶解时的扩散是一个自发的过程，了解水是一种溶解能力很强的溶剂，能溶解多种物质，且这个过程大多数是不可逆的。因此，物质一旦被水溶解，要再从水里提取出来就很困难，这也是水为什么容易被污染的原因。可见，如果江河、海洋受到污染，处理起来就很困难。气态物质的混合情况也

---

① 吴秋煌，张贤金，杨晓聪. 初中化学教学中"科学态度与社会责任"的培养[J]. 化学教与学，2019（10）：25—27.

② 王锋. 社会主义核心价值观学科教育丛书·初中化学学科教育[M]. 北京：教育科学出版社，2016：150—153.

是如此,如有害气体扩散造成的空气污染等治理起来也很困难。由此让学生懂得,对于环境的保护,预防的意义比治理还要重要;公民有义务不制造污染,保护环境;化学工作者有责任不断寻求治理和解决污染的方法。

(二)创设真实情境,在解决问题中达到情感升华

1. 创设真实情境。

在人类生活、生产和科学研究中,在生命科学、材料科学、能源科学等领域应用中,在解决人类所面临的粮食生产、资源利用、环境保护等社会热点问题中,化学科学的广泛应用性特点决定了化学问题具有真实的情境性,在解决真实情境问题中能培养科学态度和社会责任感,形成和发展正确的价值观。在化学教学中,可以结合相应的基础知识,创设教学情境,有意识地融入社会主义核心价值观、中华优秀传统文化、科技领域的新成就、科学家的感人事迹等相关内容,体现育人价值导向;有意识地融入化学与社会、环境、生产、生活等相关的内容,体现应用价值导向,突出"科学态度与社会责任"教育。

在教学中,教师可以通过创设真实、生动、富有启发性的学习情境(如演示实验、富有思考性和启发性的化学问题、小故事、科学史实、新闻报道、实物、图片、模型、影像资料等),增强教学内容与生活的联系,激发学生的探究兴趣,培养学生的好奇心,从而自然而然地达到培养"科学态度与社会责任"素养的目标。

例如,通过展示图片说明一个事实——在新制的氧化钙中加水能煮熟鸡蛋,从而引起学生的好奇心,进而展开思考:为什么没有用火加热,鸡蛋就熟了呢?向氧化钙中加水会不会产生热量呢?还有没有其他物质遇到水也能散发出热量呢?能不能用这个原理制造一个既环保又安全的热源呢?能否减少煤炭、石油、天然气等易产生污染又有限的不可再生能源的使用呢?通过思考这些问题,激发学生的探知欲,促进学生敢于质疑、勇于实践、乐于探究的科学态度的形成。

2. 在问题解决中升华情感。

以"问题解决"为核心思路的教学策略要求教师根据生产、生活实际遇到的问题引导学生寻找合理的解决方案。初中阶段的社会性课题,有相当一部分在探讨化学发展给人类带来的各种问题,同时也给出了目前人类利用化学手段解决问题的方案。为了避免学生产生对化学的偏见,教师应该引导学生树立化学的问题都可以用化学方法来解决的科学观念,培养学生形成安全严谨、不断进取的科学态度。[①]

【案例】第七单元 课题2 燃料的合理利用与开发

本课题根据以"问题解决"为核心的教学策略,将主要教学内容分为三个模块。

第一个模块利用"如何煮熟鹌鹑蛋"这一生活问题,引导学生讨论、交流、展示不同

---

① 冯行杰. 核心素养视域下化学社会性课题的教学策略[C]. 厦门:2018年厦门市中学化学教学论文汇编,2018.

的解决方案,感受能量带来的好处,同时利用氧化钙与水反应释放热量煮熟鹌鹑蛋的小实验让学生感受化学反应产生的能量。

第二个模块通过列举时事案例的方式引出"化石燃料储量有限"的问题,并紧密围绕此问题展开教学,可通过观看相关视频、阅读相关资料以及教师介绍等形式的教学,引导学生归纳出可以通过"提高利用率""寻找新燃料"这两种方案来解决"储量有限"这一问题。

第三个模块围绕"化石燃料燃烧会导致环境污染"这一棘手的现实问题展开。利用"元素观"来分析燃料的组成,从而探究燃烧产物的组成,分析燃烧产物会导致哪些环境问题,以及利用哪些化学的方法可以减轻或者消除这些环境问题。

本案例围绕课题的主要内容,同时体现"元素观"和"问题—方案"的思路。

本案例处处渗透"化学的问题可以用化学的方法来解决""没有完全无害的化学物质,只有完全无害的科学方法"等正确的科学观念,促进学生化学学科核心素养的形成。

(三)通过渗透科学本质和人文精神的教育,培养批判质疑和勇于探究的科学态度

1. 渗透科学本质的教育。

树立批判质疑和勇于探究的科学态度旨在对人类千百年来形成的经验进行学习和应用,探究这些经验应用于当下生活实践的积极价值,并通过可靠的证据对已有的经验和知识进行逻辑论证,以发展勇于挑战权威的意识,从而促进科学的进步和社会的发展。

批判质疑和勇于探究的科学态度可以通过渗透科学本质的教育来培养。科学的本质在于探索真理,科学是人类探索自然界奥秘的过程,是探索自然界的思考方式和认识方式。例如在"原子的结构"教学中,渗透科学本质的教育主要体现在:通过了解、体验探究原子结构模型演变的发展历程,帮助学生了解科学总是在交流、探讨、争论、反思中摸索着前进的,体会到对话、论证、反思的价值,认识到随着社会的进步、科学的发展,某些在基础教育领域中介绍的科学事实、构建的科学概念原理,仍然可能被修正或否定。以汤姆生和卢瑟福发现原子结构的贡献为例说明。1897年,汤姆生在研究稀薄气体放电的实验中,证明了电子的存在,测定了电子的荷质比,轰动了当时整个科学界,这就是著名的阴极射线实验,由此汤姆生创立了他著名的葡萄干面包模型。葡萄干面包模型很好地解释了电子管的现象,但随之而来的放射现象又对它提出了挑战。1911年,卢瑟福用α粒子轰击氮核,并根据α粒子散射实验现象提出原子核式结构模型,也叫行星模型,该实验被评为"最美实验"之一。卢瑟福作为汤姆生的学生,深受老师的学术栽培,更以"吾爱吾师,吾更爱真理"的理念挑战权威,发展并构建了开创性的理论,开辟了人类探索物质世界的新纪元。在化学课堂教学中,结合这些具体教学事例,创设生动的教学情境,带领学生沿着科学家的探索足迹,体验科学实验对推动科学进步所起到的作用,帮助学生逐渐形成"科学即探究"以及"科学需要质疑"的科学观念,培育批判质疑和勇于探究的科学态度。

2. 渗透人文精神的教育。

人文精神以追求真善美等崇高的价值理想为核心,以人的自由和全面发展为终极目

的，涵盖了科学工作者在科学探索中所体现的求真等科学精神。现代科学课程的价值取向逐渐趋于融科学精神与人文精神为一体，体现了"以人为本"的理念，其终极目的和终极关怀是引领和帮助每个学生身心的健全发展和可持续发展。《义务教育化学课程标准(2011年版)》在课程理念和课程目标中均强调要加强人文精神教育，"使每一个学生以愉快的心情去学习生动有趣的化学，激励学生积极探究化学变化的奥秘，增强学生学习化学的兴趣和学好化学的信心，培养学生终身学习的意识和能力，树立为中华民族复兴和社会进步学习化学的志向"。

在化学教学中，渗透着对人类命运和自身生命的察思和关怀。[①] 例如在"原子的结构"教学中，可以通过实施基于人类文化背景下的师生对话和生生对话，渗透人文精神的教育。人类对物质构成奥秘的探求在近代科学产生之前就已开始。教师在进行"原子的结构"教学伊始，可以带领学生追溯这个历程。从我国古代金文的"小"字到主张物质可以无限分割的公孙龙，再到儒家、墨家的思想，让学生与我国的哲学大师对话，体会中国古代朴素的原子说。接下来再从赫拉克利特"人不可能两次踏入同一条河流"到德谟克利特的"存在的只是原子和空间"以及"四元素说"，让学生与国外原子论的鼻祖交流，了解各种哲学思想的碰撞。接下来请出真正的原子之父——道尔顿，让学生体会道尔顿的成功来自在仔细观察的基础上大胆的假设和小心的求证。至此，人类对原子构成的探索真正进入了科学论证的时代。教师可以人类认识原子结构的过程为主线，采用师生对话、生生对话、与大师对话等方式，引导学生从古代哲学大师对基本粒子的认识和近代科学家探索物质构成的奥秘的史实中，体会科学家为了科学事业发展所进行的孜孜不倦、前赴后继的探索，由此得到教诲和启发，获得人文精神的陶冶。最后，师生的探索之旅遇到了神秘的夸克。教师提问：夸克和电子都是基本粒子吗？它们会不会也是由其他更基本的粒子组成的呢？为了探究原子的内部结构，现代科学家又在使用着什么样的手段呢？我们的旅程到底有没有尽头呢？通过这些问题引领学生走进美国芝加哥的费米国家加速器实验室，感受什么是速度，什么是轰击，怎样才能获得比质子更小的微粒存在的证据。实施基于人类文化背景下的师生对话，给学生的思维插上想象的翅膀，能培养学生的主体意识和价值判断能力，体现浓厚的人文内涵，以此较好地处理了化学教学中科学精神与人文精神的相互关系，对培养学生的人文精神有着积极作用。

（四）融入化学史，深度体验其中的科学态度与社会责任

化学是科学，也是文化，因为它是通过人的活动对自然状态的变革而创造的成果。化学研究受人类文化的制约，反过来又影响着人类文化。我们应从这种文化互动中认识化学

[①] 胡红杏，王子君. 中学化学课堂中渗透核心素养的教学思路——以人教版九年级"原子的结构"教学为例[J]. 课程·教材·教法，2018，38（7）：81—86.

的人文价值。化学追求的是真善美,而真善美正是人类文化的最高形态。① 所以,科学和人文应该成为贯穿化学教学的两条主线。教师应充分挖掘化学学科的人文资源,有机融合、渗透到教学过程中,潜移默化地培养学生的"科学态度与社会责任"素养。

化学发展史既蕴含着重要的科学观,也蕴含着必不可少的人文观。因此,我们可以通过化学发展史的教学促进学生形成科学的人文观。众多化学家不仅为人类、为社会作出了卓越的贡献,也折射出了博大的人文精神。在教学中,可以把化学家严谨求实的态度、锲而不舍的精神、热爱祖国的情怀、关心人类命运的责任感以及对事物规律和科学之美的信念等介绍给学生,这是一种非常有效的人文教育。

1. 培养爱国情感。

化学的发展是化学家投身研究、刻苦实验的结果。我国的许多化学家舍小家、顾大家,在漫长的岁月中,为中华之崛起、为祖国之昌盛做出了巨大的贡献。我国老一辈化学家都是生于祖国受到列强侵略、统治阶级腐朽、丧权辱国的年代,许多人怀着科学救国的理想,考取公派留洋,做出了一些优越的成绩,可是他们并没有忘记贫穷落后的祖国。他们放弃了国外优厚的待遇和优越的科研条件,毅然回国。化学教育界元老杨石先是我国农药化学和有机磷化学研究的开拓者,他拒绝了诺贝尔化学奖获得者维兰德要他去德国做实验研究员的邀请;化学教育家、量子化学家唐敖庆在美国学习期间,得知新中国成立后迅速办理回国手续;物理化学家、化学教育家黄子卿三度去美国学习,又三次回国工作。国家有需,召必回,这是多么有力量的爱国情感!其实,不论哪个时期的化学家,他们的爱国主义精神皆是中华民族宝贵的精神财富,也是学生们可贵的精神食粮与不竭动力。

例如,可以利用侯德榜制碱的化学史培养学生的社会责任感与爱国情感。如果只是让学生阅读材料或者听听简介,学生能了解这段史实,却很难真切感受到科学家的民族奉献精神。对侯德榜制碱的介绍,可以进行如下处理:由碳酸盐的性质引出纯碱在生产、生活中的用途,让学生知道纯碱的重要性,同时结合当时历史环境分析纯碱在民族工业中所承担的角色。接着介绍当时的中国社会环境以及政治关系等时代背景以及掌握生产纯碱技术的国家对该技术进行的垄断。学生此时认识到当时环境背景下生产纯碱的迫切性,这时再介绍侯德榜制碱则水到渠成,对学生情感的熏陶作用不言而喻。② 这比教师让学生自主阅读而后强行灌输爱国精神、民族精神更为行之有效,更容易让学生心生赞同、敬仰之心,这种润物细无声式的情感教育更能深入人心。在这个教学过程中,虽然会花费一定的时间在化学史上,但是通过这个过程学生更加明白了化学对于社会发展的重要性。

2. 培养科学精神。

教科书中虽然提到不少化学家的名字,但大多没有详细的介绍,因此教学过程中当讲到某位科学家时,可以选择性地深入讲述。丰富的史料、扣人心弦的事例适时地穿梭在教

---

① 王高. 科学态度与责任的构成及培养策略 [J]. 教育研究与评论(中学教育教学), 2017 (11): 60—63.
② 孟献华, 李广洲. 国内化学史教育研究述评 [J]. 化学教育, 2011, 32 (7): 5—8.

学中必然会激发学生的极大兴趣，唤起学习化学的主动性、积极性，对学生科学精神的培养也大有裨益。

例如，可以和学生讲屠呦呦的故事。2015年10月，屠呦呦因创制新型抗疟药——青蒿素和双氢青蒿素，获得了诺贝尔生理学或医学奖，她是第一位获得诺贝尔科学奖项的中国本土科学家。屠呦呦自幼对中药感兴趣，1951年考入北京大学医学院，从此开始了她为之奋斗一生的事业。疟疾是一种严重危害人类生命健康的世界性流行病。20世纪60年代初，全球疟疾疫情难以控制。当时正值美越交战之际，美军因疟疾损失80万人。越南同受困扰，求助于中国。1969年，39岁的屠呦呦加入疟疾防治项目中。她从整理历代医学古籍着手，四处走访老中医，编辑了以640多种中药为主的《抗疟单验方集》，继而通过动物实验筛选抗疟药物。经过对200多种中药的380多个提取物进行筛选，最后将焦点锁定在青蒿上。实验发现青蒿的抗疟疾效果并不理想，但古代医书记载青蒿可以治疗疟疾，并且效果显著。屠呦呦认为，很有可能是在实验室高温的条件下，青蒿的有效成分被破坏，于是她改用乙醚提取青蒿的有效成分。1971年，在无数次的实验之后，青蒿的成株叶子的中性提取物样品，终于显示了对鼠疟原虫100%的抑制率。这体现了屠呦呦及其团队的洞察力、视野和顽强信念，她的工作和奉献为世界提供了过去半个世纪里最重要的药物干预方案。青蒿素类药品，已成为中国发展外交、提升国家形象的重要推手。

在教学中，我们要经常以科学家的这些科学精神感染学生，帮助学生养成严谨的治学态度，掌握严格缜密的研究方法，不但可以培养学生的"科学探究与创新意识"素养，还可以培养学生的"科学态度与社会责任"素养。

（五）基于学生体验式活动，培养科学态度与社会责任感①

化学团体活动不同于一般的活动，其活动内容与化学紧密相关，以达成教育、预防和发展的目标。具体而言，化学团体活动的功能可以表现为：能满足团体成员的自我探索、自我才能的展示和自信心的建立；营造充满社会性关怀和充分互动的团体情境；有助于提升团体成员的合作精神、沟通能力和团体本身的凝聚力；有利于提升团体成员的社会学习能力和社会适应能力。以垃圾分类为例，就完全可以建立起化学团体活动，以班级为单位成立团体小组，确立化学团体的名称，形成活动章程，建立表彰办法，完善活动内容，制订活动计划，发出活动倡议。如可针对班级学生喜欢喝饮料的问题，组织"喝白开水更健康"的团队活动。又如针对学生中使用的各种塑料制品，可专门开展有关塑料的团体活动，让学生认识塑料的种类、利弊。针对一些化学事件（如家庭作坊向粽子、饼干、糕点等食品里掺入硼砂，而按规定硼砂是不允许添加到食物里的，因为人体过量摄入硼砂会致癌，容易引起神经系统疾病；如在简易的房屋里加工肉馅，凭经验向机器内放入防腐剂、淀粉、调味剂、增白剂等原料；等等），可组织学生开展资料查阅、问卷调查等学习活动，

---

① 朱加贤.基于体验式化学活动的社会责任感培养策略［C］.厦门：2018年厦门市中学化学教学论文汇编，2018.

就有关添加剂的问题形成团体小组,探讨这些事件经常发生的原因、危害及建议,让学生在实践中明白化学物品就像一把"双刃剑",只有科学应用化学物品才能提高人们的生活质量和保护人们的身体健康,否则将祸害人们,而亮出"双刃剑"的哪一面,关键在于人们的人文素质。

社会环境也是青少年学习的"第二课堂",也是生涯教育的重要载体。学生若能走出校门,走到高校、工厂、企业以及研究所当中去,通过深入观察和调研,感受化学知识和技术对促进社会发展、改善人类生活的作用,萌发职业兴趣,努力成为服务社会、改造未来的有用之才!例如在学习空气污染的内容时,可以参观环境监测站了解技术人员如何检测空气质量;在学习水的净化方法时,可以参观自来水厂了解自来水的处理和输送技术;在学习燃料的利用知识时,可以参观垃圾处理厂,初步了解技术人员在垃圾分选、厨余垃圾堆肥、焚烧其他垃圾发电、有害垃圾的特殊处理等流程中所使用的先进技术;在学习了酸、碱、盐的知识体系后,可以到精细化工品生产车间,感受化学科研员是如何工作的;还可以在学习化学元素与人体健康的内容后,到大型制药厂感受药物从设计、合成、提纯到临床实验这一系列复杂的过程。学生在实践体验的过程中,会认识到每一种与化学相关的职业都需要丰富、扎实的知识基础,而正是这些工作给我们的生活带来了无穷的便利,心中一种极大的成就感不免油然而生。[①]

(六)依托化学实验,培养严谨求实的科学态度,促进科学态度与社会责任的内化

实验是化学教学的基础,它以其独特的魅力和丰富的内涵在化学教学中发挥着其他教学形式无法替代的功能和作用,是引导学生探究、培养严谨求实的科学态度、用实践促进素养内化的最重要途径之一。[②]

科学实践是形成科学素养的基础,科学实验则是培养科学态度的重要环节。实验本身是一个严谨的科学过程,要想获得实验的成功,就必须一丝不苟,容不得半点虚假,同时要把实验安排得井井有条。实验的操作、观察、记录、分析等都要求学生有严肃认真、实事求是的科学态度。

教师要采取多种形式开展实验教学,充分发挥实验对科学态度的养成作用。例如,粗盐中难溶性杂质的去除、探究铁制品锈蚀的条件等实验,有条件的话可以让学生开展家庭实验。在讲质量守恒定律的内容时,教师可以与学生共同探究磷在密闭容器中燃烧、镁在空气中燃烧、铁与硫酸铜反应、碳酸钠与盐酸反应等实验,对实验结果进行分析归纳,产生化学反应前后物质的质量守恒与"不守恒"现象的思维碰撞,再经历重新设计实验进行论证的过程,达到去伪求真的目的,初步形成"实践是检验真理的唯一标准"的科学态度。

---

① 孙超. 基于核心素养初探初中化学教学中的生涯教育[C]. 厦门:2018年厦门市中学化学教学论文汇编,2018.
② 张晓红. 核心素养"科学态度与社会责任"的培养[J]. 课程教育研究,2018(4):5—6.

实验前，教师要做好准备工作，如明确实验目的和实验原理、了解实验仪器的性能和精度、熟悉实验操作规程、了解实验方法和实验步骤等。实验中，教师要引导学生精心地操作、耐心细致地观察、如实地记录所观察到的现象和原始数据。处理实验数据时，教师要提醒学生考虑有效数字和误差。总结时，要进行全面的讨论和分析。对于有些学生人为加工实验现象、修改实验数据的做法，必须严肃批评教育，以培养学生"崇尚实验、尊重数据"的科学态度。

（七）联系实际，关注与化学有关的社会热点问题

真实的问题，具有情境性、体验性、过程性和开放性。教师在课堂教学时，可以有意识地引导学生联系生产、生活中与化学相关的问题，比如食品安全、环境保护、酸雨的防治等，进一步引导学生认识化学在社会可持续发展过程中的重大作用，以及积极、主动地关心并参与到与化学有关的社会实践中。对于学生来说，有切身的感受作基础，积极、主动地参与实践活动是件简单的事，而学生又可以从中获得参与感和成就感，有利于培养学习兴趣，对于生产、生活中简单的化学问题，他们也更愿意通过努力学习去解决。例如，碳酸氢钠等常见的食品添加剂的作用、自来水厂净水的过程、生活中常见的金属（如铝和铁）耐腐蚀性的差异、燃烧条件与灭火知识、塑料等合成材料的广泛应用等都是很好的素材。其间，要注意培养学生用发展的、辩证的眼光看待化学和社会的相互关系。例如，化肥能促进农作物的生长，但化肥的滥用也会引发赤潮、土壤酸化等灾害；塑料给人们生活带来巨大的便利的同时也造成了严重而持久的污染。再比如，根据"常见的保健品——鱼油的主要成分及其作用""汽车尾气的主要成分""酸雨的形成"等提出具体的学习任务，引导学生通过查阅资料、设计方案、实验探究等方法解决问题。这有利于培养学生具有可持续发展意识和"绿色化学"观念，能对与化学有关的社会热点问题作出正确的价值判断，增强"科学态度与社会责任"素养。

（八）注意科学伦理的教育，实施合理有效的评价

科学伦理是指每个人在自由生活的同时必须承担的不可推卸的对他人、社会、自然的责任，绝对不能为了某些私利而危害人类健康和公共安全。化学教学中应注意帮助学生建构科学伦理，让学生感受并形成化学应为人类社会服务的意识。

要使"科学态度与社会责任"素养的培养落到实处，就必须制订合理有效的评价体系。纸笔测验式的评价可以考查学生在分析、解决问题过程中所表现出的化学观念，以及对化学知识的理解、运用能力和探究能力。建立"科学态度与社会责任"的评价体系有其特殊的复杂性，需要丰富总结性评价的形式和方法，注重学生的形成性评价。《义务教育教科书　化学　九年级下册》（人教版）"第十二单元　化学与生活"的知识点简单，加上临近期末，这一单元的教学往往得不到重视。从学科教育价值来看，本单元恰恰是培养学生科学态度与社会责任的良好知识载体。教师可以尝试在本单元课程结束后以"另类"的

评价方式让学生给彼此打分。具体评价方法如下：以小组合作的形式相互考查（为期一周）。测试的内容共分成两大题：第一题是观察其他组的饮食搭配是否营养均衡、是否做到合理的垃圾分类；第二题找出身边常用的材料，让其他组成员进行分类。教师引导学生在评价他人的过程中不断进行自我反思，逐渐做到客观地评价他人与自己。这样的评价方式，避免了"纸上谈兵"，更能激发学生学习化学的兴趣，增强团结互助的合作精神，真正让学生做到学以致用，增强了环保意识和社会责任感。①

此外，学科核心素养的实施，关键在于教师。作为课堂的设计者、教学的引导者，教师需要不断探索实践，充分利用现有资源，挖掘潜在资源，运用合理的教学策略培养学生的"科学态度与社会责任"素养。在教学中运用教材中的化学史、实验教学、设置情境等教学策略，不仅提升了学生的科学态度与社会责任感，而且学生学习化学、思考和解决问题的积极性明显提高。例如，在"水的组成"这一节课的教学中，通过呈现科学家认识水的组成的相关史实，为学生提供丰富的感性材料，让学生感受科学发展的艰辛历程，赞赏科学家为人类发展所作出的贡献；通过拉瓦锡、普利斯特里、卡文迪许的角色扮演环节，让学生体验科学家所从事的研究，认识到"做科学"的历程，同时通过对历史上不同科学家提出的观点进行分析，帮助学生认识到科学家所做的事不一定十分完美，但是他们解决问题的思维和方式值得我们学习。学生深受启发，不少学生还在语文写作中运用了上述三个科学家的事例。

综上所述，"科学态度与社会责任"素养的达成不是教师直接"灌输"给学生的，而是学生借助教师精心提供的情境，在活动体验中自我建构起来的"内化于心，外化于行"的品格修养。同时，"科学态度与社会责任"素养的培育也不是孤立的，应与其他方面的素养协同发展。

三、教学案例

课题　金属专题复习②

福建省厦门集美中学　饶慧伶，李国洪，陈丹；

厦门市湖里中学　陈美钗；厦门市教育科学研究院　王锋

（一）概述

2017年，党的十九大报告在"优先发展教育事业"中强调："要全面贯彻党的教育方

---

① 吴秋煌，张贤金，杨晓聪. 初中化学教学中"科学态度与社会责任"的培养 [J]. 化学教与学，2019（10）：25—27.

② 饶慧伶，陈美钗，王锋，李国洪，陈丹. 基于立德树人背景下的化学专题复习教学实践——以中考专题"金属的复习"为例 [J]. 教学月刊·中学版（教学参考），2018（12）：61—65.

针，落实立德树人根本任务，发展素质教育，推进教育公平，培养德智体美全面发展的社会主义建设者和接班人。"做好立德树人，要加强"两个教育"：一是加强社会主义核心价值观体系教育，二是完善中华优秀传统文化教育。

学科核心素养的培养，首先要"立德"。我们要培养的不仅是具有一定化学知识、技能的人，而且是具有正确价值观念的、有"德"的社会人。化学核心素养的培养，首先要重"德"，要帮助学生树立科学的世界观、增强社会责任感、培育社会公德，形成珍惜资源的意识。

初中作为化学教育的启蒙阶段，是学生认识化学、学习化学的起点，承担着学科育人的重任。然而，现实课堂往往忽略了这一点，特别是复习课的教学依然严重受到中考指挥棒的影响，"为考而教""题海战术"屡见不鲜。其实复习课对于践行立德树人是具有其独特重要意义的，因为学生此时已有一定的认知基础，比上新课时更具有参与讨论和体验的能力，在综合运用知识解决实际问题时，情感也是最容易适时得到陶冶和升华的。以金属专题复习课为例探讨基于立德树人背景下的化学专题复习的教学实践。

"金属"是学生从一类物质的角度进行学习，其内容蕴含着丰富的史实材料和重要的化学学科思想，从特殊到一般再到特殊，就是建构一类物质化学性质认知模型的重要起点。笔者尝试以化学史为情境线，从不同的视角建构和组织金属和金属材料的知识网络，让学生感受真实的化学史实带来的知识、智慧与情感的碰撞，实现化学学科立德树人的价值。

（二）教学目标

1. 能自主对金属的通性进行回顾和梳理，从一种物质过渡到一类物质，加深对物质性质及其变化规律的理解。

2. 能利用金属活动性顺序解释一些化学现象，能从物质分类的角度预测陌生金属常见的化学性质，并能设计实验验证。

3. 在探究过程中能尊重客观事实，独立思考，收集实验证据，通过分析、归纳、推理得出合理的结论，提升"科学探究""证据推理"素养。

4. 从性质决定用途的视角进一步认识金属材料在生产、生活和社会发展中的重要作用，赞赏化学对社会发展的重要作用。

5. 知道常见金属的冶炼，了解防止金属腐蚀的简单方法，认识废弃金属对环境的影响和回收金属的重要性，认识化学、技术、社会、环境之间的相互关系，具有环境保护和资源合理开发利用的意识，理解和赞赏可持续发展的理念。

（三）教学过程

教学活动主题一：追寻史实，编织情境线，温习已知

教师活动过程	学生活动过程
情境一：黄金时代 [导入] 同学们，人类文明的发展与金属材料有着千丝万缕的关系。今天，我们就追寻史实，回到那些神秘的年代，看看古老的时候，金属材料是如何被发现和应用的吧！ [提出问题] 黄金是最早被人类应用的一种金属，不用复杂的方法提炼就可以找到金，你觉得这与金的化学性质有关系吗？ [追问] 你还知道金的其他性质吗？这些性质使得黄金在当时有什么用途呢？ [过渡] 没错，黄金在当时是财富和华贵的象征，被用作货币、装饰品等，但还没有作为真正意义上的材料供人类使用。	产生兴趣和好奇心。 思考并回答： 金的化学性质稳定，不易与其他物质反应。 金黄色、质地较软、导电性、导热性、延展性…… 黄金被当成货币、首饰等。

设计意图：金属材料是如何被发现和应用的是一个真实的、学生又极其感兴趣的问题，以此情境作为学习起点对激发学生学习的欲望十分有益。整个活动通过史实时间线与金属的性质线相交织，在真实的故事情境中，调动学生原有的知识去理解人类在文明进程中解决问题的方式，从而达到温故而知新、发展认知思维、增强运用知识解决问题的能力和用史实育人的目的。通过黄金、铜、铁、铝等常见金属的发现、冶炼、性质、用途，引导学生从特定角度形成认识世界的方式，发展认识世界的能力。

教师活动过程	学生活动过程
情境二：铜器时代 [过渡] 随着文明的发展，人们对工具等有了更高的需求，青铜时代应运而生。铜是如何冶炼出来的呢？ [提出问题] 最早确实是采用火法炼铜的方式（PPT展示其原理）。许多年后，人们发明了湿法制铜，古书上记载"以曾青涂铁，铁赤色如铜"，这其中有什么奥秘呢？ [学生分组实验] 曾青原本是一种药材，是天然的硫酸铜，将它涂在铁上，生成了红色的铜。今天咱们就来试一试！ [追问]（1）为何铁可以制得铜？（2）铜有什么性质呢？（3）在当时有什么用途呢？ [过渡] 你们真棒！由于纯铜的硬度低，不太适合用于制作生产工具，人们就有意识地在炼制铜矿石时掺入其他矿石，制成铜的合金。青铜器对提高社会生产力起到了划时代的作用。但由于铜的密度和含量等问题，逐渐满足不了人们日益增长的生产需求，青铜器逐渐被铁器所取代。	思考并回答：用火烧…… 学生十分好奇…… 分组实验，体验湿法制铜：完成铁和硫酸铜的反应并记录实验现象。 思考并回答： (1) 铁的金属活动性比铜强。 (2) 铜的化学性质：铜加热会氧化变黑；铜不与稀硫酸、盐酸反应；铜能和硝酸银反应。 (3) 铜广泛应用于生活、农业、军事上。

设计意图：铜器时代的史实情境不仅包括铜的两种冶炼方法、性质、用途以及铜的合金、金属活动性的运用等显性知识，而且蕴含着丰富的隐性德育内容。一是金属材料的发

现源于时代需求,为了满足更高的生产需求而需要寻找性能更好的金属;二是火法炼铜、湿法炼铜、合金的生产都体现了化学乃至科学在人类文明进程中的重要意义,能增强学生的"科学态度与社会责任"素养。

教师活动过程	学生活动过程
情境三:铁器时代 [提出问题]人们最早知道的铁是陨石中的铁,人们用这种天然铁制作过刀刃和饰物,但毕竟天然铁是少见的,而铁器又被大量需要,铁该从何冶炼得来呢? [投影展示]将铁矿石和木炭堆放在炼铁炉中,点火燃烧,产生一氧化碳,从而使铁矿石中的氧化铁还原成单质铁。 [追问]请写出一氧化碳冶炼赤铁矿、磁铁矿的化学方程式。 [追问](1)你还知道铁的哪些化学性质?(2)你知道铁在当时有什么用途吗? [补充展示]铁的用途和三国时期令人称赞的铁文化。 [过渡并提问]铁器时代的到来极快地推进了历史进程,加速了奴隶社会的瓦解,使之进入了封建社会。但铁器的使用,最惧怕的就是生锈,如何防止铁生锈呢? [追问]当时的人们没有掌握这些知识,对生锈的问题颇为头疼,就想着能不能找到一种替代铁又不易生锈的金属呢?	思考并回答:也是用火烧…… 学生书写化学方程式。 思考并回答: (1)铁能与氧气反应;铁能与盐酸、稀硫酸反应。 (2)铁广泛应用于生活、生产、军事上。 学生十分赞叹和感到自豪。 思考并回答:隔绝氧气和水;破坏铁生锈的条件。 具体的方法:涂油、刷油漆、镀铬等。 回答:铝。

设计意图:通过铁器时代的史实情境突破了初中阶段最重要的一种金属的复习。在真实的故事情境中,让学生在问题的驱动下,兴趣盎然地回顾了铁的冶炼、性质、生锈与防锈,同时让学生了解到中国古代劳动人民获得材料和工具的智慧,彰显了中国古代令人称赞的铁文化,也体现了当时由于知识有限对铁生锈的无可奈何,既发展了学生的道德认知,又增强了学生的民族自豪感和爱国主义情怀。

教师活动过程	学生活动过程
情境四:铝器时代 [史实故事]拿破仑三世与他的铝王冠。 [提出问题]我们知道,地壳中含量最丰富的金属元素就是铝,为何铝在当时比金还稀有、昂贵? [布置任务]科学家们经过100多年的努力,发现了电解铝的方法。例如氧化铝通电可以生成氧气和铝,在你们看来这也许是简单的一句话,但是却饱含了科学家们的辛苦付出。大家试试看能不能用化学方程式将它表示出来? [介绍]展示铝合金材料、铝的生产成本,如今铝已经变成最重要最常见的金属材料之一了。 [展示]当代更多运用各式各样的合金材料来满足需求。	学生听得很投入…… 思考并回答:铝的化学性质活泼,很难把铝单质还原出来。 学生若有所思并书写这个方程式。 学生积极地给当代社会命名为合金时代。

设计意图：铝的材料发展史不仅蕴含了丰富的学科知识，训练学生书写新情境下的陌生化学方程式，而且真实地展示出铝从稀有、昂贵到常见、便宜的过程，体现了科学家们艰辛探索的历程，拓宽了学生的视野，培育学生用科学改变世界的精神追求。

教学活动主题二：思维碰撞，认知进阶

教师活动过程	学生活动过程
[过渡]展示金属开采年限表。金属为人类生存带来了便利，但是它的消耗与现有量却不容乐观，所以我们不但要防止浪费，还要继续研究金属的性质，更好地利用金属。	学生们若有所思…… 自主归纳与分组讨论。 物理性质：金属光泽、导热性、导电性、延展性……
[追问]金属具有哪些通性呢？请同学们思考、讨论。 为每组学生提供以下药品：锌片、铁片、稀硫酸、硫酸铜。	化学性质：与氧气反应；与酸反应；与某些金属化合物溶液反应。 学生汇报、补充与互评。
[探究任务]请同学们预测锌的化学性质，并根据提供给大家的仪器和药品进行验证，记录实验现象并分析结论。	预测：锌能与氧气反应；锌能与稀硫酸反应；锌能与硫酸铜溶液反应。 交流实验现象并汇报实验结果。
[补充并评价]同学们的表现十分精彩，并验证了自己的预测，我为你们感到骄傲。这对日后我们学习新的金属有何启示？	思考并回答：可以从金属的通性入手，从分类的角度预测。
[追问]非常棒！那在你们刚刚做过的实验中，铁和锌分别与硫酸铜溶液反应，哪个更剧烈？为什么？	回答：锌的反应更剧烈，因为锌比铁更活泼！
[评价并追问]没错！这对我们比较不同金属的活泼性有没有什么启示呢？怎么做这个实验才能更加严谨？	回答：可以比较不同金属与同一物质反应的剧烈程度，但要注意控制变量！

设计意图：这一环节，巧妙地从金属资源的有限性进入活动，调动学生的情感体验，让学生主动思考金属具有的通性，小结后请学生预测锌的化学性质，并增加活动的开放度，让学生自主选择药品、设计化学实验验证猜测。这种活动的设计目的是引导学生从特殊到一般再到特殊，从分类的视角认识物质，是归纳和演绎的训练，也是建构一类物质化学性质认知模型的重要方法，能有效培养学生的"科学探究与创新意识""证据推理与模型认知"素养，同时感受真实的情境下带来的知识、智慧与情感的碰撞，实现育人的价值。

教学活动主题三：反思与交流，直击教学目标并升华情感

教师活动过程	学生活动过程
[分组讨论] 反思、交流以下几个问题： (1) 如何比较不同金属的活动性？以锰和镁为例。 (2) 你收获了哪些冶炼金属的方法？金属的冶炼方法与金属的性质有何关系？	学生针对问题展开了热烈的讨论： (1) 方案一：将锰放入氯化镁溶液中，观察实验现象。 方案二：将镁放入氯化锰溶液中，观察实验现象。

续表

教师活动过程	学生活动过程
（3）金属的性质与用途之间有何关系？ （4）金属材料的发展受到哪些因素的影响和制约？ 教师适时点拨、引导、评价和鼓励，把握教学的时机，适当留有教学的空白，给足学生思考和交流的空间，引发教学的燃点。	方案三：将等质量、等颗粒大小的锰和镁放入等量等质量分数的稀硫酸中，观察反应的剧烈程度。 方案四：将等质量、等颗粒大小的锰和镁在空气中加热相同时间，观察反应的剧烈程度。 （2）收获的冶炼方法有：火法、湿法、电解法。冶炼方法与金属的化学性质及其在自然界中的存在状态有关。 （3）金属的性质决定其用途。 （4）金属材料的发展受到当时的科学技术水平、生产条件甚至是政治制度的影响。人们总是根据生产、生活的需要来冶炼金属，进而了解金属的性质，研究它的用途。若该金属材料满足不了时代的需求，人们就会继续寻求新的金属材料。
[结课]展示中国高铁。这是世界顶尖的高铁，它离不开材料的支撑。金属材料发展的历史告诉我们一个道理：化学改变世界，科技创造梦想！而未来的希望在哪里？在你们！我坚信你们就是改变未来的力量！最后有一句话和大家共勉：我们要怀揣着"中国梦""世界梦"去努力奋斗，或虽不能至，然心向往之。	

设计意图：本环节的学习活动让学生对金属的学习产生更高阶的转变，学生的认知发生了质的飞跃。上一环节，学生对金属的通性有了一定的认知，进而可抽象概括出有关金属的更深层次的问题："如何比较不同金属的活动性？""你收获了哪些冶炼金属的方法？""金属的冶炼方法与金属的性质有何关系？""金属的性质与用途之间有何关系？""金属材料的发展受到哪些因素的影响和制约？"这个体验、总结、归纳的过程是化学学科素养提升的过程，也是以史为鉴、以德树人的过程。再加之，对中国高铁中重量级金属材料的展示，又迅速让学生从知识回归情感，感受"化学改变世界，科技创造梦想"的力量，整堂课在澎湃的"中国梦"的高潮中结束，情感的荡漾，令人回味无穷。

（四）案例点评

1. 转换目标，思考什么样的教学内容最有价值。

化学课程需要立德树人，需要我们在备课时转换目标，思考什么样的教学内容最有价值。其实，教学内容既具有明理功能又具有陶冶功能，是形成道德认知的基础和依据。在金属专题复习课中，既要在学生已有的学习起点上提供进阶的知识与思维的引导，又要承担起培养"科学态度与社会责任"素养的育人价值，让学生感受"化学改变世界，科技成就梦想"。

2. 创设有意义的情境，巧用化学史组织线索、升华情感。

立德树人需要学习者在学习中与学习情境持续互动。本案例精选化学史料作为课程资源，用金属的发现与利用这条史实线索结合金属的冶炼、性质、用途这条知识线索，转化为再探究的情境，迅速勾起学生的学习欲望，引领学生开启奇妙的科学探究之旅。这种以史为鉴的方式，既能让学生获得知识，又能让学生感受先人文化以及金属材料发展史中蕴含的人文精神和道德品质，激发学生学习化学、利用科学技术创造更美好世界的愿望。

3. 设计突出学生主体的学习活动，让知识与情感产生碰撞，达到深度学习。

以培养学科核心素养为主旨的教学，应该从以教为主向以学为主发展；立德树人，更是要突出学生的主体地位。本节课的重点和难点是：建构学习一类物质化学性质的认知模型，并在归纳金属的通性后，预测某种陌生金属的化学性质，形成一般与特殊的化学学科思维；利用金属活动性顺序解释一些化学问题，并初步学会设计实验比较不同金属的活动性。本案例围绕这些重点和难点，结合历史的情境线和金属性质的认知线，让学生深度参与探究，主动回顾旧知，对金属的化学性质进行归纳与演绎，尝试预测陌生金属的化学性质，并设计和实施实验，融合培养学生的"证据推理与模型认知""科学探究与创新意识""科学态度与社会责任"等素养，让知识与情感在活动中产生碰撞，达到深度学习。

4. 善用隐性、无痕的方式实现学科立德育人的价值。

德育是一个过程，是情感的体验与沐浴。本案例在讲故事、创情境的过程中，不显山不露水地展现了一幅人类文明进程的画面：生产、生活的需求，使人类产生了使用材料的需要，化学等科学技术以及先人的智慧与勤劳实现了一种又一种材料的更迭，而时代的进步又推动了材料的进一步发展，形成了丰富多彩的材料世界。这是化学，乃至科学技术给予人类社会文明发展不可替代的正能量。用这种方式，学生轻松地参与到故事中，不易分神且易产生情感的共鸣，在领略知识的同时，提升了思维，升华了情感，这种隐性、无痕的德育方式自然要比直接讲道理的方式更有效。

中观策略篇

——学科核心素养单元整体教学策略

第一单元　走进化学世界

　　本单元由"物质的变化和性质""化学是一门以实验为基础的科学""走进化学实验室"三个课题构成。从生活中常见的与化学有关的事实、现象和问题出发,激发学生学习化学的兴趣,建立有关物质变化和性质的基本概念,培养"宏观辨识""变化观念"等素养。结合具体事例了解化学的研究内容、范围和特点,体会科学探究的重要过程和方法,培养"科学探究与创新意识""证据推理"等素养。初步学会一些化学实验基本操作,培养严谨求实的科学态度和科学探究能力,为今后的学习准备基础概念、基本探究方法和实验操作技能。

一、单元内容梳理

1. 课程标准及实施建议。

标准	活动与探究建议
• 认识化学变化的基本特征,初步了解化学反应的本质。 • 增进对科学探究的理解,发展科学探究能力。 • 能进行药品的取用、简单仪器的使用和连接、加热等基本的实验操作。	• 交流平时观察到的各种化学变化现象(或观察一组化学变化),讨论并归纳出化学变化的特征。 • 对蜡烛的构造进行观察,探究蜡烛的物理性质。 • 探究如何运用生活用品代替实验仪器收集呼出的气体。 • 查阅人体呼吸作用的原理,了解吸入的空气与呼出的气体的成分区别。 • 利用视频、动画等手段,为学生呈现不规范或不按规则操作带来的危害。 • 利用家中的杯子、瓶子等用具,以及食盐、糖、水等,进行固体的取用、液体的倾倒等操作练习,在生活中体验学习化学的乐趣。

(1) 本单元可供选择的学习情境素材：诺贝尔发明炸药的故事；科普读物：法拉第《蜡烛的故事》；利用家中的杯子、瓶子等用具，以及食盐、糖、水等，进行固体的取用、液体的倾倒等操作练习。

(2) 单元知识内容结构。

2. 单元教学核心素养目标解读。

(1) 目标梳理。

教学内容	核心素养
物理变化和化学变化	宏观辨识、变化观念
物理性质和化学性质	宏观辨识、变化观念
对蜡烛及其燃烧的探究	科学态度、科学探究
对人体吸入的空气和呼出的气体的探究	科学探究与创新意识、证据推理
实验基本仪器和实验基本操作	科学态度、科学探究

(2) 单元学习目标。

①能对物质的变化和物质的性质进行分类，认识化学变化的本质特征是有新物质生成，体验化学实验是获取化学知识和学习科学探究方法的重要手段。

②了解实验探究的一般过程，能根据一定的方案与同伴合作完成实验并观察、记录实验现象，通过对实验现象的分析等获得有价值的结论。

③具有安全意识和严谨求实的科学态度，能说出常用化学仪器的名称，能进行药品的取用、简单仪器的使用和连接、加热等基本的实验操作。

(3) 核心素养目标细化。

	核心概念	关键能力	必备品格
课题1 物质的变化和性质	物质的变化和性质	归纳、比较	热爱科学的品格
	①通过实验、观察、记录、分析等活动，初步认识化学变化和物理变化的概念，讨论得出化学变化的特征和本质，培养"变化观念"素养。②初步认识化学性质和物理性质的区别，学会应用物质的物理性质和化学性质辨别不同的物质，培养"宏观辨识"素养。		

续表

	核心概念	关键能力	必备品格
	科学探究	科学探究的一般过程	热爱科学的品格 勤于实践，善于合作，敢于质疑，勇于创新
课题2 化学是一门以实验为基础的科学	①通过合作探究蜡烛燃烧时各层火焰温度的不同，初步感受化学学科中对比实验的方法。 ②通过对蜡烛燃烧的产物及刚熄灭时产生的白烟的探究，体验科学探究的一般过程和化学实验注重实证的特点，初步形成尊重事实、科学求证的意识和敢于质疑、勇于创新的态度。 ③通过对蜡烛及其燃烧的探究活动，经历根据实验目的设计实验方案以及填写实验报告的过程，学习对实验现象的观察、描述及从物质的变化、性质视角认识物质的方法，体会化学学习的特点以及科学探究是人们获取科学知识、认识客观世界的重要途径。 ④通过对人体吸入的空气和呼出的气体的探究，学习用排水法收集气体及相关的实验技能，知道人体吸入的空气和呼出的气体的主要区别，初步认识对比实验的方法，体验科学探究的完整过程。		
	核心概念	关键能力	必备品格
	实验基本操作	模仿能力	安全意识和严谨求实的科学态度 热爱科学的品格
课题3 走进化学实验室	①通过参观化学实验室，认识常用仪器的名称、性能、用途和注意事项，知道基本的实验室安全常识，树立安全意识。 ②通过"观察演示——操作实践——反思修正"的过程，初步学习药品的取用、物质的加热、连接仪器装置、洗涤玻璃仪器等基本实验操作，养成规范的实验习惯，体会严谨求实的科学态度，树立安全意识。 ③通过几个简单的化学实验，加深对已学基本概念的理解和有关物质性质的认识，形成热爱科学的品格。		

二、核心素养阶段性达成特点分析

1. 素养提升的起点。

本单元从学生生活中常见的与化学有关的事实、现象和问题出发，建立物质变化和性质的基本概念，主要是因为学生对物质变化的具体事例（如物质形状的改变、物质的三态变化、钢铁生锈、光合作用、呼吸作用等）和物质性质的具体知识（如熔点、沸点、压强、密度等）已有初步认识，有利于激发学生学习的兴趣。这些已有经验和知识为学生学习物质的变化和性质提供了感性认识。因此，教学中可以基于学生已有经验和知识构建新的概念和知识体系。

化学是一门以实验为基础的科学，但作为科学探究的化学实验与日常生活探究有着本质的区别。同时，大多数学生对于化学关注的问题和角度比较陌生。为帮助学生从生活探究向科学探究、由生活概念向科学概念转变，本单元安排"对蜡烛及其燃烧的探究"和"对人体吸入的空气和呼出的气体的探究"这两个来源于生活且学生较为熟悉的探究活动。学生过生日时要点燃生日蜡烛，知道蜡烛的颜色、状态、形状、硬度等部分物理性质以及蜡烛燃烧时消耗氧气生成二氧化碳。同时，学生通过小学科学课程、初中生物学七年级下册第三章"第二节　发生在肺内的气体交换"，知道了吸入的气体和呼出的气体中二氧化碳体积分数的变化，也知道二氧化碳能使澄清石灰水变浑浊。这些已有的知识、经验和体验可消除学生对科学探究的陌生感，便于教师从化学视角指导学生进行探究，给学生带来新的感受和启迪。再则，科学探究中涉及的"控制变量进行对比实验"，学生也并不陌生。在生物学七年级上册教科书中就有"探究二氧化碳是光合作用必需的原料""探究种子萌发的环境条件"等控制变量的对比实验。在物理八年级上册教科书中有"研究自由落体运动快慢与哪些因素有关""探究影响蒸发快慢的因素"等控制变量的对比实验。有了这些方法体验，学生对实验中涉及的变量控制思想就不再陌生，有利于把教学重点放在科学探究过程的体验上。

安全规范操作是完成化学实验的基本保障。学生通过初中生物学和物理的学习，对一些主要仪器（如镊子、量筒、试剂瓶、试管、试管夹、酒精灯等）及其使用，基本操作（称量、物质的加热、固体药品的取用、液体药品的取用等）已有了初步了解。学生对这些仪器的使用方法、注意事项的认识可能不全面，基本操作可能不够规范甚至是错误的，因此，教学中应进行规范化操作的训练。

2. 素养提升的障碍点。

（1）概念建构的特殊视角。虽然学生对物质变化的具体事例和物质性质的具体知识已有初步认识，但是未能从化学视角建立物质的变化和性质的概念。同时，学生对于怎样辨析物质的变化与物质的性质等概念还不清楚。教学中，应注意体现概念的建构过程，切忌死记硬背，同时要以概念的内在联系为主要线索，逐步完善概念，避免急于求成。

（2）化学实验探究的特殊角度。"对蜡烛及其燃烧的探究"和"对人体吸入的空气和呼出的气体的探究"这两个实验都来自生活，学生不会感到陌生，但学生却从未对其细节进行认真的观察和思考。实验中可能会出现一些常见的问题，例如不明白探究目的，把实验探究变成"照方抓药"做实验；弄不清楚哪些是实验现象，哪些是实验结论；不知道该观察什么，该怎么观察；不会规范填写实验报告。教学中应加强方法的指导。例如，指导学生有序观察、描述、记录实验现象；引导学生思考现象背后的道理，透过现象看本质；重视实验对学生思维的启发作用，培养学生的实证观、逻辑思维和创造性思维。

（3）实验操作的规范性与实验的趣味性。学生对化学实验的基本操作、常用仪器的使用方法、注意事项以及如何安全、规范地进行实验，还缺乏整体的认识和必要的规范训练。同时，不规范或错误的认识容易造成学生先入为主，教师应在讲解、示范的基础上让学生模仿、训练,达成技能训练的效果。另外,机械式的重复训练容易造成学生学习兴趣不高,教师应结合基本实验操作的练习适当增加一些趣味性的化学实验。

3. 素养提升的延伸点。

(1) 化学学习的兴趣。

第一单元是学习化学的入门内容,为后续学习准备基础概念、基本探究方法和实验操作技能。第二单元是学生真正进入化学学习的单元。这两个单元教学的重点是激发学生学习兴趣,初步学习科学探究方法和化学实验技能。第三单元涉及较多的是微观世界的概念和理论,学生容易在这一单元出现分化,应进一步通过化学实验、熟悉的日常现象和生活经验、实物、动画模型等,继续保持学生的学习兴趣和积极性。九年级作为化学学科的启蒙阶段,建议在后续学习中应始终把保持学生的学习兴趣放在教学首位。

(2) 化学学习的方法。

本单元虽然涉及控制变量进行对比实验法、科学探究的方法和过程,但起始单元的学习更多的是为后续学习积累感性基础,因此教学中应注意循序渐进,不能一竿子捅到底,而应在后续教学中进一步提升。例如,控制变量进行对比实验法,在九年级上册"氧气的性质实验""分子和原子""二氧化碳与水反应的探究""燃烧条件的探究"和九年级下册"铁制品锈蚀条件的探究""物质的溶解能力的探究""物质溶解时的吸热或放热现象的探究""二氧化碳与氢氧化钠溶液反应的探究"等的教学中将逐步提升;科学探究的方法和过程,在九年级下册"铁制品锈蚀条件的探究"的教学中将进一步提升。

(3) 装置气密性检查的原理和方法。

装置气密性检查是进行气体制取实验的关键操作。本单元"课题3 走进化学实验室"涉及用微热法检查装置气密性,要让学生明白检查装置气密性的原理:把导管口放入水中(形成密闭体系),用手握紧试管(试管内气体的温度升高),若水中的导管口有气泡冒出(试管内气体的压强高于外界大气压),说明装置不漏气,以便围绕"操作→现象→结论"在理解原理的基础上进行记忆。在第二单元"课题3 制取氧气"会进一步巩固用微热法检查装置气密性,此时应让学生明确检查装置气密性应在成套装置组装完毕且装入反应物之前,同时进一步将用微热法检查装置气密性讲透:待气泡不再冒出时,松开手一段时间后导管内液面上升,形成一段水柱。装置气密性检查的其他方法,如液差法、抽气法、吹气法等在第六单元"二氧化碳的实验室制取与性质"中再进一步提升。在中考复习阶段,可单独设置一个专题对常见的检查装置气密性的方法进行归纳和比较。

(4) 收集气体的方法和适用条件。

本单元"对人体吸入的空气和呼出的气体的探究"涉及用排水法收集呼出的气体,在后续学习中应进一步提升收集气体的方法和适用条件。例如,在第二单元的"氧气的实验室制取与性质"中应进一步介绍用排水法收集气体的方法和适用条件,在第六单元的"二氧化碳制取的研究"中应对气体收集装置的类型及使用范围作系统归纳,完善学生对气体收集装置的认识。

三、单元素养目标达成策略

1. 创设愉悦学习情境，激发学生学习兴趣。

兴趣是一种特殊的意识倾向，是动机产生的重要主观原因。良好的学习兴趣是求知欲的源泉，也是思维的动力。[①] 因此在化学学科的启蒙阶段，应始终把保持学生的学习兴趣放在教学首位。

（1）利用实验激发学生浓厚的兴趣，燃起求知的火花。化学实验应确保实验现象的明显性，增强实验的效果和可见度，想方设法给学生创造实验条件和动手机会。不仅要认真做好、做全学生实验、选做实验，而且在课堂教学中可以把某些演示实验改成边讲边实验或者让学生操作，对于实验性习题也让学生动手做实验，通过实验去解决问题。另外，实验要注意趣味性。无论是演示实验还是分组实验，都值得教师在活动设计上下一番工夫。实验内容不局限于书本，像"大象牙膏""化学振荡实验""滴水成冰""梦幻高脚杯"等令人震撼的化学魔术也可以搬入课堂。

（2）基于生产生活实际和化学史创设探究的问题情境。在课堂教学中适当地联系生活、工农业生产、自然、化学史等使教学内容更为丰富多彩、生动活泼，同时，还能使学生在轻松愉快、情趣横溢的学习氛围里感受化学学科的应用价值和魅力。

（3）用丰富多彩的"第二课堂"活动发展兴趣。活跃学生的思维、培养学生的学习兴趣，仅靠课内是不够的，还应重视开展丰富多彩的课外活动。例如，让学生参加化学知识讲座、化学游艺会、化学竞赛、科学制作、科技文艺演出、参观工厂和化验室等活动，达到拓展课内知识，发展学生学习兴趣的目的。[②]

2. 实施先行组织者策略，重视学习方法指导。

化学教育起始年段的前期教学，应重视对化学学习方法的指导。

（1）对比的实验方法。

控制变量进行对比实验法虽然学生在其他学科中已有接触，但学生在"对人体吸入的空气和呼出的气体的探究"学习中尚属首次在化学学科中接触该方法，教师不宜让学生自主参与控制变量进行对比实验设计，只需引导学生对变量控制进行简单对比积累感性认识，而应将重点放在对比观察并描述实验现象，对所获取的实验现象和结果进行逐项对比和分析，进而得出合理的实验结论，从而更本质地认识物质的性质。

（2）宏观辨识的方法。

运用观察、比较、分类的方法，从宏观物质及其变化获得感性认识，并从物质的组

[①] 李鸿起，丁云生. 培养兴趣，激发求知欲望[J]. 化学教学，1986（1）：15—16.
[②] 张永鑫. 培养兴趣，调动积极性，提高化学教学质量[J]. 中学化学教学参考，1988（4）：22—23.

成、性质等概念视角认识物质及其变化，有序地观察、描述、记录实验现象，引导学生思考现象背后的道理，透过现象看本质。例如，"对蜡烛及其燃烧的探究"活动中，应引导学生学习观察化学实验现象的方法和观察化学实验现象的基本程序。观察化学实验现象的方法：用眼看、鼻闻、耳听、手感等方式直观观察或借助仪器观察实验现象。观察化学实验现象的基本程序：①关注物质的性质，如颜色、状态、气味、硬度、密度、熔点、沸点、可燃性等；②关注物质的变化，如放热、发光、变色、生成气体、产生沉淀等；③关注物质变化的过程及其现象，即不要孤立地关注物质的某一种性质或变化，而应对物质在变化前、变化中和变化后的现象进行细致的观察和描述，再进行比较和分析。

（3）科学探究的方法。

通过实验等实践途径，开展相关问题的探究，让学生经历科学探究的过程，体验科学思维方法。如在进行物质的变化探究活动时，学生应该在教师指导下明确探究目的，关注物质的性质和变化，对物质在变化前、变化中和变化后的现象进行细致观察、如实记录，进行比较和分析，得出可靠的结论，最后认真填写实验报告。例如，"课题2 化学是一门以实验为基础的科学"中，安排"对蜡烛及其燃烧的探究"（第1课时）、"对人体吸入的空气和呼出的气体的探究"（第2课时）两个探究活动，旨在使学生在实验过程中学习科学探究的方法。第1课时侧重于观察、记录方法的学习，除此以外，在探究活动中，通过引导学生归纳和总结化学学科的特点，即将观察的重点放在物质的性质、物质的变化、物质变化的过程以及对结果的解释和讨论，并对化学学习方法进行指导。第1课时的观察和描述实验现象为第2课时较为综合的科学探究活动奠定基础。第2课时侧重于让学生体验比较完整的科学探究过程。学生依据生活经验作出吸入的空气与呼出的气体有哪些不同的猜想；学生通过实验验证猜想，观察、记录、分析实验现象，通过对实验现象和结果逐项进行对比和分析，得出合理的结论。

3. 重视概念建构，逐步完善概念。

新概念的建立要从学生已有的知识或熟悉的生活经验入手，帮助学生感知并形成概念，要注意概念的建立过程，切忌将概念教学变为"背定义""用定义解题"式的教学。例如，在"课题1 物质的变化和性质"，对于物理变化和化学变化概念的建构，可从初步形成概念、巩固概念、应用概念三个过程入手。首先，让学生列举生活中见过的物质所发生的变化，寻找变化的相同点和不同点，然后将变化分为两类并讨论分类的依据，得出物理变化和化学变化的概念。其次，完成教科书规定的4个实验，准确记录实验现象，讨论哪种实验现象能说明生成了新物质，哪个实验中物质发生了物理变化，哪个实验中物质发生了化学变化，以此来巩固物理变化、化学变化的概念。最后，应用物质变化的概念，判断一些常见的变化是物理变化还是化学变化。

4. 创设有意义的教学活动情境，提升技能教学的有效性。

为解决技能课教学内容相对枯燥的问题，教师在教学设计中可结合学案导学、教学内容进行相应的教学活动和情境的设计，让学生在有意义的活动中高效参与并完成学习任务。例如,"课题3 走进化学实验室"以介绍常见的仪器和训练基本实验操作为主,这对于初次进行实验技能训练的学生来说,在操作上有一定的难度。作为一节技能型课题,采取"先示范讲解到位,然后通过适当的训练加以强化"的教学策略。为了让示范讲解更到位,通过学案引导学生归纳各种操作的基本要点,代替教材繁琐的叙述,如块状固体的取用"一横二放三慢立"等;一些较多注意事项的操作,通过图示在学案中展示出来。同时,创设与教学内容相对应的活动情境,如以"听话的'神水'"趣味实验引入课题,以"手到擒来""它们生气了""化学大变脸""安全大检查""洗刷刷洗刷刷"等主题任务串起教材中四个基本实验操作的分组实验,有效地驱动学生参与技能训练的学习活动。[①]

四、重点活动设计

课题1 物质的变化和性质

活动素养目标	宏观辨识、变化观念。	
目标详解	(1) 通过实验、观察、记录、分析等活动,初步认识化学变化和物理变化的概念,讨论得出化学变化的特征和本质,培养"变化观念"素养。 (2) 初步认识化学性质和物理性质的区别,学会应用物质的物理性质和化学性质的辨别不同的物质,培养"宏观辨识"素养。	
活动主题	活动设计	相关素材资源
活动一 生活中常见的物质变化	播放"生活中常见的变化"视频,学生进一步补充生活中常见的变化的其他例子。	视频:生活中常见的变化。
活动二 物理变化和化学变化	(1) 实验与讨论:围绕教材的4个实验,通过实验、观察、记录、分析,得出化学变化和物理变化的概念,讨论得出化学变化的特征。 (2) 课堂练习:判断化学变化和物理变化。	实验:实验1—1 (1) (2) (3) (4)。 视频(或课件):日常生活现象和补充实验(如镁条的燃烧)。
活动三 物理性质和化学性质	(1) 学生描述身边熟悉的化学物质的性质,从颜色、气味、状态、硬度、物质的溶解性以及能否燃烧、是否易生锈、是否易腐烂、是否易变质等方面将上述性质归类。 (2) 分析:哪些性质通过化学变化表现出来?哪些性质通过物理变化表现出来?学生依此对物质性质进行分类,归纳得出化学性质和物理性质的概念。 (3) 区分物质的物理性质和化学性质。	实物:水、氧气、铁、石蜡。 文字资料:区分物质的物理性质和化学性质。

---

① 王锋. 实验技能型课堂学案编制案例——人教版义教教材《走进化学实验室》课题学案设计 [J]. 福建教育研究:基础教育 (A), 2014 (3): 35—37.

续表

活动主题	活动设计	相关素材资源
活动四 区分不同的物质	讨论交流：应用物质的物理性质和化学性质的不同点区分不同的物质。	实验：鉴别二氧化碳和氧气。
活动五 小结与收获	(1) 学生交流：我们学到了哪些知识和学习方法？ (2) 教师小结本课的主要内容和方法。	
活动建议	教学中，教师要注意指导学生观察和描述实验现象，通过观察和分析实验现象得出结论；要以概念之间的内在联系为主要线索，逐步完善概念，避免急于求成。	

课题2 化学是一门以实验为基础的科学（1）

活动素养目标	科学态度，科学探究。	
目标详解	(1) 通过合作探究蜡烛燃烧时各层火焰温度的不同，初步感受化学学科中对比实验的方法。 (2) 通过对蜡烛燃烧的产物及刚熄灭时产生的白烟的探究，体验科学探究的一般过程和化学实验注重实证的特点，初步形成尊重事实、科学求证的意识和敢于质疑、勇于创新的态度。 (3) 通过对蜡烛及其燃烧的探究活动，经历根据实验目的设计实验方案以及填写实验报告的过程，学习对实验现象的观察、描述及从物质的变化、性质视角认识物质的方法，体会化学学习的特点以及科学探究是人们获取科学知识、认识客观世界的重要途径。	
活动主题	活动设计	相关素材资源
活动一 化学是一门以实验为基础的科学	(1) 讲述故事：诺贝尔发明炸药的故事。 (2) 学生阅读教材图1-6、图1-7、图1-8，教师引导学生认识：学习化学的一个重要途径是实验，可以通过实验发现和验证化学知识，形成科学探究的方法。	视频或（资料）：诺贝尔发明炸药的故事，法拉第《蜡烛的故事》。 图片：教材图1-6、图1-7、图1-8。
活动二 蜡烛及其燃烧	教师引导学生探究并记录实验现象：①点燃蜡烛前：蜡烛的结构、颜色、状态、硬度、密度（与水比较）、气味等；②点燃蜡烛时：火焰的分层与温度、蜡烛燃烧的生成物；③熄灭蜡烛后：熄灭蜡烛时产生了白烟，点燃白烟探究其能否燃烧。	探究实验：蜡烛及其燃烧、子母焰实验。 视频：对蜡烛及其燃烧的探究。
活动三 分析与反思	(1) 在实验过程中，师生共同分析实验现象，得出实验结论，学生练习书写实验探究报告。 (2) 对实验过程中出现的异常现象进行反思。	资料：实验探究报告。
活动四 小结与启发	(1) 学生思考与交流：如何从学习物质的性质和变化中体验化学学习的特点？化学科学探究的思路和关注点是什么？ (2) 课外拓展：关于蜡烛还可做哪些探究？	科普读物：法拉第《蜡烛的故事》。
活动建议	侧重于观察和描述实验现象。	

课题2　化学是一门以实验为基础的科学（2）

活动素养目标	科学探究与创新意识，证据推理。	
目标详解	通过对人体吸入的空气和呼出的气体的探究，学习用排水法收集气体及相关的实验技能，知道人体吸入的空气和呼出的气体的主要区别，初步认识对比实验的方法，体验科学探究的完整过程。	
活动主题	活动设计	相关素材资源
活动一　回顾上节课实验的过程与方法	（1）复习上节课实验的过程及方法。 （2）教师演示有关氧气和二氧化碳的检验实验，简单讲解物质检验的方法。	视频（或课件）：探究蜡烛燃烧的过程。 实验：氧气和二氧化碳的检验。
活动二　人体吸入的空气和呼出的气体有什么不同	（1）学生猜想：我们吸入的空气和呼出的气体有什么不同？ （2）学生根据教材给出的实验原理和实验步骤以及上述知识，进行实验探究并记录现象。	课前延伸：如何运用生活用品代替实验仪器收集呼出的气体。 探究：人体吸入的空气与呼出的气体有什么不同。 资料：人体呼吸作用的原理，人体吸入的空气与呼出的气体组成成分的相关数据。
活动三　交流、分析与评价	（1）书写实验探究报告，交流实验结果。 （2）对实验过程中出现的异常现象进行分析与反思。	资料：探究活动与实验报告，人体呼吸作用的原理，吸入的空气与呼出的气体组成成分的相关数据。
活动四　归纳小结与拓展探究	（1）学生交流：如何进行对比实验？科学探究的主要环节有哪些？ （2）学生依据所学的知识拓展课外实验探究：竹筒内的气体与空气的成分有什么不同？	资料：课本习题。
活动建议	侧重于实验方法的学习。探究活动的实验步骤较多，可让学生预习该探究内容和在家利用生活用品练习收集呼出的气体的操作。对比实验的方法不必详细展开，可在后续学习中逐步深化。	

课题3　走进化学实验室

活动素养目标	科学态度、科学探究。
目标详解	（1）通过参观化学实验室，认识常用仪器的名称、性能、用途和注意事项，知道基本的实验室安全常识，树立安全意识。 （2）通过"观察演示——操作实践——反思修正"的过程，初步学习药品的取用、物质的加热、连接仪器装置、洗涤玻璃仪器等基本实验操作，养成规范的实验习惯，体会严谨求实的科学态度，树立安全意识。 （3）通过几个简单的化学实验，加深对已学基本概念的理解和有关物质性质的认识，形成热爱科学的品格。

活动主题	活动设计	相关素材资源
活动一 参观实验室，介绍常用的仪器	(1) 学生参观化学实验室，教师结合实物介绍常用仪器的名称、性能、用途和注意事项。 (2) 对学生进行实验安全性教育，提出化学实验的要求。	图片或视频：安全图标，实验室规章制度，常见实验室仪器及用品。
活动二 基本实验操作	(1) 教师示范操作，学生领会要点。 (2) 学生分组实验：进行药品的取用、物质的加热、洗涤玻璃仪器等基本实验操作。	实验或视频：化学实验的基本操作。
活动三 归纳与小结	(1) 讨论：实验操作的要点及注意事项。 (2) 对实验操作步骤进行归纳、概括并记忆。	资料：探究活动与实验报告。
活动四 交流与应用	(1) 学生完成实验操作习题或进行实验操作比赛。 (2) 课外拓展：利用家中的杯子、瓶子等用具，以及食盐、糖、水等，进行药品的取用、液体的倾倒等操作练习，在生活中体验学习化学的乐趣。	资料：化学实验基本操作习题。
活动建议	注意实验基本操作的规范性和严谨性，利用视频、动画等手段，为学生提供不规范或不按规则操作带来的危害的案例，但不宜过于严厉和刻板，也不要过度渲染化学实验的危险性。	

五、单元作业设计

1. 某固态物质受热后变为气态物质，这种变化一定属于物理变化吗？请举例说明。
2. 家庭小实验：把生鸡蛋放入一个装有白醋的玻璃杯里，观察并记录实验现象。
(1) 根据所记录的实验现象，描述哪些变化是物理变化，哪些变化是化学变化。
(2) 尝试描述生鸡蛋和白醋的物理性质和化学性质。
3. 蜡烛刚熄灭时，总会有一缕白烟冒出，它的成分是什么？有人提出了以下假设：
①白烟是燃烧时生成的二氧化碳。
②白烟是燃烧时生成的水蒸气。
③白烟是石蜡蒸气凝结成的石蜡固体小颗粒。
请参与以下探究过程，并回答相关问题。
(1) 吹灭蜡烛，立即用一个内壁蘸有澄清石灰水的烧杯罩住白烟，其目的是为了验证假设_____（填序号），但是这样做并不能得出正确的结论，原因是_____。
(2) 吹灭蜡烛，立即用一块干而冷的玻璃片放在白烟上，玻璃片上没有出现水雾，说明白烟不是_____。

(3)吹灭蜡烛,立即用燃着的木条去点燃白烟(注意不要接触烛芯),发现蜡烛重新被点燃,说明白烟具有可燃性,这可为假设_____(填序号)提供证据,同时可排除假设_____(填序号),因为_____。

4."爆竹声声除旧岁"说的是古人用燃烧的方法使竹节内气体膨胀而发生爆鸣声,来庆贺新年到来。那么,竹节内气体的成分是什么呢?与空气的成分是否相同呢?

(1)实验目的:探究竹节内的气体与空气的主要成分有什么不同。

(2)查阅资料:

①竹子能进行光合作用和呼吸作用,但竹节内主要进行呼吸作用。

②光合作用消耗二氧化碳,同时产生氧气;呼吸作用消耗氧气,同时产生二氧化碳。

(3)提出假设:竹节内的气体与空气相比,含较多的_____和较少的_____。
猜想的依据是_____。

(4)进行实验:

①收集空气2瓶、竹节内的气体2瓶。

收集空气:取2个空集气瓶,用玻璃片将瓶口盖好,即为2瓶空气。

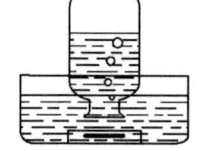

收集竹节内的气体:采集新鲜竹节,在竹节上划一道口子,把竹节按到水中,用右图所示方法收集,观察到有气体外溢。为避免气体外溢,可在右图装置中添加_____(填仪器名称)。请将该仪器画在图中。此外,仅用_____(填一物品名称)也可收集到竹节内的气体。

②验证竹节内气体与空气成分含量的差异。

实验操作	实验现象
将燃着的木条分别伸入装有竹节内的气体和空气的集气瓶	
分别向装有竹节内的气体和空气的集气瓶中滴入等量的澄清石灰水并振荡	

(5)实验结论:竹节内的气体与空气相比,含较多的_____和较少的_____。

5.为了比较光合作用和呼吸作用的不同,有人设计了如下实验。在一个晴朗的早晨,选取大小相似的同种植物两盆,在盆上各放入一杯澄清的石灰水,然后把其中一盆用无色透明的塑料袋罩住,放在阳光下;另一盆则用黑色塑料袋罩住,放在阴暗处。傍晚,在塑料袋上都剪一小口,并插入燃着的木条,结果发现A中木条比B中更亮;A中石灰水保持澄清,B中石灰水变浑浊。

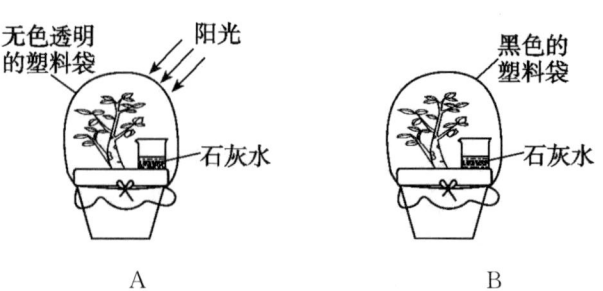

(1) A 中木条燃烧更旺，说明 A 中_____更多，从而说明在阳光照射下植物主要进行_____作用。

(2) A 中石灰水保持澄清，而 B 中石灰水变浑浊，说明 B 中_____更多，从而说明在缺少光照条件下，植物主要进行_____作用。

(3) 很多人喜欢在天刚蒙蒙亮时到茂密的林中进行晨练，请结合该实验谈谈你的看法：_____。

6. 请指出下列仪器使用是否正确，错误的请说明理由。

向试管中放入锌粒 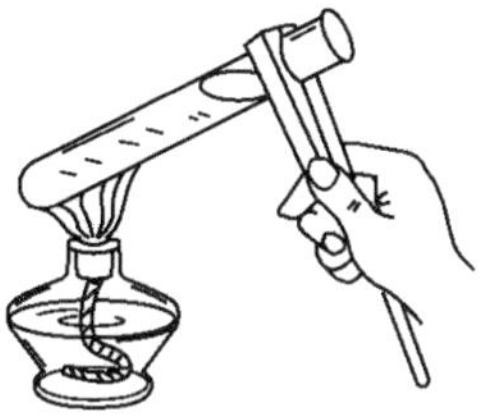　　加热液体 　　熄灭酒精灯

闻气体的味道 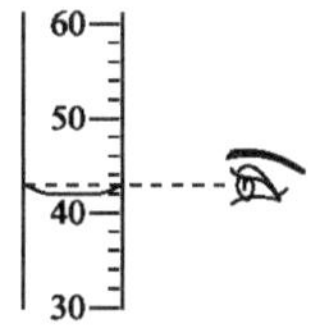　　读取液体的体积 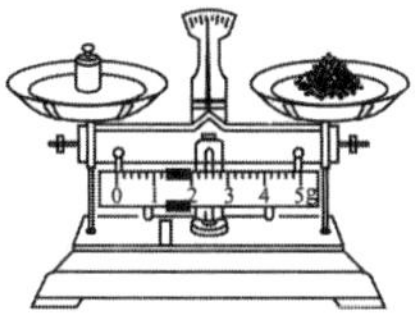　　称量

7. 家庭小实验：参考下列图示的实验操作，利用家中的杯子、瓶子、碗、筷、匙、吸管等用具，以及食盐、冰糖和水等，进行固体药品的取用、液体的倾倒和排水集气等操作练习。

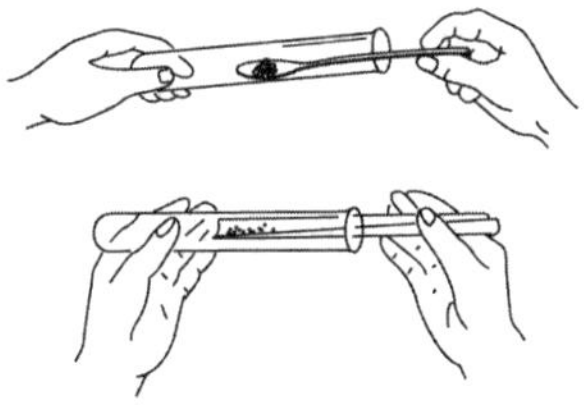

固体药品的取用 　　液体的倾倒 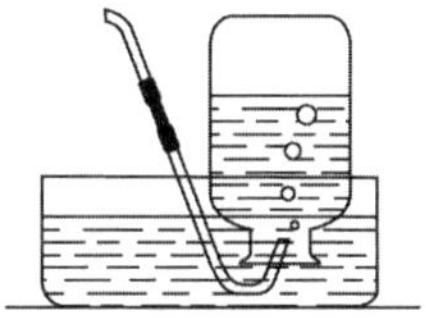　　排水集气

8. 右图表示加热试管中的液体的实验操作或装置，其中有四处明显的错误，请指出。

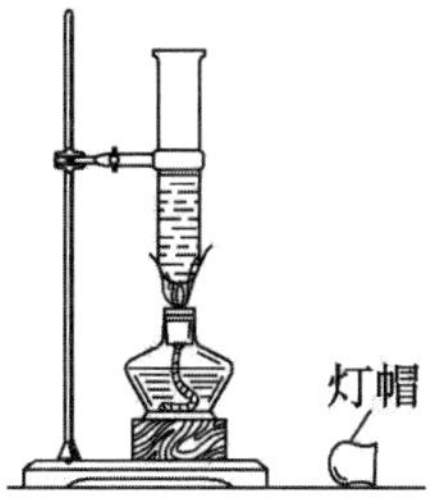

(1)_____
(2)_____
(3)_____
(4)_____

9. 在托盘天平的使用过程中,以下操作可能引起测量结果偏大还是偏小? 请说明理由。

(1) 称量前调平衡时,游码未归零。

(2) 称量时,物体和砝码位置放反了,且移动游码才使天平平衡。

10. 查阅资料了解蜡烛的火焰是怎样形成的? 它的火焰为什么会发亮?

六、重点章节教学案例

课题 3　走进化学实验室[①]

厦门市教育科学研究院　王锋

本案例涉及的教学内容为《义务教育教科书　化学　九年级上册》(人教版)第一单元"课题 3　走进化学实验室"。本课题内容以介绍常见的仪器和训练基本实验操作为主,涉及的内容多、杂、细。这对于初次进行实验技能训练的学生,在操作上有一定的难度。本案例探索通过学案引导学生在化学教学中有目的、有步骤地进行实验基本技能训练,提升实验技能课的教学效率。

(一) 教学目标

1. 通过参观化学实验室,认识常用仪器的名称、性能、用途和注意事项,知道基本的实验室安全常识,树立安全意识。

2. 通过"观察演示——操作实践——反思修正"的过程,初步学习药品的取用、物质的加热、连接仪器装置、洗涤玻璃仪器等基本实验操作,养成规范的实验习惯,体会严谨求实的科学态度,树立安全意识。

3. 通过几个简单的化学实验,加深对已学基本概念的理解和有关物质性质的认识,形成热爱科学的品格。

(二) 教学过程

教学活动主题一:演示实验——听话的"神水"

[演示实验] 教师演示趣味实验——听话的"神水"("无色－蓝色"的化学振荡实验)。课前与学生一起由 1 数到 10,一起见证奇迹,学生们非常好奇。

教师描述为准备该实验所需要的相关操作:加入 2 g 氢氧化钠(称取固体)→再加入

---

① 王锋. 实验技能型课堂学案编制案例——人教版义教教材《走进化学实验室》课题学案设计 [J]. 福建教育研究:基础教育 (A),2014 (3):35—37.

100 mL水（量取液体）→加入2 g葡萄糖（称取固体）→滴加0.2%亚甲基蓝溶液（滴加液体）等。

设计意图：创设有趣的实验情境，调动学生参与学习的积极性。该趣味实验涉及称固体、取固体、量液体、取液体、滴液体等化学实验操作，由此说明化学实验操作对于有趣的化学实验的重要性。

教学活动主题二：参观实验室，进行安全教育

[教师讲解] 带领学生参观实验室，对学生进行实验室安全教育，提出化学实验的要求。

[友情提醒] 展示实验室规则和发生意外的处理方法。

1. 未征得教师同意，不能擅自动手做实验。

2. 不能在实验室内嬉戏打闹、大声谈话。

3. 禁止在实验室里吃喝食物。

4. 严格遵守操作规则，保护自己和他人的安全。

5. 做实验的时候，万一发生意外，不要惊慌，要立刻向老师报告，并采取恰当的处理方法。

(1) 烫伤：立即用水冲洗烫伤处，再涂上烧伤膏。

(2) 酸、碱灼伤：应先用大量的水冲洗灼伤处。若试剂溅入眼睛内，千万不要用手揉眼睛。提倡使用防护眼镜。

(3) 实验台上起火：移开可燃物，用湿布或沙子覆盖，或使用灭火器。

设计意图：让学生知道基本的实验室安全常识，树立安全意识。

教学活动主题三：认识仪器和药品。

[阅读了解] 认识本课需要用到的仪器和药品。

1. 本课要用到的仪器。

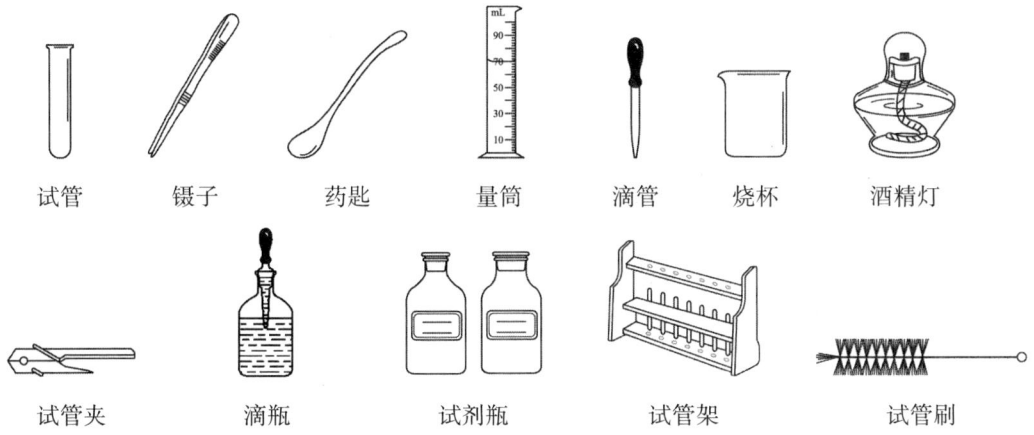

试管　　镊子　　药匙　　量筒　　滴管　　烧杯　　酒精灯

试管夹　　滴瓶　　试剂瓶　　试管架　　试管刷

2. 本课要用到的药品。

锌（Zn）、碳酸钠（Na_2CO_3）、盐酸（HCl）、氢氧化钠（NaOH）溶液、硫酸铜（$CuSO_4$）溶液。

[拓展延伸]结合教材P151~P152认识常用的仪器及其用途。

设计意图：了解常用仪器的名称、用途及其注意事项，特别是让学生对本课要用到的仪器和药品获得感性认识，为后续学习实验基本操作奠定基础。

教学活动主题四：药品的取用基本操作

[阅读了解]

◇取用药品要做到"三不原则"：①不能用手接触药品；②不要把鼻孔凑到容器口去闻药品的气味（应采用招气入鼻法）；③不得尝任何药品的味道。

◇注意节约药品：如果没有说明用量，液体取用1~2 mL，固体只需盖满试管底部。

◇用剩的药品要做到"三不一要"：①不能放回原瓶；②不能随意丢弃；③不能拿出实验室；④要放入指定的容器内。

1. 固体药品的取用。

[示范讲解]教师示范固体药品的取用操作，学生领会要领。

(1) 块状固体或密度较大的金属颗粒：用镊子夹取，操作要领是"一横二放三慢立"。

(2) 粉末或晶体小颗粒药品：用药匙（或纸槽）取用，操作要领是"一斜二送三直立"。

[分组实验]学生进行快乐体验1和2——"手到擒来"。

快乐体验1：取1粒锌放入试管中，将试管放在试管架上。

快乐体验2：取少量碳酸钠粉末放入试管中，将试管放在试管架上。

2. 液体药品的取用。

[示范讲解]教师示范液体药品的取用操作，学生领会要领。

(1) 直接倾倒法。

操作要领：取下瓶塞倒放桌，标签握在手心里，口口相挨免外流，试管略倾便操作。

(2) 取用少量液体可用滴管。

操作要领：悬空滴液防污染，切勿横放或倒放，滴管未洗莫混用。

(3) 量取一定体积的液体。所需的仪器：量筒、滴管。

注意事项：①应根据量取液体的多少，选用大小适当的量筒。

②量筒不能用于加热或量取热的液体。

③读数方法：将量筒放平，并使视线与量筒内液体凹液面的最低处保持水平。

[分组实验]学生进行快乐体验3——"它们生气了"。

实验操作	实验现象
向少量碳酸钠粉末中加入2 mL盐酸	
向锌粒中加入2 mL盐酸	
向2 mL澄清石灰水中加入1~2滴酚酞	

[思考讨论]用量筒量取液体，如果采用俯视读数的方法，将会对读数产生什么影响？

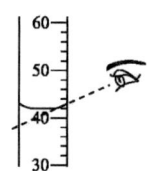

教学活动主题五：物质的加热基本操作

[阅读了解]

1. 酒精灯的使用。

[友情提醒] 不要碰倒酒精灯，万一洒出的酒精在桌上燃烧起来，不要惊慌，应立刻用湿抹布扑盖。

2. 给物质加热。

[示范讲解] 教师示范给物质加热的操作，学生领会要领。

操作要领：①液体不可超过试管容积的 1/3；②要把器壁外的水擦干；③应用试管夹夹持试管（用试管夹夹试管时，必须从试管底部向上套）；④试管倾斜约 45°角；⑤试管口不准对着自己或他人；⑥先预热，后固定在药品部位加热；⑦加热至沸腾的试管，不能立即用冷水冲洗。

[分组实验] 学生进行快乐体验 4——"化学大变脸"。

实验操作	实验现象
向 2 mL 氢氧化钠溶液中滴入硫酸铜溶液	
加热上述反应后生成的物质	

教学活动主题六：连接仪器装置基本操作

[示范讲解] 教师示范连接仪器、检查气密性操作，学生领会要领。

1. 连接仪器。

操作要点：左定右动，水润湿，慢转动。

友情提醒：不能把试管抵在桌面上再向试管口用力塞入橡皮塞，以免压碎试管。

2. 检查气密性。

操作要领：①一浸：把导管口浸入水中；②二握：手握试管（加热）；③三看：观察导管口和导管内出现的现象。

[分组实验]

学生进行快乐体验 5——"安全大检查"。

按教材 P22 图 1-34 连接装置，并检验装置的气密性。

教学活动主题七：洗涤仪器基本操作

［示范讲解］教师示范洗涤仪器操作，学生领会要领。

1. 操作要领：①倒废弃物（要倒在指定的容器内）；②用水冲洗并加以振荡（或用试管刷刷洗）；③再用水冲洗。

2. 洗净的标准：容器内壁附着的水既不聚成水滴，也不成股流下。

［分组实验］学生进行快乐体验6——"洗刷刷洗刷刷"。

将实验中所用的试管和量筒等都刷干净，并整理实验桌和实验室。

设计意图：通过"手到擒来""它们生气了""化学大变脸""安全大检查""洗刷刷洗刷刷"等主题驱动任务，不仅串起了教学内容，而且给教学注入了活力，有效地驱动学生参与学习活动。充分体现了技能型课题的教学策略：先示范讲解到位，然后通过适当的训练加以强化。通过学案引导学生归纳各种操作的基本要点，代替课本繁琐的叙述；一些较多注意事项的操作，通过图示在学案中展示出来。这样学生更加明确操作要领，提升了实验技能训练的有效性。

教学活动主题八：课堂小结与反思

重点引导学生反思学习过程中的收获和困惑，总结学习方法。

（三）案例点评

本教学案例通过创设有意义的活动情境，采取合适的实验技能教学策略，激发了学生学习的兴趣，较好地发展了学生的素养。

作为一节技能型课题，本课题的教学策略是：先示范讲解到位，然后通过适当的训练加以强化。为了让示范讲解更到位，通过学案引导学生归纳各种操作的基本要点，代替教材繁琐的叙述，如块状固体的取用"一横二放三慢立"等等；一些较多注意事项的操作，通过图示在学案中展示出来。这样学生更加明确操作要领，提升了实验技能训练的有效性。

创设有意义的活动情境，调动学生参与课堂的学习积极性。课堂导入时设计了一个简单而又有意思的趣味实验——听话的"神水"（"无色—蓝色"的化学振荡实验），激发学生的好奇心和求知欲。当学生兴趣盎然、跃跃欲试之时，告诉学生为了准备这一实验需要用到本节课所学的几个相关基本操作，例如加入2 g氢氧化钠（称取固体）、加入100 mL水（量取液体）、加入2 g葡萄糖（称取固体）、滴加0.2％亚甲基蓝溶液（滴加液体）等。然后，告诉学生也要体验几个化学实验，并给教材中的学生实验取了几个较有吸引力的主题："手到擒来"（锌粒、碳酸钠粉末的取用）、"它们生气了"（碳酸钠粉末、锌粒分别与稀盐酸反应、石灰水与酚酞反应）、"化学大变脸"（向氢氧化钠溶液加入硫酸铜溶液，然后加热）、"安全大检查"（连接装置、检查气密性）、"洗刷刷洗刷刷"（洗涤仪器）。接着告诉学生为了完成这些体验，必须先了解如何进行操作。通过主题驱动任务，不仅串起了教学内容，而且给教学注入了活力，有效地驱动学生参与学习活动。

第二单元　我们周围的空气[①]

本单元以"我们周围的空气"作为初中化学接触具体物质知识的开端,其中氧气与常见物质发生的反应最有视觉冲击力,容易激发学生的好奇心,充分发展学生学习化学的兴趣;学生对空气和氧气最为熟悉,以空气和氧气的相关知识作为情境素材,建构混合物和纯净物、化合反应和分解反应、氧化反应等概念,学生更容易理解相关概念的本质;以氧气的相关内容作为依托,更容易使学生形成从化学视角认识物质的方法。

一、单元内容梳理

1. 课程标准及实施建议。

标准	活动与探究建议
• 说出空气的主要成分,认识空气对人类生活的重要作用。 • 知道氧气能跟许多物质发生氧化反应。 • 能结合实例说明氧气、二氧化碳的主要性质和用途。 • 初步学习氧气和二氧化碳的实验室制取方法。 • 了解自然界中的氧循环和碳循环。	• 实验探究:空气中氧气的体积分数。 • 实验:氧气和二氧化碳的制取和性质。 • 辩论:空气中的二氧化碳会越来越多吗?氧气会耗尽吗? • 实验探究:呼出的气体中二氧化碳的相对含量与空气中二氧化碳相对含量的差异。

(1) 本单元可供选择的学习情境素材:科学家对空气成分的探究;宇航、潜水的呼吸供氧;氮气的用途;灯管中的氖气;温室效应。

(2) 单元知识内容结构。

[①] 王锋. 例谈核心素养视域下教材单元整体备课[J]. 中小学教师培训,2020 (2):32—36.

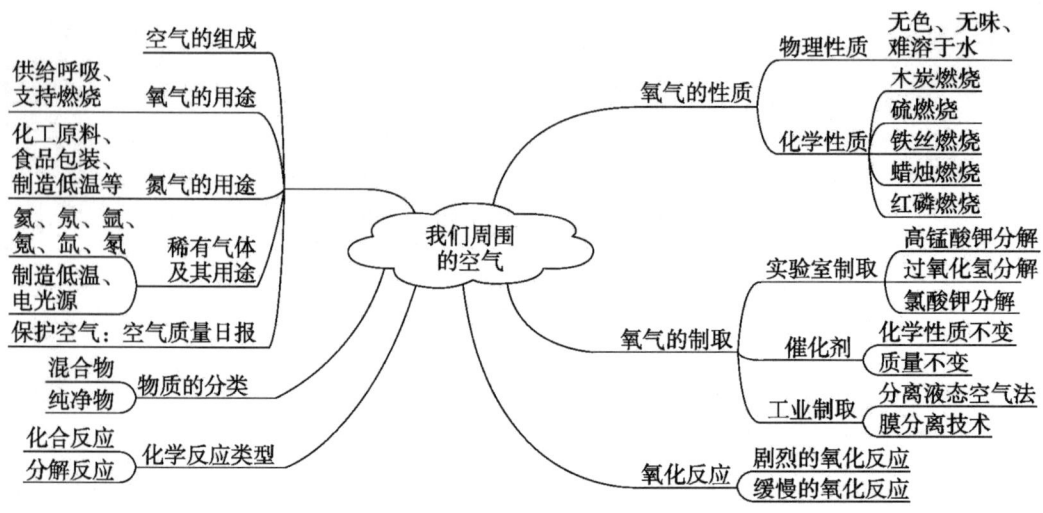

2. 单元教学核心素养目标解读。

(1) 目标梳理。

教学内容	核心素养
空气组成发现史	科学态度
空气里氧气的含量	科学探究、证据推理
物质的简单分类，空气的组成	宏观辨识
空气是一种宝贵的资源	社会责任
氧气的性质	变化观念
制取氧气、催化剂	变化观念
分解过氧化氢制氧气的反应中二氧化锰的作用	科学探究、证据推理

(2) 单元学习目标。

通过对空气里氧气含量的探究，认识空气的组成，初步认识并判断混合物和纯净物；学习空气及氧气的相关内容，初步认识物质的性质、用途、制法之间的关系；从化学视角了解空气污染的原因及危害，能初步从化学与社会视角认识有关的环境问题，并初步了解解决环境问题的措施。

(3) 核心素养目标细化。

	核心概念	关键能力	必备品格
课题1 空气	空气的组成 空气是一种宝贵的资源	分析实验现象，获得结论	珍惜大气资源，爱护环境
	①说出空气的主要成分及相应的含量，知道主要成分的性质及相应用途，了解自然界中的氧循环，认识空气是人类宝贵的资源。 ②从拉瓦锡的"测定空气里氧气的含量"的化学史实，感受科学家敢于质疑、严谨求		

	实的科学品质；通过测定空气里氧气含量的实验，了解实验原理、实验步骤及注意事项，并能分析实验现象获得相关结论。 ③了解典型的大气污染物及其危害，知道防止大气污染的主要措施，树立爱护环境的可持续发展理念。		
课题2 氧气	核心概念	关键能力	必备品格
	氧气的性质和用途	认识一种物质的方法	热爱科学的品格
	①通过实验学习氧气的性质，知道氧气能跟许多物质发生氧化反应，感受化学实验的乐趣，发展学习化学的兴趣，初步学习应用实验、观察、对比等方法获取化学知识，了解氧气的物理性质和化学性质，掌握认识一种物质的方法。 ②结合氧气所能发生的相关反应，了解化合反应、缓慢氧化等概念，学习运用分析、概括的方法对相关信息进行加工。		
课题3 制取氧气	核心概念	关键能力	必备品格
	实验室制取氧气	对比的实验方法	安全意识和严谨的科学态度
	①初步学习实验室制取氧气的反应原理、实验装置、操作步骤及注意事项，树立安全意识，形成严谨的科学态度。 ②通过对分解过氧化氢制氧气反应中二氧化锰作用的探究，认识催化剂的作用，了解催化剂在生产、生活中的重要用途，体会化学对改善人类生活和促进社会发展的积极作用。		

二、核心素养阶段性达成特点分析

1. 素养提升的起点。

本单元以空气和氧气作为初中化学接触具体物质知识的开端，是因为学生对空气及氧气最为熟悉。首先，它们在自然界中分布极广，与人类的生活关系最为密切。学生在日常生活中与空气形影不离，对空气积累了较多的感性认识。其次，通过小学自然课程，初中生物学七年级上册"第五章 绿色植物与生物圈中的碳—氧平衡"、七年级下册第三章"第二节 发生在肺内的气体交换"，以及化学九年级上册第一单元课题2中的"人体吸入的空气和呼出的气体有什么不同"的探究，学生对空气又有了进一步的理性认识。因此，教学可以从学生已有的经验和知识出发建构新的知识体系。

氧是化学性质比较活泼的元素，它能与多种金属和非金属元素化合形成氧化物。学习了课题1之后，学生对氧气有了大体上的认识，如氧气在空气中的含量、具有支持燃烧的性质及相应用途、具有支持呼吸的性质及相应用途，但还未能系统地认识氧气的性质及相关反应。因此，教师要充分利用学生已有知识创设好教学情境，激发学生强烈的求知欲，从具体物质入手为学生展现学习、研究物质的基本模式——认识物质就是要认识它们的性质、制法、用途、存在等，其中认识物质性质包括物理性质和化学性质两个方面，了解制法包括实验室制法和工业制法两个方面，认识化学性质必须通过相关的化学反应。这些学习方法可为今后的化学学习提供样式和范例。在教给学生有关氧气制法知识的同时，让学生在反应原理、实验装置及实验步骤等方面对实验室制取气体积累感性认识。

2. 素养提升的障碍点。

空气是一种无色无味的气体，学生虽然熟悉，但不知道该从哪里入手研究。教学中应重视引导学生学会通过对相关实验的研究，基于实验现象或实验数据获取相关证据，把看不见、摸不着的内容，通过实验手段转化为可观察、可测量的内容。

本单元学习的对象是气体，气体压强是本单元学习中的一个物理基础知识。教师应适当了解学生的学习基础。当气体压强在化学实验中应用时，它就成了学科间综合的内容，增加了学生学习的难度。如在测定空气里氧气含量的实验中，学生很难理解与气体压强有关的测定原理，教学中应针对这一问题进行重点突破。

第二单元仍是学生学习化学的入门章节，相关知识和技能的形成可为后续学习及素养提升提供坚实的基础。教师应重视实验演示及示范，提高实验操作技能及实验观察记录等技能训练的效果。氧气的制取和性质是课标要求的学生基本实验操作，一定要保质保量地完成学生分组实验。

3. 素养提升的延伸点。

（1）应让学生持续保持学习化学的兴趣。

第一单元是学习化学的入门内容，第二单元是学生真正进入学习具体物质的单元。这两个单元的教学重点是激发学生学习的兴趣。学生在第二单元学习氧气支持燃烧的内容时，往往能被有趣的化学现象所吸引，学习化学的好奇心被有效调动起来。但是第三单元的教学内容是微观物质世界，这一单元的概念较为抽象，给学生的学习带来一定的困难，学生往往在学习第三单元时兴趣逐渐消退，第三单元成了初中化学学习的分化点，因此在后续教学中应重视保持学生学习的兴趣。

（2）化学的学习方法。

本单元涉及对比实验、制取气体、认识物质的方法，但是学生初始学习化学，在本单元不可能一步到位，更多的是为后续学习积累感性基础。学生在后续学习中应进一步学习这些方法，比如在第六单元，可以进一步对认识物质、控制变量进行对比实验、实验室制取气体等的方法进行提升。

（3）测定混合气体中某一气体的方法。

本课涉及的内容是应用燃烧的方法测定空气里氧气的含量，可以引导学生归纳出燃烧法测定空气里氧气含量的原理特点，比如可燃物燃烧应尽可能消耗氧气而不生成新的气体；所测定的气体大多可利用压强变化所导致的相关变化进行测定。这一原理可拓展延伸到测定空气里的二氧化碳或其他气体的含量。

（4）环境保护的内容。

学生从生产、生活及各学科的学习中，了解了一些有关环境保护的知识。本单元，学生开始从物质及其变化的视角认识空气污染，但由于学生的化学知识基础仍有一定局限，还不能全面深入地认识环境保护等相关内容。在九年级化学后续的课程中，"第六单元　碳和碳的氧化物""第七单元　燃料及其利用""第十二单元　化学与生活"等章节中都有相关的环境保护的内容，后续的教学应注意与本单元内容相联系，让学生认识到环境保护的迫切性，形成更完整、系统的环境保护意识，从"绿色化学"视角去思考和解决环境污染问题，树立应用化学的知识及方法去解决人类可持续发展问题的意识。

三、单元素养目标达成策略

1. 应用问题启发探究，重视证据推理，形成思维模型。

本单元是学生从化学视角认识一种具体物质的开始，教材安排了两个探究："测定空气里氧气的含量"探究空气的组成，"分解过氧化氢制氧气的反应中二氧化锰的作用"探究催化作用。其中空气里氧气含量的探究实验是应用物理气压原理探究化学问题的定量实验，初学者有一定的困难，在教学中教师可通过设置相关问题作为认识的"脚手架"引导探究，如可以先从胶头滴管吸液的原理迁移认识相关的压强原理，再从拉瓦锡"测定空气里氧气的含量"的实验引导学生分析汞作为氧气吸收剂的相关原理，进而促进学生理解教材实验原理，分析实验过程及实验现象。在探究过程中重视引导学生基于现象、数据通过推理获得相关结论，最后总结用红磷燃烧法测定空气组成的特点，初步建立测定混合气体中某种气体含量的模型。

2. 重视对化学学习方法的指导。

首先，对比实验的方法。如通过对比观察物质在空气和氧气中燃烧的现象，更本质地认识氧气的性质。

其次，建构概念的方法。本单元涉及的概念，如混合物和纯净物、化合反应和分解反应、催化作用，都是建立在对相关事例观察的基础上，进一步通过比较、分析、归纳，最后抽象出相关概念。以混合物和纯净物为例，学生认识的难点是无色、无味、均匀的混合物，刚好结合本单元中测定空气里氧气的含量实验——通过红磷的燃烧把空气分成两部分，让学生认识到空气的组成也不是单一的，也就突破了纯净物和混合物概念的难点。

最后，指导学生系统地掌握认识一种物质的方法。认识物质的重点在于认识物质的性质，然后根据物质的性质与用途的关系，进一步了解物质的用途。物质的性质包括物理性质和化学性质两个方面，物质性质可从颜色、状态、气味、硬度、熔点、沸点等方面学习，化学性质可从与其他物质发生的变化入手学习，可应用化学实验的方法学习化学性质。

3. 在深度体验中提升情感目标教学的有效性。

学生品格修养的达成是教学的重要目标，是学科教育的重点。本课中拉瓦锡敢于质疑、严谨求实的科学品质，以及环境保护等社会责任都是重要的品格修养内容。在常规教学中，教师都会介绍这些内容，学生都会了解这些内容，但这种教学所达成的目标更多是停留在表面或达成不全面。在本单元教学中，教师可以通过深入介绍拉瓦锡的故事，也可以让学生在课外拓展相关的阅读材料，再让学生交流学习体会，深入感受科学家热爱科学的精神。通过这种参与式的教学过程，让学生对教学内容有更深入的学习体验。

  对于环境保护，教学中应结合身边的环境污染和环境保护的素材，创设生动活泼的情境，让学生感受到环境污染就在身边、保护环境人人有责。此外，还可以结合课外活动，让学生进一步开展调查、考察，查阅相关资料，完成"空气资源及其保护"的手抄报，更深入地体验大气污染及其保护的相关内容，达成较好的教学效果。

四、重点活动设计

课题 1　空气

活动素养目标	分析实验现象，获得结论；珍惜大气资源，爱护环境。	
目标详解	(1) 说出空气的主要成分及相应的含量，知道主要成分的性质及相应用途，了解自然界中的氧循环，认识空气是人类宝贵的资源。 (2) 从拉瓦锡的"测定空气里氧气的含量"的化学史实，感受科学家敢于质疑、严谨求实的科学品质；通过测定空气里氧气含量的实验，了解实验原理、实验步骤及注意事项，并能分析实验现象获得相关结论。 (3) 了解典型的大气污染物及其危害，知道防止大气污染的主要措施，树立爱护环境的可持续发展理念。	
活动主题	活动设计	相关素材资源
活动一　大家所了解的空气	学生交流有关空气的知识，证明空气的存在。	图片：身边有关证明大气存在的相关图片。 实验：证明空气的存在。
活动二　历史上科学家研究的空气	(1) 教师介绍空气的研究史，重点介绍拉瓦锡研究空气组成的实验。 (2) 学生交流拉瓦锡研究空气组成实验的体会，思考实验原理。 (3) 教师小结实验原理。	图片或文字：空气成分的发现史，拉瓦锡的人物介绍，最早测定空气组成的实验装置。 微课：空气的研究史料。
活动三　测定空气里氧气含量实验	(1) 展示滴管吸液过程，迁移了解相关的压强原理。 (2) 教师介绍实验原理及实验装置。 (3) 教师演示测定空气里氧气含量的实验。 (4) 学生交流实验现象及实验结论。 (5) 教师小结实验结论及注意事项，并分析有关误差的原理。	实验：测定空气里氧气的含量。 图片：空气成分示意图。

续表

活动主题	活动设计	相关素材资源
活动四 空气的组成及混合物的概念	(1) 介绍空气的组成。 (2) 讲解混合物和纯净物的概念。	图片：学生熟悉的各种物质。
活动五 空气是一种宝贵的资源	结合多媒体介绍空气中各种成分的主要性质及用途。	图片或文字：空气成分的用途。 视频：液态氮，稀有气体。 资料："陈光标卖空气""长寿之乡的负氧离子"。
活动六 保护空气	(1) 教师结合视频及图片介绍大气污染及其防治。 (2) 学生交流身边的大气污染及常见的保护措施。	视频或数据资料：空气污染、雾霾的危害。 图片：空气污染的图片，大气污染的漫画。
活动建议	本课实验探究的难度较大，教学中应重视对探究活动的启发和引导。	

课题 2　氧气

活动素养目标	掌握认识一种物质的方法；培养学习兴趣。
目标详解	(1) 通过实验学习氧气的性质，知道氧气能跟许多物质发生氧化反应，感受化学实验的乐趣，发展学习化学的兴趣，初步学习应用实验、观察、对比等方法获取化学知识，了解氧气的物理性质和化学性质，掌握认识一种物质的方法。 (2) 结合氧气所能发生的相关反应，了解化合反应、缓慢氧化等概念，学习运用分析、概括的方法对相关信息进行加工。

活动主题	活动设计	相关素材资源
活动一 氧气的物理性质	(1) 对氧气的性质进行描述。 (2) 教师展示氧气，进一步归纳。	实物：氧气。 视频或照片：氧气被液化和固化。
活动二 氧气的化学性质	(1) 复习已学过的氧气的化学性质，并演示"氧气使带有火星的木条复燃"的实验。 (2) 教师分别演示以下实验：①硫分别在空气和氧气里燃烧；②木炭分别在空气和氧气里燃烧；③铁丝分别在空气和氧气里燃烧。引导学生观察、比较这些物质在空气和氧气中燃烧的异同点，以及反应物与生成物的区别。 (3) 学生交流观察到的现象。 (4) 教师小结观察燃烧现象的要求，并指导学生写出反应的文字表达式。	图片或视频：硫分别在空气和氧气里燃烧；木炭分别在空气和氧气里燃烧；铁丝分别在空气和氧气里燃烧。

续表

活动主题	活动设计	相关素材资源
活动三 化合反应及氧化反应	(1) 总结氧气的性质——具有助燃性，氧气浓度越大，反应越剧烈。 (2) 从以上反应总结、归纳出反应的共同特点，完成课本讨论。 (3) 讲解化合反应、氧化反应及缓慢氧化的概念。	图片或视频：醋的酿造，食物的腐烂，农家肥的腐熟。 实验：暖宝宝发热。
活动建议	教学中重点把实验效果做到最佳，激发学生的学习兴趣。	

课题3 制取氧气

活动素养目标	对比的实验方法；安全意识和严谨的科学态度。
目标详解	(1) 初步学习实验室制取氧气的反应原理、实验装置、操作步骤及注意事项，树立安全意识，形成严谨的科学态度。 (2) 通过对分解过氧化氢制氧气反应中二氧化锰作用的探究，认识催化剂的作用，了解催化剂在生产、生活中的重要用途，体会化学对改善人类生活和促进社会发展的积极作用。

活动主题	活动设计	相关素材资源
活动一 实验室用高锰酸钾制取氧气	(1) 教师讲解用高锰酸钾制取氧气的原理。 (2) 教师演示用高锰酸钾制取氧气，讲解实验装置、实验步骤及注意事项。	药品：高锰酸钾。 装置：用高锰酸钾制取氧气的装置。 视频：用高锰酸钾制取氧气。
活动二 探究分解过氧化氢制氧气的反应中二氧化锰的作用	(1) 师生一起完成探究实验"分解过氧化氢制氧气的反应中二氧化锰的作用"。 (2) 交流、汇报相关的实验现象。 (3) 师生共同小结二氧化锰的作用。 (4) 教师讲解催化剂及催化作用的概念。	实验：过氧化氢在二氧化锰催化作用下分解。 视频或文字资料：催化剂及其在工业、生产中的应用。
活动三 分解反应	(1) 用文字表达式表示实验室制取氧气的三种反应原理。 (2) 讨论三种制取原理的特点。 (3) 联系化合反应、氧化反应，讲解分解反应的概念。	习题：有关化合反应、分解反应的判断。
活动建议	初步学习实验室制取气体，不必一步到位；教学中应重视教师规范操作的示范作用，用尽可能多的时间让学生训练相关的实验技能。	

五、单元作业设计

1. 应用思维导图梳理本单元学习的内容。

2. 将装满氧气的集气瓶按如图方式放置（固定装置略去），并将燃着的木条伸到瓶底，发现木条复燃，且在甲瓶中燃烧比在乙瓶中剧烈。由此可说明氧气具有的性质：①_____；②_____。

甲　　　乙

3. 臭氧在通常状况下是淡蓝色、有鱼腥臭味的气体。臭氧不稳定，一旦受热极易转化成氧气，并放出大量的热。在无声放电条件下，氧气可以转化为臭氧。在离地面约 25 km 的高空有一个臭氧层。臭氧层能吸收太阳辐射中的大量紫外线，使地球上的生物免遭紫外线的伤害。超音速飞机排出废气中的一氧化碳、二氧化硫、一氧化氮等气体，电冰箱中使用的制冷剂氟利昂等对臭氧层有很大的破坏作用，导致更多的紫外线照射到地球表面，影响人体健康。

（1）短文中有关臭氧的物理性质有_____。

（2）氧气转变为臭氧属于_____（填"物理"或"化学"）变化。

（3）将带火星的木条伸入盛有臭氧的集气瓶中，观察到的现象是_____，产生这一现象的原因是_____。

（4）大气中臭氧层的作用是_____；保护臭氧层的措施有_____。

4. 为了帮助同学们更好地理解空气中氧气含量测定的实验原理，老师利用传感器技术实时测定了实验装置（如图甲）内的压强、温度和氧气浓度，三条曲线变化趋势如图乙所示。

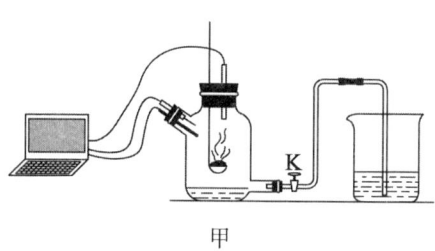 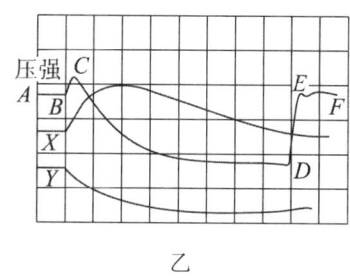

甲　　　乙

（1）红磷燃烧的化学反应文字表达式为_____。

（2）X 曲线表示的是_____（填"温度"或"氧气浓度"）。

（3）结合 X、Y 两条曲线，解释图乙中 BC 段气压变化的原因：_____。

（4）实验中测得的数据如下：

测量项目	实验前	实验后	
	烧杯中水的体积	烧杯中剩余水的体积	瓶中剩余气体的体积
体积/mL	80.0	46.4	126.0

根据实验数据计算，测得的空气中氧气的体积分数为_____（列出计算式即可）。

5. 组织学生环保小组在一个小区进行空气质量调查。

(1) 设计一份小区的空气质量调查问卷，分发、回收、统计结果，得出初步结论。

(2) 进行小区空气污染源的实地调查：垃圾桶是否都盖上盖子；有多少人在吸烟；清扫地面时的扬尘状况；有没有发现其他污染空气的现象（污染源）；有多少裸露的地面（扬尘的污染源）。

(3) 有条件的，可以进行环境空气质量检测，写出检测报告，评价小区的环境空气质量。

6. 完成一份有关环境保护的手抄报。

六、重点章节教学案例

课题 1　空气（第 1 课时）[①]

厦门市教育科学研究院　王锋

本案例的教学内容为《义务教育教科书　化学　九年级上册》（人教版）第二单元"课题 1　空气"的第 1 课时。教学设计充分体现"让学生有更多的机会主动地体验科学探究的过程"的课程理念，挖掘教材中有关科学探究的教育教学功能，深入开展科学探究，有效地发展学生化学学科核心素养。

（一）教学目标

1. 知道空气是混合物，能说出空气中的主要气体的名称和含量，能判断常见的纯净物和混合物。

2. 通过空气里氧气含量的测定的探究实验，初步体验应用化学实验对物质进行研究，初步认识定量化学实验研究的方法。

3. 通过参与对空气里氧气含量的探究及了解拉瓦锡对空气成分的探究史，体验科学研究的严谨求实以及科学家严肃认真、敢于质疑、不畏艰苦、勇于创新的科学精神。

（二）教学过程

教学活动主题一：生活引入，明确主题

教师活动过程	学生活动过程
[导入] 课前放松，伸个懒腰并做深呼吸。 [提问] 我们吸入的是什么？ [提问] 你所知道的空气成分有哪些？ [提问] 我们呼吸需要空气中的哪一种气体？ [过渡引入主题] 空气中氧气的比例是多少呢？能否利用第一单元学过的化学仪器，设计、组装实验装置进行探究？	回答：空气。 回答：氧气、二氧化碳、水蒸气…… 回答：氧气！

[①] 王锋. 体现科学探究的"空气"教学实录与反思[J]. 化学教学，2013（3）：42—43，49.

设计意图：由简单的事例自然地导入学习的主题——空气，让学生感受空气的存在及学习空气的价值。

教学活动主题二：明确目的，理解原理

教师活动过程	学生活动过程
[提问] 我们今天要探究的主题：粗略测定空气中氧气的体积分数。我们用什么方法来测定氧气的含量呢？实验的原理又是什么呢？ [启发] 思考一个问题：胶头滴管吸水的原理是什么？（同时让学生动手操作胶头滴管的吸液过程） [提问] 如果想一次多吸点水，该怎么办呢？ [提问] 挤出的空气量和进入的水量有什么关系？ [启发] 那么我们能用什么方法把一定容积的空气中的氧气"挤"出来呢？ [小结] 实验原理：消耗氧气，减小气压，大气压压入水的体积就是消耗的氧气的体积。 [提问] 用什么物质和氧气反应呢？蜡烛？木炭？还是其他物质？ [分析] 真的都可以吗？为何书本上出现的是红磷？首先，我们要知道红磷和氧气燃烧能生成什么。 [讲解] 实验原理： 红磷 + 氧气 $\xrightarrow{\text{点燃}}$ 五氧化二磷 P O_2 P_2O_5 [讲解] 化学反应文字表达式的含义及书写要求。 [提问] 根据我们刚才得出的原理分析：五氧化二磷能不能是气体？如果是气体，实验会成功吗？为什么？该实验能否用木炭与氧气反应？ [总结] 生成物不能是气体，原因是：如果是气体，则不会造成气压差，水无法进入集气瓶。	讨论并回答：挤压胶帽，滴管内的空气减少，当松开胶帽时，胶头内的压强变小，大气压把水压入滴管中。 回答：用力挤压胶头滴管，尽量多挤出胶帽中的空气。 回答：挤出的空气越多，进入的水就越多。 思考、回答：动植物呼吸、燃烧…… 回答：有预习的学生回答红磷；也有学生回答其他可燃物；也有同学认为都可以。 查阅课本后回答：五氧化二磷。 进行小组讨论、交流。 得出答案：①五氧化二磷不可能是气体。②该实验不可以用木炭与氧气反应，因为生成的二氧化碳是气体，不会产生气压差。

设计意图：明确探究的主题，增强探究的目的性。用学生容易理解的事例作铺垫，降低探究的难度，较适合初学者认知发展的过程。探究过程中，能抓住时机，及时启发总结，增强迁移的有效性。实验原理是本课题的难点，教学过程中应对实验原理进行充分的讨论，让全体学生深入理解实验原理。

教学活动主题三：进行实验，收集证据

教师活动过程	学生活动过程
[演示实验] 展示本次实验的主要仪器：集气瓶、双孔塞、烧杯、导管、燃烧匙、止水夹。按教材装置组装好实验仪器。 [提问] 既然我们要消耗集气瓶中的氧气，那么对整个装置有什么要求？ [启发] 我们再回头来看看这个胶头滴管（胶头漏气的滴管），它为什么不能吸取液体？ [提问] 要让水进入集气瓶中，对装置有什么要求？ [提问] 有没有简单的办法来确定装置是否漏气？ [提示] 气体有一种性质，叫作热胀冷缩。从这方面思考，看看应该如何检查装置是否漏气？ [总结并补充] 把导管口浸没在水中，然后加热集气瓶（用手捂），若导管口有气泡冒出，则说明装置不漏气。 [演示实验] 检查装置的气密性。 [演示并提问] 往燃烧匙加红磷。问题：多加一点好，还是少加一点好？还是都可以呀？ [启发] 同学们都很有环保意识。那么我提一个问题：我们的实验目的是什么？ [提问] 我们用红磷燃烧的目的是什么？ [追问] 如果红磷少了，氧气是否会全部消耗完呢？ [总结] 节约药品，必须在完成实验目的的前提下。 [演示实验并强调] 按教材装置演示实验，学生观察实验现象。强调注意事项： (1) 装置的气密性良好。 (2) 红磷必须稍微过量。 (3) 集气瓶中预先放少量的水（作用是降温）。 (4) 把燃着的红磷伸到集气瓶中，立即塞紧橡皮塞。 (5) 等到集气瓶恢复到室温条件下，打开弹簧夹。 [提示] "烟"：固体小颗粒；"雾"：小液滴。 [小结] 实验现象： (1) 红磷在空气中燃烧，产生黄色火焰，放出大量的热，有大量白烟生成。 (2) 把燃着的红磷伸到集气瓶中，立即塞紧瓶塞，红磷燃烧一段时间后熄灭。 (3) 集气瓶冷却后，打开弹簧夹，水倒吸到集气瓶，最后进入的水的体积约占原空气容积的1/5。	回答：漏气了。 回答：不能漏气！ 讨论后回答：加热集气瓶，观察是否有气体逸出。 大部分同学回答：少加一点，原因是节约、环保。 回答：测定空气中氧气的含量。 回答：消耗集气瓶中的氧气。 回答：氧气不会全部消耗完，因此应该多加一点红磷。

设计意图：装置是否具有气密性是本实验的关键，通过简单的例子让学生充分理解其重要性。用一连串小问题引导探究，化解"实验过程中红磷必须过量"这一难点问题。在对原理充分理解的基础上，保证"进行实验"这一环节的有效性。在教师引导下，让学生更完整、更深入地收集证据、表达与交流。教师针对性讲解，及时化解学生的问题。

教学活动主题四：反思实验，延伸课堂

教师活动过程	学生活动过程
[提问] 这一实验装置有何不足之处？ [提示] 从绿色化、趣味化、简约化和生活化对实验进行反思和改进。如本实验存在燃烧产物污染空气、操作要求高及容易产生误差等问题。 [演示实验并强调] 请学生思考改进后用于测定空气里氧气含量的装置有何优点？学生利用课外时间自己提出其他装置设想。	讨论改进方案，提出改进措施，利用课外时间完成实验。

设计意图：对实验的注意事项、误差分析等问题进行反思，这是科学探究的重要环节，可以延伸课堂科学探究的时空。

教学活动主题五：理性提升，拓展延伸

教师活动过程	学生活动过程
[提问] 由"进入的水的体积约占原空气容积的1/5"这一现象，可以得出什么结论？ [小结] 重复多次做这一实验，都可观察到类似的实验现象，说明氧气约占空气体积的1/5，空气的组成不是单一的。 [讲解] 空气的成分按体积计算，大约是：氮气78%、氧气21%、稀有气体0.94%、二氧化碳0.03%、其他气体和杂质0.03%。	思考并回答：空气的组成不单一，氧气约占空气体积的1/5。
[提问] 剩余的主要气体是什么？这一实验还可得出它具有哪些性质？ [引导] 其实，200多年前法国科学家拉瓦锡已经用类似的方法研究空气，得出空气由氧气和氮气组成的结论。现在请同学们阅读教材P26。 [建构概念] 混合物和纯净物的概念。 从空气与其成分的关系理解纯净物与混合物的关系。 强调：(1) 混合物与纯净物的区别是物质的种类。 (2) 组成混合物的各种物质成分之间没有发生化学反应，它们各自保持着原来的性质。 (3) 纯净物可以用专门的化学符号表示。	学生讨论后交流。 阅读教材P26"空气是由什么组成的"。
[小结] 教师用PPT小结本课内容及点评科学探究的要点。 [作业] 书面作业（导学案）。	学生交流学习体会。

设计意图：在"获得结论"环节中，重点培养学生归纳总结的能力。在获得结论的过程中，强调只有通过多次重复实验才能获得正确的结论。学生自主阅读空气的研究史，巩固以上探究的重要内容，这也是达成情感目标的重要环节。对通过实验获得的感性结论进行理性提升，即从混合物、纯净物的视角认识空气的组成。通过深入交流和进一步梳理，使学生对科学探究有更完整的认识。

（三）案例点评

1. 深层次挖掘教材在发展科学探究素养方面的教育教学功能。新课程将科学探究作为课程改革的突破口，学生通过科学探究理解科学知识，体验科学过程与方法，初步理解科学本质，形成科学态度、情感与价值观，培养创新意识和实践能力。本案例充分利用教材中"测定空气里氧气的含量"、空气的研究史等内容作为科学探究的素材，结合科学探究的各个环节的要点进行针对性教学。在有效地达成本课的教学目标基础上，创造机会让学生参与科学探究过程，真正落实了化学课程中的科学探究目标。

2. 注意根据学生认知发展水平设计科学探究的形式。本探究内容，是初中化学第二单元，学生在化学学科中的科学探究技能还是较为欠缺，不适宜采用完全开放的科学探究的形式。本案例主要采用"引导—探究"的形式，通过启发引导，让学生较为自觉地参与科学探究过程，保证了科学探究的有效性。

3. 注意通过问题引导探究，增强对科学探究本质的理解。科学探究的本质是一个思维发展的过程，问题是引导思维的源泉。因此，问题是探究得以产生的最基本的前提，探究的本质就是发现问题和解决问题。本案例通过有目的地提出一系列有层次、生活化的问题组或任务组，让学生易于思考、乐于思考，引导学生主动发现、积极探索、实践体验、解决问题，达到深层次理解科学探究的目的。

第三单元 物质构成的奥秘

本单元的学习内容是从宏观体系转向微观世界的开端，学生认识物质的视角发生了较大的转变，将从宏观现象转向微观本质。物质的微粒性是化学学科的重要内容之一，也是现代科学关于物质世界的重要认识成果。本单元涉及较多的初中化学基本概念，这些基本概念是支撑和构建初中化学知识结构的重要结点，是学习元素及其化合物、化学实验和化学基本计算等其他内容的重要基础和工具，也是发展学生"宏观辨识与微观探析"素养的重要载体，在促进学生科学的物质观、正确的世界观的形成和发展过程中，具有独特的教育价值和文化传承功能。

一、单元内容梳理

1. 课程标准及实施建议。

标准	活动与探究建议
· 认识物质的微粒性，知道分子、原子、离子等都是构成物质的微粒。 · 能用微粒的观点解释某些常见的现象。 · 知道原子是由原子核和核外电子构成的。 · 知道原子可以结合成分子、同一元素的原子和离子可以相互转化，初步认识核外电子在化学反应中的作用。 · 记住并能正确书写一些常见元素的名称和符号。 · 知道元素的简单分类。 · 能根据元素的原子序数在元素周期表中找到指定的元素。 · 形成"化学变化过程中元素不变"的观念。 · 认识物质的三态及转化。	· 实验：比较空气和水在被压缩时体积的变化情况。 · 观察并解释浓氨水和浓盐酸相互接近时"空中生烟"现象。 · 写科普小品："我想象中的原子结构"。 · 查阅资料，了解地壳中含量较高的几种元素及其存在。 · 查找一些常见物质的熔、沸点，并说明它们在不同温度下的状态。

（1）本单元可供选择的学习情境素材：布朗运动；"桂花十里飘香"；STM（扫描隧道显微镜）与"原子操纵"技术；原子结构模型；元素周期表的发展历程。

(2) 单元知识内容结构。

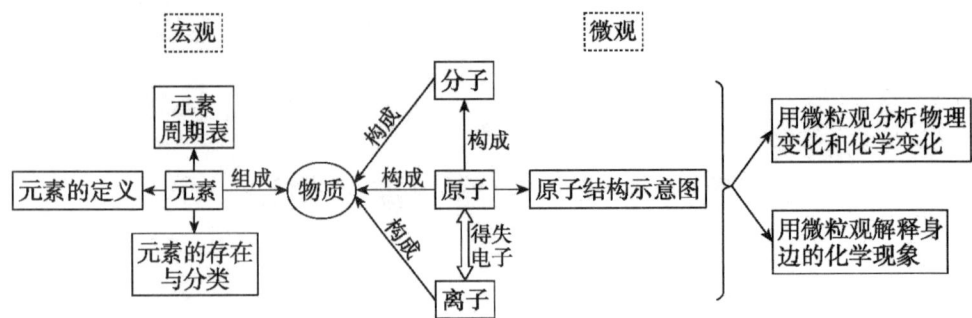

2. 单元教学核心素养目标解读。

(1) 目标梳理。

教学内容	核心素养
分子和原子	宏观辨识与微观探析、证据推理
原子的构成	模型认知、创新意识
原子核外电子的排布和相对原子质量	模型认知
元素	变化观念与守恒思想
元素符号和元素周期表	模型认知、科学态度

(2) 单元学习目标。

①能通过宏观现象,认识微粒的存在以及微粒具有的性质,知道分子、原子、离子等都是构成物质的微粒,初步建立微粒观;能运用微粒的观点解释一些常见的现象;能从微观的视角理解化学变化的本质以及认识物质的三态变化;能通过原子结构的探究史,了解原子的构成,建立原子结构模型;记住并会书写常见元素的名称和符号,知道元素的分类以及物质是由元素组成的,初步建立元素观。

②能从微观的视角对宏观的现象进行分析,初步学习抽象与概括,运用符号进行表征,初步形成"宏观—微观—符号"三重表征思维。

③体会严谨求实的科学精神,能利用所学的关于物质构成的知识解释生活中的一些问题,树立物质是可分的辩证唯物主义观。

(3) 核心素养目标细化。

	核心概念	关键能力	必备品格
课题1 分子和原子	分子和原子	抽象、概括	唯物主义教育
	①从身边的现象和简单的实验入手,通过观察、想象、类比等方法将学生的形象思维引向抽象思维,理解微粒的特性,初步培养抽象思维和分析推理能力。从微观角度分析氧化汞分解的过程,形成"宏观—微观"表征思维,概括得到分子和原子的概念,能从微观的视角理解化学变化的本质以及认识物质的三态变化。②通过电子显微镜获得的苯分子影像及移动硅原子形成"中国"两个字,感受分子、原子的存在,体会"世界是物质的""物质是变化的"等辩证唯物主义观点,初步建立科学的物质观,感受我国的科技水平,培养民族自信心和自豪感。		

	核心概念	关键能力	必备品格
	原子的构成	模型认知	创新精神
课题2 原子的结构	①通过原子结构的探究史，结合相关实验证据，分析、推理原子的结构，知道原子是由原子核和核外电子构成的，认识原子的核外电子排布规律；初步了解相对原子质量的概念，学会获取相对原子质量的数据，初步建构原子的结构模型。 ②通过讨论原子结构与元素性质的关系，知道原子核外的电子是分层排布的，能简单说明离子的形成过程，知道同种元素的原子和离子之间的关系，初步学习"结构决定性质"化学学科思想。 ③通过对原子结构的认识，增进对"世界是物质的"辩证唯物主义观点的认同，感受科学家敢于质疑的创新精神。通过张青莲教授为相对原子质量的测定作出的突出贡献，激发爱国主义情感，体会化学定量研究的重要性。		
	核心概念	关键能力	必备品格
	元素	模型认知	严谨的科学态度
课题3 元素	①理解元素与原子的区别与联系，能判断不同微粒是否属于同一种元素；知道在自然界中含量较多的常见元素。通过对物质变化过程中元素组成情况的分析，进一步形成分析、归纳等思维方法，形成"化学变化中元素不变"的观念，感受物质的多样性。 ②通过学习从元素周期表中查阅元素的原子序数、相对原子质量等相关信息，记住常见元素的名称与符号，能规范地进行书写；了解元素符号所表示的含义，知道元素的简单分类，学会查阅元素周期表，初步感受元素周期表在生产实践和科学研究等方面的作用。通过了解有关元素周期表的化学史资料，初步体验事物发展螺旋式上升的辩证唯物主义观点，感受科学家严谨的科学态度。		

二、核心素养阶段性达成特点分析

1. 素养提升的起点。

通过对"第一单元 走进化学世界"和"第二单元 我们周围的空气"的学习，学生对身边的化学物质和现象有了一个宏观、感性的认识。"第三单元 物质构成的奥秘"是化学学习的分水岭——从宏观世界转向微观世界。首先，之前的化学课程给学生带来了强烈的视觉体验，学生对化学的学习兴趣空前高涨，此时进入微观世界是很好的时机。其次，学生通过沪科版八年级物理"第十一章 小粒子与大宇宙"的学习，对分子和原子有了一定的了解，其中，"第一节 走进微观"介绍了构成物质的分子和原子，并简要介绍了原子的内部结构；"第二节 看不见的运动"介绍了分子动理论，总结出分子之间有空隙、分子是在不断地做无规则运动、分子之间存在引力和斥力等结论。因此学生实际上对微观世界已经有了一定的了解，可以利用学生已有的经验和知识进行教学，降低学习的难度。

2. 素养提升的障碍点。

第一单元和第二单元所学的内容涉及较多的实验并且与生活息息相关，学生学习的兴趣浓厚，而第三单元则比较抽象，难度较大，学生很容易丧失学习兴趣，进而出现明显的分化。因此，要注意通过生动有趣的教学设计以及创设情境，保持学生的学习热情。

分子和原子的教学内容比较抽象，微观世界看不见、摸不着，不易于理解。针对这一问题，教学中可以通过宏观现象获得感性认识，再通过模型、动画等直观化教学手段，化抽象为具体，帮助学生从感性认识上升到理性认识，加深对微观世界的理解。

原子的真实结构较为复杂，学生理解原子结构相关内容的难度较大，可以结合原子结构的探究史，通过归纳、想象、抽象等方式，建构有利于化学学习的模型，为今后化学的学习打下基础。

3. 素养提升的延伸点。

(1) 培养"结构决定性质，性质决定用途"的学科思维。

化学是在分子、原子层次上研究物质的性质、组成、结构与变化规律的学科。初中化学教学始终围绕着物质的"结构—性质—用途"之间关系的学科观念进行，第二单元在学习氧气时已经有所涉及，本单元的"原子的结构决定原子的性质"则进一步渗透该学科思维，在后续学习中（如第六单元等）还会不断涉及、强化。

(2) 类比、想象和模型化的学习方法。

本单元的学习是从五彩缤纷的宏观世界步入充满神奇色彩的微观世界，但微观世界又是抽象的，通过类比的方法可以将微观世界宏观化，例如，在做 100 mL 水和 100 mL 酒精混合实验的时候，虽然出现了明显的现象，但学生可能还是不太好理解，这时可以让学生想象将酒精分子放大到黄豆大小，将水分子放大到细沙大小，再用黄豆、细沙之间有空隙进行类比。教学中通过类似的活动，渗透类比、想象和模型化的学习方法。

(3) 逐步形成微粒观等学科基本观念。

学科基本观念是学生通过课程学习对学科形成的一种总观性的认识，是学科特征、学科内容在学生头脑中的概括提升，是学科观念体系中最基础、最本质的观念，对学生的学习和未来工作生活有着重要影响。[①] 本单元通过对分子和原子的学习，以宏微结合的思维方式，帮助学生形成微粒观；通过对元素的学习，帮助学生形成元素观。此外还初步涉及变化观和实证观，虽然二者在这个单元不是重点构建的观念，但可为今后的学习作铺垫。

三、单元素养目标达成策略

1. 创设情境，激发兴趣。

---

① 毕华林，万延岚. 化学基本观念：内涵分析与教学建构 [J]. 课程·教材·教法，2014，34（4）：76—83.

第三单元是学生学习化学的分水岭。"物质构成的奥秘"这个主题的内容比较抽象、不易理解，很多学生自信心受到打击，学习兴趣降低，因而逐步掉队。教师可以通过创设情境激发学生的学习兴趣，提高教学效率，可以从以下几点入手：

（1）从化学与生活的结合点入手。利用学生生活中熟悉的宏观现象（如走过花圃会闻到花香，晾晒着的衣服上水不见了，浓氨水和浓盐酸在不接触的情况下会产生白烟等）让学生了解这些现象的产生与微粒的特性有关。通过生活实例，如一些保健品所含元素的含量、一些药品的说明书等，让学生明白化学就在身边，既让学生体会到学习化学的重要性，又有助于学生利用所学的化学知识解决实际的问题。

（2）利用认知矛盾创设问题情境。在介绍原子的结构时，先让学生自主阅读"道尔顿的原子结构模型（认为原子是不可分割的实心球体）"和"在1897年汤姆生发现电子，进而提出枣糕模型"的资料，再介绍卢瑟福的α粒子散射实验，让学生猜测可能的结果，并与最终实验结果进行对比，引发学生产生认知冲突。通过对实验结果的分析，促进学生思考、探究、讨论。

2. 通过实验探究获取感性认识。

化学实验是化学学习重要的认知手段。在教学微粒的特性时可以进行以下实验：品红在冷水和热水中的扩散实验、氨分子的扩散实验以及针筒实验（用两个针筒分别抽取等量空气和水，分别挤压针筒）。通过明显的实验现象获取对分子的三个特性感性直观的认识。

实验探究活动应紧密结合具体的化学知识的教学来进行。例如，在进行"探究分子之间有间隔""探究分子运动速率的影响因素"等实验探究时，尽量采用有颜色的物质，使现象可视化，引导学生更好地理解微观世界。通过实验探究，使化学知识的学习、科学探究能力的形成与化学学科核心素养的发展有机结合起来。

3. 抽象问题具体化。

（1）借助信息技术，化抽象为具体。

微粒观、元素观和变化观的教学是初中化学教学的难点。经过第一单元、第二单元的学习之后，学生学习化学的热情高涨，但第三单元的知识抽象并且容易混淆，仅仅依靠学生的想象和教师的讲解是很难掌握的，而信息技术的运用就能很好地使微观世界直观化。例如：利用手持技术中的气压、温度传感器探究气压与温度的关系；利用动画模拟水分解的微观变化以及原子的结构模型；录制微课供学生课后学习。

（2）利用模型类比微观世界。

借助信息技术，学生虽然可以直观地认识微观世界，但仍是被动地获取信息。可以让学生自己动手制作模型，进一步加深对微观世界的理解。例如：利用大小、颜色不同的纽扣代表不同的原子，让学生拼装水电解的微观模拟图（反应前、反应中和反应后），选择性展示学生拼装的成果，纠正学生的认知偏差，让学生在动手体验过程中建立物质的微粒观。

四、重点活动设计

课题1　分子和原子

活动素养目标	抽象、概括能力,唯物主义教育。	
目标详解	(1) 从身边的现象和简单的实验入手,通过观察、想象、类比等方法将学生的形象思维引向抽象思维,理解微粒的特性,初步培养抽象思维和分析推理能力。从微观角度分析氧化汞分解的过程,形成"宏观—微观"表征思维,概括得到分子和原子的概念,能从微观的视角理解化学变化的本质以及认识物质的三态变化。 (2) 通过电子显微镜获得的苯分子影像及移动硅原子形成"中国"两个字,感受分子、原子的存在,体会"世界是物质的""物质是变化的"等辩证唯物主义观点,初步建立科学的物质观,感受我国的科技水平,培养民族自信心和自豪感。	
活动主题	活动设计	相关素材资源
活动一　创设情境,走进化学	(1) 播放视频,展示人走过花圃会闻到花香、晾晒的衣服变干了等生活中常见的现象。 (2) 演示趣味实验——空瓶生烟。 (3) 讨论:为什么会闻到花香?衣服上的水为什么消失了?为什么浓氨水和浓盐酸在不接触的情况下产生了白烟?	视频:生活中常见的现象(气味挥发、气体蒸发)。 实验:空瓶生烟。
活动二　探究分子的特性	(1) 展示一根粉笔,让学生思考若无限往下细分,分成的最小的单位是什么。 (2) 学生讨论:为什么水是由水分子构成的?为什么水分子看不见,而水却能看见?展示分子和原子的实物图。 (3) 教师演示改进的氨分子运动实验;演示品红在冷水和热水中扩散的实验;演示酒精和水混合的实验。 (4) 学生思考:构成不同物质的粒子的间隙一样吗?学生交流上述演示实验的现象和结论,从微观的角度认识宏观现象。 (5) 动画模拟氨分子运动以及酒精和水混合的实验。 (6) 展示扫描隧道显微镜获得的苯分子的图像、中科院移动硅原子形成"中国"两个字。	实物:粉笔。 图片:用扫描隧道显微镜获得的苯分子的图像,通过移走硅原子构成的文字。 实验:氨分子运动(改进:带瓶盖的矿泉水瓶中为氨水,演示时将瓶盖换成带孔的瓶盖,孔上面插上滴有酚酞的小花,然后挤压瓶身)。 实验:品红在冷水和热水中扩散。 实验:酒精和水混合。 动画模拟:分子运动的微观过程。

续表

活动主题	活动设计	相关素材资源
活动三 分子和原子的概念以及两者的联系和区别	(1) 复习氧化汞的分解实验。 (2) 小组活动：利用纽扣模拟氧化汞的分解微观过程（反应前、反应中和反应后）。 (3) 讨论：反应物、生成物分别是由什么粒子构成？整个过程改变的粒子是什么？没有发生改变的粒子是什么？氧化汞是否发生改变？ (4) 动画模拟展示氧化汞的分解微观过程。 (5) 小结分子和原子的概念以及两者的联系和区别。	微课（或图片）：氧化汞的分解实验。 实物：不同大小、颜色的纽扣。 动画模拟：氧化汞的分解微观过程。
活动四 迁移应用	用微粒观解释生活中一些常见的现象。	资料：习题。
活动五 分享收获	梳理本课内容，在收获知识的同时获得情感、态度、价值观的提升，促进素养发展。	图片：本课的知识结构图。
活动建议	(1) 本课题是学生认识微观世界的开始，力求以学生熟悉的日常现象作为切入点，让学生对学习内容进行有意义建构。 (2) 八年级物理教材已介绍了有关分子和原子的知识，教学中应充分利用学生这一知识基础。 (3) 增补的品红、氨分子的扩散等实验是为了让学生熟悉对比实验的方法。	

课题 2 原子的结构

活动素养目标	模型认知，创新精神。
目标详解	(1) 通过原子结构的探究史，结合相关实验证据，分析、推理原子的结构，知道原子是由原子核和核外电子构成的，认识原子的核外电子排布规律；初步了解相对原子质量的概念，学会获取相对原子质量的数据，初步建构原子的结构模型。 (2) 通过讨论原子结构与元素性质的关系，知道原子核外的电子是分层排布的，能简单说明离子的形成过程，知道同种元素的原子和离子之间的关系，初步学习"结构决定性质"化学学科思想。 (3) 通过对原子结构的认识，增进对"世界是物质的"辩证唯物主义观点的认同，感受科学家敢于质疑的创新精神。通过张青莲教授为相对原子质量的测定作出的突出贡献，激发爱国主义情感，体会化学定量研究的重要性。

活动主题	活动设计	相关素材资源
活动一 创设情境	播放我国成功爆炸第一颗原子弹的资料短片，引发学生思考原子弹爆炸有如此大的威力的原因。	视频：我国第一颗原子弹爆炸。

续表

活动主题	活动设计	相关素材资源
活动二 原子的结构	(1) 自主阅读："道尔顿的原子结构模型（原子是不可分割的实心球体）"和"在1897年汤姆生发现电子，进而提出枣糕模型"的资料。 (2) 介绍卢瑟福的α粒子散射实验，让学生猜测可能的结果，并与最终实验结果进行对比，引发学生产生认知冲突。 (3) 分析实验结果，促进学生思考、探究、讨论。 (4) 实验活动：在呼啦圈（"原子"）中间，用绳子系上一个小铁球（"原子核"），将乒乓球（"α粒子"）投掷到呼啦圈里。 (5) 教师播放原子结构的动画模拟。	资料：道尔顿和汤姆生的原子结构模型。 资料：卢瑟福的α粒子散射实验方案。 实验：用呼啦圈等模拟卢瑟福的α粒子散射实验。 动画模拟：原子结构。
活动三 原子核外电子的排布规律	(1) 学生观察1~20号元素原子核外电子排布，找出电子排布的规律。 (2) 教师介绍原子结构示意图及各部分的含义，学生画出自己最喜欢的5个原子的结构示意图。 (3) 共同小结：稀有气体原子最外层电子数为8（He为2），是相对稳定的结构，化学性质比较稳定；金属原子和非金属原子最外层电子未排满，所以容易得失电子，化学性质不太稳定。建构"结构—性质—用途"三者之间关系的化学学科方法。	图片：核外电子分层排布示意图，稀有气体在防腐、灯管中的应用。 活动：画出自己最喜欢的5个原子的结构示意图。 实验视频：金属钠投入水中。
活动四 离子的形成	(1) 思考：金属原子和非金属原子最外层电子未排满，如何才能形成相对稳定的结构呢？ (2) 动画演示：用原子结构示意图表示钠和氯气反应。 (3) 教师讲解阴、阳离子的概念及离子符号的书写。	动画模拟：钠和氯气反应。
活动五 相对原子质量	(1) 学生讨论定量研究时，使用原子实际质量的弊端。 (2) 教师讲解相对原子质量的定义。 (3) 用微课介绍张青莲与相对原子质量测定的故事。	图片：某些原子的实际质量数据。 微课：张青莲教授对相对原子质量的贡献。

续表

活动主题	活动设计	相关素材资源
活动六 思维拓展	拓展讨论： (1) 原子弹爆炸是核裂变，是由重的原子核变化为轻的原子核。氢弹爆炸是核聚变，是由两个小质量的原子核合成一个比较大的原子核。 (2) 原子是否可以再分？最小的粒子是什么？	视频：原子弹、氢弹爆炸。 资料：原子弹和氢弹爆炸威力的对比。 资料：原子内部结构的进一步细分。
活动建议	本课题的知识较为抽象，原子的结构、原子的核外电子排布、离子的形成、离子符号的书写以及相对原子质量等内容远离学生的生活经验。在教学时应充分利用和挖掘教材，精心设计教学活动，创设教学情境，运用各种教学手段，如图片、动画、形象描述、类比、实验、史料事实等，保持学生学习的积极性，将微观的问题直观化，让学生获得更加直观的理性认识。	

课题3 元素

活动素养目标	模型认知，科学态度。
目标详解	(1) 理解元素与原子的区别与联系，能判断不同微粒是否属于同一种元素；知道在自然界中含量较多的常见元素。通过对物质变化过程中元素组成情况的分析，进一步形成分析、归纳等思维方法，形成"化学变化中元素不变"的观念，感受物质的多样性。 (2) 通过学习从元素周期表中查阅元素的原子序数、相对原子质量等相关信息，记住常见元素的名称与符号，能规范地进行书写；了解元素符号所表示的含义，知道元素的简单分类，学会查阅元素周期表，初步感受元素周期表在生产实践和科学研究等方面的作用。通过了解有关元素周期表的化学史资料，初步体验事物发展螺旋式上升的辩证唯物主义观点，感受科学家严谨的科学态度。

活动主题	活动设计	相关素材资源
活动一 创设情境，从生活走进化学	教师展示生活中一些保健品的广告以及食品（如加碘食盐、高钙牛奶等）的元素成分表。	视频：保健品广告。 图片：食品的元素成分表。
活动二 元素的定义	(1) 教师展示不同中子数的氧原子和不同中子数的碳原子的信息，让学生画出这些原子的原子结构示意图。 (2) 结合原子结构的知识，从微观角度界定元素的概念。	图片：几种不同的氧原子和碳原子。 活动：画出不同碳原子和不同氧原子的原子结构示意图。
活动三 物质的宏观组成和微观构成	(1) 教师讲解物质的宏观组成，联系制取氧气的三种反应物的元素组成（都含有氧元素）。 (2) 教师讲解物质的微观构成（分子、原子和离子构成物质），举例说出一些物质的微观构成。	图片：制取氧气的三种反应物及其化学符号。 图片：氯化钠、氧气、铁等物质及其微观示意图。

活动主题	活动设计	相关素材资源
活动四 元素的存在	(1) 学生展示课前小组查阅的相关资料，汇报地壳中元素的含量。 (2) 教师介绍并展示细胞中的元素组成，体会人体补充必需元素的必要性。	活动：学生汇报地壳中各种元素的含量（质量分数）。 资料：生物细胞中的元素组成以及缺乏某些元素引起的相关疾病。
活动五 元素符号	(1) 介绍元素符号的来源、书写规则及含义。 (2) 练习：说出一些元素符号表示的意义。 (3) 教师展示元素的名称，引导学生分析元素中文名称的特点，讲解元素的分类。	资料：元素符号的演变过程。 图片：常见的一些元素的名称和符号。
活动六 元素在化学变化中的特点	(1) 小组活动：用小磁铁模拟过氧化氢分解的微观过程。 (2) 共同分析总结在化学反应过程中，元素、分子和原子的变化情况。	活动：用不同颜色的小磁铁模拟过氧化氢分解的微观过程。
活动七 元素周期表	(1) 展示市场里的商品有序排列的图片，讲解将原子按原子核电荷数进行排列得到元素周期表。 (2) 介绍门捷列夫对元素周期表的贡献。 (3) 介绍元素周期表的周期和族。 (4) 活动：利用元素周期表查找指定的元素及其相关信息。	图片：市场里的商品有序排列。 资料：门捷列夫和元素周期表。 实物：元素周期表。
活动建议	(1) 元素符号的正确书写是正确使用化学用语的基础，对后续的学习至关重要。 (2) 原子、元素的分类以及元素周期表，很好地体现了分类的思想。因此在学习这些知识的同时，也要渗透分类的化学方法。分类是一种科学、有效、方便的方法，能帮助学生更好地认识化学物质，找到相应的规律。	

五、单元作业设计

1. 将柠檬（一种水果）切片，放入冰箱冷冻后，取出一部分放入真空冷冻环境中。留在冰箱中的柠檬片，时间久了会失去部分水分，真空冷冻环境中的柠檬片，在短时间内会变成干燥的柠檬片。用微粒的观点解释：

(1) 为什么冷冻后的柠檬片还会失去水分？

(2) 为什么真空冷冻环境中的柠檬片，在短时间内就会变干燥？

2. 阅读短文，回答下列问题。

我国航天事业的里程碑

1970年4月24日，我国成功地发射了第一颗人造地球卫星"东方红一号"，它围绕地球运行的轨道是一个椭圆。"东方红一号"的成功发射标志着我国已成为世界航天大国。

1990年4月7日,我国用"长征三号"火箭首次成功发射了"亚洲一号"同步卫星,这表明我国的航天事业又迈上了新台阶。

探测月壤是探月工程的主要任务之一,因为月壤中蕴藏着丰富的氦-3(He-3)。中国探月计划首席科学家欧阳自远说,"月球土壤里的氦-3约有100万吨～500万吨之多,可供人类上万年的能源需求"。

(1) 下列有关氦-3、氦-4原子的说法,不正确的是_____(填标号)。

    A. 它们的相对原子质量不同　　B. 它们都属氦元素的原子

    C. 它们的质子数与核电荷数相等　　D. 它们的化学性质不同

(2) 氦-3是一种安全高效而又清洁无污染的核聚变材料,核聚变是化学反应吗?_____(填"是"或"不是")。

3. 正电子、负质子等都是反粒子,它们跟通常说的电子和质子相比较,质量相等,但电性相反。科学家设想,在宇宙中可能存在完全由反粒子构成的物质——反物质。物质与反物质相遇会产生"湮灭"现象,释放出巨大的能量,在能源研究领域中的前景十分可观。

(1) 已知α粒子是相对原子质量为4、带2个单位正电荷的氦原子核。若存在反α粒子,则它的相对原子质量为_____,电荷为_____。

(2) 根据以上信息,甲、乙、丙、丁四位同学作出相应的预测。四位同学的预测中,一定正确的是_____,一定错误的是_____,可能正确的是_____。

    甲:氧原子呈电中性,反氧原子带电

    乙:氧原子的相对原子质量是16,反氧原子的相对原子质量也是16

    丙:氧气能供给呼吸,反氧气不能供给呼吸

    丁:氧气能支持燃烧,反氧气不能支持燃烧

(3) 假设存在反氧气,请设计实验验证反氧气能否支持燃烧,其实验操作、预测现象及实验结论是_____。

4. 2019年是国际化学元素周期表年,元素周期表迎来了它150周岁的生日。

(1) 人们很早就意识到物质都是由几种亘古不变的基本成分——元素组成的。

①古人曾认为水是组成物质的元素之一,在你学过的知识中能说明"水不是元素"的实验事实是_____。

②如图是两个微粒的结构模型示意图,这两个微粒是否属于同种元素?你的观点及依据是_____。

(2) 1869年,俄国化学家门捷列夫在前人研究的基础上制作出第一张元素周期表,为预测新元素的结构和性质提供了线索。下图是元素周期表的部分内容和铝原子结构示意图。

①下列说法正确的有_____。

    A. 表中元素都是金属元素

    B. 铝的相对原子质量是 26.98 g

    C. 铝原子在化学反应中易失去电子变成 Al^{3+}

    D. 锗原子中质子数等于中子数

    E. 铝原子最外层 3 个电子能量最高

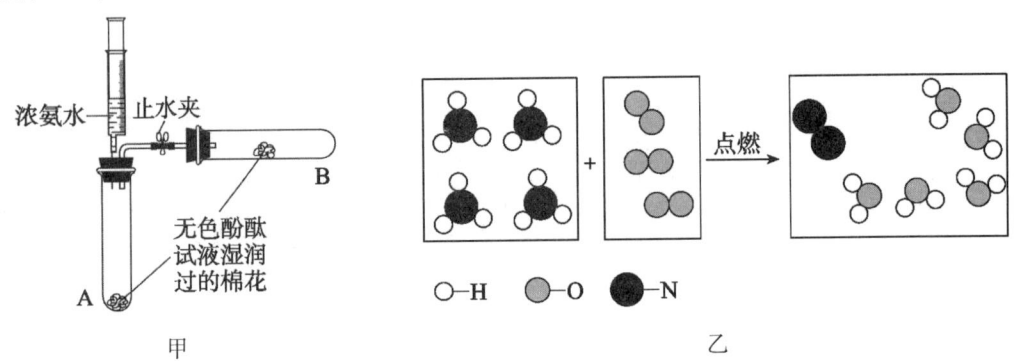

②图中空白处元素原子的质子数为_____。小明根据元素周期表预测由该元素组成的单质（用 R 表示）与铝有相似的化学性质，他的依据是_____。

5. 在通常状态下，氨气（NH_3）是一种无色、有刺激性气味的气体，密度比空气小，极易溶于水，溶于水后可得到氨水。

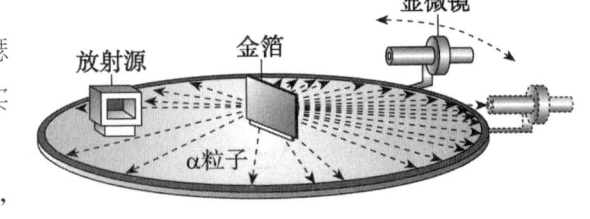

(1) 如图甲所示，A、B 试管中各有一团用无色酚酞试液湿润过的棉花，实验前止水夹处于关闭状态。实验时，将少量浓氨水滴在 A 试管的棉花上，观察到白色棉花变红，说明氨水呈碱性。再打开止水夹，几秒钟后观察到的现象是_____，说明氨气分子在运动。

(2) 氨气在纯氧中燃烧的化学方程式是 $4NH_3 + 3O_2 \xrightarrow{\text{点燃}} 2N_2 + 6H_2O$，把图乙中第三个方框补充完整。

6. 19 世纪以前，人们一直以为原子是不可分的。直到 1897 年，汤姆生发现了带负电的电子后，才引起人们对原子结构模型的探索。

[提出问题] 电子带负电，原子不带电，说明原子内存在着带正电荷的部分，它们是均匀分布还是集中分布的呢？

[进行实验] 1909 年英国科学家卢瑟福进行了著名的 α 粒子轰击金箔实验。实验做法如右图所示。

[收集证据] 通过显微镜 360° 转动，可观察到绝大多数 α 粒子穿过金箔后仍沿原来的方向前进，但是有少数 α 粒子却发生了较大的偏转，并且有极少数 α 粒子的偏转超过 90°，有的几乎达到 180°，像是被金箔弹了回来。

[猜想与假设] α粒子遇到电子，就像飞行的子弹碰到灰尘一样，运动方向不会发生明显的改变，而结果却出乎意料，除非原子的大部分质量集中到一个很小的结构上，否则大角度的散射是不可能的。

[解释与结论]

(1) 若原子质量、正电荷在原子内均匀分布，则极少数α粒子就_____（填"会"或"不会"）发生大角度散射。卢瑟福所说的"除非原子的大部分质量集中到一个很小的结构上"中的"很小的结构"指的是_____。

(2) 1 μm金箔包含了3000层金原子，绝大多数α粒子穿过后方向不变，说明_____。

　　A. 原子的质量是均匀分布的　　B. 原子内部绝大部分空间是空的

(3) 科学家对原子结构的探究经历了三个过程。通过α粒子散射实验，你认为原子结构应为下图中的_____。

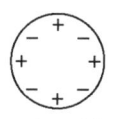
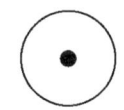

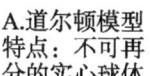

A.道尔顿模型
特点：不可再
分的实心球体

B.汤姆生模型
特点：正负电
荷均匀分布

C.卢瑟福模型特点：
核位于原子中心，
质量集中在核上

六、重点章节教学案例

课题1　分子和原子

北京师范大学厦门海沧附属学校　陈建

本案例的教学内容是《义务教育教科书　化学　九年级上册》（人教版）第三单元"课题1　分子和原子"。教学设计充分体现了"注意从学生已有的经验出发，让他们在熟悉的生活情景和社会实践中感受化学的重要性，了解化学与日常生活的密切关系"，学生对分子和原子的认识由生活中的感性认识到理性认识，再由理性认识到实践，有效地发展了学生的学科核心素养。

（一）教学目标

1. 能通过宏观现象，认识微粒的存在以及微粒具有的性质，知道物质是由分子、原子等微观粒子构成的，初步建立微粒观。

2. 具有严谨求实的科学精神，能利用所学的关于物质构成的知识解释生活中的一些现象，树立物质是可分的辩证唯物主义观。

3. 能从微观的视角理解化学变化的本质以及认识物质的三态变化。

4. 能从微观的视角对宏观的现象进行分析，并用符号进行表征，初步形成"宏观—符号—微观"三重表征思维。

（二）教学过程

教学活动主题一：创设情境，走进化学

教师活动过程	学生活动过程
[引入] 播放提前录制好的微课（人走过花圃会闻到花香，晾晒着的衣服上的水不见了，浓氨水和浓盐酸在不接触的情况下产生白烟）。 [提问] 怎么解释这些现象呢？	观看微课，回忆所学的物理知识。 回答：物质是由分子或原子构成的，分子在不断地运动。

设计意图：本课题以微课导入，播放学生熟悉的生活事例，吸引学生的注意力，激发学生的学习兴趣，让学生体会到化学来源于生活又高于生活，关注身边的化学，用化学知识去解释生产、生活中的现象或问题。

教学活动主题二：证实微粒的存在，探究微粒的性质

教师活动过程	学生活动过程
[过渡] 科学家对这些现象也产生了浓厚的兴趣。200多年前，道尔顿和阿伏伽德罗等提出物质都是由看不见的微小粒子（分子和原子）构成的。那该如何证明分子和原子确实存在呢？ [展示并介绍] 为什么水是由水分子构成的？为什么水分子看不见，而水却能看见？随着科学技术的发展，人们已经能用先进的仪器观察到分子和原子了。展示图1 STM（扫描隧道显微镜）、图2 "原子操纵"技术。扫描隧道显微镜放大的倍数是3亿倍，说明分子具有什么特点？ [引导] 分子到底有多小呢？完成资料卡片的内容。 [资料卡片] 1个水分子的质量约是3×10^{-26} kg，1滴水（以20滴水为1 mL计）中大约有_____个水分子。如果10亿人来数1滴水里的水分子，每人每分钟数100个，日夜不停，需要_____年才能数完。 [实验探究1] 演示改进后的氨分子运动实验（带瓶盖的矿泉水瓶中为氨水，演示时将瓶盖换成带孔的瓶盖，孔上面插上滴有酚酞的小花，然后挤压瓶身）。 [展示] 动画模拟微观过程。 [实验探究2] 演示品红在冷水和热水中扩散的实验。 [实验探究3] 演示酒精和水混合的实验，引导学生思考：不同物质粒子的间隙一样吗？引导学生设计实验。 [展示] 动画模拟微观过程。进行类比，将酒精分子放大到黄豆大小，将水分子放大到细沙大小。 [总结] 通过实验探究，我们知道分子具有三个特性，其实原子也有这三个特性。	思考。 观看图片，感知分子和原子的真实存在。 感受分子的体积。 回答：分子的体积很小。 计算，完成资料卡片的内容，感受分子的质量和体积都很小。 观察并记录实验现象，得出结论，获取分子存在的间接证据。 观察实验现象，得出结论。 观察实验现象，得出结论。 设计实验：针筒实验（用两个针筒分别抽取等量空气和水，分别挤压针筒）。

设计意图：通过图片证据证实分子和原子的存在，利用具体的数据说明分子的质量和体积都很小，通过实验探究以及对现象的分析，发挥学生的想象，使学生认识到微粒的存

在以及微粒具有的性质，知道分子、原子、离子等都是构成物质的微粒，初步建立微粒观。

教学活动主题三：认识分子、原子的概念及其关系

教师活动过程	学生活动过程
[过渡] 复习氧化汞的分解实验。在化学变化前后，物质的种类发生了变化，生成了新物质，那么分子是否发生变化呢？ [学生活动] 现在我们用不同大小、颜色的纽扣来代表汞原子和氧原子，来模拟氧化汞的分解微观过程（反应前、反应中和反应后）。选择性展示学生的模拟成果，纠正学生的认知偏差。 [问题设计] (1) 氧化汞、汞和氧气是由什么粒子构成的？ (2) 整个过程改变的粒子是什么？没有发生改变的粒子是什么？ (3) 从微观角度分析，汞的蒸发与汞和氧气反应有什么不同？ [归纳小结] 得出分子和原子的定义以及相互联系。	思考并回答：氧化汞是由氧化汞分子构成的，氧气是由氧气分子构成的，汞是由汞原子构成的，所以分子发生了变化。 小组活动：利用纽扣模拟氧化汞分解的微观过程。

设计意图：分子和原子的定义比较抽象，仅仅依靠学生的想象和教师的讲解是很难掌握的，通过自己动手模拟和运用信息技术能很好地使微观世界直观化。通过氧化汞分解的实验，经历"氧化汞分子→汞原子和氧气分子"的变化历程，帮助学生自主体会化学变化中分子和原子的特征，从而从微观视角理解化学变化。

教学活动主题四：从化学走向生活

教师活动过程	学生活动过程
[提问] 6000 L 的氧气在加压情况下可装入容积为 40 L 的钢瓶中。 (1) 氧气压入钢瓶时，通常采用的是加压条件，为什么？ (2) 加压的过程，分子是否发生变化？该变化是什么变化？ (3) 钢瓶中氧气的状态是液态，说明什么？	回答以氧气为背景的一系列问题。

设计意图：通过前面的学习，学生具备了一定的理论基础。通过迁移所学的知识，解释生活中一些常见的现象，培养迁移和解决问题的能力，也检测本节课教学目标的达成情况。

教学活动主题五：交流体会，总结提升

梳理本课内容，形成结构化板书，在收获知识的同时获得情感、态度与价值观的提升，促进素养发展。

设计意图：梳理本课内容，形成结构化板书，在收获知识的同时获得情感、态度与价值观的提升，促进素养发展。

（三）案例点评

1. 创设真实的生活情境，激发学生的学习兴趣。

发展化学学科核心素养必须依托教学内容，让教学内容贴近学生已有的认知水平。本课题呈现的生活情境有"人走过花圃会闻到花香""晾晒着的衣服上的水不见了""1 滴水

中约有 $1.67×10^{21}$ 个水分子""6000 L 的氧气可以压缩装入 40 L 的钢瓶中"等，让学生了解这些现象的产生与物质是由微粒构成的有关，引导学生从微观的视角认识宏观现象，激发学生深入学习的兴趣。

2. 开展丰富的课堂活动，获得对微粒的理性认识。

要达成本课题的素养目标，最重要的是让学生对微粒有感性认识。通过设置丰富的体验活动，如数一滴水中的水分子个数、分子运动的实验、动画模拟酒精和水的混合、用纽扣模拟氧化汞分解的过程等，激发学生的想象力，使微观世界直观化。学生通过经历和体验这些活动，获取感性认识，使化学知识的学习、科学探究能力的形成与化学学科核心素养的发展有机结合起来。

3. 形成学科思想，感悟化学的重要作用。

在构建微粒观时，先从生活中的宏观现象获取感性认识，再充分运用素材资源，开展丰富的体验活动，帮助学生获得理性认识。运用微粒观解释一些生活中的化学问题，使学生在习得化学知识的同时，形成"宏微结合"的思维方式，体会到化学来源于生活又高于生活。

第四单元 自然界的水

水是学生日常生活中很熟悉的物质。围绕水这一主题，本单元安排了四个课题：爱护水资源、水的净化、水的组成以及化学式与化合价。整个单元按照从自然界到实验室、从社会到科学、从宏观到微观的顺序由浅入深地介绍水的知识，最后引出化学式与化合价的知识。本单元以水为载体，将化学基本概念和基本实验操作的学习贯穿其中，自然地将学科知识与社会现实问题融为一体。[①] 从素养发展的角度看，本单元对进一步发展学生的"科学态度与社会责任""证据推理与模型认知"的素养具有重要作用，在此过程中结合"科学探究与创新意识""宏观辨识与微观探析"的学科素养的渗透，逐步引导学生从化学视角掌握研究物质组成和结构的方法，提升学生从多角度认识物质的水平，让学生在掌握好学科知识的基础上，提升解决问题的能力，培育学科核心素养。

一、单元内容梳理

1. 课程标准及实施建议。

标准	活动与探究建议
• 认识水的组成。 • 知道硬水与软水的区别。 • 了解吸附、沉降、过滤和蒸馏等净化水的常用方法。 • 区分纯净物和混合物、单质和化合物、有机化合物和无机化合物，能从元素组成上认识氧化物。 • 形成"化学变化过程中元素不变"的观念。	• 根据实验现象推断水的组成。 • 了解或实地调查饮用水源的质量和水净化处理的方法；试验活性炭和明矾等净水剂的净水作用。 • 实验：水的电解。 • 根据化合价写出常见化合物的化学式。

[①] 人民教育出版社，课程教材研究所，化学课程教材研究开发中心. 义务教育教科书 化学 九年级上册 教师教学用书 [M]. 北京：人民教育出版社，2012：113.

续表

标准	活动与探究建议
• 能说出几种常见元素的化合价,能用化学式表示常见物质的组成。 • 能利用相对原子质量、相对分子质量进行物质组成的简单计算。 • 能看懂某些商品标签上标示的组成元素及其含量。 • 认识定量研究对于化学科学发展的重大作用。 • 知道水对生命活动的重大意义,认识水是宝贵的自然资源,树立保护水资源和节约用水的意识。 • 认识处理"三废"(废水、废气和废渣)的必要性及一般原则。 • 了解典型的大气、水、土壤污染物的来源及危害。 • 初步学习使用过滤、蒸发的方法对混合物进行分离。 • 初步学会根据某些性质检验和区分一些常见的物质。	• 根据某种氮肥包装袋或产品说明书标示的含氮量推算它的纯度。 • 实验探究化学反应前后的质量关系。 • 用微粒的观点对质量守恒定律作出解释。 • 实验:氢气的燃烧。 • 讨论用蒸馏法淡化海水以供应工业用水的可行性。 • 参观本地的"三废"处理设施(或观看有关的影像资料),组织讨论。

(1) 本单元可供选择的学习情境素材:自来水的生产工艺;硬水对日常生活的影响;太阳能海水淡化;海水的主要成分;药品、食品标签上相应物质的成分及含量;国家规定的饮用水标准;拉瓦锡与质量守恒定律的发现;电解水实验及其微观解释;我国的淡水资源危机、污水的处理和利用;二氧化硫的排放与酸雨;富营养化污染与禁止使用含磷洗衣粉等。

(2) 单元知识内容结构。①

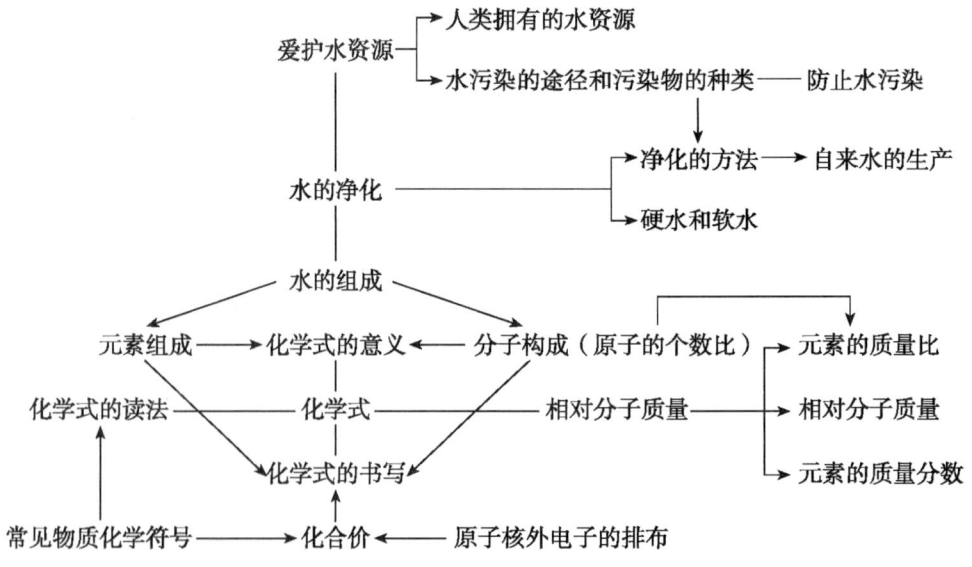

---

① 范标. 建立课时教学关联提升单元教学整体效益——以《自然界的水》的教学为例 [J]. 中学教学参考,2019 (2):55—56.

2. 单元教学核心素养目标解读。
(1) 目标梳理。

教学内容	核心素养
爱护水资源	社会责任
水的净化	社会责任、模型认知
水的组成	证据推理与模型认知、科学态度
物质的简单分类	宏观辨识与微观探析
化学式	宏观辨识与微观探析、模型认知

(2) 单元学习目标。

①通过氢气燃烧和电解水实验，从宏观到微观、从定性到定量对水的组成进行分析、推理和判断，形成敢于质疑、崇尚科学、不迷信权威、严谨求实的科学态度和勇于创新的科学精神。

②能用化学式等化学用语表征化学物质，对物质进行简单的分类，分析和解决有关物质组成的问题，形成从多角度认识和研究身边物质的思维。

③了解水资源的状况，能从节约用水和防治水体污染两个角度爱护水资源。了解过滤、蒸馏等净化水的常见方法，将水的净化等知识与生产、生活实际相结合，分析和讨论生产、生活中简单的化学问题，感受化学对改善个人生活和促进社会发展的积极作用。

(3) 核心素养目标细化。

	核心概念	关键能力	必备品格
课题1 爱护水资源	水资源	信息的获取与加工能力	可持续发展意识
	①能收集并利用数据、图表等多种信息分析世界和我国水资源的状况，能基于数据和事实分析、推理得出珍惜水资源、爱护水资源的必要性和重要性等结论。②能用辩证的方法看待水资源的"多与少"，从节约用水和防治水体污染两个角度辩证地思考爱护水资源的方法。③能以水资源的利用和保护为例，分析化学在开发和利用自然资源、保护环境、促进科技发展和社会文明等方面的价值和贡献，形成可持续发展的理念。		
课题2 水的净化	核心概念	关键能力	必备品格
	水的净化	建构净水流程模型	感受化学对改善个人生活和促进社会发展的积极作用
	①能区别自然水和纯水、硬水和软水，将水的净化知识与生产、生活实际相结合，分析和讨论生产、生活中简单的化学问题，感受化学对改善个人生活和促进社会发展的积极作用。②能选择常见的实验仪器、装置和试剂，进行过滤实验操作，了解过滤、蒸馏操作的注意事项，初步学习混合物分离的常见方法。		

续表

	核心概念	关键能力	必备品格
课题3 水的组成	水的组成	建构研究物质组成的思维模型 证据推理能力	敢于质疑、崇尚科学
	①通过电解水的实验现象分析水的宏观元素组成,结合氢气燃烧的定量实验分析水分子的微观构成,从宏观辨识到微观探析发展对物质的认识,实现文字表述、微观模型、符号表示这三重表征的统一性认识。②以研究水的组成为例,体验并初步了解研究物质组成的一般方法("分"法和"合"法),初步建构研究物质组成的思维模型。建立元素守恒的思想和物质分类的思想,形成从多角度认识身边物质的思维。在体验人类认识水的漫长历史的过程中,形成敢于质疑、崇尚科学、不迷信权威、严谨求实的科学态度和勇于创新的科学精神。		
课题4 化学式与化合价	核心概念	关键能力	必备品格
	化学式	用化学式表征物质组成	感受化学学科的价值
	①能从宏观和微观相结合的视角,认识化学式的意义;能运用化合价规律书写化学式,能用规范的化学式表示某些常见物质的组成,能进行相对分子质量等的相关计算,初步学习应用化学符号表征物质组成的方法。②结合生产、生活情境学习化学用语,看懂某些商品标签上标示的组成元素及其含量,初步学习获取化学信息的方法,感受化学式等化学用语给人类交流带来的方便,体验学习化学知识的价值。		

二、核心素养阶段性达成特点分析

1. 素养提升的起点。

通过第二单元的学习,学生对身边的化学物质如空气、氧气有了初步的认识,但从学生对物质的认识发展阶段来看,仍处于第一阶段(对具体物质的识别阶段)向第二阶段(对具体物质的研究阶段)过渡的时期。第三单元对元素、分子、原子的学习,也奠定了学生认识水的元素组成和微观结构的基础。通过本单元的学习,学生能将现有的知识进行系统化整合,形成丰富、完整的认识系统,明确多角度认识物质的思路,为后续的多种物质的学习提供系统的学习思路。[①]

本单元以"爱护水资源"这样一个学生熟悉的社会课题引入,符合学生的认知特点。虽然学生已具备一定的保护环境、节约用水的意识,但学生对辩证地看待"水资源丰富"和"水资源短缺"会存在一定的思维困惑。虽然学生具备一定的数据和图形的分析能力,但学生依据证据从不同的视角分析问题、推出合理结论的经历还欠缺。此外,进一步加强

---

① 罗滨. 初中化学教学关键问题指导 [M]. 北京:高等教育出版社,2015:97.

学生的爱水、节水意识，培养学生主动关心社会热点问题的社会责任感也是本课题重要意义之所在。①

学生对于饮用水的来源有一定的认识，知道生活用水来自自来水厂，但不太了解自来水厂的具体生产过程，不具备水的净化流程模型；学生知道天然水是混合物，水中有不溶性杂质和细菌，但不太清楚水中有可溶性杂质，欠缺物质分离的基本思路；学生听说过软、硬水，但对软、硬水的区别和转化不太了解；学生接触过生活中的过滤，但并不太清楚过滤能除去水中的难溶固体以及过滤的基本操作和注意事项。② 由于本课题紧密联系学生的日常生活，因此可以通过引导学生科学地分析和解决生活中的问题，让学生体会化学应用的价值，培养学生的学科核心素养。

通过小学科学和初中物理课程的学习以及生活中经验的积累，学生对水的组成和性质有了一定的了解，但对于水的组成是如何确定的，学生并不了解。③ 学生具有一定的科学态度，但仍需要鼓励和发展不迷信权威、崇尚科学真理、勇于创新的意识。学生虽然初步掌握了一些简单的化学实验基本操作技能，但对于化学探究学习方法的了解尚处于启蒙阶段。学生虽然能从物质及其变化的事实中提取证据，但还不能有意识地从宏观和微观结合上收集证据，还不能依据证据从不同视角分析问题，得出合理的结论。学生能根据教材中给出的问题设计简单的实验方案，完成实验操作，能观察物质及其变化的现象，客观地进行记录，但还需进一步加强利用数据、图表、符号等处理实验信息的能力。

在前面的学习中，学生已经认识了很多物质的化学式（在本课题以前叫化学符号），但不是很明白这些化学符号所表示的意义，还不能熟练地运用化学符号描述简单的物质及其变化。另外，学生已经学习了原子的构成、元素和离子，再学习化学式和化合价应该是水到渠成，但学生容易混淆几种微粒之间存在的区别和联系。学生虽然具有一定的理论联系实际的观念，但对如何利用化学知识和方法解决生产和生活中简单的化学问题还需进一步的引导和体验。

2. 素养提升的障碍点。

本单元应以科学态度、社会责任、证据推理、模型认知作为主要发展的核心素养贯穿整个单元，同时结合科学探究、创新意识、宏观辨识、微观探析的学科素养的渗透，采取多样化的教学方式，如创设情境、联系实际、实验探究等，逐步引导学生从化学视角掌握研究物质组成的方法，建立符号表征，提升学生从多角度认识物质的水平，让学生在掌握好学科知识的基础上，利用化学知识和方法解决生产、生活中简单的化学问题的能力得到提升，从而感受到化学对改善个人生活和促进社会发展的积极作用，加强学生的爱水、节

---

① 人民教育出版社，课程教材研究所，化学课程教材研究开发中心. 义务教育教科书 化学 九年级上册 教师教学用书 [M]. 北京：人民教育出版社，2012：115.
② 人民教育出版社，课程教材研究所，化学课程教材研究开发中心. 义务教育教科书 化学 九年级上册 教师教学用书 [M]. 北京：人民教育出版社，2012：117.
③ 人民教育出版社，课程教材研究所，化学课程教材研究开发中心. 义务教育教科书 化学 九年级上册 教师教学用书 [M]. 北京：人民教育出版社，2012：120.

水意识,培养学生主动关心社会热点问题的社会责任感。

本单元关于水资源和水的净化的知识,学生较为熟悉,但学生对化学的实际应用价值还没有深刻的体会,甚至还存在一些片面和负面的理解,例如化学造成污染等。因此在教学中,要重视引导学生应用所学知识解决真实问题,积极参与社会问题的评价,提升学生的社会责任感。

通过验证性的实验探究,学生并不难得出水的元素组成,但这部分内容的教学,不只是让学生掌握具体的知识,更重要的是帮助学生形成认识物质的方式,建立研究物质的思维模型。在教学中,应通过具体实例,体验化学学科的重要特征,将宏观现象、微观模型、化学符号三者统一起来。

化学式、化合价、有关相对分子质量的计算是化学学习的重要工具,是后续化学学习的必备基础,也是历来教学的难点。学习这部分内容一开始也离不开机械的记忆,学生会觉得困难、枯燥,出现错误的机会也增多,学生的学习开始产生分化。① 教学中,可以利用口诀来帮助学生记忆,还可以化抽象为具体,轻概念重应用,不随意扩大需要掌握的范围或加深难度。教学中应将课堂所学知识与日常生活实际联系起来,让学生运用课堂所学解决生活中的问题,既巩固了课堂所学,又有利于化学学科价值的体现。

3. 素养提升的延伸点。

(1) 利用元素守恒的化学思想,建立研究物质元素组成的思维模型。②

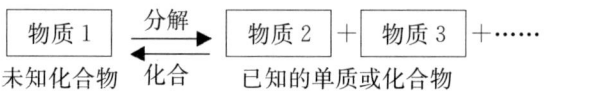

在第二单元,通过"测定空气里氧气的含量"的探究活动,学生了解并建立了研究混合物组成的方法模型。本单元进一步通过"研究水的组成"的探究活动,体验并初步建立研究物质组成的一般方法("分"法和"合"法),即利用元素守恒的思想,推断化合或分解反应中物质的元素组成。③ 学生对化学物质的认识逐步发展,从最初的能从混合状态的物质中识别出纯净物作为研究对象的水平,逐步发展为利用数据、信息、实验现象等证据推断具体物质的组成和性质的水平,初步形成多角度认识物质的视角,体会研究物质的巨大价值,为后续进一步学习多种物质奠定基础。

(2) 从孤立地认识物质到关联元素、分子、原子,从宏观到微观,从定性到定量,全面认识物质的组成与结构。

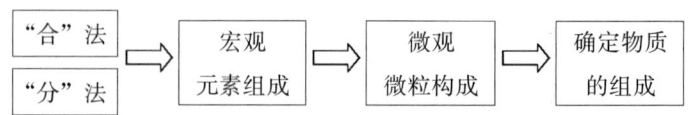

---

① 人民教育出版社,课程教材研究所,化学课程教材研究开发中心. 义务教育教科书 化学 九年级上册 教师教学用书 [M]. 北京:人民教育出版社,2012:124.
② 王磊. 项目学习实验教材·化学 [M]. 太原:山西教育出版社,2018.
③ 张永梅. 基于核心素养培养的物质组成教学——以"研究水的组成"为例 [J]. 中国现代教育装备,2018 (3):50—52.

学生对物质组成的认识能力是不断发展的。化学学科研究物质具有独特的学科视角：从宏观层面研究物质的元素组成到微观层面研究物质的微粒构成，从定性到定量，全面认识物质的组成和结构。在学习中，学生建立起研究物质组成的方法，初步建构元素观与微粒观。

(3) 宏微结合认识物质分类的思想。

$$物质\begin{cases}混合物（宏观：多种物质；微观：多种分子、原子）\\ 纯净物（宏观：一种物质；微观：一种分子或原子）\begin{cases}单质（由一种元素组成）\\ 化合物（由多种元素组成）\end{cases}\end{cases}$$

从不同视角对物质进行分类，也是化学学科独特的学科思想。基于类别研究物质的性质，是后续化学学习的重要方法。有了类别意识，就能大大扩展学生对物质的认识范围。本单元不仅要让学生掌握物质分类的概念，能对物质进行简单的分类，还要体会分类的价值，建立分类的学科思想。

(4) 初步形成多角度认识物质的思路，体会化学学习的价值和意义。

化学是一门在分子、原子层次上研究物质的组成、结构、性质与变化规律的科学。学生通过对身边化学物质的学习，将掌握与物质相关的基础知识和基本技能，并运用这些知识和技能解决实际问题，体会化学的学科价值。因此，物质的组成、结构、性质和用途及其相互之间的关联就构成了学生多角度认识物质的模式。[1]

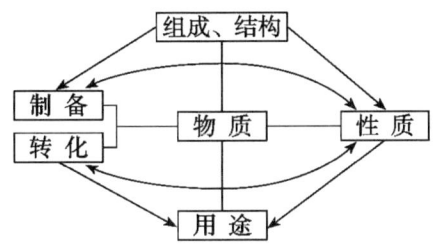

三、单元素养目标达成策略

1. 设计问题线索，从化学视角认识和解决生活中有关水的实际问题。

本单元是培养"科学态度与社会责任"核心素养的有效载体。"科学态度与社会责任"这一核心素养，不是通过具体的化学知识学习就能达成的，而是要组合、调动所学的知识分析和解决问题，体验问题解决的过程并形成问题解决的经验。[2] 本单元的教学要帮助学生在系统地掌握有关水的学科知识的基础上，形成从化学视角认识和解决与水有关的实际问题的思路和方法，增强解决其他实际问题的能力，感受化学学科的价值。在教学中，每个课题都可以提出基于生活视角设计的驱动性问题，如自然界的水都能供人们直接使用

---

[1] 罗滨. 初中化学教学关键问题指导 [M]. 北京：高等教育出版社，2015. 92.
[2] 罗滨. 初中化学教学关键问题指导 [M]. 北京：高等教育出版社，2015：220.

吗？生活用水怎么来的？自来水是纯水吗？如何寻找地球以外的生命？教学过程中，还要支持和鼓励学生充分地表达已有的观点。通过从化学角度逐层拆解每个课题的问题，创设与学生原有认知的冲突，并及时引导、小结，从而帮助学生最终能基于化学视角思考和解决驱动性问题，落实"从生活走进化学，从化学走向社会"的课程理念。例如：用可持续发展的观念认识水资源，保护水资源；利用混合物分离的方法建立净水流程的模型，体会化学对改善人类生活的价值和贡献；利用元素守恒的思想，通过"分"法和"合"法研究物质的组成，形成物质分类的思想，最终达到帮助学生自主建立认识物质的思维模型。

2. 提升学生化学知识结构化水平，重视化学视角的认识思路和核心观念的结构化设计。

化学教学内容的组织，应有利于促进学生从化学学科知识向化学学科核心素养的转化，而内容的结构化则是实现这种转化的关键。① 在教学中基于知识关联的结构化，用知识结构统领教学过程，根据学生的困惑来建构学生的认知结构，即按照知识结构设计问题线索，进而通过具体的学习活动来获得知识、发展能力和提升素养。根据这样的理念，本单元可以设计如下学习活动。②

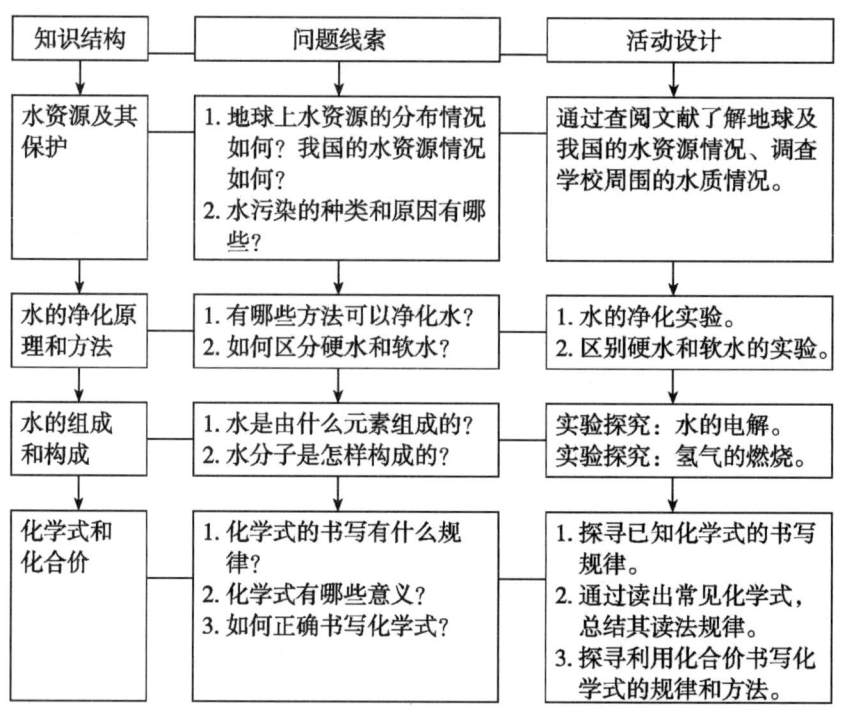

为发展学生的核心素养，在教学中还应重视化学视角的认识思路和核心观念的结构化设计。例如，按照化学学科知识之间的逻辑关系可以组织物质的简单分类关系图，有了类

---

① 中华人民共和国教育部. 普通高中化学课程标准（2011 年版）[S]. 北京：人民教育出版社，2017：70.
② 范标. 建立课时教学关联 提升单元教学整体效益——以《自然界的水》的教学为例 [J]. 中学教学参考，2019（2）：55—56.

别意识,就大大扩展了学生对物质的认识范围;从学科本原对物质的认识过程进行概括,可以形成利用元素守恒思想研究物质组成的思维模型,并利用元素观与微粒观进一步建立起研究物质组成的顺序——从宏观到微观,从定性到定量;将物质的组成、结构、性质和用途进行进一步的关联就构成了学生多角度认识物质的思维方式。教学中要注意模型的建立不能由教师直接给出,而是需要学生在活动中自主形成,教师可以提供化学史上科学家的研究过程或其他资料作为范例和启发,进行必要的引导。

3. 发挥实验功能,通过探究水的组成以及水的净化,促进学科知识的内化,发展"证据推理""科学探究"素养。

本单元教材安排了过滤液体、鉴别软水和硬水、硬水的蒸馏、氢气燃烧和电解水等实验。不同实验,其功能价值不同。过滤和蒸馏侧重在掌握化学基本实验操作技能,学会混合物分离的常用方法;软水和硬水的鉴别侧重在帮助学生理解和掌握软水和硬水的区别。通过上述实验,引导学生认识化学实验在生活、生产中的重要作用。氢气燃烧和电解水实验则作为验证性实验,重在引导学生围绕水的组成问题开展实验探究:首先大胆猜想、提出假设"水不是一种元素",然后在教师的帮助下设计实验方案——氢气燃烧的化合反应或者电解水的分解反应,通过实验获取氢气燃烧和电解水的证据,进行分析、推理,得出水是由氢元素和氧元素组成的结论,启迪学生思维,培养学生的科学态度和价值观,发展"证据推理""科学探究"素养。

四、重点活动设计

课题1 爱护水资源

活动素养目标	信息的获取与加工能力;可持续发展意识。	
目标详解	(1) 能收集并利用数据、图表等多种信息分析世界和我国水资源的状况,能基于数据和事实分析、推理得出珍惜水资源、爱护水资源的必要性和重要性等结论。 (2) 能用辩证的方法看待水资源的"多与少",从节约用水和防治水体污染两个角度辩证地思考爱护水资源的方法。 (3) 能以水资源的利用和保护为例,分析化学在开发和利用自然资源、保护环境、促进科技发展和社会文明等方面的价值和贡献,形成可持续发展的理念。	
活动主题	活动设计	相关素材资源
活动一 创设情境,走进自然界中的水	(1) 展示自然界中的水。 (2) 介绍海水淡化技术。 (3) 提问:为什么要将海水淡化?自然界的水都能供人们直接使用吗?关于自然界中的水资源,你知道多少?	图片:自然界中的各种水资源。 视频:海水淡化技术。

续表

活动主题	活动设计	相关素材资源
活动二 水资源状况	(1) 阅读教材的资料卡片和图片，小组代表汇报水资源的分布、我国水资源状况等相关信息。 (2) 教师补充播放视频和图片。 (3) 引导和小结：从总储水量来看水资源丰富，但可直接利用的淡水资源紧缺。	教材 P68~P70：资料卡片 1、2，图 4—4、4—5。 视频：我国的淡水资源。
活动三 爱护水资源	(1) 播放城市水污染调查报告或环保新闻的视频。 (2) 学生阅读教材 P71~P73 中的文字和图表，讨论水污染的主要来源。 (3) 小组讨论爱护水资源的思路和措施。 (4) 小结：爱护水资源从两方面做起——节约用水和防治水体污染。	视频：新闻报道。 图片：水污染现象。
活动四 课后社会调查，爱护水资源从我做起	(1) 以小组为单位，收集每个家庭的水费单，结合问卷调查，综合对比后，得出家庭用水情况报告，提出相应的节水措施和建议。 (2) 参观污水处理厂，了解城市污水的来源，提出减少污水的措施和建议。	图片：水费清单。 图片：污水处理厂。 文字资料：节水标志、节水小窍门。
活动建议	本节课的重点是通过创设真实的学习情境，引导和鼓励学生利用身边的报刊、网络等学习资源，开展各种学习活动，深入体验我国以及所在地区的水资源状况，既培养了学生的学习能力，又达到提高爱护水资源的社会责任意识的目的。	

课题 2　水的净化

活动素养目标	建构净水流程模型，感受化学对改善个人生活和促进社会发展的积极作用。
目标详解	(1) 能区别自然水和纯水、硬水和软水，将水的净化知识与生产、生活实际相结合，分析和讨论生产、生活中简单的化学问题，感受化学对改善个人生活和促进社会发展的积极作用。 (2) 能选择常见的实验仪器、装置和试剂，进行过滤实验操作，了解过滤、蒸馏操作的注意事项，初步学习混合物分离的常见方法。

活动主题	活动设计	相关素材资源
活动一 创设情境，自来水怎么来的	(1) 提问：九龙江、坂头水库、汀溪水库的水能直接饮用吗？能用于洗衣、浇花吗？为什么？ (2) 讨论、分析水里的各种杂质，初谈水的净化。 (3) 小结：水的净化既要关注水源中的杂质，又要关注用水的需要。	图片：九龙江、坂头水库、汀溪水库。

续表

活动主题	活动设计	相关素材资源
活动二 净水方法	(1) 阅读资料卡片——常见的净水方法和功能（能除去哪些物质）。 (2) 讨论：如果你是自来水厂的设计者，你会怎么设计净化流程呢？ (3) 演示实验4-1。 (4) 分析每种净水方法的功能，根据杂质微粒的大小分析净水方法的合理顺序。 (5) 播放自来水厂的净水过程视频，深入理解工业上所采取的净水顺序。	资料：常见的净水方法和功能。 视频：自来水厂的净水过程。 实验4-1：明矾净水。
活动三 净水思路的迁移应用	(1) 任务驱动：如何做一个家用简易净水器？分析自来水中的杂质和用水需求。 引导：净水器中最核心的部分就是过滤装置，哪些材料可用于制作过滤装置？ 小组讨论、汇报，课后根据讨论结果动手实践。 (2) 演示实验4-2，强调过滤的基本原理和注意事项。 (3) 投影目前家庭净水器采用的一进二出式设计，介绍反渗透膜，感受材料和技术的发展对水的净化的推动作用。	图片：漏斗、口罩等生活中的过滤装置。 实物和实验演示：实验室过滤装置、实验4-2。 图片：一进二出式家庭净水器。
活动四 水的软化	(1) 演示实验4-3，讲解硬水与软水的区别。 (2) 展示热水壶中的水垢，讨论硬水的危害，以及如何使硬水软化。 (3) 演示实验4-4，讲解蒸馏操作要点。	实验4-3：软水、硬水的区别与鉴别。 图片：热水壶中的水垢。 实验4-4：蒸馏。
活动五 归纳梳理与拓展延伸	小结水的几种净化方法以及自来水的净水流程。	结构化板书。
活动建议	教学中应利用本课题与生产、生活联系紧密的特点，践行"从生活走进化学，从化学走向社会"的学科理念，通过应用净水的原理解决人类生存中的问题，改善生活质量。过滤和蒸馏是初中化学重要的实验操作技能，要安排时间让学生充分理解和练习。	

课题3 水的组成

活动素养目标	建构研究物质组成的思维模型,发展证据推理能力,敢于质疑、崇尚科学。
目标详解	(1) 通过电解水的实验现象分析水的宏观元素组成,结合氢气燃烧的定量实验分析水分子的微观构成,从宏观辨识到微观探析发展对物质的认识,实现文字表述、微观模型、符号表示这三重表征的统一性认识。 (2) 以研究水的组成为例,体验并初步了解研究物质组成的一般方法("分"法和"合"法),初步建构研究物质组成的思维模型。建立元素守恒的思想和物质分类的思想,形成从多角度认识身边物质的思维。在体验人类认识水的漫长历史的过程中,形成敢于质疑、崇尚科学、不迷信权威、严谨求实的科学态度和勇于创新的科学精神。

活动主题	活动设计	相关素材资源
活动一 情境驱动问题探究	(1) 课前播放视频"探索地球以外的生命"。 (2) 提出问题:我们如何确定发现的物质就是水?怎么探究水的组成?	视频:探索地球以外的生命。
活动二 宏观认识水的元素组成	(1) 介绍普利斯特里、卡文迪许关于氢气燃烧的实验。 (2) 演示氢气的燃烧实验。 (3) 方法指导:介绍拉瓦锡探究水的组成的实验,归纳研究物质组成的常见方法——"分"法和"合"法。 (4) 设计实验方案:水的高温分解或者通电分解。 (5) 演示电解水实验。 (6) 拓展视野:利用手持技术,展示在水电解过程中得到的两种气体的压强-时间曲线。	图片(或视频):普利斯特里、卡文迪许关于氢气燃烧的实验。 教材资料卡片:水的组成揭秘。 实验或视频:氢气的燃烧。 视频、图片:水蒸气的分解。 实验:电解水。 实验:利用手持技术,展示在水电解过程中得到的两种气体的压强-时间曲线。
活动三 微观认识水分子的原子构成	(1) 宏微结合,从质量分析:重复拉瓦锡的实验可以得出,每分解36 g的水得到4 g氢气和32 g氧气,从而推知,水中氢元素与氧元素的质量之比为1∶8,进一步得出水的化学式是H_2O。 (2) 水分子模型展示:1个水分子中有1个氧原子和2个氢原子。 (3) 微观模拟电解水的过程。 (4) 宏微结合,从体积分析:根据法国化学家盖·吕萨克的实验,得出2个氢分子和1个氧分子点燃生成了2个水分子。 (5) 小结:化学学科区别于其他学科的重要特征,即"宏观—符号—微观"三重表征研究物质。	资料:拉瓦锡水蒸气分解的定量实验。 视频:电解水的微观模拟动画。 资料:法国化学家盖·吕萨克精确测定了水的组成:2体积的氢气和1体积的氧气点燃生成了2体积的水蒸气。

续表

活动主题	活动设计	相关素材资源
活动四 开展素养评价	（1）学以致用：碱式碳酸铜是一种绿色粉末状固体，加热后可分解生成氧化铜、二氧化碳和水。推断碱式碳酸铜的组成，并说明依据。 （2）拓展延伸：确定物质组成的现代技术还有哪些？	图片：探究物质组成的思维导图（"分"法和"合"法）。 图片：铜器和铜绿。 资料和图片：研究物质组成的其他方法——燃烧法、仪器分析法（元素分析仪、质谱分析仪、扫描隧道显微镜等）。
活动五 构建物质的分类观	（1）提问：世界上有几千万种物质，只有对物质进行合理的分类，才能更好地研究和应用物质。物质可以怎么分？还可以根据什么标准来进一步分类呢？ （2）回归：水属于哪一类物质？ （3）随堂练习：根据微观示意图对物质进行分类。	资料：学过的物质的化学式。 填充模型：氢分子、氧分子、水分子。 图片：课后练习P82第3题。
活动六 归纳总结与思维建模	（1）学生交流本节课的收获和体会，梳理本节课的内容，深化对水的组成的认识，让知识系统化。 （2）掌握水的合成和水的分解，了解研究物质组成的一般方法（"分"法和"合"法），初步建构分析物质组成的思维模型，使化学守恒的思想和方法内化、模型化。 （3）能在日后的学习中迁移运用分类的思想。	板书、图片。
活动建议	（1）历史上人类对水分子构成的认识是从水的生成和分解两方面进行的，本课题是模拟史实的研究过程，因此也要从水的生成和水的分解展开。 （2）注意对本课题实验的处理：氢气燃烧实验既是对氢气可燃性的验证，又是探究水的组成的开始。水的电解实验是一个探究性实验，通过水的电解实验巩固氧气的检验、练习氢气的验纯，通过分析实验现象推断水的组成。 （3）确定水的分子式，可以通过质量的角度或气体体积的角度进行定量分析。	

课题4 化学式和化合价

活动素养目标	用化学式表征物质组成，感受化学学科的价值。
目标详解	（1）能从宏观和微观相结合的视角，认识化学式的意义；能运用化合价规律书写化学式，能用规范的化学式表示某些常见物质的组成，能进行相对分子质量等的相关计算，初步学习应用化学符号表征物质组成的方法。 （2）结合生产、生活情境学习化学用语，看懂某些商品标签上标示的组成元素及其含量，初步学习获取化学信息的方法，感受化学式等化学用语给人类交流带来的方便，体验学习化学知识的价值。

续表

活动主题	活动设计	相关素材资源
活动一 化学式及其意义	(1) 讨论：从化学式 H_2O 中，你能得到哪些信息？ (2) 小结：宏微结合理解化学式的意义。	图片：图4—27。
活动二 单质化学式的书写与读法	(1) 学生列举已学过的单质及其化学式。 (2) 教师展示常见单质的名称及其化学式，小结单质化学式的写法和读法。	图片：常见单质的名称及其化学式。
活动三 化合物化学式的书写与读法	(1) 学生列举已学过的化合物及其化学式。 (2) 教师讲解常见化合物的名称及其化学式。 (3) 归纳化合物化学式的命名规律和书写规律。重点突破如何确定化合物中元素的书写顺序和下标值。 (4) 通过适当的变式练习巩固学生化学式的书写和读法，同时针对学生在练习中出现的问题及时给予纠正。	图片：常见化合物的名称及其化学式。 练习：教材P87练习2、3。
活动四 常见元素的化合价及其规律	(1) 教师讲解化合价、原子团的简单含义。 (2) 展示一些常见元素和根的化合价，归纳化合价的规律。 (3) 学生朗读化合价口诀，课下落实记忆。 (4) 教师示范并讲解元素化合价的确定，根据化合价写化学式（最小公倍数法和十字交叉法），根据化学式求化合价。 (5) 根据化合价书写离子的符号。 (6) 小结元素符号周围数字的含义。	表格：一些常见元素和根的化合价。 口诀：化合价口诀。 例题：教材P86。
活动五 有关化学式的计算	(1) 教师讲解有关相对分子质量、物质组成元素的质量比、物质中某元素的质量分数等内容的有关计算。 (2) 学生练习，重点突破。	示例：教材P87。
活动六 拓展应用	(1) 教师展示几种药品的标签、说明书。 (2) 学生分析并描述药品的成分、含量或纯度。 (3) 拓展应用：展示碘盐的标签，完成设计的相关练习。	图片：几种药品的标签、说明书。
活动建议	本课题是初中化学的重难点，也是学好化学的关键点，应让学生规范、熟练地掌握化学式和化合价的相关内容。在之前的学习中，应有意识地让学生分散学习常见物质的化学式。本课题涉及计算的技能，应安排较多的时间让学生模仿练习，及时发现问题，纠正错误。	

五、单元作业设计

1. 做过滤实验时，过滤后所得到的滤液仍然浑浊。请说出可能的原因。

2. 茶叶中含有的茶多酚有益人体健康。茶多酚是一种白色粉末，易溶于热水，易氧化变色，略有吸水性。实验室从茶叶中提取茶多酚的步骤可简述为：

请写出上述实验过程中的操作名称：操作①_____，操作②_____。这两种操作中都使用的玻璃仪器名称是_____，其中在操作①中的作用是_____，在操作②中的作用是_____。

3. 某化学探究小组利用如图所示装置来验证水的组成。

[实验步骤]

①先用大注射器抽取一定量的2%硫酸溶液，从A中的大圆孔注入。

②用两个橡胶帽塞住右边两个出气口，用带针头的小注射器分别在出气口 1 和 2 处抽气，液面上升，直至水充满正、负两极。

③接通电源，待 C 中的气体体积达到最大刻度时关闭电源，仔细观察实验装置中的现象。

④分别用带针头的注射器抽取气体并检验。

[交流与反思]

（1）步骤①，在水中加入硫酸的作用是_____。

（2）步骤②的目的是_____；若不小心抽到了液体，最好的做法是_____（填标号）。

　　a. 倒入下水道中　　　b. 注入 A 中　　　c. 推回 B 或 C 中

（3）步骤③中的现象：两极上均有气泡冒出，_____。

（4）步骤④中检验 C 中生成气体的方法是_____。

4. 中水的形成。

据有关资料统计，城市供水的 80% 会转化为污水。70% 的污水经收集处理后，达到一定的水质指标，可以再次循环使用，这样处理后的水叫再生水，也叫中水。再生水的用途很多，可以用于园林绿化、消防、水冲厕所等市政杂用。怎样将污水转化为再生水呢？物理和化学方法是获取再生水的途径之一。处理时，污水先要通过由一组或多组平行金属栅条制成的格栅，以拦截粗大的悬浮物。水中一般的悬浮物在重力作用下下沉，与水分离，使水质得以澄清。在处理微小悬浮颗粒物时，大显身手的居然是空气。将空气鼓入水中产生的微小气泡与水中的悬浮物黏附在一起，靠气泡的浮力使小颗粒一起浮到水面之上。当然，由于城市污水中含有大量的病原微生物，需要向除杂后的污水中加入氯和臭氧等消毒剂，杀灭这些病原微生物后就可以得到再生水了。

(1) 处理污水时，粗大的悬浮物用金属格栅拦截，一般的悬浮物靠重力下沉，除去微小的悬浮物所需的物质是_____。

(2) 将城市污水变为中水，主要除去的两种物质是_____。

(3) 下列说法正确的是_____（填标号）。

  A. 中水和自来水的用途一样

  B. 目前城市污水经过处理后都能转变为中水

  C. 污水变成中水并没有除去水中所有的杂质

  D. 处理污水要经过格栅、沉淀、上浮、消毒等多个环节

5. 水是我们每天都需要的物质，如图显示了家庭净水器的工作原理。

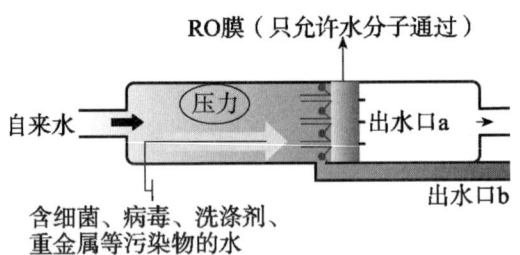

(1) 含杂质少的出水口是_____（填"出水口 a"或"出水口 b"）。

(2) 对于净水器产生的废水，进行再利用的建议是_____。

6. 原子形成分子的过程可以看成原子拼接的游戏。游戏规则：

a. 每种原子都有固定的接口数目，比如 H—、—O—、—N—、—C— 分别表示氢原子有一个接口，氧原子有两个接口，氮原子有三个接口，碳原子有四个接口。

b. 原子的每个接口可以朝任意的方向旋转，然后与其他原子进行拼接。

c. 原子拼接成分子后，必须保证每个原子所有的接口恰好用完。比如，两个 H— 可以拼接成 H—H，即拼接成氢气分子；两个 H— 和一个 —O— 可以拼接成 H—O—H，即拼接成水分子；两个 —N— 可以拼接成 N≡N，即拼接成氮气分子。

根据以上游戏规则和下列给予的原子的种类及个数，请你拼接成合理的分子，在横线上画出该分子的结构图（每小题所给的所有原子恰好都用在同一个分子中）。

(1) H—、H—、H—、—N— 可以拼接成_____。

(2) —C̨—、—O—、—O— 可以拼接成_____。

(3) —C̨—、—O—、Cl—、Cl— 可以拼接成_____。

(4) 2个 —C̨—、6个 H—、1个 —O— 可以拼接成_____或_____。

7. 最近一个月，你家的用水量是多少？还有哪些环节可以采取节水措施？请提出具体的建议并动员全家人共同实施。下个月再查下水表，并计算出你家的节水成果。

8. 完成以下调查。
(1) 调查了解家乡的水资源情况。
(2) 调查家乡生产和生活用水的情况。
(3) 调查学校有哪些浪费水的现象，并提出解决方法。
(4) 你认为怎样才能防止水污染和节约用水，说说你的金点子。

六、重点章节教学案例

课题3 水的组成

厦门大学附属科技中学 孙美琪

水的组成是初中化学的重要教学内容，也是未来进一步研究和认识其他物质组成的重要基础。本教学设计以寻找地球以外的生命为情境，运用真实有价值的问题驱动、组织学生开展学习，将探究水的组成融入真实情境中，设计了层层递进的任务，引导学生在自主体验的基础上，总结研究物质组成的一般方法——"分"法和"合"法。在学习过程中，学生体验了完整的实验探究过程，有利于培养学生的证据推理和科学探究的素养。通过水的电解实验探究水的宏观组成，进而结合氢气燃烧的定量实验探究水分子的微观构成，发展从定性到定量、从宏观到微观认识物质的水平。通过水的组成实际问题的解决，发展学生对化学社会价值的认识水平，提高解决实际问题的能力，最终促进学生化学核心素养的发展。

（一）教学目标

1. 通过电解水的实验现象分析水的宏观元素组成，结合氢气燃烧的定量实验分析水分子的微观构成，从宏观辨识到微观探析发展对物质的认识，实现文字表述、微观模型、符号表示这三重表征的统一性认识。

2. 以研究水的组成为例，体验并初步了解研究物质组成的一般方法（"分"法和"合"法），初步建构研究物质组成的思维模型。建立元素守恒的思想和物质分类的思想，形成从多角度认识身边物质的思维。在体验人类认识水的漫长历史的过程中，形成敢于质疑、崇尚科学、不迷信权威、严谨求实的科学态度和勇于创新的科学精神。

（二）教学过程

教学活动主题一：情境驱动问题探究

教师活动过程	学生活动过程
课前播放视频"探索地球以外的生命"。 [提问] 我们如何确定发现的物质就是水？怎么探究水的组成？	收看视频，思考并回答。 大多数同学想到从水的性质来探究，少数想到从水的微观构成来探究。

设计意图：创设真实情境，使教学密切联系实际。科学家们致力于寻找地球以外的生命，而水是生命之源，如何确定发现的物质就是水呢？让学生带着任务和兴趣，参与到课堂学习。开展项目式学习、任务驱动，充分调动学生的积极性，让学生在学习中感悟"身边的化学""有用的化学"，认识化学在促进社会发展中的积极作用，体现学科育人的价值。

教学活动主题二：水的组成

教师活动过程	学生活动过程
[提问] 水是一种元素吗？ [介绍历史] 介绍普利斯特里、卡文迪许关于氢气燃烧的实验。 [演示实验] 氢气的燃烧。 [提问] 如何进一步证明水是由氢元素和氧元素组成的？ [方法指导] 从拉瓦锡探究水的组成的实验，归纳研究物质组成的常见方法："分"法和"合"法。 [实验方案的设计] 水的高温分解或者通电分解。 [实验探究] 演示电解水实验，提出问题串：看到什么现象？→液面上是什么？→两玻璃管中产生的气体一样多吗？→两边生成的气体一样吗？→应该怎么检验生成的气体？→生成了氢气和氧气，说明水中含有什么元素？为什么？→水中就只含氢元素和氧元素吗？ [拓展视野] 利用手持技术，展示在水电解过程中得到的两种气体的压强—时间曲线。	思考并回答。 聆听。 观察、记录实验现象。根据实验现象，大胆猜想、提出假设：水不是一种元素，而是由氢元素和氧元素组成的。 回顾拉瓦锡所做的实验，思考、总结研究物质组成的常见方法："分"法和"合"法。 设计并评价实验方案。 学生观察、思考、回答。 结合元素守恒的思想分析归纳。 得出结论：水是由氢元素和氧元素组成的。 完成导学案，写出电解水反应的文字表达式。 观看、聆听。 感受水通电分解的动态过程。

设计意图：在该环节，学生体验了完整的探究过程（提出问题"水是一种元素吗？"→回顾历史，寻找证据→重现氢气燃烧实验→提出新的问题，作出假设→设计实验方案→实施实验并观察、记录实验现象→解释和得出结论），有利于培养学生证据推理和科学探究的核心素养。

电解水实验中精心设计了问题串，利用环环相扣的问题进行驱动，层层深入剖析，最终得出水的组成的结论,有利于培养学生缜密的高阶思维能力。

利用手持技术,展示化学反应的动态过程,拓展学生的视野,发展学生对化学反应的认知水平,发展学生化学学科独有的"宏观—微观—符号—曲线"四重表征的思维。

教学活动主题三:水分子的结构

教师活动过程	学生活动过程
[提问]只含有氢元素和氧元素的物质,就一定是水吗? [过渡]确定物质的组成,不仅要了解元素的种类,还要分析构成物质的微粒。水是由水分子构成的,要进一步定量地推断水分子的微观构成情况。 [宏微结合,从质量分析]重复拉瓦锡的实验可以得出,每分解36 g的水,得到4 g氢气和32 g氧气,从而推知,水中氢元素、氧元素的质量之比为1∶8,就可以进一步得出水的化学式是H_2O。 [水分子模型展示]1个水分子中有1个氧原子和2个氢原子。 [微观模拟]微观模拟电解水。 [过渡]宏观上,除了可以测量质量,我们还能测量什么? [宏微结合,从体积分析]提供资料:法国化学家盖·吕萨克利用实验精确测定水的组成:2体积的氢气和1体积的氧气点燃生成了2体积的水蒸气。已知同温同压下,气体的体积比等于分子的个数比。所以,2个氢分子和1个氧分子点燃生成了2个水分子。 [小结]化学学科区别于其他学科的重要特征:"宏观—微观—符号"三重表征研究物质。 [大展拳脚,学以致用]碱式碳酸铜是一种绿色粉末状固体,加热后可分解生成氧化铜、二氧化碳和水。推断碱式碳酸铜的组成,并说明依据。 [拓展延伸]确定物质组成的现代技术还有哪些?	学生联想到过氧化氢并回答问题。引导学生说出二者的区别在于分子中氧原子的个数。 体会无数的水分子构成了水这种物质。 思考、回答。 小组合作,模拟水分解的过程。 模拟和观看电解水的微观动画,再次体会化学变化的微观实质。 回答:体积。 阅读资料。 完成导学案中的微观示意图,推测每个水分子的原子构成,得出水的微观分子构成。  2个氢分子 1个氧分子 2个水分子 归纳和应用研究物质组成的一般方法("分"法和"合"法),分析未知物的组成,初步建构分析物质组成的思维模型。 除了"分"法和"合"法,还有燃烧法、仪器分析法等。

设计意图:本环节通过设置认识冲突,让学生认识到只分析物质的元素组成是不足以确定一种物质的组成,从而引导学生从宏观定性地分析元素的组成深入到微观定量实验探究,实现问题的解决,发展学生"宏观辨识和微观探析"的核心素养。引导学生体会定量研究的方法对于研究物质组成的重大作用,初步建构分析物质组成的思维模型:通过"分"法和"合"法研究物质的宏观元素组成→用定量实验分析物质的微观构成→确定物质的组成。通过拓展介绍研究物质组成的其他方法,使学生知道化学是发展的。

教学活动主题四：物质的简单分类

教师活动过程	学生活动过程
[提问] 世界上有几千万种物质，只有对物质进行合理的分类，才能更好地研究和应用物质。物质可以怎么分？还可以根据什么标准来进一步分类呢？ [回归] 水属于哪一类物质？ [小组活动] 请同学们举起氢分子，感受单质的微观组成；请同学们举起水分子，感受化合物的微观构成；请同学们把水分子、氢分子和氧分子都举起来，感受混合物的微观组成。 [随堂练习] 根据微观示意图，对以下物质进行分类。 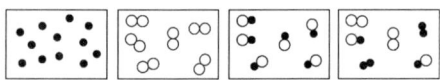	思考、回顾：物质可以分为混合物和纯净物。纯净物可以根据所含元素的种类，分为单质和化合物，其中氧化物是化合物中特殊的一类。 建构物质的简单分类树，完成相关的导学案。 回答：水是纯净物、化合物、氧化物。 纯净物由一种分子构成。 单质由一种分子构成，并且每个分子中只有一种元素的原子。 化合物由一种分子构成，每个分子中有两种以上元素的原子。 混合物由多种分子构成。 完成随堂练习。

设计意图：分类法是化学学习中一种很重要的方法。让学生说出自己知道的、学过的物质，感受物质种类的庞大和分类的重要性。通过观察、思考，让学生寻找分类的依据，自主建构物质的简单分类树。结合分子模型，引导学生不仅仅从宏观元素种类来进行纯净物的分类，还要理解微观实质，宏微结合，更好地进行概念的建构。

教学活动主题五：交流体会，总结提升

学生交流收获和体会，教师小结本节课的内容。

设计意图：梳理本节课的内容，深化对水的组成的认识，让知识系统化。认识水的合成和水的分解，了解研究物质组成的一般方法（"分"法和"合"法），初步建构分析物质组成的思维模型，使化学守恒的思想和方法内化、模型化，并且能在日后的学习中迁移运用分类的思想。

（三）案例点评

1. 创设真实问题情境启发思维，使学生在解决问题的任务中逐步发展核心素养。

真实、具体的问题情境是学生核心素养形成和发展的重要平台，利用问题整合真实情境中的相关学习内容，开展化学学习和探究，从而落实"从生活走进化学，从化学走向社会"的理念。本节课在课前播放视频"探索地球以外的生命"，创设了有价值的真实情境，寻找地球以外的生命，激发学生学习的兴趣。围绕情境逐步深入地提出一系列问题：地球以外存在生命吗？如何检测水的存在？水的组成情况如何？水是一种元素吗？只含有氢、氧两种元素的物质一定是水吗？有哪些检测物质组成的方法？在这些问题的层层驱动下，充分调动学生学习的积极性，促使学生思考、交流、阅读资料、设计实验方案、开展探究、自主总结提升，使学生在解决问题的过程中体会化学学科的社会价值，培养学生的社会责任感，体现学科应用与育人的价值。

2. 设计多样化的学生活动，充分开发教学资源，促进学生学习方式的转变。

学生核心素养的发展是一个自我建构、不断提升的过程，教师要紧紧围绕学科核心素养发展的关键环节，引导学生开展自主学习、探究学习和合作学习。本节课设计了丰富的学生活动，尤其重视发挥实验探究的作用。通过氢气燃烧和电解水这两个验证性实验探究水的组成，促进学生对有关水的学科知识的认识，发展学生证据推理和科学探究素养。在该活动环节，学生体验了完整的探究过程（提出问题"水是一种元素吗?"引发学生的思考→回顾历史，寻找证据→重现氢气燃烧实验→提出新的问题，作出假设"水不是一种元素"→设计实验方案→实施实验并观察、记录实验现象→分析、推理得出水是由氢元素和氧元素组成的结论），发展学生从宏观到微观认识物质的水平以及从定性到定量实验探究的水平。通过围绕水的组成实际问题的解决，提高学生解决实际问题的水平，促进学生学习方式的转变。

3. 注重知识内容结构化，促进认识物质的思路和化学核心观念的自主建构。

知识内容结构化是促进学生从学科知识向学科核心素养转化的关键。通过多样化的活动，引导学生将知识内容结构化，帮助学生形成物质的分类观，自主构建认识、研究物质组成的思维模型。如利用元素守恒思想建构研究物质组成的思维模型——"分"法和"合"法；利用元素观与微粒观建立研究物质组成的思路——从宏观到微观，从定性到定量；将物质的组成、结构、性质和用途进行进一步的关联，最终构成学生多角度认识物质的思维方式。

第五单元　化学方程式

本单元包括"课题 1　质量守恒定律""课题 2　如何正确书写化学方程式""课题 3　利用化学方程式的简单计算"。本单元是初中化学的重要内容，也是学生后续学习化学反应及其规律的基础。质量守恒定律的学习是义务教育阶段学生开始从定量的角度认识和研究化学变化的转折点，是学生书写化学方程式和进行化学计算的理论基础。化学方程式以符号的形式科学、简明地表达了物质间的变化规律，是中学化学重要的化学用语，是连接宏观与微观的桥梁。根据化学方程式进行简单的计算，是学生应用化学知识解决实际问题的初步尝试，有利于学生进一步了解化学在实际生产、生活中的应用。

一、单元内容梳理

1. 课程标准及实施建议。

标准	活动与探究建议
• 认识质量守恒定律，能说明化学反应中的质量关系。	• 实验探究化学反应前后的质量关系。
• 能正确书写简单的化学方程式。	• 用微粒的观点对质量守恒定律作出解释。
• 能根据化学方程式进行简单的计算。	• 组织书写化学方程式的竞赛活动。
• 认识定量研究对于化学科学发展的重大作用。	• 解决生产、生活中的实际问题。

（1）本单元可供选择的学习情境素材：拉瓦锡与质量守恒定律的发现；铜片在空气中灼烧后固体质量的变化；电解水实验及其微观解释。

（2）单元知识内容结构。

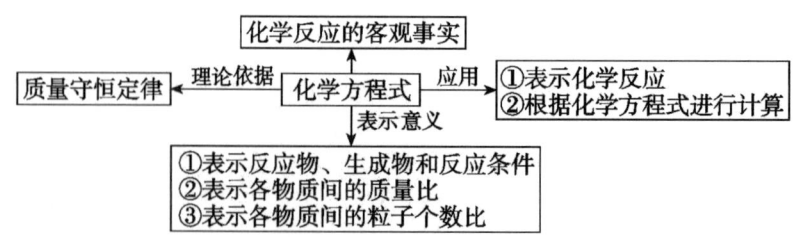

2. 单元教学核心素养目标解读。

(1) 目标梳理。

教学内容	核心素养
质量守恒定律的发现史	科学态度
质量守恒定律的验证	科学探究、证据推理
质量守恒定律的微观解释	宏观辨识与微观探析、变化观念
化学方程式的意义	宏观辨识与微观探析、守恒思想
化学方程式的书写	宏观辨识与微观探析、守恒思想
利用化学方程式的计算	变化观念、社会责任

(2) 单元学习目标。[1]

①丰富化学反应的认识角度，建立宏观质量（质量守恒定律以及化学反应中各物质之间存在着固定的质量比例关系）和粒子数目（化学反应中各物质的粒子数目存在着固定的比例关系以及反应前后原子的种类、数目不变）两个方面的定量认识。

②学会用规范的化学方程式表示化学反应，能从化学方程式获取化学反应的相关信息，初步建立从"宏观—符号—微观"视角表征化学反应。

③利用化学方程式体现的定量关系，定量地实现反应物转化和获得生成物，解决实际生产、生活中的问题，感受定量研究化学变化的意义。

(3) 核心素养目标细化。

	核心概念	关键能力	必备品格
课题1 质量守恒定律	质量守恒定律	分析实验现象，概括出相关结论	严谨求实的科学态度
	①通过实验探究质量守恒定律，初步学会控制条件进行定量实验研究，分析实验现象，获取证明有关观点的证据；认识质量守恒定律，能说明化学反应中的质量关系；能从微观的角度认识质量守恒定律的本质含义；能说明化学方程式所提供的"质"和"量"的意义等信息，体会事物变化中的量变与质变的关系。 ②初步认识定量研究对于化学科学发展的重大作用，应用质量守恒定律解释及解决生产、生活中的问题，体会化学学习的重要性；经历质量守恒定律的科学探究过程，体验探究活动的乐趣，进一步形成合作学习的习惯，培养勤于思考、严谨求实的科学精神。		
	核心概念	关键能力	必备品格
课题2 如何正确书写化学方程式	化学方程式	"宏观—符号—微观"三重表征思维	实事求是
	①能准确描述化学方程式的含义；理解书写化学方程式的原则，并能应用于判断化学方程式的正误；初步学会配平简单的化学方程式，能规范书写常见的化学方程式。 ②通过应用化学方程式规范地表示相关化学反应，初步学习化学方程式学科表征的方法。		

---

[1] 罗滨，王磊. 初中化学教学关键问题指导[M]. 北京：高等教育出版社，2015：182.

续表

	核心概念	关键能力	必备品格
课题3 利用化学方程式的简单计算	利用化学方程式的简单计算	解决生产、生活中的实际问题	化学的学习价值
	①能理解化学方程式中反应物与生成物之间的"质"和"量"的关系,能规范地进行有关化学方程式的简单计算。②通过应用化学方程式进行计算解决相关的实际问题,初步学习用定量思维方法解决问题;认识定量研究在化学科学中的重要作用,进一步体会化学知识的价值。		

二、核心素养阶段性达成特点分析

1. 素养提升的起点。

教材在前面几个单元通过对空气、氧气、水等具体物质的学习,从具体物质的反应现象入手,引导学生写出文字表达式,为学习化学方程式做好了支撑。

对于守恒的概念,学生并不陌生。在物理学科的学习中,学生已认识了能量守恒。教材在学习质量守恒定律之前就已经对元素观做了预设和铺垫。例如,在第三单元"课题3 元素"中有"在物质发生化学变化时,原子的种类不变,元素也不会改变"的表述;在第四单元中较系统地学习了有关水的知识,通过电解水实验、水分子分解的图示或动画,从微观的角度分析了水的分解反应,同时通过对水的组成和结构的分析,学生已经初步具备了一定的微观想象能力。这些知识为学习质量守恒定律奠定了基础。元素、原子、分子、化学式、化合价和质量守恒定律是正确书写化学方程式的前提。

2. 素养提升的障碍点。

学生对质量守恒定律缺乏研究手段和原理上的理解,影响了学生对质量守恒定律的最终认同,即学生对于研究化学反应前后的质量关系,应该选择哪些反应、用什么样的反应体系、分析哪些数据、如何推理举证,是不清楚的。关于书写化学方程式,学生不理解为什么要配平。由于学生很难分清化学方程式中不同位置数字的含义,在配平方法的熟练应用上存在障碍,对化学方程式表达的三个意义存在死记硬背的现象,没有建立起从宏观物质、微观粒子、化学符号三重表征看待化学反应的学科思维,对化学方程式中隐含的质量关系存在理解障碍,因此,利用化学方程式进行简单计算时照猫画虎,机械模仿书本格式,缺乏意义上的理解和建构。学习质量守恒定律,将引领学生进一步理解化学反应前后元素的种类、质量不变的原因,实现从物质改变到元素不变的思维转换。

3. 素养提升的延伸点。

(1) 认识化学反应的角度。

化学方程式不仅从宏观物质变化、微观粒子反应本质、物质质量关系和反应发生条件等方面提供了多个认识化学反应的角度,也为后续从物质分类、化合价的角度认识氧化还原反应，从离子对的角度认识离子反应，从物质种类的角度分析反应基本类型，从能量变化的角度分析反应的热效应，从化学键的角度理解化学变化中能量变化的原因等多角度认识化学反应提供了可能和准备。

（2）"宏观—微观—符号"之间的关系。

化学方程式是联系宏观物质和微观粒子变化的桥梁，初中阶段的化学方程式基本处于宏观表征阶段，例如课本上仅限于从得氧、失氧水平认识氧化还原反应，高中则要求上升到元素化合价的变化、电子转移的水平；复分解反应化学方程式的书写，初中仅限于从反应物中元素化合价不变的角度分析反应规律，高中则抽象成离子方程式。可见，初中阶段化学方程式的学习为促进从宏微结合思维方式认识化学变化提供了发展的空间。

（3）守恒观的进阶应用。

化学反应前后宏观的质量守恒认知，实现从整个体系到具体反应的思维转换；化学反应前后质量守恒的微观解释，实现从宏观物质质量到微观原子质量的思维转换；化学反应前后反应物与生成物的质量关系，实现从质量总和到质量比例的思维转换；复分解反应前后的守恒，实现从反应特征到离子对结合的思维转换；元素守恒的本质认知，实现从物质改变到元素不变的思维转换。例如，初中化学利用化学方程式的计算，一般仅限于单一的反应，而实际生产、生活中的反应是复杂的、多步的，只要抓住始态物质和终态物质中元素守恒的观念，就可以使问题简单化。此外，在第六单元实验室制取二氧化碳反应物的选取中，也体现了元素守恒观的进一步应用。

（4）严谨求实的科学态度。

质量守恒定律的发现历时一百多年，历经俄国化学家罗蒙诺索夫、法国化学家拉瓦锡、德国化学家郎道耳特及英国化学家曼莱等的实验研究。质量守恒定律的发现归功于化学实验室里精密实验仪器的出现，这使化学对物质的研究从简单的定性走向较精密的定量。20 世纪初，德国化学家郎道耳特和英国化学家曼莱分别做了精确度极高的实验，把实验误差控制在允许的范围之内，质量守恒定律才得以最终确立、为世人所认同。科学家探索真理、严谨求实的科学态度将持续伴随着学生的后续学习。

三、单元素养目标达成策略

1. 融入化学史，呈现知识的产生过程。

本单元"课题 1　质量守恒定律"的教学，可增加对质量守恒定律发现史的介绍，追随科学家的足迹，理解波义耳、拉瓦锡和道尔顿这三位化学史上教父级的人物对化学的重大贡献，尤其是拉瓦锡使用天平对化学反应的定量研究。质量守恒定律发现的艰难历程说明科学发现并非一蹴而就，而是靠科学家不断实验探索得出来的。波义耳反对法国人让·莱的实验结论，让·莱认为金属加热质量增加是源自"空气吸收原理"，波义耳认为金属焙烧增重是由于燃烧时产生的"火粒子"（或火素）穿过玻璃后被金属吸收所致，由于理论框架和实验手段的双重问题，导致波义耳和质量守恒定律的发现失之交臂。[①] 化学方程式的书写，同样也有个不断演进的过程。1789 年，在拉瓦锡的著作里，化学方程式的表达诸如"葡萄糖＝碳酸＋酒精"的形式，或者使用形象的绘画。19 世纪初，随着道尔顿原子论的确立，科学家开始用一定的元素符号来表达化学方程式，但由于当时人们不知道分子的存在，表达式存在一定的错误。[②] 通过将化学方程式书写的发展历程与知识呈现相结合，使学生感受科学知识不断发展、不断完善的过程。

2. 突出实验探究，揭示内在规律。

质量守恒定律的教学，可引导学生采用数学归纳法的思想选择不同类型的化学反应，即只有气体参加的反应、只有气体生成的反应、无气体参加和生成的反应、有气体参加且有气体生成的反应，通过反应体系敞口、封闭的对照，形成认知冲突，揭示反应的内在规律。质量守恒内涵的突破，可以通过三组探究活动实现。第一组探究活动完成氢氧化钠和硫酸铜溶液反应前后的质量对比；第二组探究活动称量碳酸钠和盐酸反应前后的质量关系，和第一组形成认知冲突，引导学生改进实验装置、重新实验；第三组探究活动完成铁钉和硫酸铜溶液的反应，探究的核心是化学反应前后总质量相等的原因是什么，通过分析铁和硫酸铜质量减少、铜和硫酸亚铁质量增加，得出反应物减少的质量等于生成物增加的质量，即参加反应的铁和硫酸铜的质量等于反应后生成的铜和硫酸亚铁的质量，这就是质量守恒定律中"守恒"的真正内涵。

教学实践证明：化学方程式教学若采用简单的符号记忆法，则记忆所需的时间长且保持度差；若采用化学实验与理解记忆相结合的方法，促使学生从理解化学反应的视角掌握其本质，记忆所需的时间短且保持度好。例如，电解水和过氧化氢分解的化学方程式，学生常常混淆两者的产物，如果通过实验对比反应现象，根据宏观现象和微观本质书写化学方程式，则记忆的时长和稳定性比符号层面背诵的效果要好得多。

3. 建立"宏观—微观—符号"的联系，促进对化学变化的理解。

学界认为，人们对化学变化的认识分为宏观、微观和符号三种表征形式。宏观、微观、符号三种表征形式构成了化学学习特有的表征系统。在宏观、微观、符号这三种表征形式间构建联系，能有效增进学生对化学变化的认识，提升学生应用化学知识分析问题和解决问题的能力。以过氧化氢分解生成水和氧气的反应为例，对这个反应的宏观表征有：过氧化氢可以分解，产物是水和氧气，反应条件是常温或二氧化锰作催化剂，反应的现象有能使带火星木条复燃的气体生成，反应放热，反应符合质量守恒定律，反应中过氧化氢、水、氧气之间存在 68∶36∶32 的质量关系。对这个反应的微观表征有：过氧化氢、

---

① 赵华. 化学教学设计应立足智慧的文本解读 [J]. 化学教学，2017 (3)：12—16.
② 方弯弯，程萍. 中学化学教材中化学方程式内容的编排分析——基于"三序结合"的视角 [J]. 化学教育，2019，40 (13)：10—15.

水、氧气分别由过氧化氢分子、水分子、氧分子构成，一个过氧化氢分子中有两个氢原子和两个氧原子，一个水分子中有一个氧原子和两个氢原子，一个氧分子中有两个氧原子，该反应的微观过程是过氧化氢分子分裂成氢原子和氧原子，两个氧原子结合成一个氧分子，两个氢原子和一个氧原子结合成一个水分子，很多氧分子聚集成氧气，很多水分子聚集成水。理解了化学反应的微观表征，学生就知道化学方程式为什么不能写成 $H_2O_2 = H_2O+O$ 而要写成 $2H_2O_2 = 2H_2O+O_2\uparrow$（见下图）。可见，宏观、微观、符号三者之间的有机整合，有助于学生分辨化学方程式中不同位置数字的含义，更容易找到化学方程式中的定量关系，增进对化学反应的理解，更好地应用质量守恒定律解决生产、生活中的实际问题。

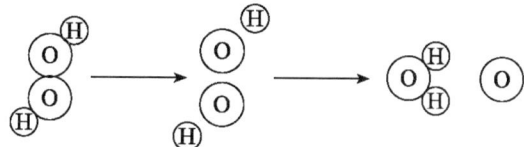

过氧化氢分解的微观表征（错误）

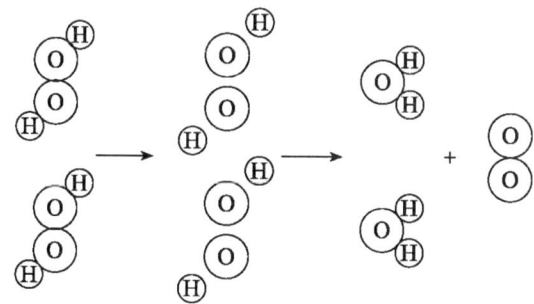

过氧化氢分解的微观表征（正确）

4. 创设真实的情境，体验化学计算的意义和价值。

利用化学方程式的计算若单纯为教计算而教计算，学生照葫芦画瓢多练几遍也就学会了。教学实践中，学生能明白通过反应物可以求生成物、通过生成物可以求反应物，但却不理解通过反应物也可以求反应物、通过生成物也可以求生成物。这说明学生对化学反应中各物质的质量关系仍然是模糊不清的，计算仅仅停留在符号记忆和机械模仿层面。因此，教学中一方面要引导学生从"宏观—微观—符号"三重表征层面深刻理解化学反应中物质质量与化学计量数和相对分子质量乘积的关系，另一方面应将化学计算置于真实的情境中，让学生在解决生产、生活以及实验室中有关"量"的问题的过程中，真正体验到定量研究方法在化学科学研究和工农业生产中的重要作用，理解化学计算的应用价值。如让学生用高锰酸钾制取两瓶氧气，则在试管中应放多少高锰酸钾才能既不会浪费药品又不会因放太少而不够收集呢？这个问题的解决赋予计算以实际意义——节约资源，减少污染。学生既感受到科学严谨态度的重要性，又感受到化学计算的学习价值。

四、重点活动设计

课题 1　　质量守恒定律

活动素养目标	分析实验现象，概括出相关结论；严谨求实的科学态度。
目标详解	(1) 通过实验探究质量守恒定律，初步学会控制条件进行定量实验研究，分析实验现象，获取证明有关观点的证据；认识质量守恒定律，能说明化学反应中的质量关系；能从微观的角度认识质量守恒定律的本质含义；能说明化学方程式所提供的"质"和"量"的意义等信息，体会事物变化中的量变与质变的关系。 (2) 初步认识定量研究对于化学科学发展的重大作用，应用质量守恒定律解释及解决生产、生活中的问题，体会化学学习的重要性；经历质量守恒定律的科学探究过程，体验探究活动的乐趣，进一步形成合作学习的习惯，培养勤于思考、严谨求实的科学精神。

活动主题	活动设计	相关素材资源
活动一　认识质量守恒定律	(1) 复习有关化学反应的特征，结合原子、分子的相关知识，对水的电解反应中的微粒变化进行分析，猜想化学反应过程中物质的质量变化。 (2) 通过教师与学生共同探究实验以及学生分组实验探究化学反应前后物质质量变化的情况，讨论交流得出质量守恒定律。	实验：红磷燃烧及铁钉与硫酸铜溶液反应前后质量的测定。 资料：葛洪与定量研究化学，拉瓦锡与质量守恒定律的发现。
活动二　用分子、原子的观点解释质量守恒定律	讨论交流：配合动画课件，以氢气和氯气反应、水分子分解为例，用分子、原子的观点解释质量守恒定律。	动画（或图片资料）：氢气和氯气反应，水分子分解。
活动三　反思与应用	(1) 实验探究与讨论：镁条燃烧前后质量的变化及可能的原因。 (2) 应用定律解释一些生活中常见的反应。	教师演示：镁条燃烧前后质量的测定。 资料（或视频）：一些生活中常见的反应的质量变化。
活动四　化学方程式及其意义	(1) 思考与讨论：什么叫化学方程式？它提供了哪些信息？ (2) 小结化学方程式的"质"与"量"方面的意义。	资料：教材讨论题。

	续表
活动建议	(1) 充分发挥本课题作为探究性课题的作用，根据学生的实际情况进行不同的实验设计，体验科学探究的过程与方法，提高学生的实验探究能力。 (2) 充分利用学生已有的分子、原子知识，引导学生理解质量守恒定律的微观解释，落实到化学反应前后原子的种类、个数、质量"三不变"这一关键知识点上，为下一课题的学习打下基础。

课题 2　如何正确书写化学方程式

活动素养目标	"宏观—符号—微观"三重表征思维。
目标详解	(1) 能准确描述化学方程式的含义；理解书写化学方程式的原则，并能应用于判断化学方程式的正误；初步学会配平简单的化学方程式，能规范书写常见的化学方程式。 (2) 通过应用化学方程式规范地表示相关化学反应，初步学习化学方程式学科表征的方法。

活动主题	活动设计	相关素材资源
活动一　书写化学方程式的两个原则	教师复习电解水反应中物质的变化，演示电解过程中水分子分解的动画，引导学生认识书写化学方程式的两个原则。	视频：水的电解。 动画（或图片）：水分子分解。
活动二　如何配平化学方程式	学生尝试完成电解水的化学方程式及"课堂练习题"中相应的配平习题，从练习中体会配平的原理和技巧，并总结出主要的配平方法。	拓展资料：配平的方法指导。
活动三　如何正确书写化学方程式	(1) 教师以"磷在空气中燃烧"为例讲解如何正确书写化学方程式。 (2) 学生完成"课堂练习题"习题。 (3) 我来当医生：分析学生练习中出现的问题，纠错病例。	口诀：左写反应物，右写生成物；写好化学式，系数来配平；短线改等号，条件要注明。
活动建议	(1) 书写化学方程式不能一蹴而就，需要通过不断练习，逐步熟练和巩固，切忌一开始就做高难度的练习和介绍多种配平方法，应让学生自己体会化学方程式配平的基本原则。 (2) 在教学中要采用多种教学手段，创设趣味、愉悦、竞争的学习环境，发挥学生的学习积极性，让他们体验获取知识的过程，初步掌握配平及正确书写化学方程式的方法。	

课题3　利用化学方程式的简单计算

活动素养目标	解决生产、生活中的实际问题的能力。
目标详解	(1) 能理解化学方程式中反应物与生成物之间的"质"和"量"的关系，能规范地进行有关化学方程式的简单计算。 (2) 通过应用化学方程式进行计算解决相关的实际问题，初步学习用定量思维方法解决问题；认识定量研究在化学科学中的重要作用，进一步体会化学知识的价值。

活动主题	活动设计	相关素材资源
活动一　化学方程式中各反应物和生成物之间的质量关系	从火箭发射的燃料燃烧引出氢气燃烧的化学方程式及反应物和生成物之间的质量关系，尝试根据情境中的相关内容设计计算题。	视频：神舟飞船升空录像。 资料：有关航天火箭所使用的燃料与助燃剂的质量关系。
活动二　利用化学方程式计算的步骤和解题规范格式	(1) 教师示范、讲解教材例题，注重讲解计算的原理。 (2) 学生归纳解题的步骤。	资料：教材例题。
活动三　基础练习	学生仿照例题的格式进行练习，教师点评并强调格式规范及其他应注意的问题。	资料：教材例题、习题。
活动四　强化训练与交流总结	(1) 学生对错题进行辨析，找出错误的原因。 (2) 学生练习，互评互改，教师及时点评、纠错。 (3) 师生交流解题的易错点：化学计算中设与答的格式，化学方程式的配平，化学反应中各物质之间的质量关系。	资料：往年学生错题图片，有关化学方程式计算的典型试题。
活动建议	在本课题教学中应引导学生明确：化学计算是从"量"来反映物质变化的规律，与从"质"去研究和理解物质变化的规律是化学研究的两个重要组成部分，它们之间有密切的关系。应按学生的认知规律，循序渐进地设计有关化学方程式在各阶段的教学内容，本节课教学的重点应让学生理解根据化学方程式计算的原理，不应过早出现杂质的计算等复杂问题。

五、单元作业设计

1. 四种物质在一定的条件下充分混合反应，测得反应前后各物质的质量分数如图所示，则下列有关说法不正确的是（　　）。

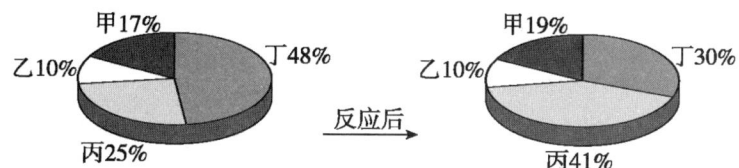

A. 丁一定是化合物
B. 乙可能是这个反应的催化剂
C. 生成的甲、丙两物质的质量比为 8∶1
D. 参加反应的丁的质量等于生成的甲和丙的质量之和

2. 下图是某反应的微观示意图。

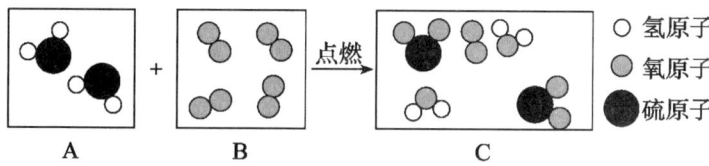

此反应的化学方程式为_____，参加反应的物质的粒子个数比是_____。

3. 我国科学家研究出碳化钼（Mo_2C）负载金原子组成的高效催化体系，使水煤气中的 CO 和 H_2O 在 120 ℃下发生反应，反应微观模型如下图所示。

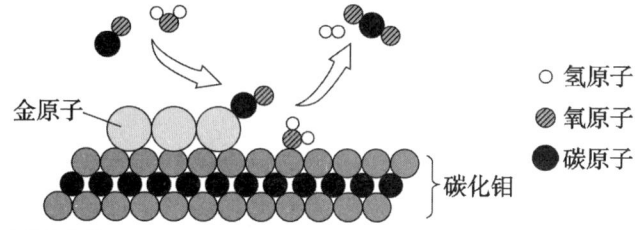

该反应的化学方程式为_____。

4. NSR 技术通过 BaO 和 $Ba(NO_3)_2$ 的相互转化实现 NO_x（氮氧化物）的储存和还原，能有效降低柴油发动机在空气过量条件下的 NO_x 排放。其工作原理如下图所示。

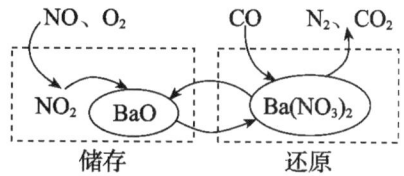

（1）还原时存在如下反应：$5CO+Ba(NO_3)_2 = N_2+X+5CO_2$，X 的化学式是_____。

（2）储存时，部分 NO 发生反应的化学方程式为_____。

（3）NO 气体通过 NSR 技术转化为 N_2 的总反应方程式是_____。

5. 化学兴趣小组为验证质量守恒定律，做了镁条在空气中燃烧的实验。同学们观察到镁条在空气中剧烈燃烧，发出耀眼的强光，产生大量的白烟弥漫到空气中，最后在石棉网上得到一些白色固体。

（1）写出镁条燃烧的化学方程式：_____。

（2）同学们通过称量发现：在石棉网上收集到产物的质量小于镁条的质量。有人认为这个反应不遵循质量守恒定律，你认为出现这样的实验结果的原因可能是_____。

（3）小红按右图装置改进实验，验证了质量守恒定律，还发现产物中有少量黄色固体。

[提出问题] 黄色固体是什么？

[查阅资料] ①氧化镁为白色固体；②镁能与氮气反应生成黄色的氮化镁（Mg_3N_2）固体；③氮化镁可与水反应产生氨气，该气体能使湿润的红色石蕊试纸变蓝。

[作出猜想] 黄色固体是 Mg_3N_2。

[实验探究] 设计实验，验证猜想：

实验操作	实验现象及结论

[反思与交流]

①氮化镁中氮元素的化合价是_____。

②空气中 N_2 的含量远大于 O_2 的含量，可是镁条在空气中燃烧的产物 MgO 却远多于 Mg_3N_2，合理的解释是_____。

6. 一种新型"人造树叶"可吸收二氧化碳并转化为乙醇（C_2H_5OH），化学方程式为 $2CO_2 + 3H_2O \xrightarrow[\text{催化剂}]{\text{光照}} C_2H_5OH + 3O_2$。研究显示，1 L"人造树叶"每天可从空气中吸收 968 g CO_2。

（1）1 L"人造树叶"工作一天可得到乙醇的质量是_____。（请写出计算过程）

（2）若一棵树每天平均可吸收 48.4 g CO_2，则 1 L"人造树叶"吸收的 CO_2 相当于_____棵树吸收的 CO_2。

六、重点章节教学案例

课题3　利用化学方程式的简单计算

厦门市湖里中学　李俊红

"利用化学方程式的简单计算"是《义务教育教科书　化学　九年级上册》（人教版）第五单元课题3的内容。教材显性的教学内容是：根据实际参加反应的一种反应物或生成物的质量，求出其他生成物或反应物的质量。学生已有的知识储备是：能正确书写化学方程式并能说出化学方程式表示的定性、定量、微观的意义。通过本课学习，学生需要发展的素养是：运用化学方程式表示的定性、定量、微观的意义解决实验室、生产生活中有关

"量"的问题,从"量"的角度发展元素守恒观和转化观,有利于加强生产的计划性,合理地利用资源。教学实践表明:学生学完本课,即使掌握了利用化学方程式的计算步骤,仍然不知道为什么运用化学方程式表示的定性、定量、微观的意义就能解决生产生活中有关"量"的问题,也不知道计算有何价值。学生呈现的状况反映出教师制定的教学目标缺失或目标实现的路径不当。针对以上问题的解决,王锋[①]把学习方案设计融入教学方案设计中,开展教与学一体化的教学设计;杨砚宁[②]创设真实、实用的情境,构建实验和计算有机融合的个性化课堂,还原化学计算的本质;王宝斌[③]提出可计量化学计算的教学策略——从"宏—微—符"三重表征思维理解化学方程式的含义,在问题解决中体验化学计算的意义和价值,在优化实验方案中开展可计量计算。本文试图从解决实际问题的视角突破"为何算""凭何算"的学习目标。

(一)教学目标

能根据化学方程式中一种反应物(或生成物)的质量计算其他物质的质量,计算格式规范;能从定性、定量、宏观、微观的角度认识化学反应,会用元素观、转化观解决反应中的定量计算问题;能利用化学方程式的计算,作出正确的价值判断,认识定量研究在化学科学中的重要作用,感受化学知识的学习价值。

(二)教学过程

教学活动主题一:初步体会定量研究的学习价值

教师活动过程	学生活动过程
[布置任务]请同学们看一段实验视频(学生第二单元的分组实验:用高锰酸钾制取两瓶氧气)。提问:从中你发现了什么问题?如何解决这个问题?	观看,回答问题。 学生1:我发现××组收集第二瓶氧气时,导管口不冒泡了,可以往试管中再加入高锰酸钾。 学生2:我发现××组收集完两瓶氧气后,气泡仍然冒得很快,可能是高锰酸钾放太多了。
[问题导入]如果要收集两瓶氧气(假设质量约是0.28 g),需要多少高锰酸钾?解决这个问题需要用到反应中哪两种物质的质量关系?它们的质量比是多少?	书写高锰酸钾制氧气的化学方程式,找出高锰酸钾和氧气的质量比是316∶32。
[讲解]因为化学反应遵守质量守恒定律,故反应中物质的质量比是固定的数值,即 $316/32=k$;又因为 $x/0.28\ \mathrm{g}=k$,故 $316/32=x/0.28\ \mathrm{g}$,这就是利用化学方程式进行计算的依据。	体会数学比例式代表的化学含义,列式的依据是质量守恒定律(物质的质量比是定值),运用质量守恒定律可以解决定量问题。

---

① 王锋. 应用教与学一体化教学设计开展"精心预设"的研究——以初中化学"利用化学方程式的简单计算"教学设计为例 [J]. 化学教育, 2016 (3): 34—40.

② 杨砚宁. 创设真实情境提高化学计算教学实效——以"依据化学方程式的计算"的教学设计为例 [J]. 化学教学, 2018 (11): 52—55.

③ 王宝斌. 可计量化学计算:教学策略与案例评析——以"依据化学方程式的计算"为例 [J]. 中学化学教学参考, 2018 (Z1): 13—16.

设计意图：播放学生做过的实验片段，其功能有三：看自己的实验视频，学生专注力高；用高锰酸钾制氧气是学生亲身经历印象深刻的实验，能唤起学生对化学反应中物质宏观变化的定性认识；从实验问题到学科问题的提炼，唤醒学生对化学方程式中各物质有固定质量关系的定量认识，感悟定量研究的学习价值。此外，为了不冲淡本课要解决的主题，降低计算难度，两瓶氧气的体积、密度均未提及，直接笼统折成质量约 0.28 g。

教学活动主题二：根据化学方程式中一种反应物（或生成物）的质量计算其他物质的质量

教师活动过程	学生活动过程
[问题1] 若要收集 0.28 g 氧气，需要高锰酸钾的质量是多少克？（用到的相对原子质量：K－39　Mn－55　O－16）	自主学习，练习。
[教师示范] 示范解题步骤，强调规范格式。	
[指错纠错] 用希沃同屏技术拍照上传，对比学生 3 和学生 4 的计算过程，学生 3 和学生 5 的计算过程。组织学生指错纠错，说明错误原因。	学生 3：2.8 g [0.28 g÷（32÷316）＝2.8 g]。 学生 4：1.4 g [0.28 g÷（32÷158）＝1.4 g]。 学生 5：0.7 g [0.28 g÷（64÷158）＝0.7 g]。 学生 6：学生 4 写的化学方程式中，高锰酸钾前面少了 2，所以答案小了一半。 学生 7：学生 5 认为氧气的质量就是高锰酸钾中氧元素的质量，但高锰酸钾中的氧没有完全转化为氧气，我不知道怎么改。
[小结]（1）利用化学方程式的计算，前提是正确书写化学方程式。化学方程式不配平就不遵守质量守恒定律，遵守质量守恒定律的化学方程式中各物质的质量比是固定值，而物质的质量比与化学计量数有关。 （2）本题中，学生用元素守恒观解决反应中的定量计算问题，思路非常新颖，既要弄清什么元素守恒，还要考虑元素是否全部转化的问题。	学生 8：由化学方程式可知，高锰酸钾中有 8 个氧，只有 2 个变成了氧气中的氧，即高锰酸钾中氧元素的质量应是氧气质量的 4 倍，所以，列式应为：（4×0.28 g）÷（64÷158）＝2.8 g。
[问题 2] 如果把上面的问题反过来，若 2.8 g $KMnO_4$ 完全分解，可收集到多少克氧气？	学生 9：0.28 g。
[追问] 实际做实验时，2.8 g $KMnO_4$ 完全分解，是不是一定能收集到 2 瓶氧气（约 0.28 g）？为什么？ 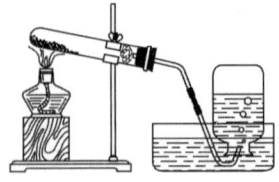	学生 10：氧气有可能一部分损耗到水里或空气中，实际收集到的氧气比 0.28 g 少。

教师活动过程	学生活动过程
[小结] 利用化学方程式的计算，算出来的物质的质量是理论值，实际质量和理论值有偏差。为严谨起见，上述问题1、2可分别改为：若要收集 0.28 g 氧气，至少需要高锰酸钾多少克? 若 2.8 g KMnO$_4$ 完全分解，至多可收集到多少克氧气?	体会定量计算是理想状态下的计算，感悟利用化学方程式求出的物质的质量是理论值，和实际有一定差异，形成误差意识和减少误差的自觉。

设计意图：本教学活动主题是本课的核心内容。在学生充分预习课本第102至103页内容的基础上，通过设置真实实验情境中的定量计算问题，让学生自主解决问题。运用希沃同屏技术适时展示三类学生的解答，旨在形成对比和认知冲突；学生在纠错的过程中充分理解化学方程式中物质的化学计量数和物质质量的关系，丰富学生对化学方程式微观和定量角度的认识；利用化学方程式计算和不用化学方程式计算这两种计算方法的对照，旨在打开学生的思路，从元素观和转化观解决定量问题，发展学生对元素守恒的定量理解；把问题1变成问题2，旨在让学生感悟化学反应中各物质的质量比是固定值，通过生成物可以求反应物，通过反应物也可以求生成物；联系学生做过的实验，目的是让学生理解利用化学方程式的计算是理想状态下的计算，理解理论值和实际值的差异。

教学活动主题三：学以致用，再次认识定量研究的学习价值

教师活动过程	学生活动过程
[问题3] 航天飞船上常安装盛有 Na$_2$O$_2$（过氧化钠）的装置作为氧气再生剂备用。其反应原理的化学方程式为 $2Na_2O_2 + 2CO_2 = 2Na_2CO_3 + O_2$。 ①神舟九号载人飞船中有3人，在太空停留13天。如果每人每天消耗的 O$_2$ 约为 1.6 kg，则需要准备多少千克 Na$_2$O$_2$? (相对原子质量：Na—23 O—16 C—12) ②通过刚才的计算，请你从数据的层面解释载人飞船上盛有过氧化钠的装置为什么只作为氧气再生剂备用，而不作为唯一的供氧来源？ [小结] 在定量研究为科学提供支持的基础上，同时要兼顾实际情况，作出更合理的选择。	练习。 学生11：304.2 kg。 学生12：Na$_2$O$_2$ 太重，携带不方便。 感悟计算的学习价值，具有批判性思维。

设计意图：此问题的设计不仅是本课学习效果的反馈，同时再次让学生感受到科学研究离不开定量计算，计算是有意义和价值的，计算可以避免盲目性，有利于更好地作出选择和判断。

教学活动主题四：交流总结

设计意图：梳理本课内容，突出解题的关键和格式，感悟定量研究在生产、生活中的

应用。

(三) 案例点评

1. 创设真实的问题情境，激发学生学习兴趣。

以题目作为练习载体，单纯为教计算而教计算的教学方法，容易滋生乏味和枯燥。本课创设的问题情境来源于学生以往做过的印象最深刻的实验（用高锰酸钾制氧气），学生通过观察自己或其他同学的实验行为，发现生成物（氧气）的量和反应物（高锰酸钾）的量存在一定的关系，引导学生认识到可以通过控制反应物的质量，调控化学反应，进而控制生成物的质量，满足人们的实际需求。真实问题情境的创设，引发学生从定性到定量角度认识化学反应的自觉，激发了学生解决问题的欲望和深入学习的兴趣。

2. 把握课堂开放的适度，促进课堂精彩生成。

教师要相信学生具有无限的潜能，在学生充分预习的前提下精心预设，给学生提供发展的平台，有助于课堂精彩生成。实践证明学生完全可以自主解决问题（制取两瓶氧气，需要多少克高锰酸钾）。通过希沃同屏技术对照展示答案 2.8 g 和 1.4 g 的计算过程，让学生在纠错活动中，进一步认识化学方程式的微观意义和各物质间固定的质量比，深刻理解质量守恒定律，促进学生自发配平化学方程式；答案 0.7 g 呈现出学生运用元素守恒观和转化观的计算方法，表面上看似不用写化学方程式，但问题的解决正是对化学方程式中物质所含元素的守恒的深入思考：高锰酸钾中的氧有没有全部转化成氧气？转化了多少？这些问题反过来促进学生对化学反应的定性、定量、宏观和微观的认识。课堂的适度开放引发了精彩生成，生成的资源可以作为很好的教学资源，促进学生对质量守恒定律的理解和应用。

3. 亲历丰富的活动体验，植入定量研究的学习价值。

本课题的教学目标"认识定量研究在化学科学中的重要作用"是通过学生解决问题的活动体验实现的。通过参与解决问题的过程，学生丰富了认识化学反应的角度，体会到根据化学方程式的定量计算，通过控制反应物或生成物的质量，控制化学反应，从而满足生产生活、科学研究的需求，同时理论计算要和实际操作相结合，防止盲目和极端化。可见，定量研究化学反应的学习价值，可以在学生的体验过程中植入。

第六单元 碳和碳的氧化物

在《义务教育化学课程标准（2011年版）》中，关于碳和碳的氧化物的课程内容是分散提出的，但人教版九年级化学教材出于全书体系结构的设计，对于碳和碳的氧化物的学习采取了集中编排、集中处理的方式。从学习内容现代化、反映化学学科发展的角度，教材集中介绍了碳的单质，引导学生认识物质的多样性。碳的氧化物（CO和CO_2）与学生的日常生活紧密相关，而且是初中化学元素及其化合物知识中非常重要的一部分，教材以实验探究作为学习的重要方式，引导学生进一步从化学视角掌握研究物质的方法。制取气体的实验技能是初中化学实验的重点和难点，在学生已学过的实验室制取氧气的基础上，探究二氧化碳的实验室制取的反应原理和实验装置，建模制取气体的研究思路。

一、单元内容梳理

1. 课程标准及实施建议。

标准	活动与探究建议
• 认识物质的多样性。 • 初步学习二氧化碳的实验室制取方法。 • 能结合实例说明二氧化碳的主要性质和用途。 • 了解自然界中的氧循环和碳循环。 • 知道某些物质（如一氧化碳等）对人体健康的影响，认识掌握化学知识能帮助人们提高自我保护意识。 • 认识物质的三态及转化。	• 实验：二氧化碳的制取和性质。 • 辩论：空气中的二氧化碳会越来越多吗？氧气会耗尽吗？ • 搜集某些化学物质引起毒害（如吸入有害气体等）的资料，了解防止这些毒害的措施。 • 观看录像或查阅资料，了解一氧化碳、尼古丁等物质的危害。 • 查找一些常见物质的熔、沸点，并说明它们在不同温度下的状态。

（1）本单元可供选择的学习情境素材：温室效应；金刚石、石墨和C_{60}；石灰岩溶洞和钟乳石；用石灰石或贝壳烧制生石灰；干冰的形成和升华。

(2) 单元知识内容结构。

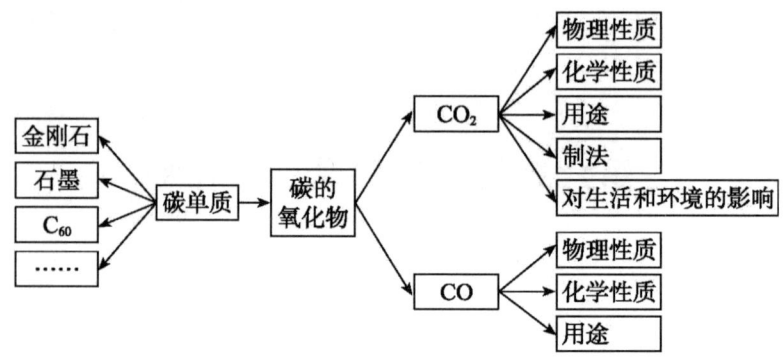

2. 单元教学核心素养目标解读。

(1) 目标梳理。

教学内容	核心素养
碳的单质：金刚石、石墨和 C_{60}	宏观辨识和微观探析
单质碳的化学性质	变化观念
二氧化碳制取的研究	科学探究
二氧化碳的性质	证据推理
二氧化碳对生活和环境的影响	科学精神、社会责任
一氧化碳的性质和用途	变化观念、社会责任

(2) 单元学习目标。

通过实验、观察、记录、归纳、比较等活动，认识物质及其变化的宏观事实性知识。通过对事实性知识的思考、分析、讨论、综合等，体会事实性知识背后的化学学科观念，如"物质结构决定性质，性质决定用途"等，把握物质间相互转化的规律，学习研究物质组成、结构、性质、制法、用途等知识及其相互联系的方法。以碳单质的性质、一氧化碳和二氧化碳的性质、二氧化碳实验室制取与检验等活动探究为载体，经历提出问题、设计实验、实验探究、分析处理、交流反思的探究过程，体验科学研究的方法和途径，养成科学态度和科学思维品质。[①]

(3) 核心素养目标细化。

---

① 上海市教育委员会教学研究室. 中学化学单元教学设计指南[M]. 北京：人民教育出版社，2018：31.

	核心概念	关键能力	必备品格
课题1 金刚石、石墨和C_{60}	碳单质	"结构—性质—用途"学科方法	感受物质的多样性
	①知道碳单质的物理性质和化学性质(如稳定性、可燃性),通过实验掌握碳单质的还原性;通过碳元素能形成多种单质,感受物质世界的多样性。 ②了解新型碳材料的优异性能和用途,感受化学在人类社会进步中的重要作用,激发学科自豪感;在建构物质的"结构—性质—用途"三者之间关系的化学学科方法中发展"宏观辨识与微观探析"素养。		
	核心概念	关键能力	必备品格
课题2 二氧化碳制取的研究	气体的制取	实验室制取常见气体的一般思路和方法	创新精神
	①理解实验室制取常见气体反应原理的选择依据和实验装置的设计原理,并能应用于实验室制取二氧化碳。能根据实验目的选择实验药品和仪器,能安全操作,初步形成实验室制取常见气体的一般思路。 ②通过对实验室制取二氧化碳的药品和发生装置的实验探究,体验科学探究过程,形成求真、求实的严谨科学态度,体验探究过程中的乐趣;通过对二氧化碳制取发生装置的不断改进、评价、修正,增强创新意识。		
	核心概念	关键能力	必备品格
课题3 二氧化碳和一氧化碳	碳的氧化物	控制变量的对比实验方法	可持续发展意识
	①通过探究实验,认识CO_2和CO的物理性质和化学性质,初步学习运用控制变量对比实验的思想方法探究CO_2与H_2O的反应;通过梳理CO和CO_2的结构、性质以及用途等的关系,进一步体会"结构决定性质,性质决定用途"的化学学科方法。 ②了解自然界的碳循环,了解造成温室效应的原因、温室效应的后果、防止温室效应加剧的措施,认识二氧化碳的两面性,确立科学的物质观。通过生产、生活中的实际例子,充分认识一氧化碳的毒性,增强环境保护意识和安全防范意识。		

二、核心素养阶段性达成特点分析

1. 素养提升的起点。

通过对第二单元"我们周围的空气"和第四单元"自然界的水"的学习,学生已经能初步从化学视角了解研究物质的方法。"金刚石、石墨和C_{60}"的教学是培育学生化学学科核心素养的良好载体,可以充分挖掘相关的素材,通过教学活动设计,突破传统的知识传授式设计,转向促进学生发展化学学科核心素养的教学导向,在真实的情境中通过问题引领,促进学生思维的发展和素养目标的达成。

碳的氧化物不仅与学生的日常生活紧密相关,而且是初中化学元素及其化合物知识中非常重要的一部分,学生对二氧化碳的认识多来源于生活经验以及小学科学、初中生物学课程的学习，主要是经验及宏观方面的认识。初中化学中的很多反应都与碳和碳的氧化物有关，通过本单元课题3"二氧化碳和一氧化碳"的学习，可为学生后续学习燃料的合理利用与开发、金属的冶炼、碱和非金属氧化物的反应等内容打下基础；同时，从元素和物质类别的角度建构和发展物质相互转化的初步认识；在学科方法上，探究二氧化碳与水的反应可为学习中和反应、氢氧化钠与二氧化碳的反应提供借鉴。

以氧气的实验室制取为样式和范例，学生对实验室制取气体有一定的知识积累和感性认识，能从反应原理、实验装置等方面进行知识迁移，对实验室制取气体的一般思路有了初步的体验。学生已经知道有多种途径可获取二氧化碳气体，这是反应原理探究的前提。对制取二氧化碳的反应原理的选择与评价，与实验原理的确定、装置的选择、气体的检验这几个过程是分不开的。通过探究，引导学生在不断的体验中，提升解决问题的能力，建构制取气体的思路，为后续的实验室制取氢气提供思维模型。

2. 素养提升的障碍点。

通过之前五个单元的学习，学生已有了由现象推知性质、由性质了解用途的思维，但对物质的结构与性质的关系尚不清楚，因此要使学生初步建立"结构—性质—用途"三者之间关系的思维模式。从元素组成的角度看，单质是由一种元素组成的纯净物，但学生对一种元素不一定只组成一种单质的说法理解不透。虽然学生对实验室制取氧气的原理、装置、收集有了一定的知识储备，但由于学生接触化学的时间不长，实验动手能力和分析能力较弱，还不具备自主的实验探究能力，因此二氧化碳制取的研究应按从较容易的制备药品的探究到制取装置的探究分步进行。此外，学生对二氧化碳的性质和用途未必有科学全面的认识；容易混淆CO_2不供给呼吸的性质和CO的毒性；对元素组成相同的二氧化碳和一氧化碳的化学性质迥然不同的原因的探析等也是学生学习中的困惑点。

本单元的教学中，应注意引导学生走出一些认识上的误区。如二氧化碳对生活和环境的影响，学生对空气中的二氧化碳含量易产生片面认识，有的同学会认为越少越好；将二氧化碳通入紫色石蕊溶液，溶液变红，学生会误认为是CO_2使紫色石蕊溶液变红；二氧化碳的实验室制取中，学生极易混淆"检验"和"验满"；由一种元素组成的物质一定是纯净物。教学中，应促进学生学习方式的转变，注重学科思维和学科方法的引导。

3. 素养提升的延伸点。

(1) 建模学习方法。

①无明显现象的化学反应的实验探究。

化学反应通常伴随着颜色改变、放出气体、生成沉淀、能量变化等现象，但也有无明显现象的化学反应，如$CO_2 + H_2O == H_2CO_3$。教学中应创设从"无"现象到"有"现象的实验教学情境，激发学生探究的欲望，通过观察化学反应的现象、分析化学反应的变化、推测物质间发生反应的逻辑关系，提升认知水平和思维品质。教学中对学生思维的引导可为后续证明氢氧化钠与二氧化碳的反应提供实验设计的方向，做好铺垫和延续。

②利用控制变量法设计多个因素影响的对比实验。

将二氧化碳通入紫色石蕊溶液，导致石蕊溶液变红的原因是 CO_2 或是水或是 CO_2 与水反应生成了新物质？对于多个因素的影响，如何设计实验来证明你的猜想呢？可以运用控制变量的对比方法进行实验设计，并为第七单元中燃烧条件的探究、第八单元中铁制品锈蚀条件的探究提供可借鉴的方法。

③气体的制备思路。

在学习了实验室制取氧气的基础上，本单元通过对二氧化碳制取的研究，总结出实验室制取气体的一般思路和方法，为后续氢气的实验室制取以及其他气体如甲烷、氨气的制备提供了方法，提升了知识的迁移、拓展和应用能力。

④研究物质的方法。

化学的研究对象是物质，实验是化学学科的重要方法。通过实验，基于证据，在真实的问题情境中，始终围绕着物质的"结构—性质—用途"之间关系的学科观念进行教学，使"宏观辨识与微观探析"素养的培育真正地在课堂落地。

（2）核心知识的拓展与延伸。

镁条可以在二氧化碳气体中燃烧，生成黑色的炭粉和白色的固体氧化物，这个反应提醒使用二氧化碳灭火时需注意的问题。人们对燃烧的认识是不断发展的，根据上述化学反应的事实，引导学生对后续初中化学所学的物质燃烧的条件提出新的认识。以二氧化碳为核心物质，构建出碳和碳的化合物间的转化关系网络图，凸显"变化观念与平衡思想"的学科核心素养，着眼于物质观的建立与发展，为后续从物质的分类、化合价、化学反应的类型、化学反应中的能量、有机物等角度对"碳家族"内容进行梳理和整合。①

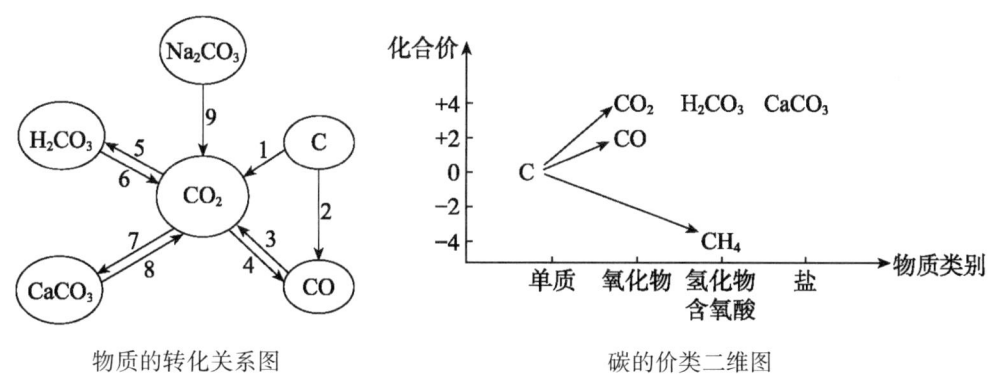

物质的转化关系图　　　　　碳的价类二维图

（3）可持续发展观。

本单元与生产、生活紧密相连。通过学习，引导学生逐渐形成科学的价值观，树立科学态度，培养社会责任，体现了化学学科的人文价值。通过碳单质的学习，了解新型碳单质材料的优异性能和用途，感受化学在人类社会进步中的重要作用，激发学科自豪感。二氧化碳对生活和环境的影响、合理使用化学物质等真实情境的创设，培养学生的社会责任

---

① 北京教育科学课程研究院基础教育教学研究中心. 学科能力标准与教学指南：初中化学［M］. 北京：北京师范大学出版社，2015：48.

感、参与意识和决策能力，彰显了合理辩证地看待物质、合理选择和使用化学物质的学科思想，培养节约资源、保护环境、可持续发展的意识，形成简约适度、绿色低碳的生活方式。本单元的学习，也为后续学习"燃料的合理利用与开发"提供了必要的知识储备和素养基石。

三、单元素养目标达成策略

1. STSE 教学策略。

STSE 是科学（Science）、技术（Technology）、社会（Society）和环境（Environment）英文单词首字母的缩写，强调科学、技术、社会、环境四者之间的相互关系。[①] STSE 是在人类社会面临人口增长和资源减少等背景下应运而生的，重视科学和技术在社会生产、人们生活中的应用，同时倡导节约资源、关注环境问题，是全球实现可持续发展的必然要求。《义务教育化学课程标准（2011 年版）》在"课程基本理念"中提出了 STSE 教育的思想，倡导化学教学应关注与化学有关的社会热点问题，认识环境保护和资源合理开发的重要性，树立可持续发展意识，倡导"绿色化学"观念，引导学生认识化学、技术、社会、环境的相互关系，理解科学的本质，提高学生的科学素养。

STSE 教学策略在本单元的应用尤为突出，应尽可能创设真实的情境，让学生接触与科学技术有关的社会生活实际，在社会生活的实践中主动学习化学知识，感受"从生活走进化学，从化学走向社会"的学科理念，认识和赞赏化学对社会发展的重大贡献，发展综合分析、解决问题的能力。例如，在二氧化碳对生活和环境的影响，碳单质及其氧化物的用途等的教学中，应用 STSE 的教学策略有助于促进"科学态度与社会责任"核心素养的发展。

2. 实验探究策略。

以实验为基础是化学学科的重要特征之一。化学实验对于全面发展学生的化学学科核心素养有着极为重要的作用。实验不仅能激发学习兴趣，而且能帮助学生理解和掌握化学知识，启迪科学思维，训练科学方法，培养科学态度和价值观。在教学中，可从以下几个方面发挥实验的价值。

（1）促进深度思维。

实验探究是一种重要的科学实践活动，是化学学科核心素养的构成要素之一，实验探究应紧密结合具体的化学知识的教学来进行，例如"探究实验室制取二氧化碳的反应原理""探究二氧化碳制取的实验装置""探究二氧化碳使紫色石蕊试液变红的原因"等，使化学知识的学习、科学探究能力的形成与化学学科核心素养的发展有机结合起来。

[①] 袁运开，蔡铁权. 科学课程与教学论 [M]. 杭州：浙江教育出版社，2003.

(2) 形成研究物质的方法。

通过典型的化学事实引导学生认识物质及其变化和规律。例如，在碳单质和二氧化碳性质的学习中，借助实验，观察物质的物理性质，研究物质的化学性质，收集各种证据，对物质的性质及其变化作出假设，分析、推理、归纳、解释，确定形成科学结论所需要的证据和寻找证据的途径。

3. 情境体验策略。

建构主义和情境认知学习理论都强调要创设一种真实的环境，让学生在社会交互中建构知识或形成认知。化学源于生活，因此生活中具有很多可以挖掘使用的情境素材，这些素材是学生们熟悉的、好奇的，是打开学生兴趣大门的有效突破口。有价值的教学情境一定是内含问题的情境，因为问题是教学的心脏，问题是思维探索的引子。本单元的知识与生产、生活紧密联系，更应突显该策略的应用。例如，在碳单质的学习中，播放"空调房里吃木炭烤鱼引发一氧化碳中毒"的新闻视频，引发学生一系列的思考和活动：一氧化碳哪里来的？哪些做法导致一氧化碳中毒？写出反应的化学方程式并仔细比较，这两个化学方程式有何相同？有何不同？什么原因导致生成物不同？生活中的事故对你有何启发？……通过生活实例，了解化学就在身边，体现了化学的价值——让生活更美好，避免事故发生。引导学生用一分为二的观点看待在不同条件下的反应，认识到量变引起质变以及反应条件不同时物质的转化方向不同的化学原理，认识到可以控制化学反应的条件，使化学更好地为人类服务，激发学习化学更高层次的价值追求。这些学习活动的设计与实施，自然而然地承载着"变化观念与平衡思想""科学态度与社会责任"素养的培养。

四、重点活动设计

课题1 金刚石、石墨和 C_{60}

活动素养目标	"结构—性质—用途"学科方法。	
目标详解	(1) 知道碳单质的物理性质和化学性质（如稳定性、可燃性），通过实验掌握碳单质的还原性；通过碳元素能形成多种单质，感受物质世界的多样性。 (2) 了解新型碳材料的优异性能和用途，感受化学在人类社会进步中的重要作用，激发学科自豪感；在建构物质的"结构—性质—用途"三者之间关系的化学学科方法中发展"宏观辨识与微观探析"素养。	
活动主题	活动设计	相关素材资源
活动一 创设情境，走进化学	把冷碟子放在蜡烛的火焰上方获取炭黑。	演示实验：获取炭黑。

续表

活动主题	活动设计	相关素材资源
活动二 碳单质的化学性质	(1) 展示古代字画的图片，思考常温下碳单质的化学性质。 (2) 创设一氧化碳中毒的真实情境，设计问题串，思考在点燃条件下，碳单质的化学性质以及反应条件不同时物质的转化产物不同，理解控制化学反应条件的重要性。 (3) 教师演示木炭还原氧化铜，学生交流实验现象和实验结论，从得失氧的角度建构氧化还原反应。	实物：已保存较长时间用碳素墨水书写的手稿。 图片：古代字画。 视频："空调房里吃木炭烤鱼引发一氧化碳中毒"的新闻。 演示实验：木炭还原氧化铜。
活动三 形态各异的碳单质	(1) 认识金刚石，通过金刚石的用途推知其性质。 (2) 比较金刚石和木炭，产生认知冲突，重新认识。 (3) 认识石墨，通过石墨的用途推知其性质。 (4) 认识C_{60}。 (5) 设计问题，建构"结构—性质—用途"三者之间关系的化学学科思想方法。 (6) 了解发展中的各种新型碳单质。	图片：金刚石及其在生产、生活中的应用。 视频：金刚石在氧气中燃烧。 图片：石墨及其在生产、生活中的应用。 实验：木炭（或活性炭）的吸附性实验。 视频：C_{60}。 微观模型：金刚石、石墨和C_{60}的微观模型。 图片：发展中的各类新型碳单质。
活动四 思维拓展	问题设计： (1) 在蜡烛的火焰中，能否获取到金刚石？ (2) 金刚石价格不菲，而石墨相对便宜得多，能否将石墨变成金刚石？这个过程是物理变化还是化学变化？	视频：蜡烛火焰中发现金刚石颗粒，石墨变金刚石。
活动五 分享收获	梳理本课内容，收获知识的同时获得情感、态度、价值观的提升，促进素养发展。	结构化板书。
活动建议	本课题的学科知识要求不高，但是可以充分挖掘相关的素材，从传统的知识解析转向基于学生化学学科核心素养发展的教学活动设计。	

课题2　二氧化碳制取的研究

活动素养目标	实验室制取气体的研究思路和方法。
目标详解	(1) 理解实验室制取常见气体反应原理的选择依据和实验装置的设计原理，并能应用于实验室制取二氧化碳。能根据实验目的选择实验药品和仪器，能安全操作，初步形成实验室制取常见气体的一般思路。 (2) 通过对实验室制取二氧化碳的药品和发生装置的实验探究，体验科学探究过程，形成求真、求实的严谨科学态度，体验探究过程中的乐趣；通过对二氧化碳制取发生装置的不断改进、评价、修正，增强创新意识。

活动主题	活动设计	相关素材资源
活动一　复习制取氧气的相关知识	(1) 复习实验室制取氧气的方法：反应原理、发生装置、收集装置。 (2) 分析、归纳气体发生装置和气体收集装置选择的依据。 (3) 小结实验室制取气体的重要内容。	课前复习作业：比较实验室制取氧气的三种方法。 图片：制取氧气的装置。
活动二　探究制取 CO_2 的原理	(1) 查阅资料：二氧化碳的物理性质。 (2) 归纳能生成二氧化碳的反应，探究实验室制取二氧化碳的反应原理。	资料：学生课外查阅并整理的二氧化碳的相关性质。 资料：学生已学过的和查阅到的所有生成二氧化碳的化学反应。 实验：对比实验——不同的含碳酸根的物质与不同的酸溶液反应生成 CO_2 的速率。
活动三　实验室制取二氧化碳	(1) 选择装置：根据实验室制取二氧化碳的反应原理和二氧化碳的物理性质选择发生装置和收集装置。 (2) 实验活动：用简易装置制取二氧化碳。	实物（或图片）：物制取氧气的实验装置。 实验：用简易装置制取二氧化碳，进行气密性检查、检验气体、验满等实验操作。
活动四　气体发生装置的再设计	(1) 选用教材P114中的仪器或其他自选仪器，设计二氧化碳的制取发生装置，画出简图（或组装仪器实物）。 (2) 展开小组内或小组间的合作、交流、评价和修正。	实物（或图片）：相关的实验仪器。 化学软件：化学仿真实验室。
活动五　归纳梳理与拓展延伸	(1) 共同小结实验室制取气体的主要思路和方法，形成结构化的知识。 (2) "小发明·小制作"：就地取材，选用生活中现有的物品（墨水瓶、塑料瓶、注射器、圆珠笔芯等），自制一套制取 CO_2 的发生装置，进行交流、展示。	家庭小实验：利用家庭中废旧的物品，设计并组装适合制取二氧化碳的装置，并用贝壳或苏打等物质与白醋为原料制取二氧化碳，交流、展示实验成果。

续表

活动建议	本课题有两个重要的探究任务：反应原理的探究和制取装置的探究。在教学过程中，应充分创造一切可能的条件开展探究活动，引导学生思考、分析、相互质疑、评价、尝试与实践，培养善于合作、敢于质疑、勇于创新的品质。实验设计、探究环节，可先经历简单的实验操作再到设计更开放、多样的实验装置，通过探究活动、实践创新加深学生对课题内容的理解。人教版九年级化学教材在知识体系和科学探究上，都能严格按照学生的认知水平循序渐进地推进，应充分利用这一特点展开教学。

课题3 二氧化碳和一氧化碳

活动素养目标	控制变量的对比实验方法。	
目标详解	(1) 通过探究实验，认识 CO_2 和 CO 的物理性质和化学性质，初步学习运用控制变量对比实验的思想方法探究 CO_2 与 H_2O 的反应；通过梳理 CO 和 CO_2 的结构、性质以及用途等的关系，进一步体会"结构决定性质，性质决定用途"的化学学科方法。 (2) 了解自然界的碳循环，了解造成温室效应的原因、温室效应的后果、防止温室效应加剧的措施，认识二氧化碳的两面性，确立科学的物质观。通过生产、生活中的实际例子，充分认识一氧化碳的毒性，增强环境保护意识和安全防范意识。	
活动主题	活动设计	相关素材资源
活动一 创设情境，从生活走进化学	(1) 展示生活中倾倒碳酸饮料、啤酒时会产生大量气泡的图片，从而引发思考。 (2) 探究活动1：检验产生的气体。	图片：倾倒碳酸饮料、啤酒时的图片。 实验：用澄清的石灰水检验可乐饮料产生的气体。
活动二 探究二氧化碳的性质	(1) 探究活动2：CO_2 能溶于水吗？ (2) 探究活动3：瓶子变瘪仅仅是由于 CO_2 溶于水吗？探究二氧化碳与水的反应。 (3) 探究活动4：二氧化碳与水反应的生成物的性质。（介绍在光合作用条件下 CO_2 与 H_2O 反应生成葡萄糖和氧气。） (4) 展示：干冰在生活中的妙用等。 (5) 介绍二氧化碳的三态变化。 (6) 探究活动5：二氧化碳不可燃也不助燃。 (7) 探究活动6：CO_2 真的不能支持任何物质燃烧吗？	实验：向装满 CO_2 的矿泉水瓶中倒入约三分之一的水后，旋紧瓶盖，振荡，观察现象后，打开瓶盖，倒入紫色石蕊试液。 实验：用紫色石蕊试纸做的四角风车，进行控制变量的对比探究，思考多因素实验方案设计的方法。 视频（或资料）：绿色植物的光合作用中物质的变化。 视频（或图片）：二氧化碳在生活中的妙用。 实验：往放有燃着的高低蜡烛的烧杯中倾倒二氧化碳气体。 实验："冰火"相融——燃着的镁条与干冰的反应。

续表

活动主题	活动设计	相关素材资源
活动三 归纳二氧化碳的性质及用途	(1) 归纳二氧化碳的物理性质和化学性质。 (2) 建构物质性质和用途关系的化学学科方法。	资料（或视频）：生产碳酸饮料时利用增大压强增加 CO_2 的溶解度。 资料：有关 CO_2 用途的图片及其他资料。 视频：温室大棚中的气体肥料。 实验：灭火器灭火。
活动四 设计"教、学、评"一体化活动	(1) 为了使用石灰浆[$Ca(OH)_2$]抹的墙壁快点干燥，为什么常常在室内生个炭火盆？为什么开始放炭火盆时，墙壁反而潮湿？ (2) 进入久未开启的菜窖或干涸的深井之前，如何检验这些场所中二氧化碳的含量是否会对进入的人的生命构成威胁？……	资料：用石灰浆抹墙时发生的化学变化等。
活动五 认识温室效应	(1) 体会漫画《全球变暖》的含义。 (2) 借助碳—氧循环图理解低碳生活、低碳经济，举例说出温室效应的增强对环境的影响和危害。 (3) 共同讨论应如何避免加剧温室效应。	图片：《全球变暖》漫画，碳—氧循环图。 视频：温室效应。
活动六 认识 CO 的性质	(1) 复习学过的 CO 的相关知识内容，归纳出 CO 的物理性质。 (2) 结合煤的燃烧及木炭的燃烧中的化学反应，简单介绍 CO 的化学性质：可燃性、毒性、还原性。	视频（或动画）：炭火炉或煤炉中产生 CO 的过程，CO 冶金过程。 动画（或资料）：CO 中毒的原理。 新闻短片（或资料）：北方冬天有关 CO 中毒的事件。
活动七 比较 CO 与 CO_2	(1) 学生自主完成这两种碳的氧化物的结构、性质、用途等知识的比较（列表比较）。 (2) 设计问题：这两种碳的氧化物在结构、性质、用途上的差异及其原因。	表格：CO 与 CO_2 的比较。
活动建议	(1) 注意对本课题实验的处理：由于学生在前面的学习中接触、应用了较多有关 CO_2 的知识，因此本课题中的探究实验偏向于验证性实验；在实验过程中应提供给学生较多的思维空间，提高学生分析和归纳能力；对于 CO_2 与 H_2O 反应的探究实验，这是首次应用控制条件进行对比的实验探究，应引导学生深入开展探究，进而学会在控制条件下进行对比实验的方法。 (2) 本课题中的 CO 和 CO_2 在应用中都有消极的一面，教学中应引导学生树立正确的化学物质应用观：在全面认识物质的前提下，最大限度发挥物质的作用，消除其不利影响。	

五、单元作业设计

1. 请选择感兴趣的课题，和同学们一起开展研究。

（1）如果你对"碳单质的研究进展"抱着极大的兴趣和好奇，请查阅资料，了解这方面的知识，可以制作画报、PPT 或者撰写小论文，与同学们一起分享交流。

（2）进行"小发明·小制作"：选用生活中现有的物品（如墨水瓶、塑料瓶、注射器、圆珠笔芯、一次性医用输液管等），自制一套制取 CO_2 的发生装置，进行交流展览。

（3）通过网络、电视等媒体搜集资料，就温室效应增强的影响以及应采取的措施等议题，制作黑板报、宣传栏或撰写小论文等进行交流。

（4）温室效应增强所带来的影响越来越引起人们的关注。请同学们组织一次有关"低碳生活"的主题活动，就它的必要性、可行性、现状和具体实施建议进行探讨。

2. 在丰富多彩的物质世界里，碳及其化合物占有重要地位。以化合价为纵坐标，以物质类别为横坐标绘制的图像，叫作价类图。如图是有关碳的价类图，请分析并回答问题。

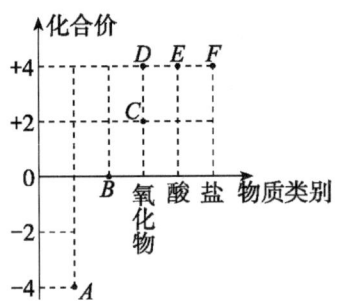

（1）A 点所表示的物质是天然气的主要成分，其化学式为_____。

（2）B 点对应的物质类别是_____。

（3）D 和水反应能生成 E，化学方程式为_____，该反应属于基本反应类型中的_____。

（4）若 F 点表示的物质为含有 4 种元素的钠盐，该盐的用途有_____（任写一种）。

（5）查资料可知：元素处于最高价，只有氧化性；元素处于最低价，只有还原性，则 CO 可能具有的性质是_____。

（6）金刚石和石墨均是由碳元素组成的单质，但两者的物理性质差异较大，其原因是构成它们的碳原子_____不同。一定质量的金刚石在足量的氧气中充分燃烧，固体全部消失，反应的化学方程式为_____；将生成的产物用足量的氢氧化钠溶液来充分吸收并测定其质量，当金刚石的质量恰好等于_____时，则可证明金刚石是由碳元素组成的单质。

3. 用化学方法改造物质——"二氧化碳变汽油"。

二氧化碳是化石燃料燃烧的主要产物之一，汽油（主要成分为含有 5～11 个碳原子的碳氢化合物）是全球用量最大的液体燃料。我国科学家研制出一种新型多功能复合催化剂，通过下图中的三个环节，将二氧化碳转化为汽油（图中 a、b 是起始反应物的分子结构模型，c、d 是制得的汽油中所含物质的分子结构模型）。

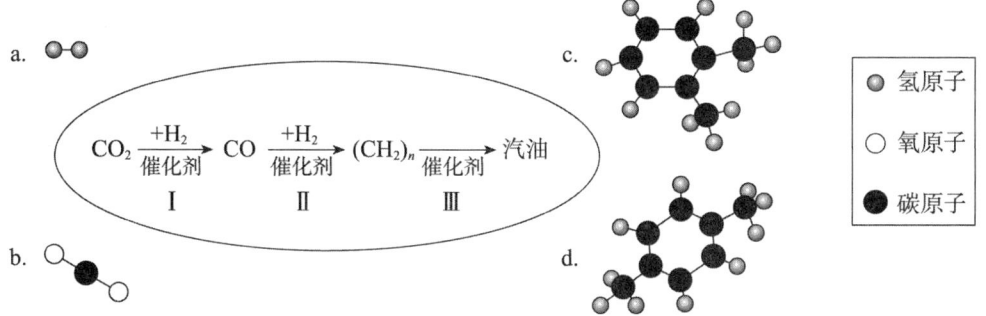

(1) 催化剂能实现物质间的高效转化。下列有关催化剂的叙述正确的是_____（填标号）。

　　A. 催化剂可以改变化学反应速率

　　B. 化学反应前后催化剂的质量不变

　　C. 化学反应前后催化剂的化学性质发生改变

(2) 在一定温度、压强及催化剂的条件下，环节Ⅰ还生成了一种相对分子质量最小的氧化物，反应的化学方程式为_____。

(3) 观察 c 和 d 的分子结构模型，二者是否为相同物质？_____（填"是"或"否"）。c 的化学式为_____。

(4) "二氧化碳变汽油"的成果使我国成为此领域的领跑者。你认为该成果可解决的问题是_____、_____（答出两条即可）。

4. 2018 年 1 月，厦门地铁Ⅰ号线正式开通。2019 年 12 月，地铁Ⅱ号线正式开通。Ⅲ号线、Ⅳ号线也将陆续开通。爱萌同学采用"地铁线路图"的形式，将不同物质的转化关系表示如下图（图中"→"表示物质的转化关系）。

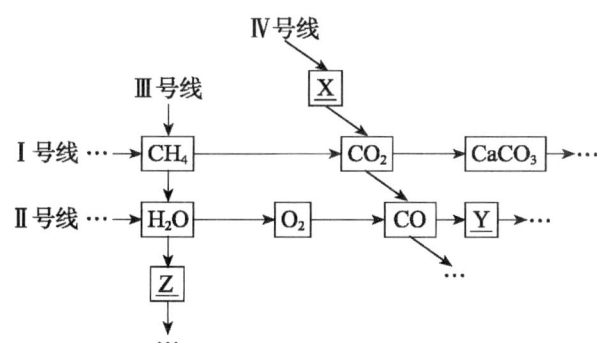

(1) 在图中已知的 6 种物质中，属于单质的是_____，可作燃料的是_____。

(2) 通过 CH_4 或 CO_2 的转化可以完成"Ⅰ号线到Ⅱ号线的换乘"，请任选一转化完成"换乘"，写出反应的化学方程式：_____。

(3) 已知"$H_2O \rightarrow Z$"发生分解反应，X 含有两种元素且其中一种与 Z 相同，则 X 的化学式为_____；若 Y 是一种紫红色金属，写出上述转化中生成 Y 的化学方程式：_____。

5. 发展低碳经济，降低碳排放，就是要尽量减少温室气体二氧化碳的排放！下图是部分物质与二氧化碳的相互转化关系，请回答下列问题。

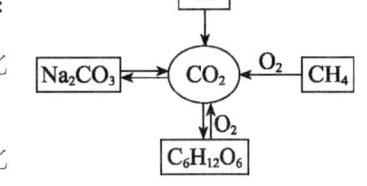

(1) 碳酸钠在高温下与 SiO_2 发生反应，化学方程式为：$Na_2CO_3 + SiO_2 \xrightarrow{\text{高温}} Na_2SiO_3 + CO_2\uparrow$，$Na_2SiO_3$ 中硅元素的化合价为_____价。

(2) 葡萄糖在酶的催化作用下缓慢氧化可转变为二氧化碳，其原理可以表示为：$C_6H_{12}O_6 + 6O_2 \xrightarrow{\text{酶}} 6CO_2 + 6X$，其中 X 的化学式为_____。

(3) 物质 R 能发生分解反应生成 CO_2，写出一个符合要求的化学方程式：_____。

(4) 甲烷是天然气的主要成分，甲烷（CH_4）、乙烷（C_2H_6）、丙烷（C_3H_8）、丁烷（C_4H_{10}）等物质都属于有机物中的烷烃，写出丙烷燃烧的化学方程式：_____。

6. 获悉某处矿井中瓦斯报警器发出警报后，学校兴趣小组请求该矿井安全监测人员提供少量气体样品，进行成分探究。兴趣小组经资料查询，通常瓦斯气体中可能含有 CO、CO_2、CH_4 等气体。为确定该气体是否含有这三种气体中的一种或几种，小组组长初步设计了如下实验方案供大家讨论。（已知：$CH_4 + 4CuO \xrightarrow{\triangle} 4Cu + CO_2 + 2H_2O$）

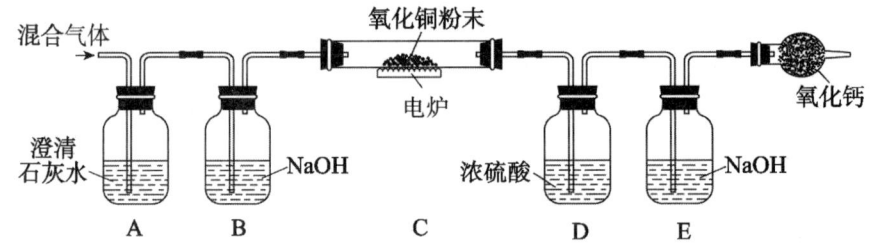

(1) 同学甲认为，氧化钙的作用是防止空气中的 CO_2 和 H_2O 对实验造成干扰，小组成员一致同意。

(2) 同学乙认为，若装置 C 中 CuO 变红，则除了甲烷与 CuO 可能发生反应外，还可能发生的反应是_____（用化学方程式表示）。

(3) 同学丙认为，欲通过装置 D 中浓硫酸因吸收水分而增重，说明混合气体中含有 CH_4 的思路不严密，认为需要在_____（填标号）间再增加一个装置 D（标号为 F），才能证明含有 CH_4。

(4) 同学丁认为，B 装置可有可无。说说你的看法和理由：_____。

(5) 同学戊认为，该装置存在着_____重大安全隐患，小组成员一致同意。

综合上述讨论，兴趣小组将经过安全处理后的混合气体，通过改进后的装置进行了实验探究，请根据实验现象和数据填写结论。

装置	实验现象/数据	实验结论
A	石灰水变浑浊	通过实验现象和数据，小组成员一致认为该气体样品中含有_____。
B	无明显现象	
C	黑色粉末变成红色	
D	装置 D 增重 3.6 g	
E	装置 E 增重 4.4 g	

7. 某课外兴趣小组的同学对二氧化碳的制取和性质进行了相关探究。

[制取研究]（省略夹持仪器）

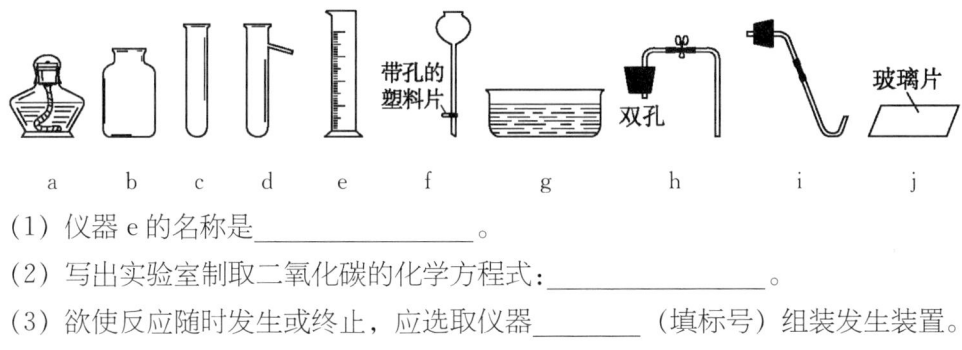

(1) 仪器 e 的名称是_____。

(2) 写出实验室制取二氧化碳的化学方程式：_____。

(3) 欲使反应随时发生或终止，应选取仪器_____（填标号）组装发生装置。

[实验探究]

(1) 如图甲所示，打开汽水瓶盖，有大量气泡冒出，塞上带导管的橡皮塞，导管另一端伸入装有滴加了紫色石蕊溶液的蒸馏水的试管中，轻轻振荡汽水瓶，观察到紫色石蕊溶液变红；加热上述试管，发现溶液颜色由红色变为紫色，写出上述变化过程中反应的化学方程式：_____，_____。

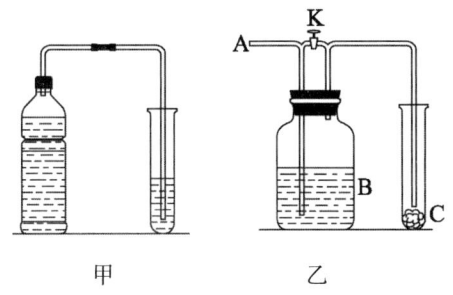

(2) 打开汽水瓶盖时，有大量气泡冒出，说明气体的溶解度随_____。

(3) 如图乙所示，在 C 处放入用石蕊溶液染成紫色的干燥的纸花完成以下实验：

①在 A 处持续而缓缓地通入气体 X。当关闭 K 时，C 处的紫色石蕊纸花不变色；当打开 K 后，C 处的紫色石蕊纸花变为红色。

②若气体 X 为未经干燥的二氧化碳，则 B 瓶中盛放的溶液可以为_____（填标号）。

③若气体 X 为未经干燥且混有氯化氢的二氧化碳，则 B 瓶中盛放的溶液可以为_____（填标号）。

A．浓硫酸　　B．氢氧化钠溶液　　C．饱和碳酸氢钠溶液

[交流反思]

(1) 该小组用空气样品和提高二氧化碳含量的空气样品，控制相同条件测定二者在光照前后温度的变化，实验结果如图丙所示，则与空气样品对应的温度变化曲线是_____（填"a"或"b"），说明二氧化碳可以产生温室效应。

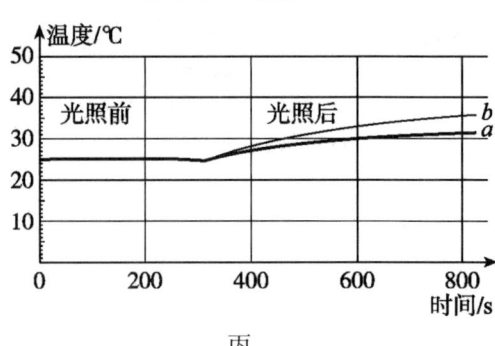

丙

(2) 请简述温室效应对人类生存环境的功与过：_____（各写一条）。

六、重点章节教学案例

课题 1　金刚石、石墨和 C_{60}

厦门市翔安区实验学校　蔡辉舞

《义务教育化学课程标准》对"金刚石、石墨和 C_{60}"的知识要求并不高，但是可以充分挖掘相关的素材，通过教学活动设计，突破传统的知识解析式教学，向促进学生化学学科核心素养的教学转型，聚焦"宏观辨识与微观探析""变化观念""科学态度与社会责任"等方面的素养培育，为化学学科核心素养在课堂的落地作一些思考和探索。

（一）教学目标

1．了解碳单质的物理性质和化学性质（如稳定性、可燃性），通过实验掌握碳单质的还原性；通过碳元素能形成多种单质，感受物质世界的多样性。

2．了解新型碳材料的优异性能和用途，感受化学在人类社会进步中的重要作用，进一步建构物质的"结构—性质—用途"三者之间的关系，发展"宏观辨识与微观探析"素养。

3．通过比较碳单质在不同条件下的转化产物，认识到可以通过控制化学反应的条件，控制化学反应的方向，发展"变化观念"素养。

4．通过真实情境中的问题解决，润物细无声地进行人文生命教育，渗透培养"科学态度与社会责任"素养。

（二）教学过程

教学活动主题一：结合真实的情境认识碳单质的化学性质

教师活动过程	学生活动过程
[情境创设] 在探究蜡烛燃烧时，可知燃烧产物是水和二氧化碳。将蒸发皿放在火焰上方会观察到什么现象呢？获得的黑色物质是什么？由此可推断蜡烛的成分里一定含有什么元素？推断的依据是什么？	观看、思考、回答。

设计意图：通过实验导入新课，从生活走进化学，不仅能激发学生的学习兴趣，也为后续引导学生从宏观角度认识物质的组成作好思维的铺垫。

教师活动过程	学生活动过程
[欣赏图片] 展示古代字画图片。 通过生活中的事实，推测碳单质具有怎样的化学性质。 [提出问题] 什么原因决定了碳单质在常温下化学性质稳定？化学性质与原子的最外层电子数有什么联系？ [讨论归纳] 在常温下，碳单质的化学性质不活泼，这和碳原子的最外层电子数有关。碳原子的最外层有 4 个电子，要成为 8 电子的稳定结构，得 4 个电子或失 4 个电子都不容易，所以，常温下碳单质的化学性质稳定。 [提出问题] 这体现了物质的结构和性质之间存在着什么关系呢？	积极思考——碳单质的化学性质。 (1) 常温下的稳定性。 (2) 阐述：原子的最外层电子数与化学性质的关系。 (3) 归纳："结构—性质—用途"三者之间的关系。

设计意图：展示图片，引导学生发现问题，根据已有的知识经验，猜想碳单质在常温下的化学性质。透过现象看本质，问题看得更深刻，初步建立"宏观辨识与微观探析"的思维模型，构建物质的"结构—性质—用途"三者关系的化学思想方法。

教师活动过程	学生活动过程
[提出问题] 常温下，碳单质化学性质稳定，如果温度升高，碳是否会发生化学反应呢？ [温故知新] 写出木炭在氧气中燃烧的化学方程式，描述燃烧的现象。根据木炭这一性质，推测木炭具有什么用途？ [播放新闻] 空调房里吃木炭烤鱼导致一氧化碳中毒。 [提出问题] (1) 一氧化碳从哪里来的？ (2) 哪些做法导致一氧化碳中毒？ (3) 写出相关反应的化学方程式。 (4) 仔细比较，上述这两个化学方程式有何相同？有何不同？是什么原因导致生成物不同呢？生活中的事故对你有何启发？……	$C + O_2 \xrightarrow{\text{点燃}} CO_2$ 作燃料。 交流、讨论。 $2C + O_2 \xrightarrow{\text{点燃}} 2CO$ 分析、交流、表达、归纳：生活中，用含碳的燃料时，应特别注意空气流通，避免发生事故。

设计意图：通过生活实例，了解化学就在身边，体现了化学的价值——让生活更美好，避免事故发生。用一分为二的观点看待在不同的条件下的反应，认识到量变引起质变

以及反应条件不同时物质的转化产物不同。明确应控制反应条件，使化学更好地为人类服务，激发学习化学更高层次的价值追求。通过追问，引发对燃料充分燃烧的思考，增强了对社会热点问题的决策能力。

教师活动过程	学生活动过程
[讲述] 在生活中木炭可用作燃料。在工业中，木炭还可用于冶炼金属。请同学们认真观察木炭和氧化铜反应的实验。	观察实验、交流表达。
[演示] 演示木炭还原氧化铜的实验，引导学生观察现象、分析实验的注意事项、交流、汇报、得出结论，并写出反应的化学方程式。	$C + 2CuO \xrightarrow{\text{高温}} 2Cu + CO_2 \uparrow$
[讲述] 实验证明碳在高温条件下，还能与氧化铁反应。模仿碳和氧化铜的反应，写出反应的化学方程式。	$3C + 2Fe_2O_3 \xrightarrow{\text{高温}} 4Fe + 3CO_2 \uparrow$
[讲述] 比较上述两个化学方程式，分析、比较得出还原反应的概念。碳单质的这种性质称为还原性。利用该性质，碳可用于冶金工业。	
[讲述] 碳不仅能和金属氧化物反应，还能与某些非金属氧化物反应。写出碳和二氧化碳反应的化学方程式。 [讲述] 归纳碳单质的化学性质。	$CO_2 + C \xrightarrow{\text{高温}} 2CO$ 表达、交流。

设计意图：实验是学习物质性质的重要方法。基于实验，收集各种证据，对物质的性质及其变化进行分析、推理、归纳，从得氧、失氧的角度拓展氧化还原反应的概念，水到渠成，再次强化了"物质的性质决定用途，用途体现性质"的学科思想。

教学活动主题二：认识形态各异的碳单质

教师活动过程	学生活动过程
[图片展示] 璀璨夺目的钻石图片。 [问题设计] (1) 钻石是用什么物质做成的呢？ (2) 谈谈你对金刚石的认识，谈谈金刚石的物理性质及金刚石在生产、生活中的应用。 (3) 物质的性质和用途二者间有什么关系？ (4) 一颗钻石和一车木炭，你的选择是什么？ [欣赏视频] 金刚石燃烧。 [重新定位] 谈谈你对金刚石和木炭的认识。	欣赏、吸引眼球。 金刚石。 交流、表达。 思考、交流、表达。

设计意图：强化视觉效果刺激学生的眼球，通过问题串激发学生的思维，建构物质的性质与用途之间的关系。通过选择，产生对比和认知冲突。以金刚石燃烧的视频带来的震撼，引导学生从宏观的学科视角辨析物质的组成。

教师活动过程	学生活动过程
[活动] 再认识木炭。 [演示实验] 活性炭的净水吸附。 [问题驱动] (1) 活性炭为什么具有较强的吸附能力呢? (2) 这反映了结构、性质、用途的什么关系? (3) 活性炭在生产、生活中的应用有哪些? (4) 在阴霾的天气里,在充满毒气的战争对抗中,一颗钻石和一车木炭,你的选择又是什么? (5) 再谈谈你对金刚石和木炭的认识。	观察、比较。 思考、分析、回答。 对比归纳、表达交流。

设计意图:建构结构、性质、用途三者之间的关系,同时感受化学在生产、生活中的主要作用,体现化学的学科价值,在认知冲突中进行人文和生命教育,也彰显了合理、辩证地选择和使用化学物质的学科思想。

教师活动过程	学生活动过程
[讲述] 碳元素组成的单质除金刚石、木炭外,还有石墨、C_{60},一种元素可以组成多种物质。 [展示] 石墨的图片。 [介绍] (1) 谈谈你对石墨的认识。 (2) 了解石墨的物理性质和在生产、生活中的应用。 (3) 讨论物质的性质和用途二者之间的关系。	观察、比较。 思考、分析、讨论、回答。

设计意图:结合生活实际,设计问题串,激发学生的思维,再次建构物质的性质、用途二者关系的化学学科思想。

教师活动过程	学生活动过程
[播放视频] 介绍 C_{60}。 [图片展示] 新型碳单质。 (1) 许多新的碳单质相继被发现,如 C_{70}、C_{240}、C_{540} 等。 (2) 2010 年诺贝尔物理奖与石墨烯。 [宏观辨识] 碳元素可以组成多种形态各异的碳单质,为什么金刚石、石墨和 C_{60} 的元素组成相同,但物理性质差异却如此之大呢? [微观探析] 借助微观模型,观察金刚石、石墨和 C_{60} 的空间原子排列。 [思维建模] 建立物质的"结构—性质—用途"三者之间关系的化学学科思想方法模型。	观看、比较、交流。 思考、分析、讨论。 观察、思考。 表达、交流。

设计意图：了解新型碳材料的优异性能和用途，感受化学在人类社会进步中的重要作用，感受学习化学的重要意义，同时进一步引导学生透过微观本质解释宏观现象的差异。

教学活动主题三：思维拓展与迁移

教师活动过程	学生活动过程
[课内拓展]"奇思妙想"。 (1) 在蜡烛的火焰中，能否获取到金刚石？ (2) 金刚石价格不菲，而石墨相对便宜得多，能否将石墨变成金刚石？这个过程是物理变化还是化学变化？	思考、质疑、讨论、观看视频、解惑。

设计意图：建立宏观与微观之间的联系是化学学科独特的思维方式。从宏观角度（元素）看物质的组成（元素在化学反应前后是不变的），从微观角度（原子的排列方式）看碳单质物理性质差异的原因，促进了"教、学、评"一体化。

教学活动主题四：分享收获与感悟

师生以思维导图的形式进行梳理和归纳。引导学生畅谈通过本节课的学习，在知识、能力、方法、情感方面的收获与感悟。

设计意图：梳理本课内容，通过结构化的板书，在收获知识的同时，获得情感、态度、价值观的升华，促进素养的提升。这种交流不仅形象地展示了本节课的核心知识，而且完成了对化学学科素养中的学科思想方法进行建模，达成高阶能力的拓展延伸。

(三) 案例点评

1. 创设真实情境，突出问题解决。

情境教学、问题解决式的教学是核心素养培育和提升的重要途径。以螺旋式的问题为引导，给学生营造真实、宽松、有趣的学习氛围，充分调动学习的积极性，让学生在愉悦的氛围中获取知识，促进思维发展。"一颗钻石和一车木炭，你的选择是什么？""在阴霾的天气里，在充满毒气的战争对抗中，一颗钻石和一车木炭，你的选择又是什么？""再谈谈你对金刚石和木炭的认识。"在碳单质化学性质的学习中，设计了很多问题串，如"这两个化学方程式有何相同？有何不同？是什么原因导致生成物不同呢？生活中的事故对你有何启发？"以真实情境为平台，通过问题引发思考与感悟，结合结构化板书，为学生学科核心素养的培育提供学习进阶。

2. 形成学科思想，聚焦素养培育。

教学中，能从宏观与微观视角认识碳的组成与构成，始终围绕着物质的"结构—性质—用途"三者之间关系的学科思想方法展开教学，使"宏观辨识与微观探析"素养的培育真正地在课堂落地。通过真实情境的问题引领，注重对学生"科学态度与社会责任"素养的培育，而且这种落实不着痕迹，水到渠成，很自然地能够体现和承载出来。了解新型碳单质材料的优异性能和用途，感受化学在人类社会进步中的重要作用，感受化学的学科价值。在板书设计"形态各异的碳单质"中，渗透物质的多样性、化学的价值观、发展观等化学学科思想，培养学生的社会责任感、参与意识和决策能力，彰显了合理、辩证地选择和使用化学物质的学科思想，促进了"科学态度与社会责任"素养的发展。通过板书设计"碳的化学性质"，明确物质在不同反应条件下转化可得到不同产物的变化观，从而知道我们可以通过控制反应条件，使化学朝着更有益于人类的方向发展。这些学习活动的设计与实施，自然而然地承载着"变化观念"的学科核心素养的培养，进一步形成节约资源、保护环境的可持续发展理念。

3. 开展学习评价，促进素养达成。

在蜡烛的火焰中能否获取金刚石？石墨能否变成金刚石呢？看似简单的两个问题，是学生从宏观元素和微观结构两个视角看待物质的转化，也是教师对学生"宏观辨识与微观探析"素养达成情况的诊断。这一环节的设计，与导入新课"从蜡烛火焰中获得炭黑，由此推断蜡烛中含有什么元素"的情境首尾呼应，整个设计流畅，寓意巧妙。教学设计中精心编制的"评价作业"与"教、学、评"活动有机结合，形成合力。同时，教师有的放矢地点评，有效促进了学生化学学科核心素养的培育与发展。

第七单元 燃料及其利用

本单元属于"化学与社会发展"主题,将化学学科知识与社会问题紧密联系起来,涉及能源、环境等社会问题,先介绍了燃烧的条件、灭火的原理和方法以及一些安全知识,再从化学反应中能量的变化入手,介绍燃料的合理利用与开发。本单元通过丰富的内容突出了化学对社会发展的重要作用,拓展了学生的视野,不仅让学生对化学知识产生兴趣,也让学生知道自然资源并不是"取之不尽,用之不竭"的,认识到人类要合理地开发和利用资源,树立保护环境、与自然和谐相处的意识,使社会可持续发展。同时,教材设置了"实验""探究""调查与研究""讨论"等环节,培养学生的创新精神和实践能力。[1]

一、单元内容梳理

1. 课程标准及实施建议。

标准	活动与探究建议
• 认识燃烧、缓慢氧化和爆炸发生的条件,了解防火灭火、防范爆炸的措施。 • 知道物质发生化学变化时伴随有能量变化,认识通过化学反应实现能量转化的重要性。 • 认识燃料完全燃烧的重要性,了解使用氢气、天然气(或沼气)、液化石油气、酒精、汽油和煤等燃料对环境的影响,懂得选择对环境污染较小的燃料。 • 知道化石燃料是人类社会重要的自然资源。 • 知道石油是由多种有机物组成的混合物,了解石油通过炼制可以得到液化石油气、汽油、煤油等产品。	• 燃烧条件的实验探究。 • 观察某些燃料完全燃烧和不完全燃烧的现象。 • 讨论:在氢气、甲烷(天然气、沼气)、煤气、酒精、汽油和柴油中,你认为哪一种燃料最理想? • 交流并解释日常生活中常见的燃烧和爆炸等现象。 • 比较石油常见馏分的某些物理性质及其燃烧的情况。

---

[1] 杨剑春. 初中化学教学建议 [M]. 南京:南京师范大学出版社,2010.

标准	活动与探究建议
• 了解我国能源与资源短缺的国情，认识资源综合利用和新能源开发的重要意义。	• 调查当地燃料的来源和使用的情况，提出合理使用燃料的建议。

（1）本单元可供选择的学习情境素材：不同材料燃烧引起的火灾与自救；城市"环保汽车"的兴起；沼气、天然气和"西气东输"工程；海底深处的"可燃冰"；原油泄漏对生态环境的危害及其处理；我国的化石能源危机。

（2）单元知识内容结构。

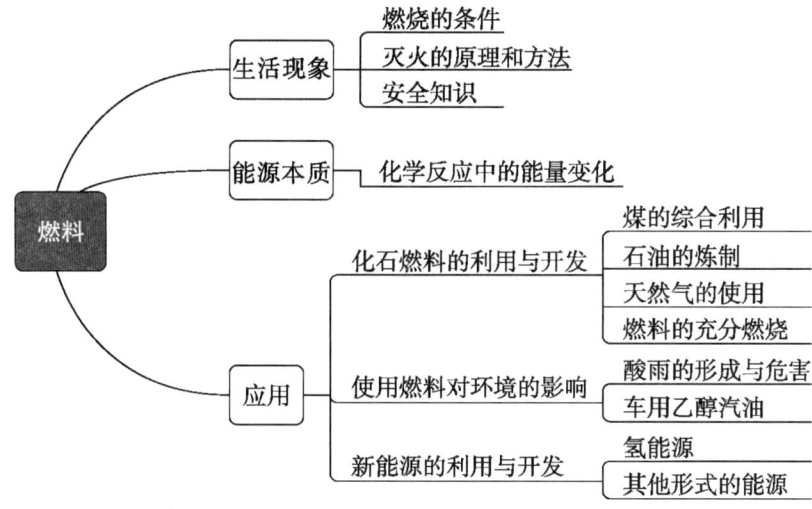

2．单元教学核心素养目标解读。

（1）目标梳理。

教学内容	核心素养
燃烧的条件	科学探究、证据推理
灭火的原理和方法	创新意识
易燃物和易爆物的安全知识	科学态度
化学反应中的能量变化	变化观念
化石燃料的利用	社会责任
使用燃料对环境的影响	社会责任、守恒思想
能源的利用和开发	社会责任

(2) 单元学习目标。

①通过开展实验、探究等活动，认识燃烧的条件和灭火的原理；了解易燃物和易爆物的相关安全知识，树立安全意识。

②认识化学反应伴随着能量的变化，认识化石燃料是人类重要的自然资源，能从化学视角认识化学对社会发展的重要作用；认识化石燃料的燃烧对环境的影响，认同环境保护和资源开发的重要性，强化社会责任意识，积极参与有关化学问题的社会决策。

(3) 核心素养目标细化。

	核心概念	关键能力	必备品格
课题1 燃烧和灭火	燃烧	对比的实验方法	树立安全意识
	①引导学生观察红磷、白磷燃烧的对比实验的现象，分析、推理得出可燃物燃烧的条件，并从燃烧的条件及生活中灭火的实例总结归纳出灭火的原理和方法。②通过科学探究认识简易灭火器的原理，认识到化学在生产、生活中起着重要作用，很多方法都来源于化学知识和原理。③树立安全意识，了解易燃物和易爆物的相关安全知识，认识生产、生活中常见的安全标志，注意防火、防爆。		
课题2 燃料的合理利用与开发	核心概念	关键能力	必备品格
	化学反应中的能量变化	理解化学、技术、社会和环境之间的关系	强化社会责任意识
	①结合生石灰与水反应放出热量的实验认识化学反应伴随着能量的变化，知道有些反应放热，有些反应吸热，知道人类需要的大部分能量是由化学反应产生的。②知道化石燃料的用途，认识化石燃料是人类重要的自然资源，对人类的生活起着重要作用。③了解化石燃料的不可再生性、燃料充分燃烧的重要性以及化石燃料燃烧对环境的影响，认同合理开发和利用能源、节约使用化石燃料的重要性，树立环保意识。		

二、核心素养阶段性达成特点分析

1. 素养提升的起点。

燃烧与我们的生活以及社会发展有着密切的联系，学生在日常生活中已经接触到了燃烧现象。在第二单元学习氧气时观察了红磷、木炭、硫粉、铁丝等物质在氧气中燃烧的实验现象，在第四单元学习水的组成时知道纯净的氢气能安静地燃烧、不纯的氢气遇到明火会爆炸，在学习第六单元时知道一氧化碳能燃烧、二氧化碳不支持燃烧。学生对燃烧有了一定的认识，只不过还没有获得系统的、规范的概念，因此，教学可以从红磷、白磷燃烧的对比实验出发，帮助学生获得概念，形成较为动态的知识体系。

化石燃料是生活和生产中常用的燃料，煤、石油、天然气等燃料对学生来说并不陌生。通过介绍化石燃料对人类社会发展所起的重要作用，以及按照"2009年我国化石能源基础储量和年产量"估算化石燃料的使用年限，让学生认识到我国面临的化石燃料危机，意识到节约能源和开发新能源的重要性。

2. 素养提升的障碍点。

学生在此之前已经接触过对比实验的方法，但对于红磷、白磷燃烧的对比实验，要具体对比哪些实验现象，需要获取哪些证据来支持相应的实验结论，这种思维方式学生还不太熟悉，所以教学中仍需对学生加以引导。

此外，很多学生对着火点概念的理解还不够准确，有的学生甚至认为灭火的方法之一就是降低可燃物的着火点，教学中需要帮助学生正确获得概念。

另外，有些学生对化石燃料储量的有限性认识不够全面，不能正确认识使用化石燃料对环境的影响。在教学中应提供大量的情境、数据让学生交流、讨论，形成正确的观念，强化学生的社会责任意识。

3. 素养提升的延伸点。

（1）从化学视角认识化学对社会发展的重要作用。

本单元是落实"从生活走进化学，从化学走向社会"课程理念的重要载体，教学中应从生活实际出发，帮助学生从化学视角认识化学对社会发展的重要作用。化学视角主要体现在化学学习的方法和思路。学习"生石灰与水反应放出热量"，引导学生观察实验现象，重点关注用手轻轻触碰试管外壁的感觉，获取证据，得出"该反应放热"的实验结论，再形成"化学反应伴随着能量变化"的结论，进而认识到人类社会发展所需的大部分能量来自于化学反应。

（2）帮助学生形成解决问题的能力。

"化学与社会发展"主题以能源、资源、材料、健康和环境为线索，涉及的内容既有燃料燃烧、金属冶炼、化肥鉴别、合成材料、微量元素等方面的知识，又有燃烧条件的探究和大气、水、土壤污染物的来源及危害情况调查等方面的活动。[①] 本单元属于"化学与社会发展"主题的重要组成部分，是学生第一次接触并从化学视角看待社会问题。因此，在教学时，教师应创设更多的真实问题情境，抽象出主要涉及的化学知识，帮助学生从化学视角看待社会问题，并形成解决问题的基本思路和方法，为本主题后续内容的学习奠定良好的基础。

（3）培养安全意识。

教材中通过粉尘爆炸实验说明可燃物爆炸的原理，提供了常见可燃性气体的爆炸极限、常见的防火和防爆安全标志、易燃物和易爆物的使用注意事项等相关内容，让学生认识到安全的重要性，增强学生的安全意识。

---

① 肖红梅. 初中新课程"化学与社会发展"主题教学之我见[J]. 化学教学，2007（5）：33—35.

（4）树立环境意识。

当前，环境问题日益严重，特别是化石燃料燃烧产生的二氧化碳、二氧化硫、一氧化碳、氮氧化合物等对环境造成的严重污染更是不容忽视。本单元通过可燃物的燃烧、化石燃料燃烧对环境的影响、开发和利用新能源等内容，让学生树立资源与环境保护意识，了解化学在解决环境问题中的重要作用，强化可持续发展意识。

三、单元素养目标达成策略

1. 重视渗透 STSE 思想，从化学视角认识社会发展。

化学是一门基础学科，与日常生活有着紧密的联系，可以说社会发展离不开化学。STSE 是科学（Science）、技术（Technology）、社会（Society）和环境（Environment）的英文单词首字母缩写，它强调的是四者之间的紧密联系和深度结合。本单元有两个 STSE 情境，分别是"可燃冰"和"车用乙醇汽油"。从化学视角看，这部分内容是基于真实情境认识物质的性质、变化、用途；从社会视角看，这部分内容是基于解决人类社会发展的能源问题。认识这些物质的性质、变化、用途，不仅仅是为了学习相关的化学知识，其更重要的价值是为了解决人类社会发展的问题。因此在教学中应重视 STSE 思想的渗透，帮助学生学会从化学视角认识、审视社会发展，强化学生的社会责任意识。

2. 鼓励学生参与学习活动，体验深度学习。

本单元的学科核心知识点并不多，教学难度不大。在教学中应鼓励学生积极参与学习活动，为学生讨论和表达观点提供足够的空间，帮助学生体验深度学习。讨论"化石能源是有限的"话题时，可以让学生在课前做好准备，搜集相关信息或数据，课堂上基于证据进行讨论和表达，再谈谈对能源的保护、开发和利用的看法。讨论"认识酸雨及其危害"话题时，以一系列驱动性问题，如"酸雨是如何产生的？""化石燃料是一类什么样的燃料？""为什么化石燃料燃烧会导致酸雨？""如何减少空气污染？"等，引导学生从化学视角进行深度学习。讨论"氢气未能作为燃料被广泛应用的原因"话题时，可以引导学生从氢气的存在、性质及制备等方面进行讨论，最后形成观点。

3. 重视指导学生通过观察获得关键信息，进一步达成"证据推理"素养。

本单元共安排 4 个实验，分别是"燃烧的条件""粉尘爆炸""生石灰与水反应放出热量""甲烷燃烧"。"燃烧的条件"是基于对比实验的方法，通过观察获取证据，推理得出实验结论；"粉尘爆炸"是通过观察实验现象分析爆炸原因；"生石灰与水反应放出热量"是基于观察实验现象，获取证据、得出实验结论；"甲烷燃烧"是基于观察实验现象推断出甲烷燃烧的生成物。可见，本单元涉及的化学学科思维主要体现在证据推理，在教学中应着重培养学生通过观察获取关键信息、基于证据进行分析推理、形成科学结论的能力。

4. 引导学生用辩证的态度认识燃料使用过程中的问题，深入体会化学的学习价值。

长期以来，人们在化石燃料应用的过程中看到的问题比其优点多，恰恰是由于人们缺乏基本的化学素养，不合理使用化石燃料才造成这些问题的。因此，在教学中一定要改变学生的这种认识。通过介绍使用化石燃料对环境的影响，说明使用清洁能源及环境保护的重要性；同时通过介绍为消除化石燃料燃烧对环境的影响所采取的措施，以及科学家们在开发和利用新能源方面所做的努力，帮助学生认识化学在治理污染中的重要作用，是处理这些问题的主力军，进而让学生认识学习化学对环境保护、可持续发展所起的积极作用。

四、重点活动设计

课题 1　燃烧和灭火

活动素养目标	对比的实验方法，树立安全意识。	
目标详解	(1) 引导学生观察红磷、白磷燃烧的对比实验的现象，分析、推理得出可燃物燃烧的条件，并从燃烧的条件及生活中灭火的实例总结归纳出灭火的原理和方法。 (2) 通过科学探究认识简易灭火器的原理，认识到化学在生产、生活中起着重要作用，很多方法都来源于化学知识和原理。 (3) 树立安全意识，了解易燃物和易爆物的相关安全知识，认识生产、生活中常见的安全标志，注意防火、防爆。	
活动主题	活动设计	相关素材资源
活动一　追溯燃烧的历史	学生交流、讨论生活中接触过的燃烧现象。	化学史：古埃及人冶炼金属铜。
活动二　燃烧的条件	(1) 演示燃烧条件的实验，引导学生关注对比实验的现象，获取证据，推理得出结论。 (2) 构建模型： 可燃物 与氧气接触　→ 物质燃烧 温度达到着火点	科学推理：必要条件就是没有这个条件，结果一定不会产生。P 是 Q 的必要条件是指如果 P 不出现，Q 一定不出现。必要条件原因属于"串联现象"。 P R　→ Q S
活动三　探究灭火的原理	(1) 对比蜡烛在不同条件下的燃烧，引导学生关注实验现象，推理得出灭火的原理。 (2) 演示模拟灭火器原理的实验。	资料：灭火器的使用方法和灭火原理，不同材料引起的火灾与自救。

续表

活动主题	活动设计	相关素材资源
活动四 易燃物和易爆物的安全知识	(1) 演示粉尘爆炸实验,引导学生认识爆炸产生的原因,知道可燃性气体、面粉等都能引起爆炸。 (2) 介绍易燃物和易爆物的安全知识。	图片:加油站严禁烟火;生活、生产中常见的安全标志。 资料:易燃物和易爆物的生产、运输、使用和贮存的注意事项。
活动建议	本课应重视对安全意识的培养。	

课题2 燃料的合理利用和开发

活动素养目标	理解化学、技术、社会和环境之间的关系,强化社会责任意识。	
目标详解	(1) 结合生石灰与水反应放出热量的实验认识化学反应伴随着能量的变化,知道有些反应放热,有些反应吸热,知道人类需要的大部分能量是由化学反应产生的。 (2) 知道化石燃料的用途,认识化石燃料是人类重要的自然资源,对人类的生活起着重要作用。 (3) 了解化石燃料的不可再生性、燃料充分燃烧的重要性以及化石燃料燃烧对环境的影响,认同合理开发和利用能源、节约使用化石燃料的重要性,树立环保意识。	
活动主题	活动设计	相关素材资源
活动一 化学反应中的能量变化	(1) 演示生石灰与水反应的实验,引导学生观察实验现象,重点关注用手轻轻触碰试管外壁的感觉,获取证据,得出实验结论。 (2) 介绍化学反应产生的能量对人类社会所起的重大贡献。	图片:我国古代烧制陶器,利用燃料燃烧的高温烧制陶瓷。
活动二 化石燃料的利用	(1) 介绍化石燃料,如煤、石油、天然气,帮助学生认识化石燃料是不可再生能源。 (2) 介绍煤的综合利用、石油的炼制及其主要产品。 (3) 演示甲烷的燃烧的实验,引导学生关注实验现象,推断甲烷燃烧的产物,并用化学用语对其进行描述。 (4) 教师提供数据引导学生分析我国化石能源面临的危机,谈谈化石能源使用与开发的看法。 (5) 教师介绍通过控制化学反应的方法,提高化石燃料的燃烧利用率可有效节约能源。	资料:石油和煤的综合利用,天然气"西气东输"工程,海底深处的"可燃冰",原油泄漏对生态环境的危害及其处理,我国的化石能源危机。
活动三 使用燃料对环境的影响	(1) 教师介绍化石燃料的使用对环境造成的危害,提供关于酸雨的形成及其危害的相关信息。 (2) 教师介绍车用乙醇汽油的优点。	资料:酸雨的形成及其危害,减少汽车尾气污染的措施,车用乙醇汽油。

续表

活动主题	活动设计	相关素材资源
活动四 能源的利用和开发	(1) 教师介绍氢能源的优点及制备方法，引导学生交流、讨论氢能源还不能作为燃料被广泛应用的原因。 (2) 教师介绍其他形式的能源。	资料：新能源的开发和利用。
活动建议	本课的重点是帮助学生理解化学、技术、社会和环境之间的关系，正面认识化学对人类社会发展的重大贡献，并形成"绿色化学"的观念。	

五、单元作业设计

1. 调查报告：了解灭火器的类型及使用方法，调查小区居民能否正确使用灭火器。

2. 小论文：查阅相关资料了解"酸雨的形成及其危害"，谈谈防治酸雨的具体措施。

3. 讨论：我国面临着严重的化石能源危机，人们正在利用和开发的新能源有哪些？这些新能源各有哪些优点？

4. 煤是重要的化工原料，用煤作燃料不仅是极大的浪费，而且煤中含有的硫在燃烧时会生成二氧化硫气体，造成环境污染。我国北方某城市冬季取暖约 150 天，每天消耗含硫 1% 的煤 200 t，该城市一年冬季至少向空气中排放多少吨二氧化硫？从环保的角度考虑，请你提出合理化建议。

5. 能源、材料和安全关系着社会的发展。

(1) "一带一路"的倡议，促进了东西方经济、文化的交流。能源合作是"一带一路"的重要内容，如通过中缅油气管道将石油和天然气输入中国。结合材料背景谈谈我国油气进口管道工程的作用和意义。

(2) 氢气作为新能源，越来越受到人们的重视。请说说氢能源的主要优点及其未能被广泛使用的原因。

(3) 华为开创了"中国芯"时代。"中国芯"的主要材料是高纯度的单质硅，工业上可用 SiO_2 和碳单质在高温条件下反应来制取。结合材料谈谈化学对人类社会发展的重要作用。

(4) 安全是一个永恒的话题。小明同学家中使用的燃料是天然气，为安全起见，计划在厨房安装天然气泄漏报警器。该同学认为报警器安装的位置应如图所示，你认为这样安装是否合理？请说明理由。若报警器显示有天然气泄漏，可以采取哪些应急措施？

6. 防治空气污染、改善生态环境已成为全民共识。近年来，一些城市出现雾霾天气。雾霾的形成与大气中的各种悬浮颗粒物有关，尤其是粒径不大于 2.5 μm 的可吸入悬浮颗粒物（PM2.5）。

(1) 说说哪些行为会加重雾霾的形成。

(2) 为了减少雾霾、降低大气中有害气体的含量，研究机动车尾气中CO、NO_x及C_xH_y的排放意义重大。机动车尾气污染物的含量与空燃比（空气与燃油气的体积比）的变化关系如右图所示。

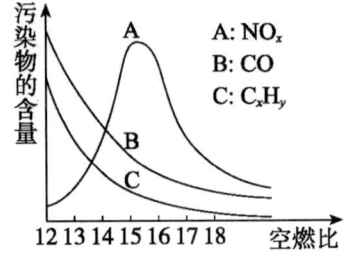

①利用氨气可在一定条件下将汽车尾气中的氮氧化物（NO_x）转化为对空气无污染的物质。请将该反应的化学方程式补充完整：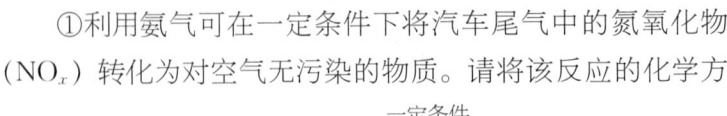。

②随着空燃比的增大，CO和C_xH_y的含量减少的原因是_____。

③结合材料背景谈谈防治雾霾的具体措施。

7. 阅读下面的科普短文，并回答问题。

灭火弹是一种常见的灭火器材，主要分为沙石灭火弹和干粉灭火弹。目前市场上的灭火弹主要以干粉灭火弹为主。超细干粉灭火剂是目前国内外已查明的灭火剂中，灭火浓度最低、灭火效能最高、灭火速度最快的一种。超细干粉灭火剂单位容积灭火效率是哈龙灭火剂的2～3倍，是普通干粉灭火剂的6～10倍，是七氟丙烷灭火剂的10倍以上，是二氧化碳的15倍。超细干粉灭火剂对大气臭氧层耗减潜能值（ODP）为零，温室效应潜能值（GWP）为零，对人体皮肤无刺激，对保护物无腐蚀，无毒无害。超细干粉灭火剂灭火后的残留物易清理，不会造成火场中人员中毒或窒息死亡。同时，超细干粉灭火剂的储存期限可达10年，不需频繁更换及维护。

灭火弹具有两种引爆方式供使用者选择。一种是拉发式（又称主动式），用力拉出拉索后延时七秒钟即爆炸；另一种是引燃式（又称被动式），使用时只需撕开封皮，掏出超导热敏线，用力投入火场即可。

在扑灭森林大火时，由于扑救人员多，因而应该选用引燃式超细干粉灭火弹，这种灭火弹只要投入火场，成功率几乎是百分之百，能显著减少扑救人员的伤亡。而应用于其他方面的灭火，则可根据现场情况选用，比如一些狭小场所或投掷不准的失火点、火灾场所会导致灭火弹滚动而不易被火苗点燃的情况，适宜于使用拉发式灭火弹。

(1) 常见灭火弹主要分为沙石灭火弹和_____。

(2) 下列关于超细干粉灭火剂的说法中正确的是_____（填标号）。

  A. 灭火效能最高的一种灭火剂 B. 对大气臭氧层耗减潜能值为零

  C. 灭火后残留物易清理 D. 会造成火场中人员中毒或窒息死亡

(3) 某种干粉灭火剂的主要成分是$NaHCO_3$，遇热时$NaHCO_3$会分解生成Na_2CO_3并放出CO_2气体，写出该反应的化学方程式：_____。

(4) 狭小场所或投掷不准的失火点灭火时，适用于使用_____（填"拉发式"或"引燃式"）灭火弹。

(5) "森林防火，人人有责。"请你对预防森林火灾提一条建设性意见：_____。

8. 化学兴趣小组在老师的帮助下围绕燃烧实验开展相关研究。

探究一：氢气的燃烧实验

（1）用锌和稀硫酸制取氢气，从下图中选择仪器组装发生装置，所需仪器为_____（填标号）；A的名称为_____。

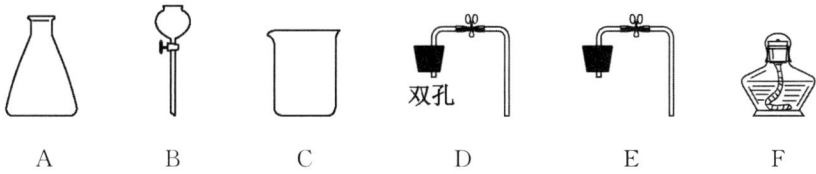

（2）用不同体积比的混合气体做氢气的燃烧实验，结果如下表：

氢气与空气的体积比	9∶1	8∶2	7∶3	5∶5	3∶7	1∶9	0.5∶9.5
点燃现象	安静燃烧	安静燃烧	弱的爆鸣声	强的爆鸣声	强的爆鸣声	弱的爆鸣声	不燃烧，不爆鸣

分析上表信息，你对燃烧或燃烧条件的新认识是_____。

探究二：可燃性粉尘燃烧剧烈程度的影响因素

（3）用如右图所示装置研究某可燃性粉尘颗粒大小对燃烧剧烈程度的影响，燃烧剧烈程度用燃烧产生的最大压力衡量，容器内壁的传感器可测出燃烧产生的最大压力。

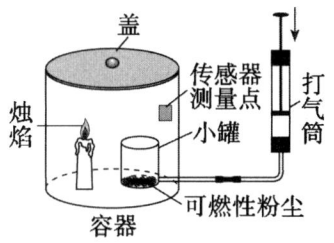

①实验过程中，需改变的实验条件是_____，不能改变的是_____、_____、_____（仅列三种）。

②兴趣小组另测得可燃性粉尘浓度与燃烧产生的最大压力的关系如右图所示，结合图中信息，提出防止可燃性粉尘发生燃烧的合理建议：A. 禁止烟火；B. _____。

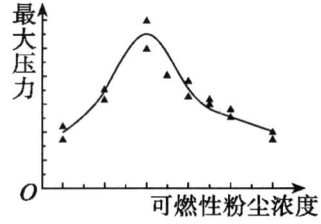

六、重点章节教学案例

课题2　燃料的合理利用与开发

厦门市教育科学研究院　王锋

本课题是初中较为重要的社会性课题，教学的重点是让学生从化学视角感受化学在人类社会发展中的重大作用，感受化学对于解决人类能源危机、环境问题、材料问题的重要作用，体会化学的学习价值，初步树立珍惜资源、爱护环境的社会责任感。

(一) 教学目标

1. 知道物质发生变化时伴随着能量变化，认识通过化学反应实现能量转化的重要性。

2. 知道石油是由多种有机物组成的混合物，石油通过炼制可以得到液化石油气、汽油、煤油等产品；知道化石燃料（煤、石油、天然气）是人类重要的自然资源，了解海洋中蕴藏着丰富的资源。

3. 认识燃料完全燃烧的重要性，了解使用氢气、天然气（或沼气）、液化石油气、煤气、酒精、汽油和煤等燃料对环境的影响，懂得选择对环境污染较小的燃料。

(二) 教学过程

教学活动主题一：化学反应中的能量变化

教师活动过程	学生活动过程
[导入] 今天天气很冷，我来给大家送温暖。 [演示] 蒸发皿中放有五六块生石灰，在生石灰块之间放有鹌鹑蛋，往生石灰中加水。 [讲解] 我不仅给大家送温暖，还要给大家送点好吃的。下课后请肚子饿的同学吃石灰烤蛋。大家要注意观察现象。 [提问] 观察到什么现象？说明什么结论？ [小结并板书] CaO + H$_2$O ══ Ca(OH)$_2$　放出大量热 　　　　　　　生石灰　　　　　熟石灰 [讲解] 根据化学反应中的能量变化，把反应分为放热反应和吸热反应。人类可利用反应产生的能量做饭、取暖、发电、烧制陶瓷、冶炼金属和发射火箭等。	观察并描述生石灰与水反应的现象（邀请几位学生到讲台感受生石灰与水反应后的温度变化）。 观察到的现象：生石灰化开，变成白色粉末，上方有白雾，放出大量的热。 思考教材 P137 "讨论"：化学反应中的热量变化被应用于生活和生产中，你能举出一些实际应用的例子吗？

设计意图：通过实验感受化学反应中的热量变化，体会化学反应中的热量在生产、生活中的应用，认识利用化学反应获得能量的重要性。

教学活动主题二：认识化石燃料

活动准备：课前让学生预习，并完成有关化石燃料的形成及其组成、使用燃料对环境造成的影响等相关问题的预习学案。

教师活动过程	学生活动过程
[导入] 当前我们所利用的燃料主要是化石燃料。有哪些化石燃料？它们是怎么形成的？有哪些成分？ [小结并板书]	结合预习，各个小组成员汇报化石燃料的种类、形成过程、组成元素，以及燃烧产物。 思考：反应物的组成与其燃烧产物有什么关系？

化石燃料	组成元素	燃烧产物
煤	主要 C	CO$_2$（不完全燃烧：CO、C）
	H 和少量的 S 等	H$_2$O、SO$_x$ 等
石油	主要 C、H	CO$_2$（不完全燃烧：CO、C）、H$_2$O
	少量的 S、N 等	少量 SO$_x$、NO$_x$ 等
天然气	主要 C、H	CO$_2$（不完全燃烧：CO、C）和 H$_2$O

续表

教师活动过程	学生活动过程
[观看视频] 补充介绍有关煤、石油、天然气等燃料的其他资料。 [观看视频] 甲烷燃烧实验。 [归纳小结] 组成燃料的元素在燃烧过程中生成对应的氧化物。如甲烷完全燃烧生成 CO_2 和 H_2O，不完全燃烧生成的产物是 CO，甚至是 C。 [实验探究] 证明蜡烛的组成中含 C、H 元素。 [组织交流] 交流探究方案、实验现象及结论。	观察并交流实验现象。 写出甲烷燃烧的化学方程式。 根据所提供的仪器、药品设计实验方案。 根据设计方案，通过实验证明蜡烛中含 C、H 元素。

设计意图：通过学生课外查阅资料，以及在课堂交流相关问题，教师从元素观等角度梳理相关物质变化，让学生从整体角度掌握相关物质变化。

教学活动主题三：化石燃料产生的影响及解决措施

教师活动过程	学生活动过程
[导入] 结合黑板上化石燃料燃烧产物，思考燃料燃烧产物对环境的影响。 [归纳并板书] 	化石燃料	燃烧产物	对环境的影响
---	---	---
煤	CO_2	温室效应
	CO	污染气体
	C	可吸入颗粒
	SO_x 等	污染气体
石油	CO_2	温室效应
	CO	污染气体
	C	可吸入颗粒
	SO_x、NO_x 等	污染气体
天然气	CO_2	温室效应
	CO	污染气体
	C	可吸入颗粒 | [观看视频] 介绍燃料燃烧产物对环境的影响。 [提问] 如何解决燃料燃烧产物对环境的影响？ [补充并归纳] (1) 针对化石燃料不完全燃烧问题产生的污染，可以采取的措施：①燃烧时要有足够的空气；②燃烧时要有足够大的接触面。	查阅相关资料，结合身边的事例，交流燃料燃烧产物对环境的影响。 观看视频，交流体会。 回答：让化石燃料完全燃烧；除去化石燃料中在燃烧时会产生污染的元素；采用清洁燃料……

教师活动过程	学生活动过程
（2）除去化石燃料中在燃烧时会产生污染的元素，如 P、S 等；或在燃料中加入会吸收污染气体的物质。 （3）采用清洁燃料。 [介绍] 化石燃料中含有多种成分，当作燃料直接燃烧，既浪费资源又会产生大量污染物，应对化石燃料进行炼制分离及综合利用。 [展示多媒体] 介绍煤、石油的综合利用及其各种产品。 [讨论] 按照化石能源基础储量和年产量，谈谈你对化石燃料使用与开发的看法。 [展示多媒体] 介绍新能源的开发与利用。 [实验] 实验室制取氢气。 [小结] 实验原理、装置、步骤。 [拓展] 介绍氢能源、工业制取氢气。	列举生活中的石油产品及其用途。 回答：化石燃料是不可再生能源。化石能源很快就被用完。 列举身边的新能源及其优点。 观察实验现象。 交流本课学习体会，以及对燃料的新认识。

设计意图：联系社会生产、生活实际，创设丰富的教学情境，组织学生参与相关问题的讨论，让学生对相关内容有更全面的认识和深入的体验，更高效地达成情感目标。

（三）案例点评

本案例针对课题的教学内容多，学生已有一定认识的特点，对教学内容进行重新整合。从元素角度认识物质变化，进而把这些变化与反应置于社会应用及环境影响的背景中，让学生从整体上感受本课题结构化内容，而不再是零碎知识的堆砌。教学中重视让学生从化学视角认识燃料的燃烧，深入认识化学在提升矿物燃料的利用率、防止环境污染及开发新能源中的重要作用。本教学设计重视挖掘各教学内容的教育价值，通过先学后展示，拓展课堂的时空，充分发挥学习共同体的作用，让学生提高认识，升华情感，高效达成本课的教学目标。

第八单元　金属和金属材料

本单元是教材中继"我们周围的空气""自然界的水""碳和碳的氧化物"之后再次研究身边的化学物质，主要围绕金属的性质、冶炼、防锈蚀、回收与利用等内容呈现学习情境和素材。通过探究性学习获取知识，引导学生学会从生产、生活中发现问题并获取信息，建构金属的通性、置换反应、金属的腐蚀与防护等核心概念，进一步学会和运用分析、推理、归纳和探究的方法；通过铁的冶炼、金属的腐蚀与防护等内容，让学生认识可以利用化学方法实现物质的转化，获得新物质或更好地保护物质，从而建立元素观、变化观；金属材料与人类进步和社会发展的关系、合理利用金属资源等内容，是环境教育和资源教育的素材，可以应用于开展节约资源、保护环境的可持续发展教育。

一、单元内容梳理

1. 课程标准及实施建议。

标准	活动与探究建议
• 了解金属的物理特征，认识常见金属的主要化学性质，了解防止金属腐蚀的简单方法。 • 知道一些常见金属（铁、铝等）矿物，知道可用铁矿石炼铁。 • 知道在金属中加入其他元素可以改变金属材料的性能，知道生铁和钢等重要合金。 • 认识金属材料在生产、生活和社会发展中的重要作用。 • 认识废弃金属对环境的影响和回收金属的重要性。	• 交流有关日常生活中使用金属材料的信息，利用互联网或其他途径搜集有关新型合金的成分、特性和用途的资料。 • 实验：金属的物理性质和某些化学性质。 • 调查当地金属矿物的开采和金属利用情况，提出有关的建议。 • 参观炼铁厂或观看工业炼铁的录像。 • 搜集有关钢铁锈蚀造成经济损失的资料，设计实验探究锈蚀的条件，讨论防止锈蚀的方法。 • 调查日常生活中金属垃圾的种类，分析其回收的价值和可能性。

(1) 本单元可供选择的学习情境素材：几种重要的金属材料；中国古代在金属冶炼方面的成就；一些常见合金的主要成分、性能和用途；丰富多彩的金属矿物标本或图片；宝钢炼铁高炉；稀土资源的合理利用和保护。

(2) 单元知识内容结构。

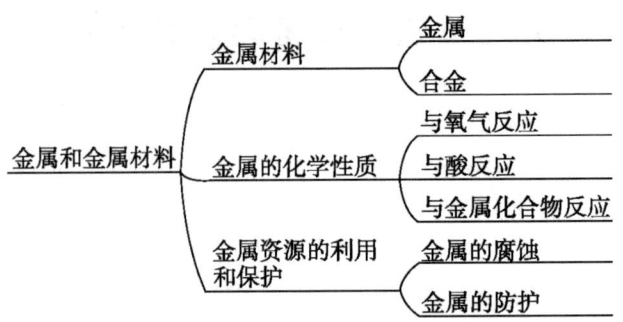

2. 单元教学核心素养目标解读。

(1) 目标梳理。

教学内容	核心素养
金属的物理性质、合金	宏观辨析
金属的化学性质	科学探究、证据推理
置换反应、金属活动性顺序	模型认知
铁的冶炼	社会责任
金属的腐蚀与防护	科学探究、证据推理
金属资源的保护	社会责任

(2) 单元学习目标。

①以金属的物理性质与化学性质、金属的用途与防护、金属的冶炼等知识为载体，认识物质的组成、结构、性质、用途、制备、转化及其之间的相互关系，感受金属材料与人类生活和社会发展的密切关系；学习金属资源的保护，逐步形成合理使用化学物质的观念和可持续发展意识，增强社会责任感。

②以铁的冶炼知识为载体，认识"基于物质性质和变化实现物质制备"，体会化学变化的价值。通过金属活动性顺序判断置换反应能否进行，理解化学变化的条件和规律。通过探究金属活动性顺序、铁制品锈蚀条件等实验与探究，收集相关的实验证据，学习基于证据进行推理，进一步发展"变化观念"。①

(3) 核心素养目标细化。

---

① 陈美钗，吴新建，张贤金．"金属和金属材料"单元核心概念建构及备课研究［J］．化学教学，2019（11）：34—38．

	核心概念	关键能力	必备品格
课题1 金属材料	金属和金属材料	分析、归纳物质的性质与用途的关系	学科价值观
	①说出金属共同的物理特征，知道铁、铝、铜、金、汞的物理特性，能从多角度认识物质性质与用途的关系。②知道合金的概念，了解生铁和钢等重要合金；认识钛、钛合金等新型金属材料的优异性能和用途，感受金属材料与人类生活和社会发展的关系；了解金属材料的发展过程，感受科学家的奉献精神，进一步树立为中华民族复兴和社会进步学习化学的志向。		
	核心概念	关键能力	必备品格
课题2 金属的化学性质	金属的化学性质	从实验现象获取信息，进行分析、归纳、概括出相关概念	严谨求实的科学态度
	①通过镁、铝、铁、铜、金等与氧气反应的实验探究，进一步加深感性认识，比较得出几种金属的活泼性顺序。②通过金属与酸、金属化合物溶液的实验探究，分析得出置换反应的概念以及金属活动性顺序，能利用金属活动性顺序解释相关的化学问题，学会分析、推理、归纳和迁移。③通过金属活动性顺序探究实验设计的不断改进、小组互评，感受创新的快乐，学会从多角度、多层面研究问题的方法，提升分析和解决实际问题的能力。		
	核心概念	关键能力	必备品格
课题3 金属资源的利用和保护	铁的冶炼 金属资源的保护	变化观念 控制变量的对比实验方法	保护资源的可持续发展意识
	①了解我国冶铁的历史，知道炼铁的原理以及掌握含杂质物质的有关计算。②通过铁制品锈蚀的条件的实验探究，感受金属腐蚀所造成的经济损失，分析、归纳出铁生锈的条件、防锈的方法，学会控制变量的对比实验方法。③通过阅读有关金属资源使用年限等素材，了解金属资源的现状，学会防止金属腐蚀和回收废旧金属，确立科学的应用观，形成科学合理地利用物质的观念，增加社会责任感和保护资源的可持续发展意识。		

二、核心素养阶段性达成特点分析

1. 素养提升的起点。

金属元素在自然界里广泛分布，金属和金属材料与学生的日常生活密切相关，学生对金属和金属材料有较为感性的认识。通过小学科学课程以及初中物理九年级"第十五章 电流和电路"的学习，学生对金属和金属材料有了进一步的理性认识。在初中化学课程中，学生已经学习了"我们周围的空气""自然界的水""碳和碳的氧化物"等"身边的化学物质"。因此，教学可以从学生已有的经验和知识背景出发建构新的知识体系和认识物质的方法模型。

学生学习了课题1之后，对金属和金属材料的物理性质和用途有了大体上的认识，但还未能系统地认识金属的化学性质及金属资源保护等有关知识。因此，教师要在充分利用学生已有知识和经验的同时创设好问题情境，利用教材中的实验，激发学生强烈的求知欲，培养学生发现问题、分析问题、解决问题的能力。

2. 素养提升的障碍点。

通过金属的化学性质、金属的腐蚀和防护等探究性实验的学习，进一步帮助学生提高实验探究能力，同时引导学生学会建构认识身边化学物质的学习方法。金属是生活中常见的物质，但学生不知道如何设计探究金属活动性顺序的实验，以及如何基于证据进行推理、比较并得出结论。教学中应引导学生学会设计对比实验，掌握科学的探究方法，可以通过设计促进学生认知发展的单元整体教学的问题以及能呈现学生认知发展、概念建构的教学活动，让学生在解决问题的任务驱动下，兴趣盎然地参与整个单元的探究过程，在探究活动中获得体验和感悟。

本单元的教学，不仅要求学生学会金属的性质和用途，还要求学生学会认识物质的方法。应注意引导学生学会遇到陌生物质时先确定物质的类别，再根据代表物类比的思路，推测陌生物质的性质，为学习物质的性质建构学习模型。教学中，重点在于促进学生学习方式的转变，培养基于证据的分析推理能力，注重对思维方法和学科思想的引导。

3. 素养提升的延伸点。

(1) 让学生持续保持学习化学的兴趣。

利用探究实验激发学生的学习兴趣，如通过对不同的金属与氧气、酸、盐反应的难易程度、剧烈程度的比较，学会运用实验、观察、比较、归纳等方法获取和加工信息，能用文字、图表和化学语言表述有关信息。教师要引导学生从多个角度思考问题，重点组织好教材中的"讨论"，要注重学生思维的发散性训练，同时培养学生的合作意识以及勤于思考、严谨求实的科学态度，让学生形成良好的学习习惯和学习方法，提高学习化学的兴趣。

(2) 促进学生学习方式的转变。

本单元不仅承载着金属元素及其化合物知识的学习功能，还承载着学科思想、科学方法、探究能力以及化学与社会关系的认识功能。通过实验，培养学生分析、推理、归纳的素养，建模学科学习方法。通过本单元的学习，不仅仅是记背了一些化学知识，还可以展开丰富的联想与推理探索，依据物质性质联想物质的用途、制备、保存等，有效地帮助学生建构认识物质的模型，形成从特殊到一般再到特殊的化学学科思想，为以后学习酸、碱、盐的知识打下良好的基础，较好地实现学习理解、迁移应用和实践创新。[①]

(3) 注意初高中教学内容的衔接。

在教学中要注意对一些核心概念的辨析，为高中化学的学习打下良好的基础。如金属性与金属活动性：金属性是指金属元素的原子失去电子变成阳离子的倾向大小，这种倾向

---

① 陈美钗，吴新建，张贤金. "金属和金属材料"单元核心概念建构及备课研究[J]. 化学教学，2019 (11)：34—38.

大小与金属原子的结构密切相关；而金属活动性是指金属单质在水中生成水合离子的倾向大小，它是以金属的标准电极电势为依据。金属性强的元素，一般来说它的活动性也大，但也有例外的情况，如钠的金属性大于钙，而钙的金属活动性大于钠。

教学中可以适当拓展金属冶炼的一般方法：非常活泼的金属如 K、Ca、Na、Mg、Al 等一般用电解法；较活泼的金属如 Fe、Cr、W 等一般利用还原剂（CO、H_2、Na、Mg、Al 等）还原；不活泼的金属如 Ag 等一般用热分解法。课外阅读可以拓展介绍金属的腐蚀：金属腐蚀的实质是金属原子失去电子被氧化而消耗的过程，可分为化学腐蚀和电化学腐蚀。

三、单元素养目标达成策略

1. 以金属的发展史为线索，创设丰富的学习情境。

在教学中，可以根据金属的发展史，创设真实的情境，激发学生学习的兴趣。如课题 1 可以利用铜、铁、铝的发现和应用历史，归纳出金属的物理通性和特性。课题 2 可以利用湿法冶铜的历史导入，再通过演示实验比较得出几种金属的活动性顺序。课题 3 可以通过介绍我国炼铁的历史等，引出与生产实际相联系的冶铁原理、金属的防护等，让学生在学习知识的同时，了解中国古代劳动人民的智慧，彰显中国古代令人赞叹的炼铁文化，增强学生的民族自豪感和爱国主义情感。

2. 学会用探究的方式认识身边的物质。

运用科学探究的方式学习化学知识，引导学生主动参与知识的获取过程，提高科学探究能力。实验探究是探究式学习的重要方式。本单元教学中可以根据不同的内容采用不同的探究形式。

在课题 1 的教学中，采用"问题驱动——对比实验——收集证据——得出结论——交流讨论"的探究形式，探讨金属及其合金的物理性质和用途，使学生认识物质组成的改变是物质性能发生改变的重要依据。在课题 2 的教学中，通过"问题引入——实验探究——分析总结——应用规律"的探究形式，探究金属活动性顺序和置换反应发生的条件，引导和启发学生研究问题可以有多角度、多层面的方法。在课题 3 的教学中，设计"铁制品锈蚀的条件"的探究，采用"发现问题——提出假设——制订方案——实施方案——收集证据——得出结论——交流讨论"的课内外相结合的探究形式，探究金属的腐蚀及其防护的知识，引导学生学会运用控制变量法进行对比实验的设计，培养学生的科学探究和创新精神。

3. 精心设置活动主题，丰富学生的情感体验。

单元教学中应注意设置若干个有效的活动元，通过参与活动，引导学生观察、分析、总结、归纳、迁移，建构学习物质的方法和模型，培养学生"科学探究与创新意识""证据推理与模型认知"的素养。

整个单元教学以丰富的历史情境线与金属的认知线相融合，让学生感受真实的化学史实带来的知识、智慧与情感的碰撞。[①] 课前组织有关金属的腐蚀与防护的探究,鼓励学生开动脑筋设计出多种方案,以小组合作等方式进行探究;课后积极主动地完成"调查与研究",使学生了解废旧金属回收的意义,增强社会责任感和保护资源的可持续发展意识。

四、重点活动设计

课题 1　金属材料

活动素养目标	物质的组成、性质与用途的关系。	
目标详解	(1) 说出金属共同的物理特征,知道铁、铝、铜、金、汞的物理特性,能从多角度认识物质性质与用途的关系。 (2) 知道合金的概念,了解生铁和钢等重要合金;认识钛、钛合金等新型金属材料的优异性能和用途,感受金属材料与人类生活和社会发展的关系;了解金属材料的发展过程,感受科学家的奉献精神,进一步树立为中华民族复兴和社会进步学习化学的志向。	
活动主题	活动设计	相关素材资源
活动一　创设情境,认识身边的金属	(1) 展示几种常见金属的图片,介绍几种金属的发现史。 (2) 利用所给出的金属材料,探究金属的物理性质。 (3) 分析、归纳金属的物理通性和特性。	图片:常见的金属。 视频:金属材料的发展历程。
活动二　认识合金及其用途	(1) 认识几种合金。 (2) 思考:你知道在生活中有哪些常见的合金吗?说说它们分别具有哪些优良性能与用途。 (3) 讨论交流:用来制作硬币的金属材料需要具有什么性质呢? (4) 比较、归纳合金和纯金属的物理性质。	图片:几种合金。
活动三　认识金属的物理性质与用途的关系	(1) 认识金属的物理性质与用途的关系。 (2) 讨论、归纳:物质的性质在很大程度上决定了物质的用途,但不是唯一的决定因素。 (3) 设计问题,建构"性质—用途"之间关系的化学学科方法。	视频:几种合金的用途。
活动建议	本课题的学科知识是基于生活中的常识,学生已有一定的认知基础。在教学活动中,可以充分利用金属的发展史为线索,培养学生的分析、推理和归纳能力,激发学生探究的欲望。	

---

① 基于立德树人背景下的化学专题复习教学实践——以中考专题《金属的复习》为例 [J]. 教学月刊·中学版(教学参考),2018 (12):61-65.

课题 2　金属的化学性质

活动素养目标	对相关实验现象进行分析、概括的能力。	
目标详解	(1) 通过镁、铝、铁、铜、金等与氧气反应的实验探究，进一步加深感性认识，比较得出几种金属的活泼性顺序。 (2) 通过金属与酸、金属化合物溶液的实验探究，分析得出置换反应的概念以及金属活动性顺序，能利用金属活动性顺序解释相关的化学问题，学会分析、推理、归纳和迁移。 (3) 通过金属活动性顺序探究实验设计的不断改进、小组互评，感受创新的快乐，学会从多角度、多层面研究问题的方法，提升分析和解决实际问题的能力。	
活动主题	活动设计	相关素材资源
活动一　常见金属与氧气的反应	(1) 观察常见金属打磨前后的颜色。 (2) 介绍金属铝的发现史，讨论常温下金属铝耐腐蚀的原因。 (3) 探究金属镁、铝、铁、铜、金分别与氧气反应的难易。 (4) 归纳出金属镁、铝、铁、铜、金的活动性顺序。	视频：镁条燃烧，铁丝与氧气反应。
活动二　常见金属与盐酸、稀硫酸的反应	(1) 探究镁、锌、铁、铜与酸（盐酸、稀硫酸）的反应。 (2) 学生交流、讨论、分析、总结。 (3) 归纳出金属镁、锌、铁、铜的活动性顺序。	实验：镁、锌、铁、铜分别与酸反应。
活动三　金属与金属化合物溶液的反应	(1) 介绍湿法炼铜的历史、方法。 (2) 设计探究方案，探究铝、铜、银的金属活动性顺序。 (3) 归纳金属活动性顺序及其应用。	实验：探究铝、铜、银的金属活动性顺序。 视频：美丽化学——金属置换反应、制作金属树。
活动建议	本课题要充分利用金属的发展史，调动学生探究的热情，引导学生主动参与知识的获取过程，学习科学的探究方法，启发学生体会分类、比较、归纳的方法和意义。	

课题 3　金属资源的利用和保护

活动素养目标	变化观念、控制变量的对比实验方法。
目标详解	(1) 了解我国冶铁的历史，知道炼铁的原理以及掌握含杂质物质的有关计算。 (2) 通过铁制品锈蚀的条件的实验探究，感受金属腐蚀所造成的经济损失，分析、归纳出铁生锈的条件、防锈的方法，学会控制变量的对比实验方法。 (3) 通过阅读有关金属资源使用年限等素材，了解金属资源的现状。学会防止金属腐蚀和回收废旧金属，确立科学的应用观，形成科学合理地利用物质的观念，增加社会责任感和保护资源的可持续发展意识。

续表

活动主题	活动设计	相关素材资源
活动一 铁的冶炼	(1) 展示古代炼铁的图片,了解我国炼铁的历史。 (2) 观看视频,了解工业炼铁的原料、原理和设备。 (3) 讲解有关化学方程式计算中的含杂质物质的计算。	图片:古代炼铁图。 视频:工业炼铁的原料、原理和设备。
活动二 探究铁钉锈蚀的条件	(1) 学生展示和汇报一周前做的探究铁钉锈蚀条件的实验,交流实验现象和结论。 (2) 师生共同小结实验现象和铁钉锈蚀的条件,教师点评对比探究实验中的关键点。 (3) 教师讲解铁钉锈蚀的原理。	探究:铁钉锈蚀的条件。
活动三 金属腐蚀的危害及防护方法	(1) 学生交流课外搜集的有关铁锈蚀危害的资料,教师通过多媒体展示在生产、生活中金属腐蚀的现象和由此造成浪费的数据资料,学生体会防止金属腐蚀的重要性。 (2) 组织学生完成教材"自行车防锈措施"的讨论,共同小结防锈方法,教师结合身边的事例讲解如何根据实际情况制订相应的防锈措施。 (3) 教师展示食品包装盒中的双吸剂,介绍其主要成分,学生思考其原理,并体会其应用。	图片:生活中铁锈蚀的现象,自行车防锈措施。 实物:食品包装盒中的双吸剂。
活动四 金属资源保护	(1) 教师通过多媒体简介各种金属矿物的储量和各种矿物可供开采的年限,学生了解金属资源是不可再生的资源,体会金属资源保护的重要性。 (2) 学生讨论保护金属资源的方法,教师结合教材讲解保护金属资源的方法,特别强调废旧金属对环境的污染,废旧金属的回收利用既保护了金属资源,又保护了环境,倡议保护金属资源,从自身做起。	资料:垃圾分类。 图片:金属矿物的储量和各种矿物可供开采的年限。
活动建议	精心策划和组织"铁钉锈蚀的条件"的探究活动是本课教学的关键。提前一周引导学生结合生活经验探讨该实验的设计方案并进行实验;把实验装置放到教室里,学生以小组为单位认真观察、记录。	

五、单元作业设计

1. 从 2012 年中国第一艘航母"辽宁舰"入列到 2018 年第三艘航母在建,标志着中国海军从此迈入航母时代,开拓中国新蓝海。

(1) 航母的舰体材料为合金钢。国产航母使用的合金

钢——"超级钢"具有极佳的抗压性、延展性和焊接性。合金钢是_____（填标号）。

  A. 合成材料   B. 复合材料   C. 金属材料

（2）航母的升降机可由铝合金制造。用石墨作电极在高温条件下电解熔融的氧化铝，在阴极区和阳极区分别得到 Al 和 O_2。阳极所使用的石墨易消耗的原因是_____。

（3）航母的螺旋桨可由铜合金制造。铜合金比铜的硬度_____（填"大"或"小"），铜在海水中比铁耐腐蚀的原因是_____。

（4）航母的舰体需经特殊防锈处理才能耐腐蚀。请写出生活中防止钢铁生锈的一种方法：_____。

2. 为了探究金属与酸的反应，某兴趣小组进行了以下实验。

（1）A 小组研究影响金属与酸反应剧烈程度的因素。下图表示 20 ℃时相同质量的铁粉、铁片、铝片分别与足量稀盐酸完全反应，产生的氢气的质量与时间的关系。由此分析、归纳得出影响金属与酸反应速率的因素有：金属的种类、_____和_____。

（2）金属铬（Cr）越来越受到人们的关注，B 小组对 Cr、Al、Cu 的金属活动性顺序进行了探究。

[提出假设] 对三种金属的活动性顺序提出假设。

  a. Al＞Cr＞Cu   b. Cr＞Al＞Cu   c. _____

[设计实验] 相同温度条件下，取大小相同的金属薄片，分别投入到等体积、等浓度的足量稀盐酸中，观察并记录实验现象：

金属	Cr	Al	Cu
现象	反应缓慢，金属逐渐溶解	反应剧烈，金属迅速溶解	无明显现象

[实验条件] 实验前，打磨三种金属片发生的是_____（填"物理"或"化学"）变化；上述实验使用等浓度的盐酸溶液的理由是_____。

[得出结论] 原假设中，正确的是_____（填假设中的"a""b"或"c"）。写出铬（铬与盐酸反应后显＋2 价）与盐酸反应的化学方程式：_____。

3. 金属在日常生活中有着广泛的用途，常见金属的活动性顺序如图甲所示。

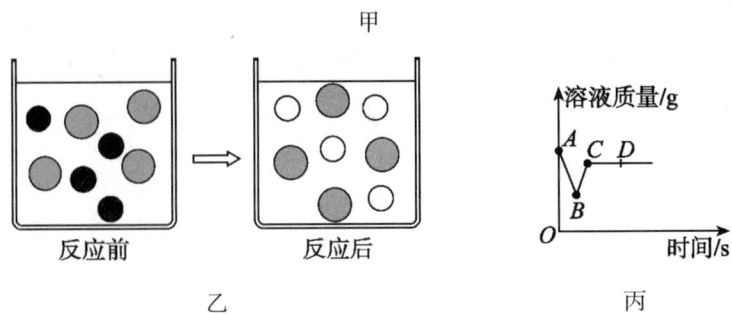

回答下列问题：

(1) 金属活动性顺序中的 X 是_____（填元素符号）。

(2) 若向 $CuSO_4$ 溶液中加入过量的 Fe 片，充分反应后，能观察到的现象是_____。若图乙表示该反应前后溶液中存在的主要离子，则●表示_____，〇表示_____（填离子符号）。

(3) 向一定质量的 $AgNO_3$ 和 $Cu(NO_3)_2$ 的混合溶液中加入过量的 Zn 粉，溶液质量随反应时间的变化情况如图丙所示。图中 B 点溶液中含有的溶质有_____（填化学式，下同），图中 D 点滤渣成分有_____。

4. 某化学兴趣小组对铁的冶炼、锈蚀与防护及金属的活动性进行以下实验探究。

探究Ⅰ：铁的冶炼（如下图）

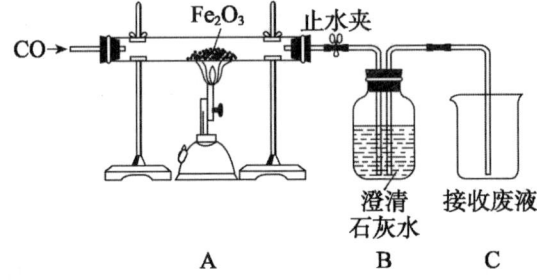

(1) 实验时，打开止水夹，先通一会儿 CO 再加热的目的是_____。

(2) 硬质玻璃管中可观察到红棕色固体逐渐变为_____色，发生反应的化学方程式为_____。

(3) 装置 B 的作用除了检验二氧化碳外，还可以_____。

探究Ⅱ：铁的锈蚀与防护

取一定量的铁粉置于锥形瓶底部，塞紧瓶塞，滴加适量的食盐水，用压强传感器测得锥形瓶内压强与时间变化的关系如右图所示。

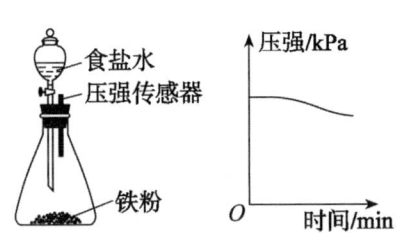

(1) 实验中食盐水的作用是_____。

(2) 锥形瓶内压强下降的原因是_____。

(3) 当今自行车钢圈多采用铝合金材料，是利用了铝合金的_____性质。

探究Ⅲ：铁、铜的活动性强弱

将形状、大小相同的铁、铜分别放入装有等质量、等浓度 X 溶液的 2 支试管中，通过观察现象即能得出铁比铜活泼的实验结论，则 X 溶液可能是_____（填标号）。

  A. 稀硫酸   B. 硫酸铜溶液   C. 硫酸锌溶液

5. 科学探究与创新意识是我们应该逐步形成的必备品格和关键能力。化学兴趣小组对铁的生锈进行了如下创新探究。

探究Ⅰ：铁的生锈条件（夹持仪器已略去）

[实验准备] 向气密性良好的装置（如右图所示）中装入药品。

[实验现象] 大约 8 分钟后观察，发现 U 形管左侧支管内的液面高于右侧支管内的液面。再过 8 分钟后观察，发现蒸馏水中的钢丝棉、干燥的钢丝棉表面没有明显变化；潮湿的钢丝棉表面出现少量红褐色锈斑，盐水浸湿的钢丝棉表面出现明显的红褐色锈斑，左右两支管内的液面高度差明显增大；分别用手摸装有盐水浸湿的钢丝棉的支管外壁和装有潮湿的钢丝棉的支管外壁，前者较热，后者微热。24 小时后观察，发现 U 形管左、右两侧支管内的液面已基本相平，潮湿的钢丝棉、盐水浸湿的钢丝棉表面均有较多的红褐色锈斑（部分铁锈脱落坠入 U 形管管底），另外 2 份钢丝棉仍然无明显变化。

[实验思考]

(1) 实验中，蒸馏水煮沸并骤冷的目的是_____。

(2) 实验中，可选用_____（填一种碱的俗名）作干燥剂。

(3) 实验中，4 份整理成球状（直径略大于 20 mm）的钢丝棉的_____、总长度等均需相同。

(4) 实验中，能说明"铁生锈需要与氧气接触"的现象是_____。

(5) 依据"U 形管左侧支管内的液面高于右侧支管内的液面"的现象，可以推知_____。

(6) 钢丝棉锈蚀过程中伴随的能量转化过程是_____。

探究Ⅱ：铁粉型"暖宝宝"反应原理与铁的生锈本质是否一致（夹持仪器已略去）

[资料信息]

① "暖宝宝"的主要成分：铁粉、水、活性炭、蛭石、吸水性树脂、食盐。

② 蛭石是当今世界首屈一指的超级保温材料。

③ 吸水性树脂是一种新型高分子材料，能吸收自身质量几百到几千倍的水分，吸水、保水能力均很强，并可反复释水、吸水。

[实验准备] 按下图连接装置，设置采集频率、采集时间，将拆除包装的暖宝宝倒入三颈烧瓶中，密封装置，点击电脑屏幕上的"开始采集"按钮，观察电脑屏幕上的曲线变化。

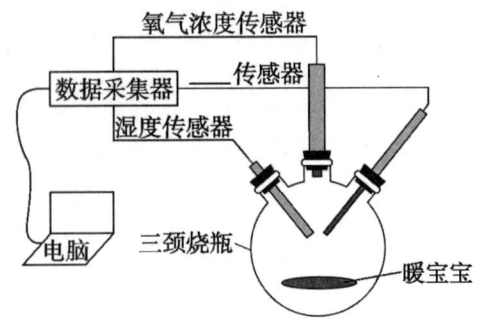

[实验结果] 见下图。

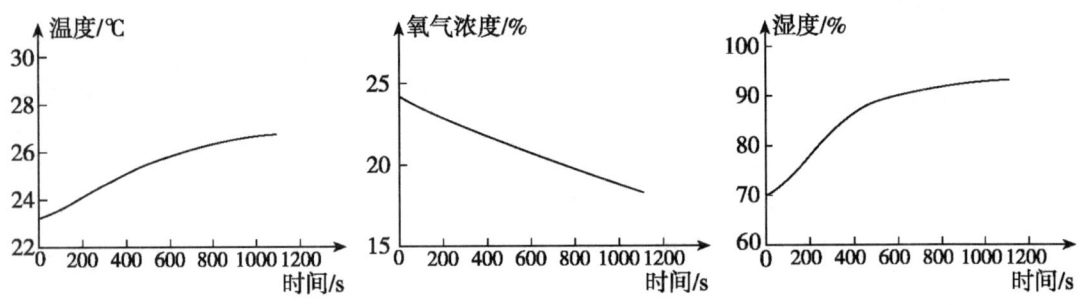

[实验思考]

(1) 实验中所用的第 3 种传感器是_____传感器。

(2) 分析图像可知：_____曲线与探究Ⅰ不相符，原因可能与"暖宝宝"原材料中的_____有关。

(3) 铁钉生锈需较长时间，而"暖宝宝"能快速反应的原因可能是_____、_____。由此可见，"暖宝宝"的反应原理与铁的生锈本质是一致的。

(4) 除上述探究内容外，请对"暖宝宝"提出另一个探究内容并写出简要的实验方案：_____。

6. 某化学兴趣小组对铁的腐蚀进行了研究。

(1) 该小组同学按下图进行对比实验，连续观察数天发现以下现象，由该实验现象能得出的结论是_____。

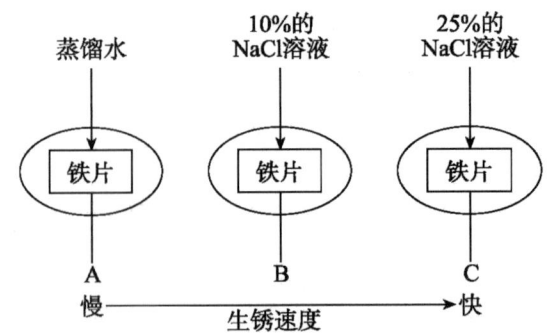

(2) 经检测发现铁锈主要成分是 $Fe_2O_3 \cdot nH_2O$,推断铁生锈主要与空气中的_____有关。

(3) 查阅资料发现,铁生锈还有一个次要过程:$Fe \xrightarrow[①]{O_2、H_2O、X} FeCO_3 \cdot nH_2O \xrightarrow[②]{一定条件} FeCO_3$,Fe 转化为 $FeCO_3$ 总反应的化学方程式可表示为 $2Fe + O_2 + 2X == 2FeCO_3$,则 X 的化学式为_____。

(4) 为防止铁生锈,军工上常对枪械等铁制品进行烤蓝处理,使其表面生成致密氧化物保护膜。一种致密氧化物保护膜中 Fe、O 元素的质量比为 21∶8,则该氧化物中铁、氧元素微粒个数比为_____。

7. 改革开放以来,我国钢铁工业飞速发展,近年来钢铁产量已稳居世界首位。某钢铁厂采用赤铁矿(主要成分为 Fe_2O_3)炼铁,反应原理为 $Fe_2O_3 + 3CO \xrightarrow{高温} 2Fe + 3CO_2$。若该厂日产含铁 1.4×10^4 t 的生铁,至少需要含 Fe_2O_3 80%的赤铁矿的质量是多少?

六、重点章节教学案例

课题 3　金属资源的利用和保护(第 2 课时)[①]

厦门市教育科学研究院　王锋

"课题 3　金属资源的利用和保护"主要包括"铁的冶炼"和"金属资源保护"两部分内容,可安排 2 个课时。其中第 2 课时主要完成"金属资源保护"的教学,包括探究铁制品锈蚀的条件和金属资源保护。前一部分内容是有关身边化学物质的实验探究,实验探究过程较长,约需要一周时间。后一部分内容与学生的社会生活联系紧密,蕴含着丰富的教育素材,可深入挖掘这些教育素材以达成情感目标。

(一)教学目标

1. 通过对铁钉锈蚀条件的探究,了解金属腐蚀的原理,知道铁锈的主要成分;能根据金属腐蚀的原理,依据实际情况制订防止金属腐蚀的简单方法;学习科学探究的一般过程,初步学会控制实验条件进行对比探究的方法。

2. 知道金属资源是不可再生的资源,知道废旧金属对环境的污染,感受人类面临的金属资源日益匮乏与金属垃圾如何处理等现实问题,树立珍惜资源、爱护环境、合理使用化学物质的观念;了解通过回收废旧金属等保护金属资源的有效途径,认识金属资源保护的重要性,增强节约与合理利用资源的意识。

[①] 王锋. 基于学习共同体理念开展合作导学设计及实施的探索[J]. 中小学教师培训,2017(6):41-45.

(二) 教学过程

教学活动主题一：探究铁钉锈蚀的条件

教师活动过程	学生活动过程
[课前布置] 学生收集生活中铁锈蚀的样品或图片。 [展示并说明] 展示在生产、生活中金属腐蚀的现象，强调为了防止金属腐蚀，必须研究金属腐蚀的原理。 [提问] 铁在哪些地方生锈较为严重？猜想铁生锈需要哪些条件。 [课前布置] 探究铁钉锈蚀的条件。 [展示] 展示教材实验示意图，分析探究方案。 [小结] 应用控制变量法设计实验进行科学探究。铁生锈的条件：同时与水、氧气接触。 [介绍] 介绍铁锈的成分，联系并对比铝表面的氧化膜。	展示、交流生活中铁锈蚀的样品或图片。 回答：在厨房、卫生间、户外等较潮湿的地方。 交流探究铁钉锈蚀条件的实验设计方案、实验现象及实验结论。

设计意图：从学生身边的生活现象入手，发现问题，开展合作探究，并在班级进行交流，更全面、深入地了解铁锈蚀的原理。此外，利用控制变量法开展对比实验探究，获得实验证据，归纳得出实验结论。该探究过程需要学生有较强的动手实践能力，能促进学生的深度思维，提升实验探究水平；对于探究条件的分析及应用，有助于学生进一步学习应用控制变量法进行对比实验探究。

教学活动主题二：金属腐蚀的危害及防护方法

教师活动过程	学生活动过程
[多媒体展示] 展示生产、生活中金属腐蚀的现象和由此造成浪费的数据资料。 [提问] 如何防止金属腐蚀？生活中有哪些做法？ [小结] 防锈原理：隔离空气或水。小结生活中常见的防锈方法。 [展示] 介绍食品包装盒中的双吸剂、"暖宝宝"。 [拓展] 科学认识物质的利弊，合理利用物质，做到扬长避短。我们学习化学是为了更好地控制物质反应的条件，使化学反应朝着有利人们的方向进行。	观看多媒体，体会防止金属腐蚀的重要性。 完成教材"自行车防锈措施"的讨论。 思考双吸剂、"暖宝宝"的原理，并体会其应用。

设计意图：结合学生身边的事例，充分交流金属腐蚀的危害和防护方法，内容丰富，更有教育性；以铁粉是双吸剂、"暖宝宝"的主要成分作为思考题的情境，既体现了迁移应用，也体现了辩证认识铁生锈现象，让学生体会到掌握了化学反应的原理，就能更好地控制化学反应为人类服务。

教学活动主题三：金属资源保护

教师活动过程	学生活动过程
[展示] 介绍各种金属矿物的储量和各种矿物可供开采的年限，以及稀土的应用、我国的稀土资源现状。 [小结] 金属资源是不可再生的资源，稀土是国家重要的资源。 [讲解] 教师讲解金属资源保护的方法，特别强调废旧金属对环境的污染，废旧金属的回收利用既保护了金属资源，又保护了环境，倡议保护金属资源，从自身做起。	观看并交流金属资源是不可再生的资源，认识金属资源保护的重要性。 列举金属资源浪费的现象。 讨论如何保护金属资源。 介绍、交流金属资源回收手册（课前布置学生合作完成）。

设计意图：学生对这一部分内容相对较陌生，教师可以布置学生课前查阅相关的资料，并在课堂进行交流，充分发挥班级学习共同体的作用，你一言，我一语，讨论金属资源保护的感受与建议，这种同伴的教育比起照本宣科教育更有价值。

教学活动主题四：交流总结

学生交流学习体会，小结本课内容。

[迁移拓展]

1. 通过查阅资料，完成以"金属资源的利用和保护"为主题的一篇化学小论文或一份化学小报；也可调查自己家和社区金属废弃物的主要品种、回收情况和回收价格，对如何回收金属废弃物提出自己的建议。

2. 铜锈是什么？设计实验证明铜生锈的条件。

设计意图：梳理本课内容，让知识系统化、条理化。利用本课相关的课程资源，延伸课堂。

（三）案例点评

1. 探究、解决真实问题，重视渗透科学方法。

铁的锈蚀是学生身边的化学现象，教学中应充分整合身边的教学素材，挖掘教学内容的教育价值。设置真实问题情境，引导学生应用控制变量法进行对比探究实验，拓展、延伸探究的广度和深度，促进学生积极思维，让学生经历发现问题、提出假设、设计实验、获取证据、分析现象、归纳概括、得出结论等过程，既发展了学生的高阶思维，又渗透培养了学生的科学方法。

2. 在对话中生成教学，深度达成学习目标。

选择学生较熟悉的金属资源作为学习对话的主题，每个学生都会带来许多资源，在合作交流对话过程中更会生成许多教学资源。通过合作学习，学生分工合作生成学习共同体，相互协作，对提升学习效率、培养团队合作精神等方面起着重要的作用。学生在合作学习中充分交流，互相补充，互相启发，使学生对这一教学内容的认识更为全面、更为深入，深度发展了学生的学科核心素养。

第九单元　溶　液

本单元的学习内容与生产、生活联系紧密。以溶解这一自然现象作为学生认识溶液的开端，帮助学生从对宏观现象的观察和探究（溶解过程及溶解时的热量变化）及对微观本质的分析两个维度更全面地认识溶液的形成过程，从而促进学生对溶液的组成和性质的理解；以研究物质在水中的溶解限度作为情境素材，建构不饱和溶液和饱和溶液、溶解度等概念，学习、体验控制变量法等科学研究方法；以溶液的浓度相关知识的学习为依托，使学生感受学习化学的重要意义，帮助学生从化学角度认识、理解人与自然的关系。

一、单元内容梳理

1. 课程标准及实施建议。

标准	活动与探究建议
• 认识溶解现象，知道溶液是由溶质和溶剂组成的。 • 知道水是最重要的溶剂，酒精、汽油等也是常见的溶剂。 • 了解饱和溶液和溶解度的含义。 • 能进行溶质质量分数的简单计算。 • 认识溶质质量分数的含义，能配制一定溶质质量分数的溶液。 • 能举例说明结晶现象。 • 能说出一些常见的乳化现象。 • 了解溶液在生产、生活中的重要意义。	• 利用溶解性表或溶解度曲线，查阅有关物质的溶解性或溶解度；依据给定的数据绘制溶解度曲线。 • 实验：比较氯化钠、硝酸铵、氢氧化钠三种物质在水中溶解时的放热（或吸热）现象。 • 观察生产、生活中的乳化现象。 • 根据已知比例配制某种无土栽培所需的无机盐营养液。

（1）本单元可供选择的学习情境素材：鱼池缺氧现象与增氧方式；海水制盐；明矾晶体的形成；太阳能海水淡化；有机玻璃的溶解与黏接；食品中的乳化剂。

(2)单元知识内容结构。

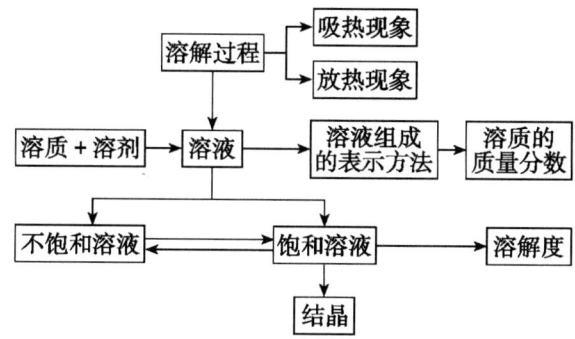

2. 单元教学核心素养目标解读。

(1)目标梳理。

教学内容	核心素养
溶液的形成	宏观辨识、微观探析
不同物质溶解性的比较、溶解时的热量变化	科学探究
饱和溶液与不饱和溶液	证据推理、模型认知
溶解度	证据推理、科学探究、模型认知
溶液的浓度	科学态度、社会责任
配制一定溶质质量分数的溶液	科学态度

(2)单元学习目标。

①能从宏微结合的视角认识溶解现象以及溶液的组成、区分乳化和溶解;能运用定性和定量的研究方法认识溶解性和溶解度,建立饱和溶液与不饱和溶液之间转化的模型;了解一些数据处理的方法,能将其运用于解决化学问题,具有严谨求实的科学态度。

②能认识溶质质量分数的含义,并能进行相关的简单计算,能将溶液知识运用到解决实际的生产、生活问题中去,感受化学在生活、生产和科研中的广泛用途,赞赏化学对人类进步和社会发展所作出的贡献。①

(3)核心素养目标细化。

---

① 教育部基础教育课程教材专家工作委员会. 普通高中化学课程标准(2017版)解读[M]. 北京:高等教育出版社,2019:56.

	核心概念	关键能力	必备品格
课题1 溶液的形成	溶液的形成	设计实验方案，开展科学探究，获取结论	对学科价值的认同
	①认识溶解现象，知道溶液的组成与特征，了解溶液在生活、生产和科研中的广泛用途。②通过探究物质在溶解时的吸热或放热现象，了解实验探究的一般方法，培养安全意识和严谨求实的科学态度。③说出一些常见的乳化现象，能够将溶解和乳化这两种现象加以区分和联系，提升用所学的化学知识分析、解决实际问题的能力。		
	核心概念	关键能力	必备品格
课题2 溶解度	溶解度	比较、分析、归纳等信息加工能力	内因与外因、量变与质变的辩证唯物主义观点
	①通过探究活动，了解饱和溶液的含义，感受溶解过程中的动态平衡思想，初步学习、体验控制变量法在实验探究中的应用。②通过实验，认识溶质的溶解是有限度的，了解溶解度的含义，感受常见数据处理方法在化学学习中的应用，了解获取信息、加工信息的途径和方法。		
	核心概念	关键能力	必备品格
课题3 溶液的浓度	溶质的质量分数	运用概念分析、解决问题	严谨求实的科学态度
	①认识溶质质量分数的含义，体会定量研究物质组成的意义和方法。②初步学习溶质质量分数应用于生活、生产、科研等领域的计算，发展运用概念分析、解决问题的能力，体会化学对满足人民日益增长的美好生活需要的重大贡献。③通过配制一定溶质质量分数的溶液的实验活动，大致了解该实验的过程和操作步骤，初步学习或学会相关的化学实验基本操作，培养科学素养，提高实践能力。		

二、核心素养阶段性达成特点分析

1. 素养提升的起点。

学生对于本单元的教学内容——溶液并不陌生。首先溶液在自然界中广泛存在，学生不仅在日常生活中经常接触到溶液，而且在生物学、化学实验中也多次使用过溶液，知道很多化学反应是在溶液中进行的，在生活和学习中积累了对溶液的感性认识。其次，通过小学科学三年级下册"第3单元　固体和液体"、初中生物学七年级上册第二单元第一章"第二节　植物细胞"、初中地理八年级上册第三章"第三节　中国的水资源"和"第四节　中国的海洋资源"以及化学前八个单元的学习，学生对溶液又有了初步的理性认识。因此，教学可以从学生已有的经验和知识背景出发建构新的知识体系。

学生在学习了课题1之后，从定性的角度对溶液的知识包括溶解过程，溶液、溶剂和溶质的概念，溶液的用途，溶解时的吸热或放热现象以及与之有关联的乳化现象有了初步的认识，但还未能对溶液这类物质有一个比较系统、全面的认识。因此，教师要在充分考虑学生已有经验和知识背景的基础上，深挖教材，利用好教材中的实验，动态地建立概念，在活动中获得对概念的深刻理解，引导学生从溶解度和溶液浓度这两个定量角度去研究溶液这类物质。同时教师在建立新概念时，要注意创设好教学情境，激发学生的学习兴趣和求知欲，注重对学生运用概念分析、解决问题能力的培养。

2. 素养提升的障碍点。

学生虽然熟悉溶液及溶解现象，但对如何研究溶液的本质特征却无从下手。教师在教学中应重视引导学生通过相关实验，经历概念的形成过程，即通过观察、交流、讨论、动手操作、反思和评价等环节，从定性研究逐步深入到定量研究。

溶液是一种典型的混合物。在之前的化学教学中，学生对于纯净物如氧气、二氧化碳等物质的研究方法有一定的了解，对于混合物如空气、合金等也有所接触，但对于混合物体系的研究思路和方法的积累还是远远不够的。因此在教学中要让学生了解混合物体系的研究方法，使学生建立整体和局部的研究意识，通过对溶剂本身、溶质本身、溶质和溶剂的相互关系，以及溶液的性质等的研究，形成系统、全面的认识。

本单元最重要的一个特征是要求学生从定性、定量两个角度深入认识溶液的本质特征，这对于刚接触化学不到一年的九年级学生来说有一定的难度。教学中应重视学生活动的设计、科学研究方法的指导，让学生体验科学研究的过程，加深对概念的理解。

3. 素养提升的延伸点。

（1）应让学生继续保持学习化学的热情。

第九单元在九年级化学教科书中起承上启下的作用：溶液中常见的溶剂——水，正是第三单元研究的主要内容之一。物质溶解于水的微观解释，要以第四单元的知识为重要依据。溶液中溶质的质量分数与化学方程式的综合计算，则是第五单元与第九单元的结合。而第十、十一单元的学习又需要以溶液的知识为基础。学到第九单元，部分学生可能存在不同程度的掉队，教学中一方面要加强对已学知识的巩固，另一方面要注意创设与学生生活实际紧密联系的情境，尽可能提高每个学生的课堂参与度，加强化学应用价值的教育，提升学生学习化学的热情。

（2）混合物的分离与提纯的方法。

混合物分离与提纯的方法有很多，本单元涉及的主要是结晶这种方法。在此之前，教材中也渗透了混合物分离与提纯的其他方法，例如利用液态氧和液态氮的沸点不同，采用分离液态空气的方法将两者分离；利用物质在水中的溶解性的差异，用过滤法将可溶于水与难溶于水的物质进行分离。关于混合物分离与提纯方法的应用会继续延伸到学生后面的化学学习中，如用一种液体吸收混合气体中某气体杂质的洗气法，由两种互不相溶的液体组成的混合物中分离出一种液体的分液法等。要想达到较好的分离和提纯的效果，选对方法很重要，因此教学中应引导学生在充分分析混合物中各组分的性质以及混合物整体性质的基础上，选择合适的分离和提纯的方法。

（3）数形结合的思想。

数形结合思想是一种数学思想方法，通过抽象思维与形象思维的结合，使复杂问题简单化、抽象问题具体化。这种思想在初中化学中应用的例子也很多，比如本单元的溶解度曲线。通过溶解度曲线，可以找到某一物质在某一温度下的溶解度，也能形象地看出物质溶解度随温度变化的情况，进而能够帮助学生解释、解决一些问题：如何控制温度这一条件从而实现溶质的饱和溶液与不饱和溶液之间的转化，以及比较物质的溶解度受温度影响的程度从而确定混合物分离提纯的方法。这种思想的应用可以延伸到后面的溶液酸碱度的学习中。

三、单元素养目标达成策略

1. 搭建桥梁，联结宏观辨识与微观探析。

化学是在原子、分子水平上研究物质的组成、结构、性质及其应用的一门基础自然科学。[1] 它要求学习者以宏观和微观相结合的视角解决实际问题。初中生本身的抽象思维能力相对较弱，很难将宏观的物质、现象与看不见、摸不着的微观粒子联系在一起，因此教师应该在物质的宏观辨识与微观探析之间搭建合适的桥梁。比如对于溶解这一宏观现象，教师可以选取蔗糖、食盐等日常生活中常见的物质放入水中，课堂上重现蔗糖、食盐等"消失"的现象，利用微粒的模型动画模拟该现象的微观过程，帮助学生从本质上理解这一现象，同时也能较顺利地过渡到对溶液本质特征的理解。

2. 任务驱动，强化证据推理与模型认知。

溶解度是本单元最大的难点。如果教师只是直接给出概念，不注重推理、整合、归纳的过程，学生或许能记住溶解度的概念，但不能理解、应用于解决问题，久而久之，对发展学生的分析能力、思维能力都十分不利。因此教师应当设置适当的任务，在任务驱动下，发挥学生的主观能动性，通过任务的完成强化证据推理能力。[2] 比如对影响固体物质溶解度的外部因素的学习，可以将这个任务布置给学生，让学生分小组合作完成，学生联系生活实际、查找资料、设计实验、验证猜想，教师评价实验方案是否合理、分析证据是否准确、引导学生得出结论。教师通过分析、引导、鼓励和肯定，提升学生证据推理的意识和能力。而在学生经过证据推理之后得到的可能是一些零碎的结论，这时候教师应该引导学生建立一些思维模型，并能够将这些模型运用于解决实际问题。比如通过对氯化钠、硝酸钾的饱和溶液与不饱和溶液之间的转化条件的探究，可以建立普遍适用的饱和溶液与不饱和溶液相互转化关系的模型。

---

[1] 中华人民共和国教育部. 义务教育化学课程标准（2011年版）[S]. 北京：北京师范大学出版社，2011：1.
[2] 陈翮，孙重阳. 基于学科核心素养的初高中化学教学衔接策略[J]. 中学化学教学参考，2017（23）：47—50.

3. 引导整合,渗透变化观念与平衡思想。

本单元的一些重点知识和概念,体现和渗透了变化观念与平衡思想,比如溶解、乳化现象体现了变化观念,溶解与结晶则暗含了平衡思想。教学不应一味强化知识、淡化观念,而应重视化学观念建构的价值和意义,注重厘清与观念建构相关的知识载体在教材中的呈现方式和时机,依据学习进度和具体学情,采取适时渗透、引导整合的建构策略。例如对溶解与结晶的教学,应引导学生通过观察实验现象发现氯化钠可以溶于水也可以在水中结晶,从而进一步整合溶液的相关知识。

4. 回归生活,感受学科价值与社会责任。

初中化学知识虽然简单,但学生的认知能力和生活阅历有限,加上应试压力,学生很难形成正确的学科价值观念和强烈的社会责任意识。基于这种现状,教师的日常教学更不应该脱离生活实际,应回归生活,将化学知识与生活中的具体事例相结合,让学生在真实的生活情境中切身体验学科的价值,逐渐树立社会责任意识。例如对溶液浓度的学习,教师可以穿插溶液的化学史以及与溶液相关的社会热点问题,让学生切身感受到溶液在生活中方方面面的用途,获得对化学学科价值的认同,同时也要注意引导学生辩证地看待化学,形成正确的学科观念和社会责任。

四、重点活动设计

课题1　溶液的形成

活动素养目标	设计实验方案,开展科学探究,获取结论。	
目标详解	(1) 认识溶解现象,知道溶液的组成与特征,了解溶液在生活、生产和科研中的广泛用途。 (2) 通过探究物质在溶解时的吸热或放热现象,了解实验探究的一般方法,培养安全意识和严谨求实的科学态度。 (3) 说出一些常见的乳化现象,能够将溶解和乳化这两种现象加以区分和联系,提升用所学的化学知识分析、解决实际问题的能力。	
活动主题	活动设计	相关素材资源
活动一　学生所了解的溶液	学生交流所了解的溶液相关知识,证明溶液在自然界中的广泛存在以及在生产中的应用。	图片:各种溶液。
活动二　溶解现象	(1) 教师演示常见物质在水中溶解的实验。 (2) 学生观察、交流实验现象,从微观角度思考现象的本质。 (3) 小结实验原理。	实验:常见物质在水中溶解。 模拟动画:物质的溶解过程。

续表

活动主题	活动设计	相关素材资源
活动三 溶剂的认识	(1) 演示或分组实验：碘、高锰酸钾在水、汽油中的溶解性实验（或食盐等生活中常见物质在水、植物油中的溶解性实验）。 (2) 学生观察、记录实验现象，交流、讨论实验结论。 (3) 教师小结。	实验：物质在不同溶剂中的溶解性实验。
活动四 溶质状态的多样性	(1) 演示或分组实验：乙醇在水中的溶解性。 (2) 介绍溶质状态的多样性：可以是固体，也可以是液体或气体。	实验：乙醇在水中的溶解性实验。 图片：不同状态溶质的溶液。
活动五 探究溶解时的吸热或放热现象	(1) 教师引出探究的主题，给出实验所需的仪器和药品。 (2) 学生思考、讨论、设计实验方案。 (3) 教师对学生的设计方案进行评价。 (4) 学生比较并选择最优方案进行实验探究。 (5) 教师提醒学生药品用量问题以及注意实验操作的安全性和规范性。 (6) 共同总结，得出实验结论。	实验：探究溶解时的吸热或放热现象。
活动六 乳化现象	(1) 教师结合学生的生活经验以及教材中乳化现象的实验，引出乳浊液和乳化现象。 (2) 学生交流、讨论生活中常见的一些乳化现象。 (3) 教师小结乳化和溶解以及乳浊液和溶液的区别和联系。	实验：乳化现象。 图片：乳化和溶解在生活实际中的应用。
活动建议	在实验探究活动中，教师应重视对实验方案设计的准确性、可操作性等方面进行指导。	

课题 2 溶解度

活动素养目标	比较、分析、归纳等信息加工能力，内因与外因、量变与质变的辩证唯物主义观点。
目标详解	(1) 通过探究活动，了解饱和溶液的含义，感受溶解过程中的动态平衡思想，初步学习、体验控制变量法在实验探究中的应用。 (2) 通过实验，认识溶质的溶解是有限度的，了解溶解度的含义，感受常见数据处理方法在化学学习中的应用，了解获取信息、加工信息的途径和方法。

活动主题	活动设计	相关素材资源
活动一 饱和溶液	(1) 演示或分组完成教材中的实验（探究氯化钠、硝酸钾在水中的溶解）。 (2) 学生观察、记录现象，交流、讨论，得出结论：溶质的溶解是有限度的。 (3) 教师小结，使学生建立饱和溶液与不饱和溶液的概念。	实验：探究氯化钠、硝酸钾在水中的溶解。

续表

活动主题	活动设计	相关素材资源
活动二 饱和溶液与不饱和溶液之间的相互转化	(1) 教师引导学生注意观察冷却后的硝酸钾溶液中的结晶,同时介绍生活中的其他结晶现象。 (2) 教师给出海水晒盐的图片或视频,学生了解海水晒盐的过程,讨论海水晒盐的原理。 (3) 学生交流、讨论饱和溶液与不饱和溶液之间的相互转化。 (4) 教师小结,强调与学生日常经验相悖的饱和溶液与不饱和溶液之间转化的现象。	图片:各种结晶。 图片或视频:海水晒盐。
活动三 固体的溶解度	(1) 教师讲解固体溶解度的概念,学生消化理解。 (2) 探究影响固体溶解度的外部因素。 ①分小组讨论方案:根据已有经验提出可能影响固体溶解度的外部因素(至少1种),根据给定的仪器和药品设计实验方案。 ②分组实验验证。 ③教师对学生的探究活动作出评价和总结,归纳温度对固体溶解度的影响。 (3) 绘制溶解度曲线,引导学生分析、讨论固体的溶解度随温度变化的规律。	实验:探究影响固体溶解度的外部因素。 图片:溶解度曲线。
活动四 气体的溶解度	(1) 教师给出可乐、雪碧等碳酸饮料的例子,引导学生讨论影响气体溶解度的外部因素。 (2) 讨论生活中涉及气体溶解度的其他事例。	实物:可乐、雪碧等碳酸饮料。 微课:影响气体溶解度的外部因素。
活动建议	在中学特别是初中阶段,对溶解度内容的要求较低:能了解溶解度的含义,会利用溶解度曲线获得相关信息。对溶解度的有关计算在初中则不作要求。	

课题3 溶液的浓度

活动素养目标	运用概念分析、解决问题。
目标详解	(1) 认识溶质质量分数的含义,体会定量研究物质组成的意义和方法。 (2) 初步学习溶质质量分数应用于生活、生产、科研等领域的计算,发展运用概念分析、解决问题的能力,体会化学对满足人民日益增长的美好生活需要的重大贡献。 (3) 通过配制一定溶质质量分数的溶液的实验活动,大致了解该实验的过程和操作步骤,初步学习或学会相关的化学实验基本操作,培养科学素养,提高实践能力。

活动主题	活动设计	相关素材资源
活动一 溶液浓度的表示方式	(1) 演示配制 3 种浓度不同的硫酸铜溶液的实验，组织学生讨论溶液的浓与稀。 (2) 课堂展示课前搜集的生活中常见溶液的标签，阅读这些溶液的标签，分析这些溶液中的溶质和溶剂，分析定量描述溶质与溶剂关系的方式。 (3) 教师介绍溶液浓度表示方法中的其中一种——溶质的质量分数，学生消化、理解。	实验：配制 3 种浓度不同的硫酸铜溶液。 实物：生活中各种溶液的标签。
活动二 溶质质量分数与固体溶解度的关系	(1) 给出 20 ℃时氯化钠的溶解度，求该温度下氯化钠饱和溶液中溶质的质量分数。 (2) 教师总结溶质质量分数与固体溶解度的关系。	资料：教材 P43 "讨论"。
活动三 有关溶质质量分数的计算	(1) 教师呈现相关例题，引导学生依据化学概念、原理、事实进行定量推理、判断。 (2) 学生初步学习和训练有关溶质质量分数的计算。	习题：有关溶质质量分数的典型计算题。
活动建议	注意教学中对知识难易梯度的把握。本课时计算只要求进行有关溶质质量分数"知二求一"的简单计算以及有关溶液稀释的简单计算，其他较为综合的内容可在后续教学中开展。配制一定溶质质量分数的溶液是初中最重要的定量实验，应注意引导学生认识定量实验中精确操作的重要性，可适当让学生进行实验误差分析。	

五、单元作业设计

1. 已知某氯化钠溶液中氯离子与水分子的个数比为 1∶100，则溶质质量分数为_____。（结果保留小数点后一位）

2. 自制风暴瓶：取 10 g 天然樟脑和 40 mL 无水乙醇，混合于一个透明的玻璃瓶中，待完全溶解后立即塞好瓶塞。取 2.5 g 硝酸钾和 2.5 g 氯化铵，加 34 mL 蒸馏水，待完全溶解后倒入溶有樟脑的乙醇溶液中，轻轻振荡。如果有沉淀析出，可以缓慢水浴加热混合溶液到 40 ℃，至白色沉淀完全溶解。将该玻璃瓶放置在阴凉处。

3. 生理盐水是溶质质量分数为 0.9％的氯化钠溶液。实验室现有：足量的氯化钠固体、足量的蒸馏水、800 g 溶质质量分数为 0.5％的氯化钠溶液、500 g 溶质质量分数为 1.5％的氯化钠溶液。请选用以上药品，设计三种配制 1000 g 生理盐水的方案，并填入下表。

	配制方案（只要说明配制时所需的各种药品用量）
方案一	
方案二	
方案三	

4. 硝酸钠在各温度下的溶解度见下表。

温度/℃	10	20	30	40	50	60	80
溶解度/g	80	88	96	104	114	124	148

在 60 ℃时将 66 g 硝酸钠固体和 75 g 水混合，所得溶液为不饱和溶液，若要使该不饱和溶液变成饱和溶液，可采用哪些方法？试通过计算逐一说明。

5. 侯德榜是我国著名的化学家，发明了侯氏制碱法，为纯碱和氮肥工业技术的发展作出了杰出的贡献。下面是侯氏制碱法的生产原理：

①先将氨气通入饱和食盐水中，再将压缩的二氧化碳通入其中：$NaCl + NH_3 + H_2O + CO_2 = NH_4Cl + NaHCO_3$。

②分离得到的碳酸氢钠晶体充分受热分解后即可制得纯碱：$2NaHCO_3 \xrightarrow{\triangle} Na_2CO_3 + H_2O + CO_2 \uparrow$。

在制备纯碱的过程中涉及 Na_2CO_3、$NaCl$、NH_4Cl、$NaHCO_3$ 等物质。下表为它们在不同温度下的溶解度。

温度/℃		0	10	20	30	40	50	60
溶解度/g	Na_2CO_3	7.0	12.2	21.8	39.7	48.8	47.3	46.4
	$NaCl$	35.7	35.8	36.0	36.3	36.6	37.0	37.3
	NH_4Cl	29.4	33.3	37.2	41.4	45.8	50.4	55.2
	$NaHCO_3$	6.9	8.2	9.6	11.1	12.7	14.5	16.4

试在下图中绘出 Na_2CO_3 的溶解度曲线，并根据曲线分析能够得到碳酸氢钠晶体的原因。

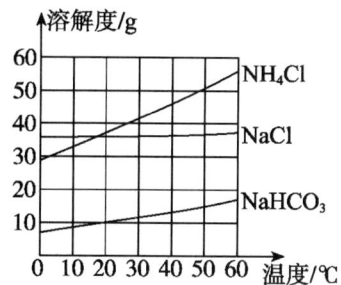

6. 根据下列实验回答问题。

实验一：炎热的夏天，在家中可以自制汽水来消暑解热。

[制备材料] 1.5 g 小苏打、1.5 g 柠檬酸、蔗糖、果汁、凉开水、500 mL 饮料瓶。

[制备流程]

[问题讨论]（1）步骤②中用凉开水制汽水的原因是_____。

（2）步骤③中旋紧瓶盖后，为什么汽水中的气泡会由多变少直至不再冒出？_____。

实验二：据《四川盐法志》记载，"敞锅熬盐"的主要步骤为：①将黄卤和黑卤按比例混合；②放入敞口锅中加热浓缩，用木棒不断搅拌，析出粗盐；③用"花水"冲洗粗盐得精品盐。

（3）在步骤③中用"花水"冲洗粗盐，既可除去表面的 $MgSO_4$ 和 $MgCl_2$ 杂质，又不损失 NaCl。则"花水"应当是_____（填标号）。

  A. 蒸馏水   B. 饱和 NaCl 溶液

  C. 饱和 NaOH 溶液   D. 饱和 $BaCl_2$ 溶液

六、重点章节教学案例

课题 2 溶解度（第 1 课时）

中国教育科学研究院附属厦门实验中学　耿玉婷

本案例是《义务教育教科书　化学　九年级下册》（人教版）第九单元"课题 2　溶解度"的内容。教学设计充分体现"让学生有更多的机会主动地体验科学探究的过程，在知识的形成、相互联系和应用过程中养成科学的态度、学习科学方法"，对饱和溶液与不饱和溶液的认识，由感性认识到理性认识，再由理性认识到实际应用，有效地发展学生的学科核心素养。

（一）教学目标

1. 了解饱和溶液、不饱和溶液的含义；通过设计实验方案以及在探究过程中观察、获取证据、记录、分析实验现象、得出合理结论，提升"科学探究""证据推理"素养。

2. 通过实验条件的改变，感受饱和溶液与不饱和溶液之间能相互转化并能说出转化的条件，逐步建立用辩证、发展的思想观点来看待事物的变化。

3. 能举例说明结晶现象，感受身边的化学，赞赏化学对社会发展的作用。

（二）教学过程

教学活动主题一：了解饱和溶液、不饱和溶液

教师活动过程	学生活动过程
[引入] 展示风暴瓶。 讲述制作风暴瓶的步骤之一——配制硝酸钾溶液。 展示学生配制的溶液——化学上将这样的溶液称为饱和溶液。 ——饱和溶液 [引导] 将学生们配制的不饱和溶液、饱和溶液同时放入冰水中，观察实验现象。 [设问] 哪种溶液能用来制作风暴瓶？	活动1：配制溶液。 准备：硝酸钾、蒸馏水、试管、药匙。 根据实验现象，认识到固体物质在一定量的水中不能无限制地溶解，从而初步了解饱和溶液、不饱和溶液及其判断方法。

设计意图：从风暴瓶入手，激发学生探究风暴瓶原理的兴趣。通过学生分组实验，初步认识饱和溶液、不饱和溶液，培养学生的科学探究和实验操作能力。

教学活动主题二：设计实验探究饱和溶液与不饱和溶液相互转化的方法

教师活动过程	学生活动过程
[提问] 请各位同学开动脑筋想一想，采用什么样的措施能将不饱和溶液转变成饱和溶液？ [讲述] 在实验过程中，老师发现同学们不仅把不饱和溶液转化成了饱和溶液，而且从饱和溶液中获取了晶体。如何能得到晶体呢？	活动2：设计实验探究饱和溶液与不饱和溶液相互转化的方法。 制订实验方案，小组合作完成。 交流：通过冷却热的饱和溶液和蒸发溶剂的方法都能得到晶体。

设计意图：通过实验探究实现饱和溶液、不饱和溶液之间的转化，培养学生分析问题、解决问题的能力，培养学生动手能力及合作学习的意识。

教学活动主题三：完善饱和溶液、不饱和溶液的定义

教师活动过程	学生活动过程
[提问] 通过刚才的实验，同学们能不能自行归纳出饱和溶液、不饱和溶液的定义？	形成结论：在一定温度下，向一定量溶剂里加入某种溶质，当溶质不能继续溶解时，所得到的溶液叫作这种溶质的饱和溶液；还能继续溶解的溶液，叫作这种溶质的不饱和溶液。

设计意图：通过对实验现象的分析，了解改变溶液饱和状态的因素，从而建立饱和溶液、不饱和溶液的概念。

教学活动主题四：制作简易风暴瓶

教师活动过程	学生活动过程
[设问]大家想不想自己亲手制作一个风暴瓶呢？ [引入]展示彩色风暴瓶。 [提问]紫色风暴瓶可以如何制得呢？ [结束语]通过风暴瓶的制作过程，我们学习了饱和溶液、不饱和溶液、结晶及其之间的关系。今天我们是以硝酸钾为原料制作了风暴瓶，实际上还有许多漂亮的晶体，而结晶也是诸多化学现象中的一种，希望同学们能运用学到的化学知识去发现生活中的美！	活动3：结晶。 学生分组实验。 向硝酸钾饱和溶液中加入高锰酸钾。

[迁移拓展]

1. 通过海水晒盐得到的是粗盐（含有 $CaCl_2$、$MgCl_2$ 等杂质），我们通常会利用饱和氯化钠溶液对其进行冲洗，你能说出其中的原理吗？

2. 氢氧化钙的溶解度随温度升高而减小，那氢氧化钙的饱和溶液、不饱和溶液间如何进行转化呢？

设计意图：通过对实验现象的观察，体会饱和溶液并非不能再溶解任何物质，进一步完善饱和溶液、不饱和溶液的定义，培养学生严谨求实的科学态度。通过亲手制作简易风暴瓶，开阔学生眼界，增强学生学习化学的兴趣。

（三）案例点评

1. 整合教学素材，优化教学设计。

课堂的呈现形式和效果依赖于教师对化学知识的理解。教师应有高层次的整体建构，将问题系统地铺陈开来，让学生打开思维、开阔视野，在认知冲突中促进学生的认知发展。[①] 通过贯穿整个教学过程中的真实情境，同时结合教师演示实验、学生分组实验，验证真实问题背后蕴含的原理，如风暴瓶的引入、利用风暴瓶中的主要物质探究饱和溶液与不饱和溶液的相互转化、学生亲手制作简易风暴瓶等。这些优化的学习资源，激发了学生学习化学的兴趣，使学生亲历了化学概念的形成过程：从形象到抽象→从假设到验证→从定性到定量→从感性到理性，一步一步地对"科学探究""证据推理与模型认知""科学态度与社会责任"等素养进行了不同程度的渗透。

2. 创设真实情境，推动深度学习。

创设真实情境，以解决问题去驱动教学是提升和培育核心素养的重要途径。以问题链为引导，过程清晰，线索清楚：问题的提出→演示实验→分组实验→概念的建立→概念的辨析→概念的深化→总结巩固。"我们是否能自己制作风暴瓶呢？""风暴瓶的原理是什么

---

① 黄令. 整体建构教学问题驱动学习培养核心素养 [J]. 化学教与学，2019（7）：78-80.

呢?""什么是饱和溶液?什么是不饱和溶液?""再谈谈你对饱和溶液和不饱和溶液的认识。""饱和溶液与不饱和溶液可以转化吗?""饱和溶液与不饱和溶液如何相互转化?"用问题启迪学生,用问题推进教学,用问题深化认识。在分析、对比和归纳中提升学生解决问题的能力,培养学生的质疑反思的思维品质,有助于学生的深度学习。

3. 渗透学科思想,聚焦素养培育。

授课中,通过情境的创设、问题的设计、实验探究活动,帮助学生建立饱和溶液的概念模型,使学生意识到通过改变条件,饱和溶液和不饱和溶液之间可以相互转化,在课堂中无形地渗透了"变化观""实证观""平衡观"等化学学科思想。通过对真实情境问题解决的引导,注重学生"科学态度与社会责任"素养的培育,这种对化学核心素养的落实,是润物无声的、潜移默化的,也是自然顺畅的。

第十单元　酸和碱

"酸和碱"是《义务教育教科书　化学　九年级下册》(人教版)的单元之一,是《义务教育化学课程标准(2011年版)》"身边的化学物质"主题中的重点内容。从生活和实验中常见的酸和碱出发,介绍了几种常见酸和碱的性质及用途,并说明酸和碱各有其相似性质的原因。在此基础上,进一步介绍了酸和碱之间发生的中和反应及其实际应用,溶液的酸碱度等核心知识。整体而言,"酸和碱"承接金属的学习内容,关联后续盐的学习,关注课程标准中的"化学与社会发展""科学探究""物质构成的奥秘""物质的化学变化"等主题,可构建知识结构框架(教学单元)。"酸和碱"的学习,有助于学生开展以化学实验为主的多种探究活动,从宏微结合、变化守恒的视角,运用证据推理和模型认知的思维方式解决实际问题,获得结构化的化学核心知识,建立运用化学学科思想解决问题的思路方法,培养科学探究与创新意识、科学态度与社会责任,促进化学学科核心素养的发展。[①]

一、单元内容梳理

1. 课程标准及实施建议。

标准	活动与探究建议
• 认识常见酸碱的主要性质和用途,知道酸碱的腐蚀性。 • 初步学会常见酸碱溶液的稀释方法。 • 了解用酸碱指示剂(酚酞、石蕊)和 pH 试纸检验溶液酸碱性的方法。 • 知道酸碱性对人体健康和农作物生长的影响。	• 试验某些植物花朵汁液在酸性和碱性溶液中的颜色变化。 • 使用 pH 试纸检验唾液、食醋、果汁、肥皂水、雨水和土壤溶液等的酸碱性。 • 自制汽水。 • 搜集有关酸雨对生态环境和建筑物危害的资料。 • 实验探究酸碱的主要性质。

---

① 胡久华. 深度学习:走向核心素养(学科教学指导·初中化学)[M]. 北京:教育科学出版社,2019.

(1) 本单元可供选择的学习情境素材：生活中常见的酸性物质和碱性物质；洗发剂、护发剂的酸碱性；作物生长最适宜的 pH 范围。

(2) 单元知识内容结构。

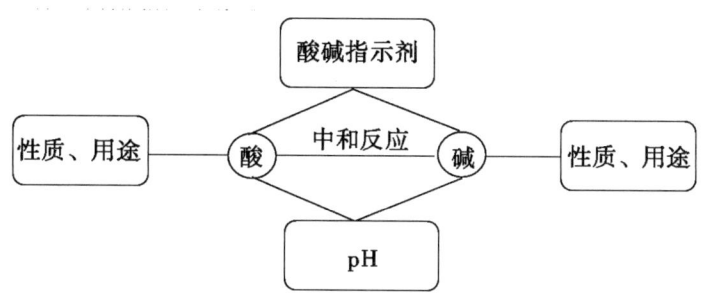

2. 单元教学核心素养目标解读。

(1) 目标梳理。

教学内容	核心素养
酸、碱与指示剂作用	证据推理
常见的酸	宏观辨析与微观探析、变化观念
常见的碱	宏观辨析与微观探析、变化观念
中和反应	证据推理与模型认知
中和反应在实际中的应用	科学态度与社会责任
溶液酸碱度的表示法——pH	证据推理

(2) 单元学习目标。

①通过典型的酸和碱的分类学习，从"宏观—符号—微观"表征视角认识酸和碱的组成、结构、性质和变化，并运用于分析与解决实际问题，形成"结构决定性质，性质决定用途"的学科观念，认识化学对社会可持续发展的贡献。

②通过对酸和碱性质的实验探究，基于证据进行分析推理，建立酸和碱性质的认识模型，运用模型解释化学现象，对与化学有关的社会热点问题作出正确的价值判断并参与有关化学问题的实践活动。

(3) 核心素养目标细化。

	核心概念	关键能力	必备品格
	常见的酸、常见的碱	组成、结构、性质、用途之间的关系 认识常见的酸和碱的性质	安全意识 科学态度
课题1 常见的酸和碱	\multicolumn{3}{l}{①通过典型的酸（盐酸、硫酸）和碱（氢氧化钠、氢氧化钙）的分类学习和表征，从微观视角认识酸和碱的结构、性质和变化，形成"结构决定性质，性质决定用途"的学科观念。从宏微结合的视角分析、解决生产和生活中简单的化学问题，认识化学科学对社会可持续发展的贡献。 ②通过对酸和碱性质的实验探究，基于证据进行分析推理，建立酸和碱性质的认识模型，运用模型解释化学现象，形成安全意识并积极参与有关化学问题的社会实践活动。}

续表

	核心概念	关键能力	必备品格
课题2 酸和碱的中和反应	中和反应	基于证据推理，建立酸碱中和反应的认识模型	社会责任 科学态度
	①通过酸碱中和反应的表征，从微观视角认识酸和碱的性质和变化，形成"结构决定性质，性质决定用途"的学科观念。从宏微结合的视角分析、解决生产和生活中简单的化学问题，认识化学科学对社会可持续发展的贡献。 ②通过对酸碱中和反应的实验探究，基于证据进行分析推理，建立酸碱中和反应的认识模型，运用模型解释化学现象，形成关注生活、关注社会的意识，树立利用化学知识服务社会的价值观念。		

二、核心素养阶段性达成特点分析

1. 素养提升的起点。

从知识基础看，在已有的生活经验和以往的学习过程中，学生已经接触到这两类物质。关于酸，学生已有的认识有：家庭调味品食醋中含有醋酸；在学习二氧化碳的性质时，学生通过实验发现稀醋酸、碳酸都能使紫色石蕊溶液变红；在学习金属的化学性质时，学生通过实验认识到盐酸和稀硫酸与镁、锌、铁、铜等金属反应的异同等。关于碱，学生已有的认识有：澄清石灰水中的溶质是氢氧化钙，且它的溶解度随温度升高而减少；氢氧化钠溶解于水时产生放热现象；浓氨水具有挥发性，能使无色酚酞溶液变红等。上述零散的知识是学生进一步学习的知识基础。

从能力基础看，通过"物质构成的奥秘"的学习，学生开始用微粒的观点学习化学，从微观层面学习物质的组成和结构，认识"物质具有不同性质的原因是什么""物质之间为什么会发生各种变化"等问题；通过对氧气、水、二氧化碳、金属等身边的化学物质的学习，学生初步了解研究物质组成、性质和变化的方法，特别是对金属等同类别物质共性和个性的学习，获得探究物质及其变化的亲身体验，享受到探究物质的乐趣，体会到研究身边的化学物质对提高人类的生活质量、促进社会发展的积极意义。

2. 素养提升的障碍点。

（1）基于类别等角度描述物质的性质和转化关系，对于学生来说是有一定难度的。酸、碱、盐是初中化学分类学习物质的典型代表，如果说酸、碱、盐的性质和用途是枝和叶，那么对酸、碱、盐进行正确分类则是其根。

（2）酸和碱的知识内容细碎、零散，难以记忆，涉及物质的种类、名称、化学式、化学方程式和反应类型等，这些内容会给学生的学习、理解带来一定的困难。运用科学有序的方法，将零散的知识纳入合理有效的框架中，帮助学生形成学习一类物质的方法，提升学生的学习能力，为今后学习元素及其化合物知识打下基础。

（3）设计实验方案解决化学问题，可能是学生会遇到的障碍点之一。比如，很多中和反应看不到明显现象，怎么用有明显现象的实验证明中和反应发生了呢？中和反应为什么很容易发生？此外，部分学生无法从反应物认识生成物，无法建立酸碱的性质与用途间的关联，尤其是面对复杂的实际问题时，不能抽提其中涉及的酸碱性质，更无法充分考虑各种因素，进行有层次的分析和论证，缺乏实验方案的设计思路等。

3. 素养提升的延伸点。

从发展学科核心素养看，酸和碱的学习重点是发展学生的"宏观辨析与微观探析""证据推理与模型认知"的化学学科核心素养，同时使学生的"变化观念""科学探究与创新意识""科学态度与社会责任"等素养也都得到相应发展。

（1）酸和碱是两类重要的化合物。通过学习，能根据实验现象辨识酸和碱及其相关反应，运用化学符号描述常见的酸和碱及其变化，能从酸和碱的宏观特征入手，进行分类和表征，建构酸和碱的知识框架，进一步建立研究一类物质的思路和方法，促使知识结构化。同时，能从酸和碱的结构特点说明同类物质的共性和不同类物质性质的差异及其原因，丰富了对化学变化的认识角度和思路，有利于后续对盐类物质甚至高中离子反应的学习。比如，HCl 和 H_2SO_4 的组成中都有氢元素，在水溶液中都存在 H^+，盐酸和硫酸的水溶液都呈酸性。NaOH 和 $Ca(OH)_2$ 的组成中都有 OH^- 原子团，它们的水溶液都呈碱性。酸是一类"有个性"的物质（含有 H^+），碱也是一类"有个性"的物质（含有 OH^-），二者的溶液混合后，会发生中和反应。中和反应的实质是大量自由移动的 H^+ 和 OH^-，通过强烈的作用，生成稳定的水的过程，所以中和反应的动力是有水生成。学习酸和碱的性质，能使学生从宏微结合的视角对物质及其变化进行分析与推断，根据物质的类别说明或预测物质的性质。

（2）通过实验论证落实"证据推理"素养。以实验事实为证据，完成对物质性质的认证。如向滴有酚酞的 NaOH 溶液中逐渐滴入 HCl，溶液由红色变为无色，为什么能证明 HCl 和 NaOH 发生了反应？在这类认证中，由典型物质的性质知识和核心概念建构的认识思路，能够帮助学生完成认证的逻辑链条。[①] 如对于上述问题，学生需要知道 HCl 呈酸性，NaOH 溶液呈碱性，作为指示剂的酚酞颜色会随着溶液酸碱性的变化而变化，当酚酞颜色消失，说明溶液不再具有碱性，所以，可以证明 NaOH 和 HCl 确实发生了反应。在这类认证中，从微观角度建立酸碱中和反应的认识模型（$H^+ + OH^- \rightleftharpoons H_2O$），进一步论证中和反应的合理性。当学生面对新情境时，有能力基于该认识模型，知道可以从哪些角度预测陌生物质可能具有的性质及发生的化学变化。比如，夏天到农村去，常常看到养鱼的农户向放干的鱼塘底撒熟石灰，这是为什么呢？如果从熟石灰属于碱、酸碱中和角度考虑的话，就可以预测鱼塘底泥中含过多的酸，撒熟石灰能使放水后的鱼塘水达到适合鱼苗

[①] 王磊. 基于学生核心素养的化学学科能力研究［M］. 北京：北京师范大学出版社，2017.

生长的 pH（同时达到杀菌消毒的目的）。

三、单元素养目标达成策略

1. 发挥核心概念的统摄作用。

从化学学科价值看，酸和碱是常见的两类物质，也是化学实验室中最常用的试剂。它的功能与价值体现在：第一，从宏观到微观。从具体的酸和碱的性质入手归纳共性，然后从微观角度进行初步的解释，体现了物质的结构与性质之间的关系。第二，从定性到定量。从酸和碱的具体性质入手，定性认识酸具有酸性、碱具有碱性，然后通过用 pH 试纸测酸碱度的方法，初步从定量的角度认识酸性、碱性的强弱，体现对立统一思想。第三，从性质到用途。在重点介绍酸和碱的性质基础上，强调其用途以及性质与用途的关系，体现知识的运用。

在酸和碱的教学中，应发挥物质分类、复分解反应（中和反应）等核心概念的指导作用，培养学生形成基于物质类别、反应类型等角度认识物质性质的核心观念和关键能力，建立研究物质性质的思路和方法，发展学生"宏观辨析与微观探析""变化守恒""证据推理与模型认知"的素养。比如，引导学生按以下途径对酸、碱、盐进行正确分类：从溶液导电性认识酸、碱、盐→借助工具（指示剂、pH 试纸）区分酸、碱、盐→借助溶解性表认识酸、碱、盐等。可按以下途径用框架法学习酸的性质：有序建构酸的性质框架，即酸能和哪些类别的物质反应的整体框架→依据反应特点书写化学方程式（置换反应"单换单"，复分解反应"相互交换、价态不变"）→从通性到个性（相同的 H^+，不同的酸根离子）。可按以下途径用对比实验法学习碱的性质：分别取 $NaOH$ 和 $Ca(OH)_2$ 两种固体，置于表面皿上，一段时间后再观察→取 2 个 250 mL 的烧杯，分别用大量水溶解少量的 $Ca(OH)_2$，用少量水溶解大量的 $NaOH$，触摸烧杯的外壁→取 3 个充满 CO_2 的塑料瓶，分别加入等量的水、澄清石灰水、$NaOH$ 溶液，观察→向吸收了 CO_2 的 $NaOH$ 溶液中滴加稀盐酸，另取 $NaOH$ 溶液加稀盐酸对比→向表面皿上久置于空气中的 $NaOH$ 加稀盐酸，向新取的 $NaOH$ 固体中加稀盐酸对比。

2. 重视开展高水平的实验探究活动。

应充分运用实验观察和启迪思维的教学策略，切实组织和开展学生实验活动，注重引导学生进行性质预测、方案设计、概括解释等高水平的探究活动。

酸和碱之间发生的反应是酸和碱化学性质的核心，可围绕以下问题线索展开：酸和碱之间能发生反应吗？怎么证明？→酸和碱之间能发生什么反应？有何依据？→中和反应在实际中有何应用？其素养价值体现在：第一，借助指示剂的颜色变化，判断溶液酸碱性的改变，证明氢氧化钠溶液和盐酸确实发生了反应，帮助学生认识到"看不见"可转化为"看得见"，形成研究化学反应是否发生的思路和方法；第二，借助氢氧化钠溶液和盐酸反应的微观图示，促使学生从微观层面认识中和反应的实质；第三，比较、分析、归纳、总结出酸和碱发生中和反应生成盐和水的反应规律，丰富学生对化学反应的认识角度和思路；第四，利用所学知识，将中和反应与生产、生活实际建立联系，让学生感受到化学知识的应用价值，提高解决实际问题的能力。当氢氧化钠和盐酸混合无明显现象发生时，学生产生认知冲突：氢氧化钠与盐酸能否反应？此时，要求学生设计实验并验证猜想。学生通过小组合作、自主探究，经历了提出问题、设计实验方案、操作实验、获取现象、形成结论、评价反思等环节，充分发挥了主体性和主动性，提升了探究水平。

3. 创设丰富多样的真实问题情境，提升综合能力。

在教学中应紧密联系生产和生活实际，创设丰富多样的真实问题情境，帮助学生体会物质性质及变化在促进社会可持续发展方面的应用，发展学生的辩证思维，培养"科学态度与社会责任"素养。

在酸和碱教学中，注意联系学生的实际，选择学生日常生活或实验中常见的物质，通过实验探究来学习酸、碱的性质和用途，比如检验溶液酸碱性的对象可选取白醋、苹果汁、食盐水，以及初中化学中常见的稀盐酸、石灰水、氨水等。本单元实验较多，现象鲜明，容易引起学生的兴趣，要充分利用这些教学资源，尽可能让学生多了解身边及生活中常见的酸、碱、盐的实例，比如实验演示生石灰与水反应生成熟石灰，设置用该反应放出的热量将鸡蛋煮熟的情境，用化学知识解释生活、生产中的实际问题等。尽可能通过实验、探究、讨论、调查与研究等方式，培养学生的创新意识和实践能力，加深学生对酸、碱、盐的性质及其相互反应的认识和理解；尽可能充分应用对比方法，让学生自主进行实验现象比较，从而认识酸与碱这两类化学性质差异极大的物质。比如，设计以下探究实验解决酸碱性强弱与 pH 大小之间的关系问题：取 10% 的稀盐酸 5 mL，取名为 A 溶液→取 1 滴 A 溶液滴入 5 mL 水中，得 B 溶液→取 1 滴 B 溶液滴入 5 mL 水中，得 C 溶液（3 种溶液酸性由强到弱的顺序为 A 溶液＞B 溶液＞C 溶液）→分别测出 A、B、C 三种溶液的 pH →得出"溶液酸性越强，pH 越小"的结论。同理，也可得出"溶液碱性越强，pH 越大"的结论。再如，进行酸的性质教学时，可创设以下情境和问题：将一粒维生素 C 泡腾片放进水中，产生了大量气泡，并且其水溶液有酸的口感→猜想、设计实验、验证产生的气体→猜想、设计实验、检验维生素 C 泡腾片的水溶液是否呈酸性→从分类的角度小结方案（指示剂法或 pH 试纸、金属法、金属氧化物法、碱法、碳酸钠溶液法即盐法）→构建出酸的 5 个通性。通过设置真实情境、解决真实问题、实施科学探究，把知识的获得、方法的习得、观念的悟得等寓于过程之中，提升解决问题的综合能力，切实把培养学生化学核心素养落到实处。

四、重点活动设计

课题1 常见的酸和碱（第1课时）

活动素养目标	基于物质类别、结构决定性质等角度，建立常见酸和碱的概念模型。	
目标详解	（1）能从酸和碱在水中的解离特点认识酸和碱的定义，能从解离的特点或组成上判断常见的酸与碱，形成分类的思想方法，能说出常见酸和碱的名称并写出其化学式。 （2）能依据解决化学问题的需要，选择常见的实验仪器和试剂，完成酸碱指示剂定性地检验溶液的酸碱性、自制酸碱指示剂等实验；识记石蕊和酚酞溶液在酸性、中性、碱性溶液中显示的颜色，能根据酸碱指示剂的颜色变化判断溶液的酸碱性；能与同伴合作进行实验探究，能根据实验现象推理、判断，形成初步的结论。 （3）联系生活，从化学的角度初步认识酸和碱，感受化学起源于生产、生活，服务于生产、生活，形成学好化学、用好化学的意识；了解科学家发现酸碱指示剂的历史，体会科学家善于观察、勇于探索的精神。	
活动主题	活动设计	相关素材资源
活动一 认识酸和碱	（1）认识生活中"酸"和"碱"的含义，列举所学过的酸与碱，写出其名称和化学式。 （2）试验几种物质的导电性，分析物质的导电原理，归纳出酸、碱两类物质的概念。	文字资料：常见的酸性物质和碱性物质。 实验：几种不同的酸、碱及其他物质的导电性实验（实验10-7）。 图示或动画：盐酸、硫酸、氢氧化钠、氢氧化钙溶液中物质的解离过程。
活动二 探究酸碱指示剂	（1）学生完成石蕊、酚酞溶液与几种酸、碱溶液作用的实验，并记录实验结果。 （2）共同得出酸碱指示剂的概念，归纳石蕊、酚酞在酸和碱溶液中的颜色变化情况。	实验：石蕊、酚酞溶液与各种溶液作用的颜色变化。
活动三 自制酸碱指示剂	（1）介绍化学家罗伯特·波义耳发现酸碱指示剂的故事，学生谈谈从中获得的启示。 （2）利用身边的材料（植物的花瓣或果实）自制酸碱指示剂。	文字资料：一束鲜花引出的重大发现——化学家发现酸碱指示剂的故事。 探究实验：利用植物的花瓣或果实，自制酸碱指示剂，试验其在不同酸性或碱性溶液中的颜色变化。
活动建议	（1）本课时是较为综合的内容，与前面的教学内容联系紧密，教学中应注意引导学生联系已学知识，使知识系统化。 （2）自制酸碱指示剂实验，可作为一个课外科学探究。在探究中注意放手让学生在小组合作中完成，注意挖掘各个探究要素的深度，进一步提高学生的科学探究能力和科学素养。	

课题1　常见的酸和碱（第2课时）

活动素养目标	基于实验及相关结论，初步建立酸的通性模型、性质与用途的关系模型。	
目标详解	（1）从颜色、状态、气味、挥发性、密度等方面了解盐酸和硫酸的物理性质；了解浓硫酸的特性，初步学会浓硫酸的稀释方法，了解浓硫酸沾到皮肤或衣物上的正确处理方法；认识酸的腐蚀性及使用时的安全事项，感受养成良好实验习惯的重要性，克服对危险药品的胆怯心理，形成胆大心细的心理素质。 （2）认识酸（以盐酸和硫酸为代表物）的化学性质：酸与指示剂作用、酸与活泼金属的反应、酸与金属氧化物的反应。通过对盐酸、硫酸的性质和用途的学习，初步应用类比、归纳的方法学习某类物质的性质及性质与用途的关系。	
活动主题	活动设计	相关素材资源
活动一　辨识盐酸和硫酸的物理性质及用途	（1）展示稀盐酸和稀硫酸，学生探究其简单的物理性质：颜色、状态、气味。 （2）比较两种酸的浓溶液的性质，强调浓盐酸具有较强的挥发性，浓硫酸具有难挥发性、吸水性、密度较大等物理性质，简介两种酸的用途。	实物：稀/浓硫酸、稀/浓盐酸。
活动二　探究浓硫酸的特性	（1）教师演示有关浓硫酸腐蚀纸、木条、布、蔗糖等实验，并简单说明浓硫酸的腐蚀性原理；介绍浓硫酸的吸水性，并简单比较吸水性与脱水性的区别。 （2）教师演示稀释浓硫酸的错误与正确操作，让学生理解正确的操作方法及其原因：浓硫酸的密度比水大，浓硫酸溶于水放出大量的热。	视频：把水滴入浓硫酸中的错误操作。 演示实验：浓硫酸腐蚀性实验（腐蚀纸、木条、布、蔗糖等）、浓硫酸稀释放热实验、稀释浓硫酸的正确操作。 资料：稀释浓硫酸的注意事项；浓硫酸沾到皮肤上的正确处理方法。
活动三　探究酸的化学性质	（1）学生归纳酸与石蕊溶液、酚酞溶液作用的颜色变化情况。 （2）学生回忆并归纳酸与金属反应的特点。 （3）完成生锈的铁钉与盐酸、硫酸反应的实验，完成教材讨论题，归纳酸与金属氧化物反应的特点。 （4）共同小结酸的化学通性及原因。	实验：生锈铁钉与稀硫酸、稀盐酸反应（可选做酸与指示剂作用的实验、酸与金属反应的实验）。
活动建议	（1）在浓硫酸的实验中，应特别注意实验安全。 （2）注意把物质的性质与用途的关系贯穿于酸的性质的教学中。	

课题 1 常见的酸和碱（第 3 课时）

活动素养目标	基于实验及相关结论，初步建立碱的通性模型、性质与用途的关系模型。	
目标详解	(1) 能运用碱类物质反应模型说明碱的化学性质；能对常见碱（氢氧化钠、氢氧化钙）及其变化进行描述和符号表征，结合实例书写化学方程式；能说明常见碱的性质与应用的关系，建立物质结构决定性质的学科思维。 (2) 能依据解决化学问题的需要，选择常见的实验仪器和试剂，完成相关实验；能与同伴合作进行实验探究，能根据实验现象推理、判断，形成初步的结论。 (3) 具有安全意识，能将酸碱知识与生产、生活实际相结合，赞赏化学对人类生活和生产所作的贡献；能运用所学的化学知识和方法分析讨论生产、生活中简单的化学问题，认识化学对社会可持续发展的贡献。	
活动主题	活动设计	相关素材资源
活动一 认识几种常见的碱	(1) 复习碱的定义，写出常见的碱的化学式，特别强调氨水（$NH_3·H_2O$）是一种碱。 (2) 由虎门销烟引入生石灰可与水反应生成熟石灰，强调该反应的特点是放出大量的热，介绍生石灰可作为干燥剂。 (3) 联系并比较 $CaCO_3$、CaO、$Ca(OH)_2$、$NaOH$ 的俗名。	实物：浓氨水溶液。 实验：生石灰与水反应。 图片或视频：虎门销烟。 资料：结合厦门地区的特点，介绍海蛎壳烧灰抹墙。
活动二 探究 $NaOH$、$Ca(OH)_2$ 的物理性质	(1) 根据前面所学的知识及展示的 $Ca(OH)_2$ 粉末，小结 $Ca(OH)_2$ 的物理性质，特别强调其水溶性为微溶，以及溶解度随温度升高而降低。 (2) 展示 $NaOH$ 固体，完成教材实验 10-5，小结其物理性质，特别强调利用其在空气中可吸收水分的性质（可作为干燥剂），溶于水放热。 (3) 展示 $Ca(OH)_2$ 固体，小结 $Ca(OH)_2$ 的物理性质。	实物：$NaOH$ 固体、$Ca(OH)_2$ 粉末。 实验：$NaOH$ 固体放置于空气中的变化，$NaOH$ 固体溶于水的温度变化。
活动三 认识碱的腐蚀性及正确使用方法	(1) 体验 $NaOH$ 强烈的腐蚀性，强调大部分的碱都有腐蚀性。 (2) 介绍碱液特别是强碱溶液使用的注意事项，以及碱液沾到皮肤上的处理办法。	视频或图片或实验：$NaOH$ 溶液的腐蚀性。
活动四 探究碱的化学性质	(1) 通过碱与指示剂作用的实验，小结碱与酸碱指示剂作用的颜色变化。 (2) 由检验 CO_2 引出碱与非金属氧化物的反应。 (3) 小结碱的化学通性及原因。	实验：碱与指示剂作用的实验，CO_2 通入澄清石灰水的实验。
活动五 认识碱的用途	结合碱的性质介绍碱的用途。	视频或资料：碱的用途，造纸业碱液回收。
活动建议	(1) 本课时可拓展 $NaOH$ 溶液与 CO_2 反应的探究。 (2) 本课时可让学生自主完成学习。 (3) 有条件的学校，可让学生完成家庭小实验——制作叶脉书签。	

课题2 酸和碱的中和反应（第1课时）

活动素养目标	基于证据推理，建立酸碱中和反应的认识模型，解决实际问题。	
目标详解	(1) 能对中和反应进行描述和符号表征，结合实例书写化学方程式；了解盐、中和反应等概念，了解中和反应的实际应用，形成物质的变化观、微粒观，感受对立统一的思想。 (2) 能依据解决化学问题的需要，选择常见的实验仪器和试剂，完成酸碱中和反应实验；能与同伴合作进行实验探究，能根据实验现象推理、判断，形成初步的结论。 (3) 能运用酸碱中和反应知识分析、解决实际问题，赞赏化学对人类生活和生产所作的贡献，形成关注生活、关注社会的意识，树立利用化学知识服务社会的价值观念。	
活动主题	活动设计	相关素材资源
活动一 复习回顾	(1) 复习酸、碱的概念。 (2) 复习酸、碱的解离过程。 (3) 复习酸碱指示剂与酸、碱作用的颜色变化。	动画（或示意图）：盐酸和氢氧化钠溶液的解离过程。 实验：指示剂与酸、碱作用的颜色变化（选做）。
活动二 探究酸与碱溶液混合能否发生化学反应	(1) 教师演示氢氧化钠溶液与盐酸溶液混合，学生观察反应现象。 (2) 教师引导学生设计实验证明氢氧化钠溶液与盐酸溶液混合发生了化学反应，并根据设计完成探究实验。	演示实验：氢氧化钠溶液与盐酸溶液混合。 探究实验：盐酸与氢氧化钠溶液是否会发生化学反应。
活动三 认识中和反应、盐	(1) 学生猜想氢氧化钠溶液与盐酸溶液反应的原理。 (2) 通过氢氧化钠溶液与盐酸溶液反应的微观动画或示意图，获取盐酸与氢氧化钠反应的原理。 (3) 通过例子讲解中和反应和盐的概念，并完成相应的课堂练习。	图片（或动画）：氢氧化钠溶液与盐酸溶液反应的微观过程。 习题：中和反应及盐的判断。
活动四 应用中和反应解决实际问题	(1) 学生阅读中和反应在日常生活和工农业生产中的应用的例子，完成中和反应化学方程式。 (2) 共同小结中和反应在实际中的应用。	图片：在酸性土壤中加入熟石灰，成分为 $Al(OH)_3$ 或 $Mg(OH)_2$ 的胃药说明书。 资料：利用中和反应处理酸性或碱性的工业污水，治疗胃酸过多。
活动建议	中和反应原理是本单元最难的内容，包括"酸和碱能不能发生反应"和"会发生什么样的反应"两部分，这一探究要求由宏观到微观、由现象到本质得出结论，对学生的思维和想象能力、实验设计能力有较高的要求。在教学中应注意引导学生思考，进一步培养相关的思维能力。	

课题 2　酸和碱的中和反应（第 2 课时）

活动素养目标	建立酸碱性与酸碱度的关系模型，感受学习化学的价值。
目标详解	(1) 初步学会用 pH 试纸粗略测定溶液酸碱度的方法；知道溶液的酸碱度可用 pH 表示，了解 pH 大小与溶液酸碱性的关系，初步学会运用观察、实验等方法获取信息，能用化学语言表述有关的信息，归纳酸碱性与酸碱度的关系。 (2) 通过了解酸碱性对生产、生活的重要影响，感受用 pH 试纸测定溶液的酸碱性在化学研究和生产、生活中的重要作用，形成关注生活、关注社会的意识，树立利用化学知识服务社会的价值观念。

活动主题	活动设计	相关素材资源
活动一　复习中和反应相关知识	(1) 复习中和反应的概念。 (2) 学生完成有关中和反应化学方程式书写及其他习题。	习题：有关中和反应的内容。
活动二　认识溶液的酸碱度与 pH	(1) 讲解溶液酸碱度的概念及其与 pH 的关系。 (2) 讲解溶液酸碱度与酸碱性的关系，特别是 pH 范围与溶液酸碱性的关系。	图片：pH 和溶液的酸碱性的关系。
活动三　测定溶液的酸碱度	(1) 认识 pH 试纸。 (2) 教师演示 pH 试纸的使用，并强调注意事项。 (3) 学生使用 pH 试纸测定几种溶液的酸碱度，并做好记录，根据数据得出溶液的酸碱性。	实物：pH 试纸、pH 计。 实验：用 pH 试纸测定一些溶液的酸碱度。
活动四　应用酸碱度解决问题	(1) 学生阅读并归纳有关溶液酸碱度的重要意义，老师介绍溶液酸碱度的应用。 (2) 学生完成"探究溶液酸碱度对头发的影响"的活动，并讨论：溶液的酸碱度对头发有什么影响？你对所用的洗发液有何要求？	图片：身边的一些物质的酸碱度。 文字资料：人体内一些液体和排泄物的正常 pH 范围，作物生长最适宜的 pH 范围，洗涤剂和护发素的酸碱性。
活动建议	可把"测定生活中一些物质的 pH"及"探究溶液酸碱度对头发的影响"等活动作为第二课堂活动的内容，大部分同学对这两个活动主题有较浓厚的兴趣，既延伸了课堂的时间和空间，也巩固了本课题的内容。	

五、单元作业设计

1. 氯化氢（HCl）是极易溶于水的无色气体，其水溶液叫盐酸。

(1) 在充满 HCl 气体的试管中放入用石蕊染成紫色的干燥纸条，无明显现象；再滴入水，现象是_____。

(2) 向盛有 $NaHCO_3$ 粉末的试管中通入 HCl 气体，无明显现象；停止通气，再加入少量的水,现象是_____,发生反应的化学方程式是_____。

(3) 画出 HCl 气体和盐酸的微观粒子组成示意图,并进行必要的标注(水分子不用画出)。

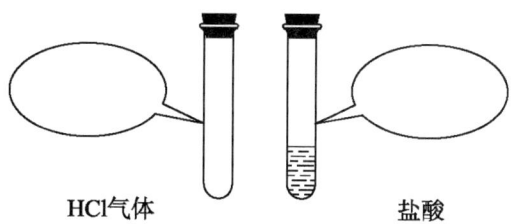

(4) 经测定某盐酸的 pH＝3。若增大该溶液的 pH:
①在不能改变溶质的情况下可采用什么方法?
②在能改变溶质的情况下可采用哪些方法?

2. 自制叶脉书签:取少量稀氢氧化钠溶液与碳酸钠混合,放入几片外形完整、叶脉清晰的干净叶片,煮沸 6～10 min。当叶片呈现黄色后,取出叶片,用清水漂洗除去碱液。然后把叶片平放在玻璃板上,用柔软的毛刷(或试管刷)轻轻刷去叶肉。若要保持叶脉本色,可将除去叶肉的叶片在清水中漂洗干净后夹入旧书中,将叶片压平即可。如要上色,可将叶片漂洗后晾至半干,着上你喜欢的颜色,再晾干压平;还可涂上清漆,以增加光泽和硬度。最后在叶柄上系一根丝带即成叶脉书签。(注意:使用的药品有腐蚀性,不要溅入眼睛或沾在皮肤上。)

3. 材料一:人通过食物获得的蛋白质,在胃肠道里与水反应,生成氨基酸。氨基酸的种类很多,如乙氨酸($C_2H_5O_2N$)、丙氨酸(X)、丁氨酸($C_4H_9O_2N$)、戊氨酸($C_5H_{11}O_2N$)等。

材料二:乙氨酸的化学式也可写成 NH_2CH_2COOH。乙氨酸的某些性质与醋酸类似,如都能与 NaOH 溶液反应。已知醋酸与 NaOH 溶液反应的化学方程式为 $CH_3COOH + NaOH \xlongequal{} CH_3COONa + H_2O$。

(1) 根据材料一,推测丙氨酸的化学式 X 为_____。
(2) 根据材料二,写出乙氨酸与 NaOH 溶液反应的化学方程式:_____。

4. 用图甲所示装置进行实验,先后将溶液快速全部推入,测得一段时间内压强的变化如图乙所示。

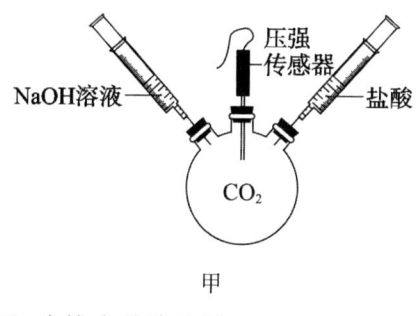
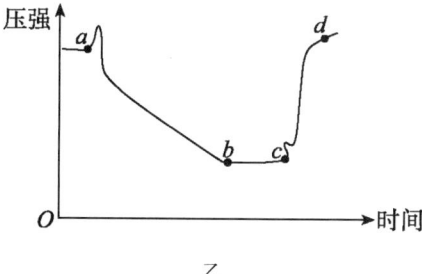

甲　　　　　　　　乙

(1) 先推入的溶液是_____。

(2) bc 段压强不变，原因是_____。

(3) cd 段压强变大，用化学方程式解释：_____。

5. 测定最近一段时间本地区雨水的 pH，绘制时间-pH 关系图。根据雨水的 pH 及其变化情况，判断本地区是否已经或可能出现酸雨。如果已经或可能出现酸雨，请分析原因并提出防治的合理建议。

6. 下面一首诗是明朝于谦（1398—1457）所作。在诗中，作者借某化合物比喻自己的意志和情操。

千锤万凿出深山，烈火焚烧若等闲。
粉身碎骨浑不怕，要留清白在人间。

诗中赞颂的是什么化合物？根据你对该化合物的认识，对诗中的描述作出解释。

7. 通过比较酸和碱的组成、性质和特点，找出它们之间的差异和共同点，写出相关的化学方程式。

六、重点章节教学案例

课题 "酸和碱"单元复习课
厦门市逸夫中学 沈伟艺

从化学学科价值看，酸、碱、盐是初中化学知识体系的重要组成内容，作为核心概念，糅合了物质的组成、结构、性质、变化、用途等内容，具有较强的综合性和系统性。其素养价值体现在：第一，从物质类别及反应基本类型等角度，认识单质、氧化物、酸、碱、盐的通性并建立物质类别间的关联，发展学生"证据推理与模型认知""变化观念与守恒思想"素养。第二，通过酸碱中和等角度，理顺物质的结构、性质、用途之间的关系，发展学生"宏观辨识与微观探析""科学态度与社会责任"素养。第三，基于物质性质进行分离、检验、制备等实验设计与操作，发展学生"科学探究与创新意识"素养。

从学生发展价值看，在学习新课阶段，学生是以代表物（盐酸、硫酸、氢氧化钠、氢氧化钙、碳酸钠等）逐步学习酸、碱、盐的性质，其认识大多处于辨识记忆水平。学生认识的发展点：基于物质类别、反应类型、宏微结合等角度，进一步提升酸、碱、盐的概括关联能力；基于物质所属类别的通性，分析、预测物质性质，并设计简单的实验；基于物质性质，设计探究实验方案。

（一）教学目标

1. 能根据酸、碱的组成和性质对物质进行分类；能运用反应模型说明典型酸和碱的性质；能对常见酸和碱及其变化进行描述和符号表征，结合实例书写化学方程式；能说明常见酸和碱的性质与应用的关系，建立物质结构决定性质的学科思维。

2. 能依据解决化学问题的需要，选择常见的实验仪器和试剂，完成酸和碱的性质、制备、检验等实验；能与同伴合作进行实验探究，能根据实验现象推理、判断，形成初步的结论。

3. 具有安全意识，能将酸碱知识与生产、生活实际相结合，赞赏化学对人类生活和生产所作的贡献；能运用所学的化学知识和方法分析讨论生产、生活中简单的化学问题，认识化学对社会可持续发展的贡献。

（二）教学过程

教学活动主题一：学习理解酸碱性质

教师活动过程	学生活动过程
熟悉酸、碱、盐、氧化物的概念，建立概念模型。 展示部分酸、碱和盐的溶解性表（最后加一列 O^{2-}）。 用化学式表示挥发性酸、可溶性碱、难溶性碱、硝酸盐、不溶性硫酸盐、不溶性碳酸盐、不溶性氯化物、金属氧化物、非金属氧化物。	按要求书写化学式。 建立酸、碱、盐、氧化物的概念模型。

设计意图：诊断学生基于酸、碱、盐、氧化物的概念以及利用溶解性表的相关信息书写化学式的水平。帮助学生基于微观离子角度，建立酸、碱、盐的概念模型，对酸、碱、盐、氧化物进行正确辨识。

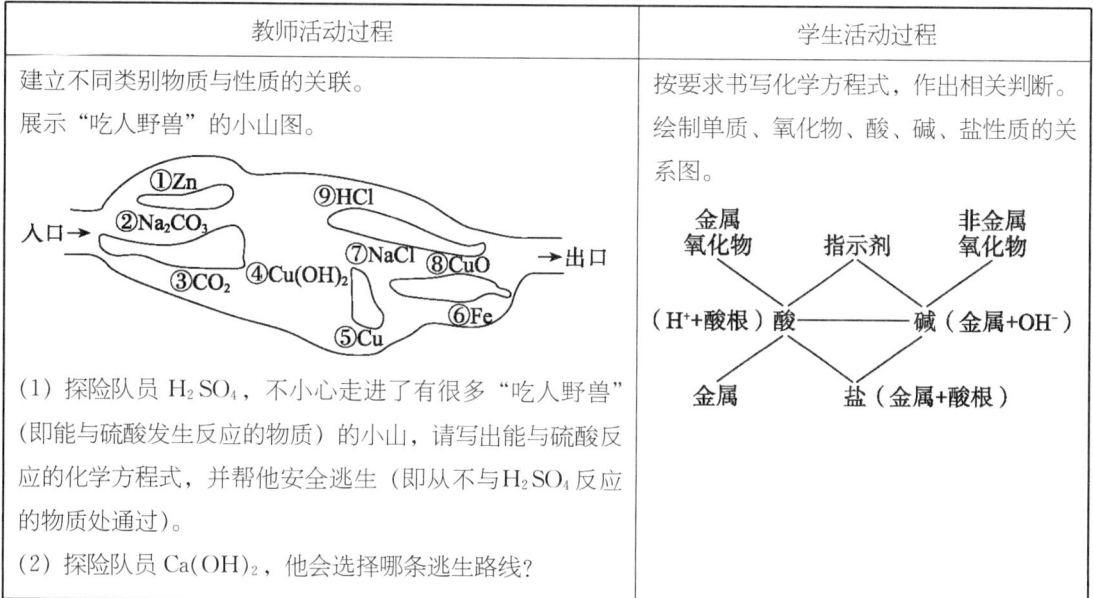

(1) 探险队员 H_2SO_4，不小心走进了有很多"吃人野兽"（即能与硫酸发生反应的物质）的小山，请写出能与硫酸反应的化学方程式，并帮他安全逃生（即从不与 H_2SO_4 反应的物质处通过）。

(2) 探险队员 $Ca(OH)_2$，他会选择哪条逃生路线？

设计意图：利用探险情境，把酸、碱、盐的典型代表物的性质融入其中，诊断学生对于物质性质的判断以及书写化学方程式、描述相关反应现象的水平。通过引导学生绘制不同类别物质的性质关系图，帮助学生基于代表物的性质，认识物质的通性，最终建立不同类别物质间性质的关联模型，促进知识的结构化。

教师活动过程	学生活动过程
认识"宏观、微观、符号"间的转化。 提供酸碱中和反应的微观示意图。 [提问] 如何解释酸碱中和？请举一个在生活、生产中应用的反应说明，并用化学方程式表示。 [提问] 以 H^+ 和 OH^- 结合（反应）为中心，分别向左右延伸，表示哪些离子能结合？	解释原理，举例说明，并用化学方程式表示。 小组讨论，尝试画出离子反应的关系图。

设计意图：诊断学生认识中和反应的水平（宏观、微观），帮助学生基于离子角度认识反应，并用符号表达，建立"宏观—符号—微观"间的联系。通过一系列常见的、不共存的离子组合，提升了对反应发生条件（生成沉淀、气体、水）的认识水平。

教学活动主题二：实践应用酸碱性质

教师活动过程	学生活动过程
预测醋酸的化学性质，并设计实验进行验证。 [预测并验证] 食醋是生活中常用的调味剂，其化学式为 CH_3COOH，推测其可能具有的化学性质。 提供：紫色石蕊溶液、无色酚酞溶液、镁条、铜片、氧化铜粉末、贝壳（主要含 $CaCO_3$）、氢氧化钠溶液、饱和碳酸钠溶液、澄清石灰水、硫酸铜溶液等药品。	进行预测，并利用所提供的药品进行实验验证、得出结论。

设计意图：诊断学生基于对酸的通性的认识预测醋酸化学性质的能力，发展学生对物质性质的认识角度以及认识思路。通过"预测—实验—结论"等重要探究环节，丰富学生对物质变化的体验，比如预测醋酸能与碱反应时，碱试剂可用氢氧化钠（用酚酞作指示剂），也可用氢氧化钠与硫酸铜溶液反应产生的氢氧化铜沉淀。提升学生对物质所属类别的性质的认识水平，形成"宏观辨识与微观探析""证据推理"等学科核心素养。

教学活动主题三：迁移应用酸碱性质

教师活动过程	学生活动过程
探究 NaOH 的变质问题。 [情境] 某同学发现，上个月做实验用过的 NaOH 溶液试剂瓶忘了盖瓶塞。对于该溶液是否变质，同学们有何想法？ (1) NaOH 溶液变质的原因是什么？用化学方程式表示。 (2) 如何检验此 NaOH 溶液是否变质？设计实验方案并验证。	小组讨论、交流、评价相关实验方案。

设计意图：通过设置 NaOH 变质的复杂情境，从 NaOH 是否变质的定性检验方案的设计中，帮助学生基于物质通性等角度完成问题探究。从实验方案的设计，到试剂、仪器装置的选择，再到实验条件的控制，最后根据实验现象分析、推理得出合理结论等一系列

环节，不断激发学生的思考与质疑能力，促进深度学习的发生，有效提升"科学探究与创新意识"素养水平。

（三）案例点评

1. 以学科能力构成为核心设计教学与评价目标。

核心知识是能力发展的基础，只有经过学习理解、实践应用和迁移应用三个层面，才能转化为自觉主动的认识方式。在设计目标时，应先分析核心知识的能力和素养发展价值，才能有效把握在不同阶段学生应完成的相应的学科能力活动任务。比如，在酸、碱、盐的复习教学中，通过概念模型、物质类别与性质关联模型的建立以及发展"宏观—微观—符号"间转化的认识水平，使学生达到学习理解层面的目标。在此基础上，通过预测物质的化学性质和可能发生的反应，设计实验进行初步验证，达到实践应用层面的目标。最后，在复杂情境中，运用多种认识角度，设计实验方案，达到迁移应用层面的目标。上述教学目标也即为评价目标。

2. 以不同能力水平的任务驱动教学。

依据核心素养导向下的教学目标，整个复习课共设计 5 个任务驱动教学，不断为学生搭建"台阶"，从学习理解到实践应用，最终到达迁移应用，完成能力水平的提升。在每个学习任务中，都围绕情境、问题开展活动，学生活动丰富且开放性大，充分调动学生的主动性，学生在活动中积极表达自己的观点，充分外显其思维过程，形成良好的反思与总结的习惯，逐步形成解决新情境问题的基本视角、思路、方法。

3. 注重"教、学、评"一体化设计。

基于化学学科核心素养的教学评价明确指出，最能促进学生发展的教学评价实践应该发生在课堂里，而且是在课堂教学的每一个环节之中。这就要求我们在设计每一堂课时，不仅要研究教师如何教、如何引导学生学等相关问题，还要重视每个教学环节中教师和学生如何开展"评"。教师应采用即时性评价，帮助学生建立更为全面的认识。学生通过采用"能预测""建立关联""形成思路"等学习行为，把评价活动和过程作为自身发展的平台和机会，通过小组讨论、方案设计、实验探究等活动中的反馈，落实化学学科核心素养的水平要求。

第十一单元 盐 化肥

本单元是初中阶段介绍无机化合物的最后一个单元，包括常见的盐、常用的化肥和农药、复分解反应、过滤和蒸发以及物质分类、环境保护等内容。教材内容的安排注意了对前面所学知识和技能的归纳、运用与提高，介绍了氯化钠、碳酸钠、碳酸氢钠的性质和用途，碳酸根离子的检验，酸、碱、盐的复分解反应及其发生的条件，化肥的鉴别，分离提纯物质，化合物的分类等。一是通过对"生活中常见的盐"的学习，掌握运用对比、迁移学习一类物质的方法，进一步形成"结构决定性质，性质决定用途"的观点；二是通过对复分解反应的学习，掌握分析、归纳的思维方法，提高利用信息解决实际问题的能力；三是通过对化肥的学习，认识化学在推进社会发展进程中的重要作用，体会化学与生产、生活实际的密切联系，认识物质的两面性，增强对社会和自然的责任感。

一、单元内容梳理

1. 课程标准及实施建议。

标准	活动与探究建议
• 了解食盐、纯碱、小苏打、碳酸钙等盐在日常生活中的用途。 • 知道一些常用化肥的名称和作用。 • 初步认识复分解反应，能用于解释日常生活中的一些化学现象。 • 知道物质的初步分类。 • 认识合理使用化肥、农药对保护环境的重要意义。	• 常用铵态氮肥的检验。 • 设计实验，探究农药、化肥对农作物或水生生物生长的影响。 • 辩论：使用农药、化肥对人类是利多还是弊多？ • 从环保部门（或环保网站）了解当地环境污染情况，参与有关的环境监测活动，提出减少污染的初步建议。

（1）本单元可供选择的学习情境素材：海盐、岩盐、湖盐和井盐；常见铵态氮肥的性质特点及使用注意事项；侯德榜对我国制碱工业的贡献；根瘤菌固氮。

（2）单元知识内容结构。

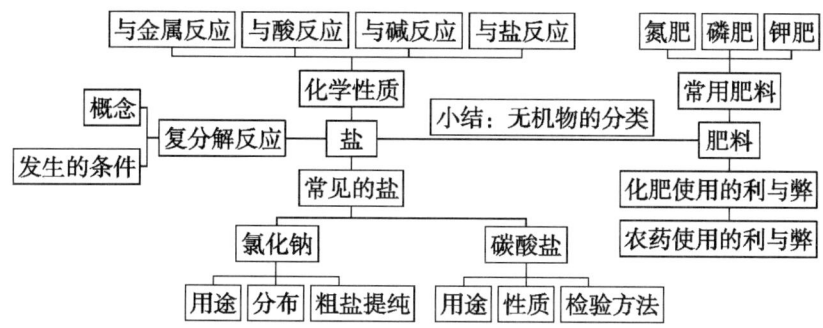

2. 单元教学核心素养目标解读。

（1）目标梳理。

教学内容	核心素养
氯化钠等常见盐的用途	社会责任、变化观念
复分解反应	变化观念、模型认知
物质的简单分类	模型认知
几种重要的化学肥料	社会责任
常见氮肥、磷肥和钾肥的鉴别方法	科学探究、科学态度

（2）单元学习目标。

①通过酸、碱、盐之间混合的实验，对获得的信息进行分析、归纳，依据组成、结构、性质、用途等之间的关系深入学习常见的盐的性质；能应用复分解反应发生条件判断酸、碱、盐之间能否发生反应，建立复分解反应模型，强化"变化观念"素养。

②学会碳酸盐的检验，初步学会溶解、过滤、蒸发等实验操作技能，综合运用相关操作从粗盐中提纯得到精盐。体验化学的魅力，发展学习化学的兴趣，树立保护环境的意识，认识化学在推进社会文明进程中的重要贡献，增强爱国主义情感。

（3）核心素养目标细化。

	核心概念	关键能力	必备品格
课题1 生活中常见的盐	常见的盐	分析、概括得出复分解反应的概念及其发生条件	爱国情怀
	①通过相关实验，了解碳酸钠、碳酸氢钠、碳酸钙等常见的盐的组成、性质及用途，学会碳酸盐的检验；认识复分解反应，能应用复分解反应的发生条件判断酸、碱、盐之间能否发生反应。②了解常见的盐的用途，结合纯碱的用途简介为我国制碱工业作出巨大贡献的侯德榜先生的事迹，增强爱国主义情感。		

续表

	核心概念	关键能力	必备品格
课题2 化学肥料	化学肥料	物质鉴别的方法	科学的物质观 爱护环境
	①通过自主学习、实验探究、讨论交流等方式，学习常用化肥的种类、作用；初步学会区分不同物质的方法，形成收集和处理信息、运用所学知识和技能解决实际问题的能力。 ②认识合理使用化肥、农药对保护环境的重要意义，认识化学在推进社会文明进程中的重要贡献，感受化学物质的两面性，增强对社会和自然的责任感。		

二、核心素养阶段性达成特点分析

1. 素养提升的起点。

对于盐，学生已有的知识基础：在厨房里接触到食盐，部分学生知道苏打、小苏打和纯碱；装修时认识了大理石；第一单元学习了碳酸钠、碳酸钙与盐酸反应；第六单元学习了用大理石和盐酸反应制取二氧化碳；第十单元中学习了盐的概念，对盐的组成有了初步的认识。对于化学肥料，在七年级生物学课程中学习了植物的生长需要氮、磷、钾元素。因此，教学可以从学生已有的生活经验和知识背景出发更加深入地学习盐的有关知识。

2. 素养提升的障碍点。

学生学习本单元时遇到的主要障碍点：一是对于盐的认识。学生比较容易孤立地认识各种盐的组成，而教学中需要上升到从类别的思想和微观的角度认识盐。二是盐溶液的酸碱性。学生容易认为盐都是中性的，需要在学习盐时给出具体的例子，如让学生认识到碳酸钠溶液呈碱性。澄清酸与酸性溶液、碱与碱性溶液的区别，为后续高中的学习打下基础。三是对复分解反应发生条件的认识。学生在学习中还是比较容易判断反应的类型是否属于复分解反应，但是当给出两种具体物质时，则无法利用复分解反应发生的条件进行判断。在教学中要教会学生先对给出的反应物的物质类别进行判断，属于酸、碱或是盐，然后通过复分解反应的特点写出生成物，最后再根据是否生成沉淀、水或气体判断反应是否能发生。四是学习化肥时缺乏对化肥及其使用的感性认识。市面上对化肥、农药的负面宣传较多，可能导致学生对化肥、农药存在偏见。抓住学生对陌生物质的好奇心与求知欲，联系生产、生活实际进行教学，可以培养学生公正、全面的价值观。

3. 素养提升的延伸点。

（1）类比方法。

根据物质组成的相似性，推断物质性质的相似性。如在学习实验室制取二氧化碳时，知道碳酸钙能与盐酸反应生成二氧化碳气体，由碳酸钠、碳酸氢钠与碳酸钙组成相似，推断碳酸钠、碳酸氢钠也能与盐酸反应生成二氧化碳，进一步形成"结构决定性质"的化学观念。或通过碳酸钠、碳酸氢钠与盐酸反应生成物的检验，推断碳酸钠、碳酸氢钠中含有 CO_3^{2-} 或 HCO_3^-，形成"宏观辨识与微观探析""科学探究与创新意识"学科素养，以及"根据现象，得出结论"的思维方法。类比方法是所有认知方法、认知模型迁移应用的基础，因此在初中后阶段的学习以及高中阶段的学习中都应重视对类比方法的指导。

(2) 分类方法。

一是对各类物质的分类。人教版初中化学教材共十二单元，本单元为第十一单元，第十二单元为"化学与生活"。从物质分类的角度看，除第十二单元中还将涉及有机化合物的学习外，截至本单元，对无机物所包含的各类物质均已涉及。让学生对所学物质按物质的组成和性质进行分类（了解树状分类法），如根据物质组成是否单一将物质分为混合物、纯净物；根据纯净物组成元素的异同，将物质分为单质和化合物；根据单质性质的差异，将物质分为金属和非金属；根据化合物组成的差异，将物质分为氧化物、酸、碱、盐等。

二是对化学反应基本类型的分类。在碳酸钠、碳酸氢钠与盐酸反应以及碳酸钠与氢氧化钙反应的基础上，引出复分解反应——一种新的化学基本反应类型。这样，连同前面所学的化合反应、分解反应、置换反应，四种基本反应类型就全部学习了。在本单元复习时，应引导学生对反应类型进行分类，让学生认识到化学反应有四种基本反应类型，发展学生"模型认知"学科素养。

(3) 物质转化观。

单质（金属单质和非金属单质）、氧化物（金属氧化物和非金属氧化物）、酸、碱、盐等概念都已涉及，每一类物质都学习了其代表性物质，如铁（金属单质），碳、硫、磷、氧气（非金属单质），氧化铁、氧化钙（金属氧化物），二氧化碳（非金属氧化物），盐酸、硫酸（酸），氢氧化钠、氢氧化钙（碱），碳酸钠、碳酸氢钠、碳酸钙（盐）。在单元整理、复习时，要引导学生分析不同类物质之间的反应及其生成物的物质种类，发现并归纳物质之间的反应规律，如酸和碱反应生成盐、酸和盐反应生成新酸和新盐、非金属氧化物与碱反应生成盐和水等，认识物质之间可以相互转化，形成物质的转化观，发展"变化观念"素养。通过学习盐的通性，掌握由特殊到一般的学习方法。

(4) 责任意识。

化肥、农药的使用都会给环境带来一定的影响，因此，在使用过程中，要注意适量，关注环境的保护。让学生认识到合理使用化学物质、人与自然和谐共处的重要性，形成更完整、系统的保护环境的意识，从"绿色化学"视角去思考、解决环境污染的问题，增强应用化学解决人类可持续发展的责任感，发展学生的"社会责任"素养。

三、单元素养目标达成策略

1. 基于探究模式开展物质性质的教学，帮助学生学习和认识常见的盐。

本单元的主要内容是认识一类新的物质——盐，选取的代表性物质为氯化钠、碳酸钠、碳酸氢钠、碳酸钙等。适宜的教学方法为探究式教学。基于探究模式开展物质性质的教学，帮助学生学习和认识常见的盐，发展学生的"科学探究与创新意识"素养。学生探究的过程是发现和创造的过程，教师应尽可能将教学时间留给学生活动，发挥学生的主动性，让他们真正深入体验探究的过程。在探究过程中，培养学生用"结构决定性质"的观念来观察和发现碳酸盐的组成结构特点进而进行性质推测。在实验设计过程中，培养学生用"化学变化中元素种类不变"的观点筛选反应物、推测生成物。这些观念和方法的培养不仅可提升学生的思维能力，而且可为探究其他类别物质的性质提供研究方向和方法。

2. 对教学内容进行归纳梳理，使知识条理化、系统化。

本单元是初中化学学习的重要内容，综合了初中化学大部分知识，内容多而杂，学生学习后易感到内容杂乱，不会应用。教学过程中，应注意引导学生进行归纳、总结。如本单元学习了最后一个反应类型——复分解反应，一方面应深入理解复分解反应的定义，理解复分解反应发生的条件；另一方面，应与前面学过的三种反应类型进行比较，了解它们的不同点，能清楚地对化学反应类型进行判断，发展"模型认知"素养。此外，将盐的性质与酸、碱、氧化物等物质的性质联系起来，应用思维导图等形式对它们进行系统化，让学生对所学的内容有清晰、明确的印象，再进行相关应用。

3. 充分运用问题情境，置学习于具体的任务之中。

将盐的性质的相关学习立足于学生的实际生活，从熟悉的汉白玉开始回顾碳酸钙，进而开展碳酸盐的探究，得出相关结论后又回归生活，利用所学知识解释生活中涉及碳酸盐使用的现象，如用发酵粉（主要成分之一是碳酸氢钠）可焙制糕点，用碳酸氢钠可治疗胃酸过多，纯碱常用作家庭厨房用品，碳酸钙可用作补钙剂，鸡蛋壳可用于制取二氧化碳，用醋酸可除去烧水壶中的水垢，熟石灰在建筑工程中的使用等，体现"化学来源于生活，应用于生活"，建构生活化的课堂。

4. 挖掘教学内容的教育功能，把育人目标有机融入教学过程。

在本单元学习中，可以通过深入介绍侯德榜的故事，也可以让学生通过课外阅读拓展相关知识，再让学生交流学习体会，从而深入感受科学家热爱科学的精神，树立科学态度。此外，对于环境保护的内容，教学中可以结合环境污染和环境保护的素材，创设生动活泼的情境，让学生感受到环境污染就在身边，保护环境人人有责，树立社会责任意识，还可以结合课外活动，让学生进一步开展调查，查阅相关资料，完成有关水、土壤资源保护的手抄报，更深入地体验水污染、土壤污染及其保护的相关内容。

四、重点活动设计

课题1　生活中常见的盐

活动素养目标	分析、概括得出复分解反应的概念及其发生条件。	
目标详解	(1) 通过相关实验，了解碳酸钠、碳酸氢钠、碳酸钙等常见的盐的组成、性质及用途，学会碳酸盐的检验；认识复分解反应，能应用复分解反应的发生条件判断酸、碱、盐之间能否发生反应。 (2) 了解常见的盐的用途，结合纯碱的用途简介为我国制碱工业作出巨大贡献的侯德榜先生的事迹，增强爱国主义情感。	
活动主题	活动设计	相关素材资源
活动一　几种常见盐的用途	(1) 学生复习盐的概念。 (2) 学生归纳常见盐的俗称和用途。 (3) 学生完成有关盐的用途的化学方程式。	情境素材：侯德榜对我国制碱工业的贡献，纯碱的用途。 图片：以大理石为材料的建筑景观，碳酸钙类补钙剂，碳酸氢钠类胃药，发酵粉。
活动二　碳酸盐的性质	(1) 回忆学过的碳酸盐的性质及二氧化碳气体的检验。 (2) 学生比较碳酸钠、碳酸氢钠与盐酸反应的现象，并对生成的气体进行检验；学生完成碳酸钠溶液与澄清石灰水反应的实验。 (3) 共同完成有关反应的化学方程式，小结碳酸盐的性质和碳酸盐的检验方法。	实验：碳酸钠、碳酸氢钠与盐酸的反应。 实验：碳酸钠与澄清石灰水反应。 探究：碳酸盐的检验。 资料：石笋和钟乳石的形成。
活动三　盐的性质	(1) 学生自主学习附录中的"部分酸、碱和盐的溶解性表（室温）"，小结酸、碱、盐的溶解性规律。 (2) 学生小组讨论盐的化学性质，并自主完成相应的化学方程式。	表格：部分酸、碱和盐的溶解性。 口诀：酸、碱、盐的溶解性规律。
活动四　复分解反应	(1) 小组讨论碳酸盐等参与反应的化学方程式的特点，教师讲解复分解反应的概念。 (2) 小结化学反应的基本类型。 (3) 完成相关实验，分析得出复分解反应发生的条件。 (4) 练习有关反应基本类型及复分解反应发生条件的习题。 (5) 讨论物质的分类。	实验：有关复分解反应发生条件的实验。 探究：某些酸、碱、盐之间是否发生反应。

活动建议	(1)"生活中常见的盐"是学生熟悉的内容,学习中可以从用途入手,结合用途与性质的关系进行学习,更容易掌握盐的性质。 (2)从置换反应、复分解反应原理理解盐的化学性质,理解"盐+酸→新盐+新酸""盐+碱→新盐+新碱""盐+盐→新盐+新盐""盐+金属→新盐+新金属"等反应的发生必须具备一定的条件。

课题2 化学肥料

活动素养目标	科学的物质观,爱护环境。	
目标详解	(1)通过自主学习、实验探究、讨论交流等方式,学习常用化肥的种类、作用;初步学会区分不同物质的方法,形成收集和处理信息、运用所学知识和技能解决实际问题的能力。 (2)认识合理使用化肥、农药对保护环境的重要意义,认识化学在推进社会文明进程中的重要贡献,感受化学物质的两面性,增强对社会和自然的责任感。	
活动主题	活动设计	相关素材资源
活动一 肥料常识简介	简单介绍肥料的发展及其在农业生产中的作用,介绍天然有机肥料(农家肥)、化学肥料的概念。	图片:农村的自然风光、农业丰收的场景。 资料(或视频):化学肥料对农业发展的作用,天然有机肥料(农家肥)。
活动二 常用的几种化学肥料	(1)学生自主阅读有关氮肥、钾肥、磷肥、复合肥料的内容。 (2)学生展示搜集的各种化学肥料。 (3)思考相关的问题,最后在小组及全班中交流,教师小结。	图片:肥料及其外包装,缺各种营养素的植物的症状。 实物:常见的氮肥、钾肥、磷肥、复合肥。
活动三 使用化肥、农药的利与弊	(1)学生阅读有关化肥对环境的影响的内容及"农药在自然界中的转移"图示后,谈谈个人的感想。 (2)组织学生讨论使用化肥和农药的利与弊。 (3)小结如何合理地使用化肥和农药。	图示:农药在自然界中的转移。 资料(或视频):大量使用农药、化肥前后的环境对比,高效、低毒、低残留的农药,持续农业运动。 课外拓展:美国作家蕾切尔·卡逊《寂静的春天》、柴静《不要快,要稳》。
活动四 化肥的简易鉴别	(1)学生小组合作探究初步区分常用氮肥、磷肥和钾肥的方法,并做好记录。 (2)将以上探究结果在全班进行交流,并归纳出初步区分常用氮肥、磷肥、钾肥的方法。	探究:初步区分常用氮肥、磷肥和钾肥的方法。 资料:氮肥的简易鉴别。
活动建议	本课题是社会性课题,其重点在于情感目标的教育。在教学中应注意发挥学生的主体作用。课后可以根据实际情况组织学生完成本课题的"调查与研究",有条件的学校还可以组织学生到农村进行调查,或组织学生对相关内容进行文献资料研究。	

五、单元作业设计

1. 传说七瓣花可以帮你实现任何愿望。有 A、B、C、D、E、F、G 七种物质（如右图），分别是铁、碳、氧气、二氧化碳、盐酸、熟石灰、纯碱中的一种，按照相邻花瓣的两种物质在一定条件下可以发生反应的原则，把它们拼成美丽的七瓣花。已知 A 为非金属固体单质，C 为其中的一种化合物。请回答下列问题。

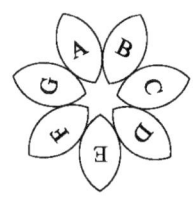

（1）B 物质为_____（填化学式）；B 物质的用途是_____。

（2）C 和 D 反应的化学方程式为_____。

（3）E 和 F 反应的化学方程式为_____。

（4）以上七种物质中，请写出存在相互转化关系的一组物质：_____（填化学式）。

2. 蛋白质是组成细胞的基础物质，没有蛋白质就没有生命。人体内的血红蛋白、各种酶都是蛋白质，蛋清、牛乳中也有蛋白质。一些可溶性的重金属盐（如含 Cu^{2+}、Ba^{2+}、Ag^+ 等的可溶性盐）与蛋白质作用会使蛋白质凝固变性，从而丧失其生理功能甚至危及生命。因此，可溶性重金属盐为有毒物质。根据上述所给知识回答下列问题。

（1）$CuSO_4$、$AgNO_3$、$Ba(NO_3)_2$、$AgCl$ 四种物质中，无毒的是_____。

（2）在医疗上用 X 射线检查肠胃疾病时，让病人服用_____的悬浊液（俗称钡餐），而不能服用碳酸钡，其原因是人体胃液中含有一定量的_____，与碳酸钡反应后，会产生使人中毒的氯化钡。

（3）若因氯化钡中毒，下列方案中可作为最佳解毒措施的是_____（填标号）。

  A. 多饮糖水 B. 饮用纯碱溶液 C. 饮用食盐水 D. 饮用硫酸钠溶液

3. 小明在做某次实验时，发现一瓶瓶口已敞开不知多久的氢氧化钠溶液（下称试液）。联想到药品保存的注意事项，小明利用提供的试剂（$CaCl_2$ 溶液、盐酸、$CaCO_3$ 固体、酚酞）对试液是否变质展开了探究。

他最初的猜想是：试液没有变质，溶液的溶质还是 NaOH。

小明通过查阅资料知道 Na_2CO_3 呈碱性。他原先根据实验方案进行的实验是：取少量试液加入试管，滴入酚酞，观察到试液变红。由此他得出的结论是：原试液没有变质，还是 NaOH。

（1）小明反思实验验证，觉得不够完善，理由是_____。

（2）完善实验方案后，他从提供的试剂中选取一种试剂进行实验，发现原试液已变质。请你写出他这次实验的操作、现象：_____。

小明是个爱思考的学生，他又有了一个新的疑问：试液中真的没有 NaOH 了吗？他又继续做了探究。

(3) 猜想：_____。

(4) 实验验证（要求写出操作、现象）：_____。

(5) 通过上述探究，小明明白了氢氧化钠溶液暴露在空气中会变质，故应_____保存。

4. 氢氧化钾是我国古代纺织业常用于漂洗的洗涤剂，古人将贝壳（主要成分是碳酸钙）灼烧后的固体（主要成分是氧化钙）与草木灰（主要成分是碳酸钾）在水中相互作用，生成氢氧化钾。请按下列要求写出上述有关反应的化学方程式。

(1) 分解反应：_____。

(2) 化合反应：_____。

(3) 复分解反应：_____。

5. 小红参加化学课外小组的活动，活动的内容是在实验室练习配制农药波尔多液。其配制过程是：称取1 g胆矾放入A容器中，再加90 mL水搅拌，完全溶解制成硫酸铜溶液；称取1 g生石灰放入B容器中，先加少量水搅拌，使生石灰变成熟石灰，再加入10 mL水搅拌，制成石灰乳。将硫酸铜溶液慢慢地倒入石灰乳中，同时不断搅拌，即成波尔多液。请完成下列问题。

(1) 写出配制过程中有关反应的化学方程式：①_____，②_____。

(2) 小红用的A容器能否选用铁制容器？_____，理由是_____。

(3) 配制过程中，小红需要用到哪些主要化学仪器？请写出仪器的名称：_____、_____、_____、_____。

6. 已知：①在化工生产中，原料往往不能全部转化成产品；②工业上常用电解纯净的饱和食盐水的方法来得到烧碱溶液，再经过浓缩、蒸发等步骤制得固体烧碱；③氯化银不溶于稀硝酸。现要分析仓库里的固体烧碱样品。

(1) 推测一下，该烧碱样品中可能含有哪些杂质。

(2) 设计一个实验方案，检验你的推测。

7. 现有尿素、硫酸铵、氯化铵、硝酸铵四种氮肥，请按下图所示步骤对四种氮肥进行鉴别。

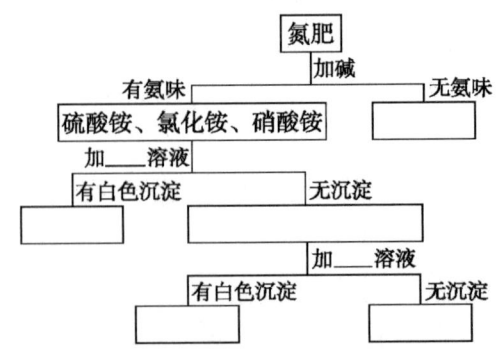

六、重点章节教学案例

课题1 生活中常见的盐

厦门双十中学海沧附属学校 魏漫漫

从化学学科价值看,从生活中常见的盐出发,认识盐不仅仅是指食盐而是一类物质。本课题作为九年级化学后期的教学内容,此时学生已具有一定的化学知识储备、化学分析能力、实验探究能力,已具有在一类物质中寻找结构共性,预测化学性质,通过实验探究进行验证的能力。其素养功能体现在:第一,从物质的组成和性质等角度发展学生"宏观辨识与微观探析""变化观念与守恒思想""科学探究与创新意识""科学态度与社会责任"素养。第二,从反应类型及反应条件角度发展学生"变化观念""科学探究与创新意识""宏观辨识与微观探析""证据推理与模型认知"等素养。第三,从物质的简单分类角度发展学生"模型认知"素养。

从学生发展价值看,从生活中熟悉的物质出发,回顾盐的定义,介绍什么叫作碳酸盐;从历史事件出发,回顾碳酸钙受热分解以及与盐酸反应的相关性质,引导学生观察碳酸盐的组成、结构,通过碳酸盐与酸、氢氧化钙的反应认识碳酸盐的性质。学生认识的发展点:根据"结构决定性质"推测一类物质的性质;设计实验方案,通过对实验现象的分析、推理,得出结论;回归生活,将所学知识应用于解决身边的问题,学生在解决问题的过程中认识物质的性质和用途,体会"化学来源于生活,应用于生活"的观点。

(一)教学目标

1. 了解盐的组成特点,能从组成上判断盐类物质。
2. 了解碳酸钠、碳酸氢钠、碳酸钙的组成、性质及用途,树立"化学来源于生活,应用于生活"的观点。
3. 学会碳酸盐的检验,进一步形成分析、归纳的思维方法和运用化学知识解释身边化学现象的方法,树立"物质是变化的""元素在化学变化中守恒"的观点。

(二)教学过程

教学活动主题一:再现历史,感知物质

教师活动过程	学生活动过程
[导入] 呈现圆明园过去与现在的照片。 [提问] 汉白玉是大理石的一种,它为什么焚烧后会碎裂? [提问] 这个原理在生产、生活中有什么应用? [提问] 实验室如何制取二氧化碳?	学生思考、回答、书写化学方程式、反思评价。

设计意图：通过回顾历史事件引出生活中常见的盐——碳酸钙，并通过一系列问题引导学生从化学角度观察生活中的化学现象，感悟其中的化学原理。

教学活动主题二：实验探究，认识物质

教师活动过程	学生活动过程
[提问] 碳酸钙（$CaCO_3$）、碳酸钠（Na_2CO_3）、碳酸氢钠（$NaHCO_3$），它们有什么相似之处？引导学生从物质的组成、结构上进行分析，并对它们的性质进行猜想。 [实验] 请设计实验证明碳酸盐具有相似的化学性质。 [实验] 怎么检验某物质中是否含有碳酸根离子或碳酸氢根离子呢？ [实验] 设计实验将 Na_2CO_3 转化为 $CaCO_3$。教师提供 $Ca(OH)_2$ 溶液、$Ca(NO_3)_2$ 溶液、$CaCl_2$ 溶液等。	学生分组实验，探究碳酸盐与酸反应的规律。 学生分组实验，检验贝壳、鸡蛋壳中是否含有 CO_3^{2-}。交流、评价、反思实验方案。 学生设计实验进行探究。 学生课后查阅资料并思考下列问题： 1. 这些反应为什么都在溶液中进行？ 2. 金属单质、氧化钙能与碳酸钠反应吗？

设计意图：从研究碳酸盐的结构出发，分析其性质，有利于学生从本质上认识碳酸盐反应的特点，同时便于举一反三，有利于后续对氯化物、硫酸盐知识的学习。实验是学生研究化学的基础，通过实验探究验证学生的猜想，学习碳酸盐与酸反应的性质。同时，联系生活实际，将碳酸根离子的检验应用到生活中去，让学生体会到实验的现实意义，感受到化学应用于生活的价值。从变化守恒的角度分析物质及其变化，找到物质间的关系，并进行实验探究。留下思考问题，加深思维含量，同时也培养学生查阅资料解决问题的能力。

教学活动主题三：走进生活，应用物质

教师活动过程	学生活动过程
[提问] 在我们生活中，哪些物质含有碳酸钙？请说说这些物质的应用。 [提问] 胃康宁为什么能治疗胃酸过多？ [提问] 苏打、小苏打为什么能作发酵粉？ [提问] 碳酸钠也叫纯碱，为什么叫纯碱呢？	学生阅读提供的图片资料，并交流、讨论。 学生设计实验并证明碳酸钠、碳酸氢钠溶液呈碱性。

设计意图：化学来源于生活，让化学回归生活。通过介绍治疗胃酸过多的相关药物，将化学知识应用于解决生活中的实际问题。对碳酸钠、碳酸氢钠这两种发酵粉的介绍，使学生从化学角度理解生活中的问题，认识到化学为社会生产生活服务。同时，从碳酸钠的俗名纯碱引出问题——碳酸钠为什么叫纯碱呢，引发探讨。

教学活动主题四：学习复分解反应，探究复分解反应发生的条件

教师活动过程	学生活动过程
[提问]什么是复分解反应？ 分析碳酸盐等参与反应的化学方程式的特点，讲解复分解反应的概念。	学生在观察实验现象、书写化学方程式的基础上，在教师的启发、引导下，分析上述化学方程式的特点，了解复分解反应的概念。 小结化学反应的基本类型。
[提问]复分解反应发生需要什么条件？ 引导学生完成相关实验，分析得出复分解反应发生的条件。 [探究]酸、碱、盐之间是否都能发生复分解反应？	学生在观察实验现象的基础上，在教师的引导下，分析化学反应现象及生成物的相同点，得出复分解反应发生的条件。 学生在探究实验的基础上，进一步认识复分解反应发生的条件。

设计意图：让学生在观察实验现象、书写化学方程式的基础上，认识四种基本反应类型中的最后一种——复分解反应。至此，可引导学生回顾所学知识，让学生总结所学化学反应的基本类型，建立四种基本反应类型的概念模型，发展"模型认知"素养。同样让学生在观察实验现象的基础上，归纳、总结相关化学反应的共同点，得出复分解反应发生的条件。最后，让学生参与探究活动，根据复分解反应发生的条件，判断某些酸、碱、盐之间是否发生反应，学会运用所学知识解决实际问题。

（三）案例点评

1. 重视创设真实情境。

将盐的性质的相关学习立足于学生的实际生活，从熟悉的汉白玉开始回顾碳酸钙，进而充分开展碳酸盐的探究，得出相关结论后又回归生活，利用所学知识解释生活中涉及碳酸盐使用的现象，充分体现了"化学来源于生活，应用于生活"，构建了生活化的课堂，发展学生"社会责任"素养。

2. 重视引导自主探究。

学生活动围绕关键问题或由此分解出的系列问题开展，教师不急于给出问题的答案，使学生在自我评价和自我管理的过程中发现知识、学会学习。学生探究的过程是发现和创造的过程，教师应尽可能将教学时间留给学生活动，让学生自主去发现和创造，让他们真正深入体验探究的过程，发展"科学探究与创新意识"素养。在实验探究物质性质的过程中，注重从宏观层面揭示物质及其变化的规律，并从微观层面揭示物质及其变化的本质，使"宏观辨识与微观探析"的素养发展真正落实于学生的课堂学习活动之中。

3. 重视开展观念教学。

在探究过程中，培养学生用"结构决定性质"的观念来观察和发现一类盐的组成、结构特点进而进行性质推测。在实验设计过程中，培养学生用"变化观念"和"化学变化中元素种类不变"的观点筛选反应物、推测生成物。这些观念和方法的培养不仅提升了学生的思维能力，而且为探究其他类别物质的性质提供了研究的方向和方法，使学生在"变化观念与守恒思想""证据推理与模型认知"素养方面得到发展。

第十二单元　化学与生活

本单元是以社会问题为中心的单元,与学生的生活和社会实际联系紧密。本单元着重介绍三方面的内容,即人类重要的营养物质、化学元素与人体健康、有机合成材料,是对初中化学知识的拓展和应用,体现"从生活走进化学,从化学走向社会"的学科理念。通过本单元的学习,加强与社会实际的联系,丰富学生的生活常识,使学生体会到化学学科与人类生活和社会发展的密切关系,进一步认识学习化学的重要性,同时进行健康生活和可持续发展的情感、态度与价值观方面的教育。另外,本单元通过"资料卡片""讨论""调查与研究""化学·社会·技术"等栏目,引入大量的社会和生活中的实例,可以让学生通过自学、交流、参与活动的方式,关注化学与健康、环境、材料等的相互关系,进一步提升学生的化学学科素养,尤其是"科学态度和社会责任"素养。

一、单元内容梳理

1. 课程标准及实施建议。

标准	活动与探究建议
• 知道常见的塑料、合成纤维、合成橡胶及其应用。 • 了解使用合成材料对人和环境的影响。 • 认识新材料的开发与社会发展的密切关系。 • 了解某些元素(如钙、铁、锌等)对人体健康的重要作用。 • 知道一些对生命活动具有重要意义的有机物(如葡萄糖、淀粉、油脂、蛋白质、维生素等)。 • 知道某些物质(如一氧化碳、甲醛、黄曲霉素等)对人体健康的影响,认识掌握化学知识能帮助人们提高自我保护意识。	• 用简单的实验方法区分棉纤维、羊毛纤维和合成纤维(如腈纶)。 • 写调查报告:"我家里的合成材料制品"。 • 查阅并交流有关复合材料和合成材料应用的资料。 • 调查"白色污染"形成的原因,提出减少这类污染的建议。 • 搜集有关微量元素、维生素与人体健康关系的资料,并了解富含这些物质的常见食品。

续表

标准	活动与探究建议
• 初步认识化学科学发展在帮助人类营养保健与战胜疾病方面的重大贡献。 • 列举生活中一些常见的有机物，认识有机物对人类生活的重要性。 • 区分有机化合物和无机化合物。	• 搜集某些化学物质引起毒害（如吸入有害气体、误食有毒物质、家居装修材料释放的污染物等）的资料，了解防止这些危害的措施。 • 观看录像或查阅资料，了解一氧化碳、尼古丁等物质的危害。 • 观看禁毒展览或影像资料，了解毒品对个人及社会的危害。 • 辩论：化学制品对人类的健康是有益还是有害？

(1) 本单元可供选择的学习情境素材：人每天摄入的食物中所含的有机物（如淀粉、维生素、葡萄糖、蛋白质和油脂等）；婴儿奶粉中的蛋白质含量；导电塑料；有关误用化学物质危害人体健康的事件；常见的食品添加剂；我国食品添加剂使用的有关规定；吸烟者的肺部病理照片、录像或图片；被污染或变质的食物对人体的危害。

(2) 单元知识内容结构。

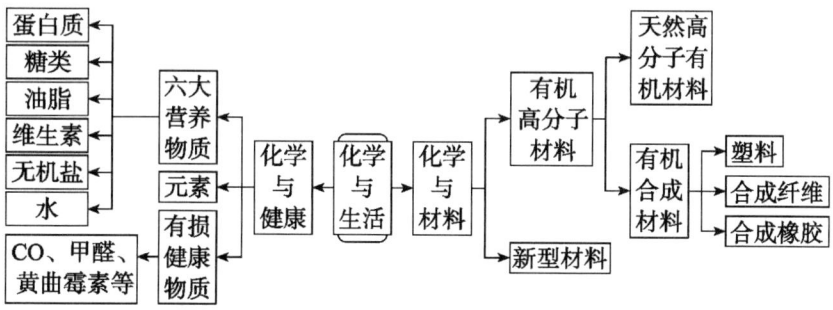

2. 单元教学核心素养目标解读。

(1) 目标梳理。

教学内容	核心素养
人类重要的营养物质	社会责任、变化观念
化学元素与人体健康	宏观辨识与微观探析、科学态度
有机合成材料	社会责任、宏观辨识与微观探析

(2) 单元学习目标。

①结合生产、生活相关素材创设情境，进行分析、对比、归纳学习，发展获取和处理信息的能力，认识六大基本营养素及其功能、人体中重要元素及其功能，建立科学的营养观，树立健康意识。

②通过联系生产、生活中的实际例子，认识甲醛、过量摄入油脂、黄曲霉素、吸烟等

对生命的影响，增强安全防范意识；认识有机合成材料及其对人类的利与弊，强化可持续发展意识，能够运用所学知识对社会热点问题作出科学判断，并参与相关化学问题的社会实践活动。

（3）核心素养目标细化。

	核心概念	关键能力	必备品格
课题1 人类重要的营养物质	重要的营养物质	对比—归纳 获取和处理信息的能力	生命教育
	①知道六大基本营养素是指蛋白质、糖类、油脂、维生素、无机盐和水，并从它们的营养功能、简单的代谢反应及食物来源等方面了解它们与人体健康的关系；认识一氧化碳、甲醛、黄曲霉素等物质的危害，了解相关防范常识。 ②结合"中国居民平衡膳食宝塔"，分析自身摄入的食物种类，比较出怎样的饮食更合理，逐步提升分析相关素材获取信息以及解决实际问题的能力；通过分析"偏食调查报告"以及"偏食的危害"建立均衡营养观，增强珍惜生命的意识。		
	核心概念	关键能力	必备品格
课题2 化学元素与人体健康	人体的化学元素	分析问题、解决问题	量变到质变的辩证唯物主义观点
	①认识人体的元素组成，了解某些元素（如钠、钙、铁、锌等）对人体健康的作用，体会化学元素与人体健康的关系。 ②建立均衡营养观，感受从量变到质变的科学思想，形成"一分为二"看问题的辩证唯物主义观点。 ③从生活出发，了解合理摄入元素的重要性，逐步形成合理地规划自身的饮食、解决实际问题的能力。		
	核心概念	关键能力	必备品格
课题3 有机合成材料	有机合成材料	"宏观—符号—微观"三重表征思维	可持续发展意识
	①了解有机物的特点，能从物质组成上区分有机物和无机物；知道常见的塑料、合成纤维和合成橡胶及其应用；了解使用有机合成材料对人类和环境的影响；认识新材料的开发与社会发展的密切关系；感受化学对人类进步和社会发展起到了重要的作用。 ②通过对热塑性塑料和热固性塑料的实验探究，认识热塑性塑料和热固性塑料在加热、冷却时的宏观现象以及了解它们在结构上的差异和用途，进一步体会"物质的结构决定性质，性质决定用途"的化学思想方法，形成"宏观—符号—微观"三重表征思维。 ③通过讨论使用塑料的利与弊，体会化学在不断提高人们的生活质量、促进社会发展中的作用，初步形成正确、合理地使用化学物质的意识，关注与化学有关的社会问题，初步形成主动参与社会决策的意识。		

二、核心素养阶段性达成特点分析

1. 素养提升的起点。

学生通过前面十一个单元的学习，初步掌握了化学最基础的知识以及化学学科基本方法，初步感受了化学与生产、生活的关系。在这些基础上，教材安排"第十二单元 化学与生活"，更多涉及与化学有关的生活现象和问题，涉及面较广，内容较为复杂，注意培养更高阶的情感素养——"科学态度与社会责任"素养。

通过对"绿色化学""药品使用的原则""空气的污染与保护""爱护水资源""温室效应与CO中毒""燃烧与灭火""金属的保护""酸碱的腐蚀性"等内容的学习，学生已经具备了一定的安全意识、环境保护意识、节约资源意识等。在前面已经建立的一定"科学态度与社会责任"素养的基础上，本单元能够使学生在"科学态度与社会责任"素养的系统性和层次性上得到进一步的提升。

本单元的"课题1 人类重要的营养物质"重点是让学生树立正确的营养观，增强安全意识以及对生命的敬畏，感受从量变到质变的发展观，形成"事物具有两面性"的辩证唯物主义观点，从而落实"科学态度和社会责任"素养。"课题2 化学元素与人体健康"内容重点是明确元素合理的摄入量，合理规划自身的饮食，建立均衡营养观，感受从量变到质变的发展观，形成"一分为二"看问题的辩证唯物主义观点。"课题3 有机合成材料"的素养目标为认识有机合成材料（尤其是塑料）对生命和环境的影响，认识物质的两面性，增强环境保护意识、安全防范意识及可持续发展意识，进一步深化"科学态度与社会责任"素养目标。

本单元各个课题的重点均指向"科学态度与社会责任"素养的落实，因此相比其他单元较为分散的渗透更为集中和系统；在学生具备一定的安全意识、环境保护意识、节约资源意识的基础上，进一步强调能运用所学知识分析某些化学物质、元素、化学反应对人类健康和社会可持续发展可能带来的双重影响；另外，通过有机合成材料的学习，培养学生将化学成果应用于生产、生活的意识，以及运用所学化学知识和方法解决生产、生活中简单的化学问题的能力。

2. 素养提升的障碍点。

针对本单元的内容特点，重点达成"科学态度和社会责任"目标要求，主要从学生和教师两个层面分析素养提升的障碍点。

（1）学生层面。

本单元内容涉及面广，涉及较多专业术语，教学内容的系统性不强，学生不清楚教学的重点。本单元的教学内容、教学目标层次要求、学习方法与其他单元有较大的差异。学生对本单元的学习目标及学习方法把握不到位，面对蛋白质、塑料等有机物较为复杂的微观结构示意图，容易产生较大的学习压力，学习信心不足，学习效果不好。

本单元达成的目标是高阶的情感目标，需要学生主动参与各种学习活动以及各种课外的实践活动，查阅相关的资料，归纳概括形成一定的结论，获得学习体验，升华情感，达成情感、态度、价值观素养目标。为达成本单元学习目标，需要采用参与式学习、体验式学习、研究性学习等方式，但大部分学生普遍缺乏这些学习方法及能力，不能主动地参与这些学习活动，因此如果教师的教学方法不恰当，就不能达成较好的学习效果。

（2）教师层面。

大部分化学教师也认识到学生社会责任培养的重要性，但是由于这些内容在考试中较难直接科学地评价，再加上课业压力和教学习惯，一部分教师习惯用讲授、画重点的方式处理这些社会性课题教学内容，使这部分教学内容失去其教育功能。此外，这部分内容涉及较多的课外知识，这些知识更新快，教授这些内容需要较新的学科思想方法，因此对于这部分内容的教学需要教师及时更新知识、更新观念。

3. 素养提升的延伸点。

（1）开展社会实践活动。

教室内的常规教学是有限的，社会责任教育不能仅局限于教室。参加社会实践活动是本单元很好的课堂延伸活动。在开展本单元学习前，有指导性地布置"不良饮食习惯的调查""身边'白色污染'的调查"等。当然，在学习"爱护水资源""空气污染"等相关社会性课题时就可以渗透，形成一套完整的调查机制和方法，让学生真正地与生活中社会性问题相接触。

（2）生命教育。

北京师范大学肖川教授指出："对生命的遗忘是教育最大的悲哀，对生命的漠视是教育最大的失职与不幸。"化学是研究物质的基础学科，是生命科学、环境科学等现代科学技术的重要基础，与人们的日常生活密切相关。本单元涉及了较多健康教育、安全教育等内容，这些都是生育教育的重要内容。教师在教学中，应充分挖掘教学内容的学科育人功能，并上升到生命教育的高度，让学生初步体验生命教育的理念，建立起热爱生活、热爱生命的生命教育意识。

三、单元素养目标达成策略

1. 从化学视角认识与社会相关的问题。

化学生活化问题教学是指基于学生已有知识和生活经验，关注生活、社会、科学中的各种现象，利用各种资源精心设计教学环节，提出问题引导学生通过探究、合作等方式理解化学知识，提高科学素养，应用化学知识分析、解决实际问题的教学过程。[1]

本单元是以社会问题为中心的单元，与学生的生活和社会实际联系紧密，学生能够较为轻松地学习本单元。但是，能否更深层次地引导学生从化学视角认识生活化问题，将直接影响着本单元素养达成的程度。例如：从"用途—组成—结构"认识营养素，能够更准确地掌握营养素的作用；用"物质的结构决定性质，性质决定用途"的化学思想方法认识热固性塑料和热塑性塑料，学生不仅能够准确获取两种塑料的知识，而且能够用化学视角精准地解释和解决生活中遇到的相关问题。因此，本单元利用从化学视角认识生活化问题的教学策略，有助于学生科学素养的提高。

2. 基于社会情境的教学策略。

建构主义理论认为，学生是课堂的主体，教师作为引导者，应为学生提供充分的材料和适宜的情境，激发学生的认知潜能，促进学生对相关内容有意义的建构。本单元是社会性课题，存在较多如平衡膳食宝塔等教学素材，教学中应充分搜集这些与生产、生活相关的素材，创设生动活泼的学习情境。此外，在联系生产、生活实际过程中，重视创设问题情境，激发学生的主动意识，让学生在活动中应用相关健康知识和技能去解释或解决生活问题，在解决问题过程中，达成高阶的关键能力目标，发展学生核心素养。在情境创设中，尽量选择正面的教学素材，让学生对化学学科有积极的体验。对于学生学习过程中涉及的负面的教学素材，教学中应客观正确地引导，用"一分为二"的观点去分析，让学生辩证地看待相关问题，树立正确的学科价值观。

3. 采用体验式为主的教学策略。

本单元最重要的学科素养就是"科学态度与社会责任"。对学生社会责任素养的培养重在情感体验和能力形成，而不仅仅是抽象知识的掌握，更需要转变过去单纯的学科知识传输的教学方法，重新建构以学生价值观和社会责任素养为培养目标的教学方式。只有建立了自己所属情境或群体认同感和归属感，学生才能发自内心地感受到该群体所带来的集体自尊感和荣誉感，进而积极内化群体规范，遵守纪律，积极承担群体责任。

在本单元中，无论是人体中重要的营养物质、元素还是有机合成材料都与人类息息相关，因此教学中应创设真实教学情境，激活学生的生活经验，引导学生在"做中学"，提升体验深度。"偏食情况调查""营养素摄入量对比""身边'白色污染'调查"等活动可以在学生充分实践的基础上，自主归纳、分析，最后在班级充分展示。在班级展示过程中，要发扬课堂教学民主，以激发兴趣为先导，以合作探索为乐趣，以实践活动促发展，在活动情境中引发学生认知上的冲突，让学生通过自主活动去组合、批判和澄清新旧知识的差异，在发展认知的同时，获得轻松、愉快、成功的情感体验。

4. 社会实践活动教学策略。

美国著名教育家杜威认为，"所有真正的学习都来源于实践"。实践既是教育的手段，

---

[1] 曾晓军. 基于化学学科核心素养的生活化问题教学思考[J]. 教育教学论坛，2016（9）：265-266.

又是教育的目的。杜威明确指出"教育即生活""教育即生长""学校即社会"。学生学习相关内容的过程中，应充分体现"从生活走进化学，从化学走向社会"的理念，尽量在真实的情境中"做中学"，解决来自真实生产、生活中的问题，达成学科关键能力，获得正确的学科体验，才能有效养成良好的习惯和行为。

多种多样的校园活动和社会实践有利于学生将本单元学到的环境知识、健康生活知识应用到实际生活中。如开设专题讲座，宣传和普及相关知识，明确责任意识；开展科学小实验，培养学生的责任意识；组织学科竞赛，提高学生的责任意识；参加环境保护公益活动，践行对社会的责任。

四、重点活动设计

课题1 人类重要的营养物质

活动素养目标	合理摄入营养素，建立均衡营养观。	
目标详解	(1) 知道六大基本营养素是指蛋白质、糖类、油脂、维生素、无机盐和水，并从它们的营养功能、简单的代谢反应及食物来源等方面了解它们与人体健康的关系；认识一氧化碳、甲醛、黄曲霉素等物质的危害，了解相关防范常识。 (2) 结合"中国居民平衡膳食宝塔"，分析自身摄入的食物种类，比较出怎样的饮食更合理，逐步提升分析相关素材获取信息以及解决实际问题的能力；通过分析"偏食调查报告"以及"偏食的危害"建立均衡营养观，增强珍惜生命的意识。	
活动主题	活动设计	相关素材资源
活动一 创设情境，联系生活	展示偏食对人体健康的影响的图片，激发学生的学习兴趣。	图片：偏食对人体健康的影响。
活动二 认识人类重要的营养物质及其作用	(1) 学生通过阅读，认识人类重要的营养物质。 (2) 学生归纳六大营养物质的作用。 (3) 比较六大基本营养素对人体作用的共同点和差异性。	表格：人体中重要物质的含量，六大营养物质及其作用。
活动三 认识重要营养素的组成、结构	(1) 对比蛋白质、糖类、油脂、维生素四种物质的组成。 (2) 展示、对比氨基酸和葡萄糖的组成及结构。	图片：氨基酸、葡萄糖的微观结构示意图，部分蛋白质的结构示意图。

活动主题	活动设计	相关素材资源
活动四 树立均衡营养的观念	（1）学生结合偏食调查表计算自己的偏食指数。 （2）阅读课件中的偏食案例，认识偏食的危害。 （3）结合"中国居民平衡膳食宝塔"制订自己的食谱，相互讨论是否营养均衡。	表格：偏食调查表。 资料：不良的饮食习惯（单调饮食和过度饮食）的危害。 图片：中国居民平衡膳食宝塔。
活动五 安全意识的提升	（1）阅读教材，通过小组讨论、交流，认识甲醛、过量摄入油脂、黄曲霉素、吸烟对人体的危害，增强安全意识。 （2）展示近些年重大的食品安全事件，如"三鹿奶粉""苏丹红""染色馒头"等，树立正确的价值观。 （3）展示吸烟产生的病理图像、身边的甲醛图片，树立环保意识、安全意识、珍爱生命意识。	视频：重大的食品安全事件。 图片：吸烟产生的病理图像，身边的甲醛。
活动六 分享收获	梳理本课内容，在收获知识的同时获得情感、态度、价值观的提升，促进素养发展。	结构化板书。
活动建议	本课题的重点是蛋白质的相关知识，可以紧密联系生活素材，充分展现营养物质对人体生命活动的重要性，进一步加强核心素养的导向性教学。	

课题2 化学元素与人体健康

活动素养目标	体会从量变到质变的变化观，建立均衡营养观。	
目标详解	（1）认识人体的元素组成，了解某些元素（如钠、钙、铁、锌等）对人体健康的作用，体会化学元素与人体健康的关系。 （2）建立均衡营养观，感受从量变到质变的科学思想，形成"一分为二"看问题的辩证唯物主义观点。 （3）从生活出发，了解合理摄入元素的重要性，逐步形成合理地规划自身的饮食、解决实际问题的能力。	
活动主题	活动设计	相关素材资源
活动一 创设情境，联系史实	展示"罗马帝国灭亡的可能原因——铅中毒"。	文字资料：罗马帝国灭亡的可能原因——铅中毒。
活动二 认识人体的元素组成及其作用	（1）归纳组成人体的常量元素及微量元素。 （2）归纳几种必需的微量元素的作用。 （3）体会化学元素与人体健康的关系。	表格：微量元素对人体的作用。 图片：元素广告。

续表

活动主题	活动设计	相关素材资源
活动三 认识元素摄入量与人体健康的关系	(1) 分析罗马帝国灭亡的原因。 (2) 图片展示缺乏元素导致的疾病。 (3) 畅谈重金属元素中毒事件。 (4) 讨论、提升,形成"一分为二"看问题的辩证唯物主义观点。	图片:重金属元素中毒事件、缺乏元素导致的疾病。 视频:铬胶囊事件。
活动四 完善均衡营养的观念	(1) 回顾自己的食谱,讨论要补充的食物。 (2) 认识食物中的微量元素。 (3) 重新规划自己的食谱。	表格:几种元素的主要食物来源。 家庭小任务:均衡饮食,改善家庭的饮食结构。
活动五 分享收获	梳理本课内容,在收获知识的同时获得情感、态度、价值观的提升,促进素养发展。	结构化板书。
活动建议	本课题的重点是了解一些元素与人体健康的关系,教学中可以必需元素的最佳摄入量为突破口展开活动。当然,更要关注建立均衡营养观,进行热爱生命的教育,感受化学在人类社会进步中的重要作用,感受从量变到质变的发展观以及形成"一分为二"看问题的辩证唯物主义观点,促进核心素养的落实。	

课题3　有机合成材料

活动素养目标	调查研究、社会实践,形成社会决策意识。	
目标详解	(1) 了解有机物的特点,能从物质组成上区分有机物和无机物;知道常见的塑料、合成纤维和合成橡胶及其应用;了解使用有机合成材料对人类和环境的影响;认识新材料的开发与社会发展的密切关系,感受化学对人类进步和社会发展起到了重要的作用。 (2) 通过对热塑性塑料和热固性塑料的实验探究,认识热塑性塑料和热固性塑料在加热、冷却时的宏观现象以及了解它们在结构上的差异和用途,进一步体会"物质的结构决定性质,性质决定用途"的化学思想方法,形成"宏观—符号—微观"三重表征思维。 (3) 通过讨论使用塑料的利与弊,体会化学在不断提高人们的生活质量、促进社会发展中的作用,初步形成正确、合理地使用化学物质的意识,关注与化学有关的社会问题,初步形成主动参与社会决策的意识。	
活动主题	活动设计	相关素材资源
活动一 有机化合物	(1) 学生完成"活动与探究"的表格,讨论相关问题。 (2) 学生归纳有机化合物、无机化合物、有机高分子化合物的定义,并对有机物和无机物的概念进行比较,得出两者的区别。 (3) 小结身边常见有机物的共同性质。	活动与探究:有机物与无机物的区别。 资料:有机物的共同性质。

活动主题	活动设计	相关素材资源
活动二 常见的有机合成材料	(1) 学生自主学习并简单了解有机高分子材料、天然有机高分子材料、合成有机高分子材料、聚合物等的概念。 (2) 学生完成实验,并据教材归纳出热塑性和热固性的区别。 (3) 展示学生或老师课前搜集的样品、查阅的资料或社会调查结果,教师用多媒体及时补充有机合成材料发展的新成就、新进展,以开阔学生的视野。	图片(或视频):聚乙烯分子模型,应用广泛的塑料、纤维、橡胶、复合材料制品。 实验:加热聚乙烯塑料。 实物:各种包装袋上的标签、服装标签、各种材料制品。
活动三 化学材料在人类社会发展中的作用	(1) 组织教材中的讨论"使用塑料的利与弊",最后教师点评,注意引导学生正确认识化学材料在促进社会发展中的作用。 (2) 共同小结使用塑料的利与弊,以及"白色污染"产生的原因、危害和防治措施。	小组辩论:使用塑料的利与弊。 视频(或图片):白色污染及其危害,塑料的回收、再生与降解,导电塑料。
活动建议	在完成有机物和有机合成材料教学内容的同时,要关注化学、技术、社会的关系,充分利用社会性话题和生活现状展开教学活动,让学生充分认识化学与生活、生产的密切关系,开阔视野,感受化学材料在人类社会进步中的重要作用,从而提升学生的科学素养与社会责任感。	

五、单元作业设计

1. 下列物质中,不属于有机物的是( )。

    A. 葡萄糖   B. 蔗糖   C. 醋酸   D. 二氧化碳

2. 我国政府规定:禁止生产、销售和使用超薄塑料袋,所有超市、商场和集贸市场不得免费提供塑料购物袋,并要求提高废弃塑料的回收利用水平。为什么要这样做?你家中的废弃塑料制品是怎样处理的?

3. 收集一些衣料的纤维,分别贴在下表第二行中,各取一部分纤维做燃烧实验,将实验现象填在第三行中。结合实验现象并查阅相关资料,说明初步鉴别各种纤维的简单方法及现象。

纤维的种类	棉纤维	羊毛纤维	锦纶	涤纶	
制品					
燃烧现象					

4. 马铃薯具有谷物和蔬菜的双重营养价值，被誉为"营养之王"。马铃薯脂肪含量低，蛋白质品质高，还富含淀粉。淀粉是天然有机高分子化合物，其化学式为$(C_6H_{10}O_5)_n$，其中 n 为几百至几千，淀粉的相对分子质量从几万到几十万。回答下列问题。

(1) 右图表示土豆的主要营养成分。土豆中能为人体提供能量的营养素是_____。提倡多食用土豆有利于身体健康，理由是_____。

(2) 土豆等农作物的生长需要适量的化肥。下列化肥中属于氮肥的是_____（填标号）。

  A. NH_4Cl B. K_2CO_3
  C. $CO(NH_2)_2$ D. $Ca(H_2PO_4)_2$

新鲜土豆所含成分（每 100 g 中含量）	
蛋白质	2.3 g
糖类	20 g
膳食纤维	0.8 g
多种维生素	50 mg
Ca、P、Fe	120 mg

(3) 乳酸基塑料是以土豆等副食品废料为原料，经多步处理而制成的一种新型可降解塑料。下列有关乳酸基塑料的说法中错误的是_____（填标号）。

①土豆淀粉属于高分子化合物 ②制取乳酸基塑料的原料比较低廉且广泛 ③乳酸基塑料属于天然高分子材料 ④乳酸基塑料易降解 ⑤乳酸基塑料有助于解决"白色污染"问题

(4) 科学家使用由多种特殊的酶组成的催化剂，将淀粉和水转变成 CO_2 和 H_2 的混合气体，经净化获取的氢气可作为未来氢动力汽车燃料。写出淀粉与水反应的化学方程式：_____。

5. 牛奶中含有丰富的蛋白质，《本草纲目》称牛奶有"返老还童"的功效，奶茶是否也具有类似的功效？

[查阅资料] 食醋中的酸性物质会使蛋白质凝固和沉淀。

[实验步骤]

①在盛有 100 mL 某奶茶的烧杯中，加入足量的食醋，充分搅拌后过滤、干燥，称量滤渣的质量。

②选取 4 种品牌的纯牛奶各 100 mL，分别倒入 4 个烧杯中，重复步骤①操作。

[数据记录] 根据实验结果绘制成如下柱形图。

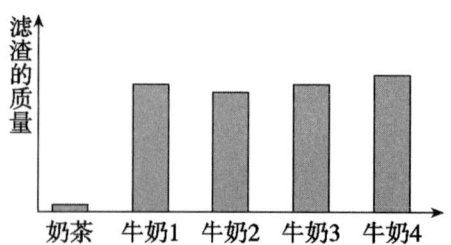

回答下列问题。

(1) 从样品的选取上看，该实验存在的缺陷是_____。

(2) 下列因素中，会对滤渣的质量产生影响的是_____（填标号）。

  A．倒入食醋的量 B．被测样品的体积 C．烧杯的大小

(3) 上述实验只能粗略测定蛋白质的含量。准确检测的方法之一是：先对样品进行氮元素质量的测定，再根据蛋白质中氮元素的含量约为 16%，折算成蛋白质的质量。已知牛奶、奶茶中的营养成分有蛋白质、脂肪、糖类等，那么利用这种方法检测牛奶、奶茶中的蛋白质含量，其前提条件是_____。

(4) 据统计，我国人均乳制品消费量只有世界人均水平的 $\frac{1}{3}$，而白酒的消费量却与牛奶相近，可见，提高健康饮食的意识势在必行。下列观点和做法合理的是_____（填标号）。

  A．选择食品前，仔细研读其标签

  B．购买食品时，主要看口味

  C．食品价格越贵，对健康越有益

  D．根据平衡膳食原理选择食品

6. 以"痛痛病""水俣病"为关键词，上网查找这些公害病是怎么产生的？思考如何避免有害元素对人体健康和环境的影响。

7. 查阅甲醛对人体的危害及生活中甲醛的来源，并制成课件。

8. 以小组为单位设计营养均衡的早餐。

9. 小组合作调查身边的偏食现象及偏食的危害，并完成调查报告。

10. 搜集与人体相关的元素广告的实物或图片。

11. 查阅有关科技发展过程中的重要材料以及它们带来的影响，并制作手抄报。

12. 调查身边的"白色污染"现象，提出减少此现象的建议，并完成调查报告。

13. 社会实践：践行垃圾分类，建设美丽家园（地点：家、学校、社区），并在班级展示、交流。

六、重点章节教学案例

课题3 有机合成材料

厦门外国语学校湖里分校 丁长福

  从化学学科价值看，"有机合成材料"是对初中化学知识的进一步拓展和应用，体现"从生活走进化学，从化学走向社会"的思想。作为教材的最后一个课题，本课题不仅介绍了有机物的概念，还融合了合成材料、新型材料的发展，紧密地联系实际，贴近生活。其素养价值体现在：第一，通过联系生产、生活中的实际例子，认识有机合成材料（尤其是塑料）对生命和环境的影响，增强环境保护意识、安全防范意识及可持续发展意识，从而落实"科学态度与社会责任"的学科素养。第二，通过比较热固性塑料和热塑性塑料，

巩固"物质的结构决定性质，性质决定用途"的化学思想方法，形成"宏观—微观—符号"三重表征思维，落实"宏观辨识与微观探析"的学科素养。第三，认识新材料的发展让人类摆脱了严重依赖天然材料的历史，对人类社会进步起到了重要作用，进一步强化"创新意识"素养的重要性。

从学生发展价值看，学生从知识性学习走向关注社会、参与社会。学生认识的发展点：基于对有机物及合成材料的归纳、比较，进一步提升获取、处理信息的能力；基于物质分类的思想，完善物质分类的角度和标准；基于调查研究和社会实践，培养社会决策意识。

（一）教学目标

1. 了解有机物的特点，能从物质组成上区分有机物和无机物；知道常见的有机合成材料及其应用；了解使用有机合成材料对人类和环境的影响；认识新材料的开发与社会发展的密切关系，促进创新意识的提升。

2. 通过比较热固性塑料和热塑性塑料，巩固"物质的结构决定性质，性质决定用途"的化学思想方法，形成"宏观—符号—微观"三重表征思维；能够根据物质分类，学习物质分类的重要思想。

3. 认识有机合成材料的发展对人类社会进步所起的重要作用，认识有机合成材料（尤其是塑料）废弃物对生命和环境的影响，体会物质的两面性，增强环境保护意识、安全防范意识及可持续发展意识，落实"科学态度和社会责任"的学科素养。

（二）教学过程

教学活动主题一：认识有机物及有机合成材料

教师活动过程	学生活动过程
认识有机物和无机物的组成元素、化学式差异，并进行分类。了解无机物和有机物的结构差异。展示常见的有机物、无机物的名称表。[提问]甲烷、乙醇等有机物在组成元素上有什么特点？甲烷、乙醇与淀粉、蛋白质的相对分子质量有什么不同？	按要求书写化学式及进行分类。展示分类及其标准。感受无机物和有机物的结构差异。

设计意图：从化学视角（组成、结构）认识物质，并能够根据分子的特点对有机化合物进行分类并强调分类标准的重要性，进一步提升物质分类的重要思想。

教师活动过程	学生活动过程
认识有机合成材料。[提问]有机合成材料在生活中有广泛的应用，它们有哪些种类？它们在生活中有哪些应用？展示生活中常见的有机合成材料。	阅读、了解有机合成材料。展示自备的材料。对自备材料进行分类。

设计意图：通过阅读、归纳、分析、比较，提升学生获取、处理信息的素养。通过展示生活中的有机合成材料，进一步感受化学材料与生活的紧密关系。

教师活动过程	学生活动过程
认识材料的重要性。 [提问] 为什么会出现新材料，新材料对社会发展有什么作用？ 视频展示新材料（隐形材料、光敏材料、记忆材料等）。	了解合成材料的发展对社会进步的重要作用。 讨论新材料的出现及其作用。 感受新材料的发展。

设计意图：认识新材料的发展让人类摆脱了严重依赖天然材料的历史，对人类社会进步起到了重要作用，进一步强化"创新意识"素养的重要性。

教学活动主题二：探究热塑性塑料和热固性塑料

教师活动过程	学生活动过程
认识热塑性塑料和热固性塑料，了解其性质差异的原因。 实验：加热插座和塑料袋。 [提问] 为什么这两种塑料性质不同？分析可能的原因。 展示两种塑料的结构。 [提问] 装食品用的聚乙烯塑料袋应如何封口？电木插座破裂后能否热修补？	观看视频，讨论两种塑料性质不同的可能原因。 观察两种塑料的结构，讨论性质差异的原因。 将物质的性质与用途紧密联系起来，并能够用于解决生活实际问题。

设计意图：通过比较热塑性塑料和热固性塑料，巩固"物质结构决定性质，性质决定用途"的化学思想方法，形成"宏观—符号—微观"三重表征思维，落实"宏观辨识与微观探析"的学科素养。

教学活动主题三：认识"白色污染"及物质的两面性

教师活动过程	学生活动过程
[提问] 塑料在生活中的使用情况如何？身边存在哪些"白色污染"？"白色污染"对社会有何影响？ [提问] 使用塑料的利和弊关系如何？如何增强环境保护意识及可持续发展意识？使用新材料要注意哪些问题？	展示塑料在生活中的使用情况。 调查身边的"白色污染"。 讨论"白色污染"对社会的影响。 讨论使用塑料的利和弊。 讨论使用新材料要注意的问题。

设计意图：通过联系生产、生活中的实际例子，认识有机合成材料（尤其是塑料）对生命和环境的影响，增强环境保护意识、安全防范意识及可持续发展意识，落实"科学态度与社会责任"的学科素养。

教学活动主题四：调查体验与社会实践

教师活动过程	学生活动过程
[提问] 同学们在调查身边的"白色污染"时，是怎样调查的？又是怎样形成调查报告的？在调查中有什么困惑？ [布置任务] 学校社会实践（宣传"白色污染"的影响，促进落实垃圾分类）。	分享调查的方法。 分享调查报告的形成过程及困惑。 讨论方案。

设计意图：交流调查过程，有利于学生掌握基本的调查方法，进而建构社会性问题的调查方法模型。社会实践活动旨在利用学生所学的知识，促进学生、学校、社会的环保意识和可持续发展意识的形成，提升学生的素养。

（三）案例点评

1. 学生自主归纳、比较，发展获取和处理信息的能力。

获取和处理信息的能力对于学生的核心素养是至关重要的。培养学生获取、处理、利用信息的能力是一个长期积累的过程，因此要在课堂中不断地渗透。本节课能够抓住课程特征，让学生自主学习、分析、应用知识解决问题，较为全面地巩固了获取和处理信息的能力。比如：对于有机合成材料的类别及用途等，学生可以通过自主学习完成信息提取；学生通过对已有信息的分析，获得有机物的概念及进行物质的分类等，提升了信息处理的能力。

2. 从化学视角认识物质，夯实物质的应用。

从化学视角认识物质，学生能更好地从本质、性质、结构等方面对物质进行分析，有利于学生更好地认识物质并能够应用相关知识解决实际问题。比如：用"物质的结构决定性质，性质决定用途"的化学思想方法认识热固性塑料和热塑性塑料，学生不仅能够准确获取两种塑料的知识，而且能够从化学视角精准地解释和解决生活中遇到的相关问题。

3. 应用社会实践策略，促进核心素养形成。

多种多样的校园活动和社会实践有利于学生将所学的知识应用到实际生活中，也有利于学生践行对社会的责任。本节课对社会实践活动的设计，有利于学生增强环境保护意识、安全防范意识及可持续发展意识，从而落实"科学态度与社会责任"的学科素养。

后　　记

在我国上一轮基础教育课程改革中，虽然基础教育课程设计的理念比较先进，但仍存在一些不相适应和亟待改进之处，如某些课程更多是停留在专家的课程，很难转化为教师理解的课程，导致课程落地的质量不尽如人意。如何让专家的课程有效地转化成教师理解的课程，最后真正进入课堂成为学生学习的课程，有效地促进学生全面发展，是我作为一位教研员经常思考的问题。

本书的酝酿、写作，正值以发展学生核心素养为指导的新一轮课程改革启动之初，教育界正努力探索如何使新一轮课程改革理念及课程内容有效落地。我和我的团队也作了一些尝试。前期，我们通过学习大量的文献资料，深入梳理学科核心素养的内涵及教学策略，提出了过程设计教学思想，然后由团队的教师们结合教学实践开展行动研究，探索最优的实施方案，最后形成一线教师们更需要的具体教学策略及更容易接受的文本形式，使我们的研究在教学一线找到了着陆点，成为一线教师更多开展"素养为本"教学的抓手。目前这些探索已在部分学科教学研究基地校的教学推广中取得了一定成效。团队教师们在实践、写作过程中，逐渐内化了本书的教学思想，成为本书教学思想的传播者。希望经过一线教师的努力耕耘，让本书的思想扎根大地、开花结果，为核心素养落地起到应有的作用。在这一过程中，也让我对教研员这个角色有了新的认识：教研员不仅需要学习各种理念、钻研探索高端理论，更重要的是要引领一线教师走进新课程，参与新课程的探索，让他们成为新课程实验的主人，新课程之花才能结出累累硕果。

回想前期对系列课题的探索，到全书思想、框架的酝酿，再到伙伴们夜以继日地写作、修改。这一路走来，真诚感谢热爱教育的团队教师们，你们的用心探索、乐于成长，让我十分感动！感谢厦门市教育科学研究院傅兴春副院长对我们的引领，不断地给我们探索的勇气！感激高思刚、柯艳瑜、段艳霞等厦门市教育科研规划办领导专业的指导！此外，也特别感谢厦门市的化学教师们，因为很多灵感来自于一线调研的交流碰撞、课堂的精彩生成，书中较多教学案例、单元作业及各种宝贵经验也是来自他们的探索成果！

"落实立德树人，提升学生核心素养"是为实现中华民族伟大复兴而提出的教育理念，是摆在教育界的大课题。我们的团队只是做了一些粗浅的尝试和探索。由于站位和视角的局限，再加上本人水平有限，有些内容还不成熟、还不均衡。希望我们整个团队能以此为起点,继续探索,做好核心素养教学的探路者,为开展素养教学做出更大的贡献!希望读者给予批评指正,提出宝贵的意见!也希望大家携手同行,参与核心素养的教学探索,这样路才会越走越宽、越走越远!

王 锋

2020 年 3 月 20 日